Teilhabe am Arbeitsleben

Arbeit und Beschäftigung für Menschen mit psychischen Beeinträchtigungen

Herausgegeben von
Regina Schmidt-Zadel
Niels Pörksen
Aktion Psychisch Kranke

Teilhabe am Arbeitsleben

Arbeit und Beschäftigung für Menschen mit psychischen Beeinträchtigungen

Herausgegeben von
Regina Schmidt-Zadel
Niels Pörksen
AKTION PSYCHISCH KRANKE

Gefördert durch das Bundesministerium für Arbeit und Sozialordnung

Aktion Psychisch Kranke; Regina Schmidt-Zadel; Niels Pörksen (Hg.) /
Teilhabe am Arbeitsleben . 1. Auflage
ISBN 3-88414-329-8

Bibliografische Information Der Deutschen Bibliothek
Die Deutsche Bibliothek verzeichnet diese Publikation in der Deutschen Nationalbiografie; detaillierte bibliografische Daten sind im Internet über http://dnb.ddb.de abrufbar.

Bibliographic information published by Die Deutsche Bibliothek
Die Deutsche Bibliothek lists this publication in the Deutsche Nationalbibliografie; detailed bibliographic data is available in the Internet at http://dnb.ddb.de

AKTION PSYCHISCH KRANKE im Internet: www.psychiatrie.de/apk
Psychiatrie-Verlag im Internet: www.psychiatrie.de/verlag

© Psychiatrie-Verlag, Bonn 2002
Alle Rechte vorbehalten. Kein Teil des Werkes darf ohne Zustimmung des Verlags vervielfältigt oder verbreitet werden.
Redaktion: Bernd Jäger, Beate Kubny-Lüke
Umschlaggestaltung: Renate Triltsch, Köln
Satz: Marina Broll, Dortmund
Druck: Clausen & Bosse, Leck

Inhalt

Begrüßung und Einführung
Regina Schmidt-Zadel   9

Teilhabe am Arbeitsleben von Menschen mit psychischen Beeinträchtigungen

Rede des Bundesministers für Arbeit und Sozialordnung
Walter Riester   16

Rede des Vorstandsvorsitzenden der Bundesanstalt für Arbeit
Florian Gerster   27

Anforderungen an Hilfen zur Teilhabe am Arbeitsleben
Niels Pörksen   35

Erwartungen an Hilfen zur Teilhabe am Arbeitsleben
Klaus Laupichler   48

Handlungsbedarf zur Weiterentwicklung des Rehabilitationssystems
Christian Gredig   57

Überwindung von Barrieren

Regionale Initiativen zur Überwindung von Barrieren
Peter Kruckenberg, Henning Voßberg   74

Platziert rehabilitieren

Einführung
Thomas Reker   85

Die berufliche Entwicklung schizophrener Patienten im Jahr nach der Entlassung aus der Klinik
Gerhard Längle   88

Berufliche Rehabilitation im Alltag eines Betriebes
Reinhard Saal   99

Das Berner Job Coach Projekt
Holger Hoffmann 105

Integrationsprobleme aus Sicht eines Angehörigen
Jürgen Gütschow 130

Barrieren überwinden auf dem allgemeinen Arbeitsmarkt

Arbeitnehmer mit psychischer Behinderung im Betrieb
Hans-Gerd Bude 135

Vorraussetzungen für die Integration von Arbeitnehmern mit psychischen Behinderungen
Hubert Kirchner 141

Integrationsfirmen – Ein Weg zur Überwindung von Barrieren auf dem allgemeinen Arbeitsmarkt
Anton Senner 145

Drohendes Abseits – chronisch psychisch kranke Menschen und berufliche Rehabilitation
Hans-Ludwig Siemen 153

Innovationen in den Einrichtungen zur beruflichen Rehabilitation

Einführung
Knut Lehmann 163

Der Beitrag der Berufsbildungswerke zur Entwicklung der beruflichen Rehabilitation und Teilhabe junger Menschen mit psychischen Behinderungen: Möglichkeiten, Grenzen und Entwicklungsbedarf
Jürgen Bernhardt 166

Innovationen in Beruflichen Trainingszentren
Henning Hallwachs 172

Die Werkstatt für behinderte Menschen
Wilfried Hautop 178

Innovationen in den Berufsförderungswerken
Rainer Marien   184

Innovationen in den Einrichtungen der beruflichen Rehabilitation aus Sicht der Rehabilitationseinrichtungen für psychisch Kranke und Behinderte
Wolfgang Weig   190

Anforderungen an Rehabilitation und Integration

Leitlinien zur Rehabilitation und Integration
Heinrich Kunze, Julia Pohl   198

Vermittlung chronisch psychisch Kranker in Arbeit
Karin Gelfort   215

Integration psychisch kranker Menschen in Arbeit
Rainer Radloff   222

Betreuung statt Arbeit? Der mühsame Weg zur Teilhabe am Arbeitsleben
Wolfgang Rust   227

Kommunale und regionale Koordination und Steuerung

Zentrale Aspekte der regionalen Koordination und Steuerung
Knut Lehmann   238

Kommunale und regionale Steuerung aus der Sicht der Integrationsämter
Peter Beule, Berthold Deusch   249

Auf dem Weg zu personenzentrierten Hilfen zur Teilhabe am Arbeitsleben – Erfahrungen aus zwei rheinischen Regionen
Christiane Haerlin, Hermann Mecklenburg   259

Rechtsgrundlagen für Koordination und Steuerung in der personenzentrierten Versorgung
Peter Mrozynski   278

Lohn statt Prämie – Arbeitsplatzsubvention und innovative Entgeltgestaltung

Lohn statt Prämie
Lennarth Andersson 307

Finanzierungsmöglichkeiten von Arbeit auf der Grundlage des BSHG
Jutta Hittmeyer 312

Arbeitsplatzsubvention und innovative Entgeltgestaltung
Arnd Schwendy 321

Arbeitsplatzsubvention und innovative Entgeltgestaltung aus gewerkschaftlicher Sicht
Burkhard von Seggern 324

Teilhabe von Menschen mit psychischen Beeinträchtigungen – Sozialpolitische Perspektiven

Podiumsdiskussion
TeilnehmerInnen: Helga Kühn-Mengel, MdB (SPD), Dr. Irmgard Schwaetzer, MdB (FDP), Claudia Nolte, MdB (CDU), Klaus Growitsch (Ver.di)
Moderation: Niels Pörksen 330

Bestandsaufnahme zur Rehabilitation psychisch Kranker – Eine Zusammenfassung
Niels Pörksen, Karl-Ernst Brill, Bernd Jäger, Christian Gredig 356

Autorinnen und Autoren 396

Veröffentlichungen und Informationstagungen der AKTION PSYCHISCH KRANKE 398

Begrüßung und Eröffnung

Regina Schmidt-Zadel

Meine sehr verehrten Damen und Herren,
ich begrüße Sie herzlich zur Jahrestagung 2002 der AKTION PSYCHISCH KRANKE (APK). Wir sind äußerst erfreut, dass das Thema »Teilhabe psychisch kranker Menschen am Arbeitsleben« so viel Interesse gefunden hat. Mit über 700 Teilnehmerinnen und Teilnehmern ist dies die bisher größte Tagung der AKTION PSYCHISCH KRANKE und es ist der erste Kongress der APK in Berlin. Die Organisation war daher aus der Ferne zu leisten. Ich hoffe, dass alles gut klappt und Sie sich hier genauso wohl fühlen, wie auf den bisherigen Tagungen der APK in Bonn.

Es wurde ein Thema aufgegriffen, dass in der bisherigen Arbeit der APK und auch auf den Tagungen immer wieder angesprochen wurde, aber zumeist von anderen Themen überlagert wurde. Das entspricht der allgemeinen Diskussion unter psychiatrischen Fachleuten, in der das Thema ›Arbeit‹ viel zu selten vorkommt. Mit dieser Tagung soll das Thema aus dem Schattendasein befreit und in den Mittelpunkt gestellt werden.

Dieser Schritt ist überfällig. Die Daten zur Arbeits- und Beschäftigungssituation psychisch kranker Menschen sind alarmierend, dies gilt insbesondere für die chronisch psychisch kranken Menschen. Ich verweise hier nur auf den im letzten Jahr vorgelegten »Ersten Armuts- und Reichtumsbericht der Bundesregierung«, in dem es unter anderem heißt:

»Chronisch psychisch Kranke befinden sich besonders häufig in schlechter wirtschaftlicher Lage. In einer Untersuchung im Jahr 1994 wurde ermittelt, dass 42,3 % der psychisch Kranken aus dem Erwerbsleben ausgeschieden waren. 16,5 % der chronisch psychisch Kranken waren Langzeitarbeitslose, 12,0 % Sozialhilfeempfänger und 13,9 % waren Frührentner.« [1]

Seit den Empfehlungen der Expertenkommission steht die Gruppe der chronisch psychisch kranken Menschen im Mittelpunkt der Reformbestrebungen und der Arbeit der AKTION PSYCHISCH KRANKE. Menschen mit schweren und chronisch verlaufenden psychischen Erkrankungen wurden früher häufig vernachlässigt; sie gelten als schwierig und unbequem, weil sich Erfolge im therapeutischen Prozess zumeist nur in kleinen Schritten einstellen, weil erreichte Erfolge immer wieder auch von Rückschlägen bedroht oder zunichte gemacht werden können. Diese Gruppe ist vordringlich auf gesellschaftliche Unterstützung angewiesen, um auch für sie das im SGB IX formulierte Ziel der Teilhabe zu realisieren.

Die Gewährleistung der Teilhabe auch für diese Gruppe ist der zentrale Maßstab, an dem sich das psychiatrische Hilfesystem messen lassen muss. Erst wenn auch die schwer psychisch beeinträchtigten Menschen bedarfsgerechte Hilfen erhalten, kann von einem Erfolg der Psychiatriereform gesprochen werden. Trotz aller Fortschritte sind wir von diesem Ziel noch weit entfernt. Auf dem Gebiet der Hilfen zur Arbeit und Beschäftigung sind die psychisch kranken Menschen noch einmal gegenüber anderen Behindertengruppen benachteiligt. Das Prinzip »Rehabilitation vor Rente« wird bei psychisch Kranken eindeutig nicht umgesetzt. Fast noch schlimmer scheint es mir, dass allzu viele psychisch kranke Menschen überhaupt nie in ihrem Leben Zugang zum Arbeitsleben finden. Wir alle wissen, wie bedeutsam dieser Bereich in unserer Gesellschaft ist, wie stark verknüpft mit Anerkennung, Selbstachtung und natürlich eigenem Einkommen. Es ist unser aller Pflicht, uns hier für eine stärkere Unterstützung psychisch kranker Menschen einzusetzen.

Doch allein die Vermehrung institutioneller Hilfen führt nicht unbedingt zu einer qualitativen Verbesserung des Hilfeangebotes. Wenn Hilfen unkoordiniert nebeneinander erbracht werden, führt dies zu einer strukturbedingten Verschwendung therapeutischer und finanzieller Ressourcen. Dies bemängelten bereits die Empfehlungen der Expertenkommission von 1988 [3]. Es führt aber auch zu Enttäuschungen und zusätzlichen Erlebnissen des Scheiterns. Gerade chronisch psychisch Kranke brauchen integrierte Hilfen.

1998 hat die AKTION PSYCHISCH KRANKE ein vom Bundesgesundheitsministerium gefördertes Forschungsprojekt für den Bereich »allgemeine Psychiatrie« abgeschlossen [2]. Darin wird die Behandlung und Rehabilitation psychisch kranker Menschen als viel zu sehr an Einrichtungskonzeptionen – so genannten ›Bausteinen‹ – und als viel zu fragmentiert kritisiert. Ein Umstieg von der angebotsorientierten zur am individuellen Bedarf orientierten Versorgung wird empfohlen. Ein solcher Paradigmenwechsel von institutions- zu personenzentrierten Hilfen ist auch für die Hilfen zur Teilhabe am Arbeitsleben dringend erforderlich.

Begrüßung und Eröffnung

Wir sind sehr froh, dass das Ministerium für Arbeit und Sozialordnung der AKTION PSYCHISCH KRANKE mit einem Projektauftrag ermöglicht hat, sich mit dem Stand und den notwendigen Perspektiven der Rehabilitation psychisch kranker Menschen zu befassen. Dafür an dieser Stelle meinen herzlichen Dank an Herrn Minister Riester, an dich, lieber Walter. Schön auch, dass du heute gekommen bist und mit deiner Teilnahme und deinem Beitrag die Tagung, vor allem aber die Teilhabe psychisch kranker Menschen nachdrücklich unterstützt.

An dieser Stelle möchte ich auch ganz herzlich Florian Gerster begrüßen – Vorstandsvorsitzender der Bundesanstalt für Arbeit, die bald einen schöneren Namen erhalten soll. Dass du dir, so kurz nach Amtsantritt, die Zeit nimmst, hier zum Thema ›Teilhabe von psychisch Kranken‹ zu sprechen, werten wir als sehr positives Signal. Das entspricht allerdings auch deinem bisherigen Engagement für psychisch kranke und andere behinderte Menschen. In deinem Zuständigkeitsbereich als Sozial- und Gesundheitsminister in Rheinland-Pfalz hat es ja deutschlandweit das erste Umsetzungsprojekt der AKTION PSYCHISCH KRANKE zum Personenzentrierten Ansatz gegeben. Des Weiteren hast du unter Bezugnahme auf die Empfehlungen der APK in Rheinland-Pfalz unter dem Namen »Hilfe nach Maß – selbstbestimmtes Leben« auch das bahnbrechende Projekt zu einer am individuellen Bedarf orientierten Finanzierung von Hilfen für behinderte Menschen durchgeführt, in dem ›persönliche Budgets‹ festgelegt wurden. Nach den positiven Erfahrungen in Rheinland-Pfalz konnte dies bereits im SGB IX aufgenommen werden und soll nun in allen Ländern erprobt werden.

Zurück zum Bundesministerium für Arbeit. Das BMA fördert diese Tagung. Auch dafür herzlichen Dank. Ein besonderer Dank sei den Mitarbeitern des zuständigen Referats, Herrn Dr. Petrich und Herrn Larbig, ausgesprochen, die in der Arbeitsgruppe des Projekts mitarbeiten. Sie haben die Arbeit maßgeblich inhaltlich unterstützt. Wir sind sehr zufrieden mit der guten Zusammenarbeit.

Die Philosophie der personenzentrierten maßgeschneiderten Hilfen hat ja inzwischen auch in die Gesetzgebung Eingang gefunden, zum Beispiel in das Job-AQTIV-Gesetz, das einen individuellen Eingliederungsvertrag vorsieht. Die Zeit der isolierten Hilfeleistungen in abgeschlossenen Einrichtungen sollte vorbei sein. In der Sozialgesetzgebung der letzten Jahre haben wir uns insbesondere dem Thema der Verzahnung und Vernetzung der Leistungen gewidmet und – wie ich meine – einige Erfolge erzielt:

Als wichtige Fortschritte im Rahmen der GKV-Gesundheitsreform 2000 sind hier die verbesserten Möglichkeiten zu Schaffung von Institutsambulanzen an Psychiatrischen Kliniken, die Integrationsbehandlung und die Soziotherapie zu nennen. Zentrale Aufgaben der Soziotherapie sind die Hinführung zu geeigneten Hilfen und deren Koordination in engem Kontakt mit dem Patienten oder der Patientin. Hier werden Brücken über Einrichtungsgrenzen hinweg gebaut.

Im Mittelpunkt des gerade in Kraft getretenen SGB IX steht die Zusammenführung verschiedener Leistungen im Sinne der Nutzerinnen und Nutzer. In diesem Falle geht es um die verschiedenen Formen der Rehabilitation bzw., nach neuem Jargon, der ›Hilfen zur Teilhabe‹. Der Zugang wird über alle Grenzen zwischen den verschiedenen Rehabilitationsträgern hinweg vereinfacht und vereinheitlicht. Der an Rehabilitation Interessierte kann sich ohne eigene Zuständigkeitsprüfung an jeden Rehabilitationsträger oder an eine übergreifende Servicestelle wenden.

Mit dem SGB IX sind auch programmatische Vorgaben verbunden, z.B. die Verpflichtung der Leistungsträger zur wohnortnahen Vorhaltung der erforderlichen Hilfen. Rechtlich sind positive Entwicklungen festzustellen, die es gilt in der Praxis umzusetzen. Die Erfahrung zeigt, dass dies oft ein schwieriger Prozess ist. Trotz langjähriger Erprobung mit anschließend bundesweiter Empfehlung gibt es nach wie vor viel zu wenige RPK (Rehabilitationseinrichtungen für psychisch Kranke). Trotz des Vorrangs ambulanter medizinischer Rehabilitation nach SGB V fehlen entsprechende Angebote fast vollständig. Die Politik darf und wird sich aus diesem Prozess nicht ausklinken. Es ist ein Novum, dass nach § 66 SGB IX bereits *im* Gesetz eine Überprüfung der Auswirkungen des Gesetzes festgelegt wurde. Bis zum 31.12.2004 ist ein Bericht vorzulegen, nach dem auch zu prüfen sein wird, ob und wo weiterer Handlungsbedarf für Politik und Gesetzgebung besteht.

Jede Ausgrenzung psychisch kranker Menschen ist unserer Gesellschaft unwürdig und ich bin froh, dass es hier unübersehbare Fortschritte gibt. Das Recht auf gleichberechtigte Teilhabe am Leben in der Gesellschaft bezieht sich jedoch auch auf die Teilhabe am Arbeitsleben. In diesem Bereich können wir nicht zufrieden sein.

Hier sind große Anstrengungen erforderlich. Fachleute werden gebraucht, die die erforderlichen Hilfen im Einzelfall leisten. Es ist aber auch ein konstruktives Zusammenwirken mit der Arbeitswelt erforderlich, um die finanziellen Rahmenbedingungen sowie ein möglichst vorurteilsfreies Umfeld in den Betrieben zu schaffen. Auch der Gesichtspunkt ›Prävention‹, inklusive ›Rückfallprävention‹ ist wichtig. In der betrieblichen Suchtprävention gibt es bereits einige Fortschritte.

Ich hoffe, diese Tagung kann einen Beitrag dazu leisten, dem Prozess der personenzentrierten Gestaltung der Hilfen zur Teilhabe psychisch kranker Menschen am Arbeitsleben nachhaltigen Auftrieb zu verleihen. Ich wünsche uns den Mut, hierbei auch Strukturen und Gewohntes infrage zustellen. In diesem Hilfebereich ist ein Reformschub überfällig.

Literatur

1. BUNDESMINISTERIUM FÜR ARBEIT UND SOZIALORDNUNG (Hg.): Lebenslagen in Deutschland. Der erste Armuts- und Reichtumsbericht der Bundesregierung, Bonn 2001
2. BUNDESMINISTERIUM FÜR GESUNDHEIT (Hg.): Von institutions- zu personenzentrierten Hilfen in der psychiatrischen Versorgung, Band I, Schriftenreihe des Bundesministeriums für Gesundheit Band 116, Baden-Banden 1999
3. BUNDESMINISTER FÜR JUGEND, FAMILIE, FRAUEN UND GESUNDHEIT (Hg): Empfehlungen der Expertenkommission der Bundesregierung zur Reform im psychiatrischen und psychotherapeutisch/psychosomatischen Bereich, Bonn 1988

Teilhabe am Arbeitsleben von Menschen mit psychischen Beeinträchtigungen

Rede des Bundesministers für Arbeit und Sozialordnung
Walter Riester

Verehrte Regina Schmidt-Zadel, meine Damen und Herren,
Politik für körperlich, geistig und seelisch behinderte Menschen ist ein vordringliches sozialpolitisches Anliegen dieser Bundesregierung. Sie ist für uns kein Randbereich politischen Handelns. Das zentrale Ziel der Bundesregierung, die Arbeitslosigkeit abzubauen, Menschen in Arbeit zu bringen, stimmt völlig mit dem Ziel dieses Kongresses überein, etwas für die Teilhabe psychisch kranker Menschen am Arbeitsleben zu tun. Daher danke ich der AKTION PSYCHISCH KRANKE ganz herzlich für die Initiative zu diesem Kongress und natürlich besonders für die freundliche Einladung, ihn eröffnen zu dürfen.

In den nächsten zwei Tagen werden sich Fachleute verschiedener Einrichtungen intensiv mit der Frage befassen »Teilhabe am Arbeitsleben – Arbeit und Beschäftigung für Menschen mit psychischen Beeinträchtigungen«. Und ich denke, Sie stimmen mir zu, wenn ich sage, das ist ein Thema mit hoher Brisanz vor allem für jene Menschen, die aus gesundheitlichen Gründen Probleme haben, am Arbeitsleben teilzuhaben.

Es ist eine gesicherte Erkenntnis, dass berufliche Teilhabe über den Gelderwerb hinaus eine ganz zentrale Bedeutung für die soziale Anerkennung der Menschen hat. Teilhabe am Arbeitsleben steigert nachhaltig das Selbstwertgefühl eines jeden von uns, bedeutet soziale Kontakte, bedeutet Teilhabe am gesellschaftlichen Leben und das gilt natürlich in besonderem Maße für Menschen mit psychischen Beeinträchtigungen.

Zu den Aktiva gehört, dass sich das Selbstverständnis von behinderten Menschen, auch der mit psychischen Behinderungen, in den letzten Jahrzehnten tiefgreifend verändert hat. Ja, wir können sogar von einem Paradigmenwechsel sprechen, der Teilhabe und Selbstbestimmung vor die Fürsorge gestellt hat. Auch psychisch beeinträchtigte Menschen haben wie andere behinderte oder von Behinderung bedrohte Menschen oft Fähigkeiten, die sie – wie jeder von uns – gern beweisen wollen. Dazu brauchen sie allerdings die Möglichkeit und auch unsere Solidarität. Und ich denke, auch mit diesem Kongress bereiten wir den Boden für ein breiteres Bewusstsein in der Gesellschaft, dass die Bereitschaft fördert, die betroffenen Menschen zu unterstützen.

Das Grundgesetz ist da voll auf unserer Seite. 1994 ist der Artikel 3 Absatz 3 unserer Verfassung um den Satz 2 erweitert worden: »Niemand darf wegen seiner Behinderung benachteiligt werden«. Es ist gut, dass wir das getan haben. Es ist bedauerlich, dass wir es überhaupt tun mussten. Und es wäre viel besser um uns alle bestellt, wenn wir diesen Satz im Grundgesetz eines Tages wieder streichen könnten, weil wir solch eine Regelung nicht mehr nötig haben. Auch das sollte einmal gesagt werden.

Unsere Politik für behinderte Menschen in dieser Legislaturperiode steht auf *drei Säulen*.

Die *erste* Säule ist das im Oktober 2000 in Kraft getretene Gesetz zur Bekämpfung der Arbeitslosigkeit Schwerbehinderter. Der Abbau der bis 1998 auf ein viel zu hohes Maß angewachsenen Arbeitslosigkeit schwerbehinderter Menschen ist ein ganz wesentlicher Schwerpunkt unserer Arbeit. Unser Ziel ist es, in drei Jahren, nämlich von Oktober 1999 bis Oktober 2002 die Zahl arbeitsloser schwerbehinderter Menschen um rund 50.000 zu verringern. Dass dies ein ehrgeiziges Ziel ist, wissen wir. Doch die Zwischenergebnisse sind ermutigend – bis März des Jahres konnte die Ausgangszahl bereits um 27.000 verringert werden. Und erfreulich ist auch der Rückgang der Arbeitslosigkeit schwerbehinderter Menschen. Er ist im Vergleich zur allgemeinen Arbeitslosigkeit überdurchschnittlich.

Die *zweite* Säule unserer Behindertenpolitik und gleichzeitig die umfangreichste Neuerung in dieser Legislaturperiode war die Verabschiedung des Neunten Buches des Sozialgesetzbuches zum 1. Juli letzten Jahres. Damit haben wir eine alte Forderung erfüllt, nämlich die, das Recht der Rehabilitation behinderter Menschen weiterzuentwickeln und im Sozialgesetzbuch als *eigenes* Buch zusammenzufassen. Und wir haben insgesamt *61 Leistungsverbesserungen* in das Neunte Buch hineingeschrieben; Verbesserungen, die durchweg auch den psychisch kranken Menschen zugute kommen können.

Ich möchte auch hier noch einmal darauf hinweisen, einfach deshalb, weil es gar nicht selbstverständlich ist bei so umfangreichen Gesetzesvorhaben: Das Sozialgesetzbuch Neun wurde entsprechend dem Politikverständnis dieser Bundesregierung im Dialog mit allen

Beteiligten entwickelt. Ich denke dabei neben vielen anderen auch an die Gastgeberin dieser Tagung, die AKTION PSYCHISCH KRANKE. Auch nach In-Kraft-Treten des SGB IX gelten die bewährten Grundsätze der Rehabilitationspolitik für uns weiter, die da lauten:
- »Prävention vor Rehabilitation«,
- »Rehabilitation vor Rente und Pflege«,
- »Selbsthilfe vor Fremdhilfe«,
- »ambulant vor stationär« und
- »so viel Normalität wie möglich«.

Ich meine, dass wir in der Politik für – und ich betone – vor allem *mit* behinderten Menschen einen neuen entscheidenden Schritt gegangen sind. Denn das Sozialgesetzbuch Neun erlaubt uns, die genannten Grundsätze mit noch besseren Ergebnissen für die Betroffenen umzusetzen. Mit dem SGB IX hat die Politik den Rahmen geschaffen, der es auch den seelisch behinderten und von Behinderung bedrohten Menschen ermöglicht, ihre eigenen Belange so weitgehend wie möglich selbst zu bestimmen. Das Sozialgesetzbuch Neun eröffnet neue Möglichkeiten, und dies ist ganz wichtig für psychisch beeinträchtigte Menschen: Sie erlauben uns bei der Förderung dieser Menschen eine Umorientierung von einer in der Vergangenheit allzu oft einrichtungszentrierten Sichtweise hin zur personenzentrierten und ressourcenorientierten Sichtweise.

Von den vielen Neuerungen und Verbesserungen des SGB IX möchte ich hier nur drei ansprechen, weil sie auch ganz erhebliche Auswirkungen auf den Personenkreis der psychisch behinderten und von Behinderung bedrohten Menschen haben:

Erstens – Die Prävention: Wir stärken den vorhin erwähnten und bewährten Grundsatz »Prävention vor Rehabilitation«, indem wir die Rehabilitationsträger verpflichten, Empfehlungen zu vereinbaren. Sie sollen die Einbindung von Ärzten in die Einleitung und Ausführung von Leistungen zur Teilhabe regeln. Denn ganz besonders bei psychischen Beeinträchtigungen gilt: Vorbeugen ist besser als heilen!

Zweitens – Der schnellere Zugang zu Rehabilitationsleistungen: Es kam in der Vergangenheit leider zu oft vor, dass Unstimmigkeiten zwischen den Rehabilitationsträgern – zum Beispiel über die Zuständigkeit oder über vorläufige Leistungen – zulasten der behinderten Menschen gingen. Es kam teilweise zu langen Wartezeiten, bis die notwendigen Entscheidungen getroffen wurden. Mit dem

SGB IX wird der Zugang zu den erforderlichen Leistungen beschleunigt: Die Leistungsträger müssen ihre Entscheidung über die zustehenden Rehabilitationsleistungen innerhalb weniger Wochen treffen. Denn auch für die Rehabilitation psychisch Beeinträchtiger gilt: Wer rasch hilft, der hilft doppelt!

Drittens – Die gemeinsamen Servicestellen: Behinderte und von Behinderung bedrohte Menschen sollen in den gemeinsamen Servicestellen, die die Rehabilitationsträger bis Ende dieses Jahres bundesweit einrichten müssen, umfassende Unterstützung bei der Klärung des Rehabilitationsbedarfs, der Entscheidungsvorbereitung, der Inanspruchnahme, der Koordinierung von Leistungen und bei nachgehenden Hilfen erhalten. Mit Einrichtung dieser ortsnahen Servicestellen können wir feststellen: Endlich hat das Denken nur für den Kreis der eigenen Versicherten damit ein Ende!

Die *dritte* Säule unserer Politik für behinderte Menschen schließlich ist das in diesem Monat in Kraft getretene Behindertengleichstellungsgesetz. Hier geht es um Gleichstellung und Barrierefreiheit. Das heißt: Niemand soll vom öffentlichen Leben in seinen vielen Facetten ausgeschlossen werden, niemand soll im öffentlichen Leben benachteiligt werden.

Kurz gesagt, liegt eine Benachteiligung behinderter Menschen immer dann vor, wenn Behörden behinderte und nicht behinderte Menschen ohne zwingenden Grund unterschiedlich behandeln. Werden Menschen dadurch in ihrer gleichberechtigten Teilhabe am Leben in der Gesellschaft beeinträchtigt, greift ab 1. Mai das Benachteiligungsverbot. Im Mittelpunkt steht die Barrierefreiheit. Es darf im öffentlichen Leben keine Barrieren für behinderte Menschen geben. Selbstverständlich gilt dieser Anspruch auch für psychisch kranke oder behinderte Menschen.

Wir wissen, dass wir mit dem SGB IX und dem Gleichstellungsgesetz nicht alle Probleme behinderter Menschen gelöst haben. Doch wir haben einen großen Schritt getan. Wir haben den rechtlichen Rahmen geschaffen, der es ermöglicht, behinderungsbedingte Nachteile durch besondere Leistungen zu überwinden und zu einer Gleichbehandlung behinderter Menschen mit nichtbehinderten Menschen zu kommen.

Beim SGB IX liegt es jetzt an den für die Ausführung verantwortlichen Rehabilitationsträgern, die ihnen gegebenen Möglichkeiten so zu nutzen, dass die gesteckten Ziele erreicht und die Erwartungen auch erfüllt werden. Ich bin davon überzeugt, dass alle Beteiligten hierfür besondere Anstrengungen unternehmen. Wir haben deshalb auch vorgesehen, in regelmäßigen Abständen Bilanz zu ziehen. Eine erste Auswertung zum SGB IX zur bundesweiten Einrichtung von gemeinsamen Servicestellen zeigt, dass wir auf dem richtigen Weg sind.

Bilanz ziehen, das wollen wir auch auf dieser Tagung, indem wir uns fragen: Tun wir genug für die Menschen mit psychischen Beeinträchtigungen, damit sie adäquate Arbeits- und Beschäftigungsmöglichkeiten finden? Die Bundesregierung ist sich bewusst, dass Menschen mit einer seelischen Behinderung in vielerlei Hinsicht andere Bedürfnisse haben als organisch oder geistig behinderte Menschen. Das muss bei der Koordinierung der Teilhabeleistungen berücksichtigt werden. Deshalb findet sich auch die Regelung im § 10 Abs. 3 SGB IX, wo es ganz klar heißt: »Den besonderen Bedürfnissen seelisch behinderter oder von einer solchen Behinderung bedrohter Menschen wird Rechnung getragen.« Nun gilt es, diese gesetzliche Verpflichtung mit Leben zu füllen.

Inwieweit haben psychisch beeinträchtigte Menschen besondere Bedürfnisse? Es ist bekannt, dass psychische Erkrankungen mit chronischem Verlauf und daraus resultierende Behinderungen sich nicht unbedingt gleichförmig entwickeln. Kennzeichnend für den Charakter psychischer Erkrankungen ist bei chronischem Verlauf, dass neben eingetretenen Behinderungen jeder Zeit akute Krankheitsphasen auftreten können und psychische Funktionseinbussen nicht in einen endgültigen Zustand münden.

Die herkömmliche Abfolge: Prävention – Akutbehandlung – Rehabilitation – Nachsorge ist daher für den Personenkreis der psychisch erkrankten und behinderten Menschen nur bedingt anwendbar. Leistungen der Behandlung, Pflege und Rehabilitation sind – je nach Krankheitsverlauf und dem Hilfebedarf des Betroffenen – flexibel kombiniert. Sie sind entsprechend dem Bedarf des Einzelnen stufenweise aufgebaut und gegebenenfalls wiederholt zu gewähren. Wie bei keiner anderen Erkrankung müssen Maßnahmen der Krankenhausbehandlung sowie der medizinischen, beruflichen und sozialen Rehabilitation ineinander greifen und miteinander verflochten sein. Zu jeder Zeit muss z.B. während einer beruflichen Rehabilitation der Zugang zur Krankenbehandlung möglich sein. Ich weiss, dass die Notwendigkeit eines jederzeit möglichen Zugriffs auf

Rede des Bundesministers für Arbeit und Sozialordnung

die Leistungen unterschiedlicher Kostenträger unser gegliedertes System vor besondere Herausforderungen stellt.

Als weitere Besonderheit psychischer Erkrankungen ist zu berücksichtigen, dass die Krankheit und Behinderung sicher für die Betroffenen wie auch für andere vielfach nur schwer zu verstehen sind. Dies führt häufig zu neuen Benachteiligungen. Die noch immer vorhandenen Vorurteile gegen Menschen mit psychischen Behinderungen haben hier ihre wesentliche Ursache. Aber auch bei den Fachleuten ist nicht immer ausreichendes Wissen über psychische Erkrankungen und die daraus resultierenden Behinderungen vorhanden.

Als ein Charakteristikum psychischer Erkrankungen wird beschrieben, dass die Fähigkeiten bei Betroffenen eingeschränkt sind, soziale Rollen etwa in der Familie, im Freundeskreis oder im Betrieb entsprechend den Erwartungen der Umwelt auszufüllen. Für ihn wie auch für die Menschen in der sozialen Umgebung ist zunächst in der Regel nicht erkennbar, ob z.B. Inaktivität krankheitsbedingt ist oder ob sie Folge mangelnden Willens ist.

Diese Schwierigkeit aller Beteiligten, krankheitsbedingte Störungen und Einschränkungen zu erkennen, führt vielfach auch zu einer Beeinträchtigung in der Fähigkeit, notwendige Hilfen frühzeitig in Anspruch zu nehmen bzw. zu gewähren.

Ich denke, wir alle hier sind uns einig: Seit die Bundesregierung Mitte der 70er-Jahre die Psychiatrie-Enquete in Auftrag gab, hat sich vieles für die psychisch beeinträchtigten Menschen in Deutschland getan. Vieles hat sich zum Besseren gewendet. So ist in den vergangenen 25 Jahren ein sehr differenziertes Rehabilitationsangebot für psychisch kranke und behinderte Menschen bei uns entstanden. Als Spezialeinrichtungen für diesen Personenkreis möchte ich die Beruflichen Trainingszentren und die »RPK«, die Rehabilitationseinrichtungen für psychisch Kranke, ausdrücklich nennen.

Berufliche Trainingszentren, kurz BTZ genannt, sind regionale Einrichtungen der beruflichen Rehabilitation vorrangig für erwachsene psychisch behinderte Menschen, die bereits über eine Ausbildung verfügen. Ziel der Trainingsmaßnahmen in den bundesweit zehn BTZ ist es, die berufliche Perspektive in jedem Fall realistisch abzuklären und die Wiedereingliederung in den allgemeinen Arbeitsmarkt zu erreichen. In den etwa 50 RPK erhalten die psychisch beeinträchtigten Menschen durch ein interdisziplinäres Team möglichst gemeindenah die nötigen Hilfen, die sie im Bereich der medizinischen Rehabilitation und der Teilhabe zum Arbeitsleben benötigen.

Ich freue mich, dass im Gegensatz zur Zeit bis in die achtziger Jahre psychisch beeinträchtigte Menschen heute auch fast in allen Berufsbildungs- und Berufsförderungswerken aufgenommen werden, Einrichtungen, die sich primär an die Gruppe der körperlich und lernbehinderten Menschen richten. Psychisch beeinträchtigte Menschen arbeiten in Integrationsprojekten, in Werkstätten für behinderte Menschen bzw. in eigens für ihren Personenkreis geschaffenen Zweigwerkstätten. Im ambulanten Bereich kümmern sich Berufsbegleitende Dienste darum, bestehende Arbeitsverhältnisse von psychisch Erkrankten zu erhalten. Und die Integrationsfachdienste, deren bundesweite Existenz und deren Förderung wir ebenfalls ausdrücklich in das SGB IX geschrieben haben, suchen für arbeitslose psychisch Kranke und Behinderte adäquate Beschäftigungsmöglichkeiten, bevorzugt auf dem allgemeinen Arbeitsmarkt.

Sie sehen: Das Angebot an rehabilitativen Möglichkeiten für psychisch Kranke und Behinderte ist sehr vielfältig. Wir müssen aber gleichzeitig feststellen: Anders als bei körperlich bzw. geistig behinderten Menschen ist das Reha-Angebot für psychisch beeinträchtigte Menschen viel unterschiedlicher strukturiert.

So gibt es regionale Unterschiede, was die Anzahl und die Art der vorhandenen Einrichtungen betrifft. Wir wissen von verschiedenen Aufnahmekriterien der einzelnen Reha-Einrichtungen für psychisch Beeinträchtigte. Und der konkrete Ablauf der Reha-Maßnahmen kann sich auch wieder anders gestalten, und das oft nur in Abhängigkeit davon, wo der Betroffene seinen Wohnsitz hat. Wenn dann noch festgestellt werden muss, dass sich hinter identisch bezeichneten Einrichtungen tatsächlich unterschiedliche Rehabilitationsangebote für die psychisch beeinträchtigten Menschen verbergen, kann das keineswegs zufrieden stellen.

Und auch wenn die Vielfalt an Reha-Angeboten durchaus den regional unterschiedlichen Finanzierungs- und Umsetzungsmöglichkeiten entsprechen mag – für die Betroffenen – und um die geht es uns – ist dieses Angebot wegen seiner Unübersichtlichkeit oft kaum durchschaubar.

Dies ist unbefriedigend. In diesem Zusammenhang möchte ich darauf hinweisen: Wir reden über Reha-Angebote für Menschen mit Beeinträchtigungen, von denen morgen jeder von uns betroffen sein kann. Es ist wahrscheinlich noch immer nicht ausreichend bekannt, wie sehr psychische Störungen insgesamt verbreitet sind. So gehen Fachleute davon aus, dass etwa ein Drittel der gesamten Bevölkerung im Laufe des Lebens irgendwann an einer psychischen Störung leidet. Etwa jeder zehnte Bundesbürger leidet im Laufe eines Jahres unter seelisch bedingten Störungen. Und eine solche Störung verläuft bei immerhin etwa 3 bis 5 % der Bevölkerung so schwer, dass eine längerfristige Behandlung bzw. Rehabilitation erforderlich ist. Etwa 200.000 Menschen bedürfen pro Jahr einer Krankenhausbehandlung.

Die Träger der vorhandenen Reha-Einrichtungen haben sich in erheblichem Umfang auf die Rehabilitation psychisch behinderter Menschen eingestellt. Ich möchte dies ausdrücklich hervorheben, dass ich darin ein gutes Zeichen sehe. Die Verantwortung für behinderte Menschen wird von den Trägern der Reha-Einrichtungen ernst genommen.

So ist davon auszugehen, dass pro Jahr etwa 3.000–5.000 psychisch behinderte Menschen in den Berufsförderungswerken (BFW) ein Rehabilitationsangebot erhalten. Etwa 1.300 Menschen mit psychischen Behinderungen werden in Berufsbildungswerken (BBW) rehabilitiert. Damit haben sich diese Einrichtungen aus eigenem Antrieb dieser für sie neuen Aufgabe gestellt. Und das, obwohl die Rehabilitation psychisch behinderter Menschen ursprünglich nicht zum Versorgungsauftrag der BFW und BBW gehörte. Ähnliches gilt für die Werkstätten für behinderte Menschen, die in zunehmender Zahl psychisch behinderte Menschen unter anderem in ihren Zweigwerkstätten beschäftigen. Ich möchte mich heute ganz besonders für dieses Engagement zum Wohle der psychisch behinderten Menschen bedanken.

Natürlich gibt es weiterhin noch viel zu tun. Lassen Sie mich einige Probleme nennen:

Die RPK-Vereinbarung: Die Rehabilitationseinrichtungen für psychisch Kranke (RPK) gründen sich auf eine Vereinbarung aus dem Jahr 1987, die – und das war und ist etwas Besonderes – gemeinsam von den Trägern der Kranken- und Rentenversicherung sowie der Bundesanstalt für Arbeit geschlossen wurde. Diese Vereinbarung ist nun fast 15 Jahre alt und entspricht in einigen Teilen nicht mehr den Ansprüchen an eine moderne Rehabilitation. Genau wie bei den Berufsbildungs- oder Berufsförderungswerken ist auch hier die Entwicklung weiter gegangen. Eine neue RPK-Vereinbarung ist seit Jahren in Arbeit. Ich wünsche uns, dass sie bald verabschiedet wird und in die praktische Arbeit Eingang findet.

Regionale Unterschiede: Ich sagte es bereits: Es gibt große Unterschiede in den Regionen bei den Reha-Angeboten. So ist in den neuen Bundesländern nur *ein* Berufstrainingszentrum für psychisch Kranke tätig. Ich wünsche mir, dass hier verstärkt darüber nachgedacht wird, ob die regionalen Versorgungsangebote ausreichen. In Zukunft muss es darum gehen, das erreichte Reha-Angebot zu festigen, es muss auch darum gehen, neue Angebote im erforderlichen Umfang zu entwickeln.

Das Bundesarbeitsministerium hat sich seiner Verantwortung für ein an den Bedürfnissen der psychisch Beeinträchtigten ausgerichtetes Reha-Angebot gestellt: Wir fördern seit Mai 2000 ein auf drei Jahre angelegtes und von der AKTION PSYCHISCH KRANKE durchgeführtes *Forschungsprojekt* mit der Bezeichnung »Bestandsaufnahme der Rehabilitation psychisch Kranker/Behinderter« mit mehr als einer halben Million Euro. Und das vor folgendem Hintergrund:

1. Bis heute gibt es *keine umfassende* Bestandsaufnahme, die ein Gesamtbild der für psychisch beeinträchtigte Menschen vorhandenen Reha-Angebote gibt.
2. Völlig fehlt eine geschlossene Betrachtung von Maßnahmen zur beruflichen Teilhabe und Eingliederung *im Kontext* mit weiteren, im Einzelfall erforderlichen Leistungen zur medizinischen Reha oder Krankenbehandlung und sozialen Eingliederung, die wiederum
3. die Grundlage für Empfehlungen zur strukturellen Weiterentwicklung der Reha psychisch kranker bzw. behinderter Menschen bilden kann.

Die AKTION PSYCHISCH KRANKE bearbeitet im Rahmen des Forschungsprojekts folgende Fragen- und Themenkomplexe:
- Eine funktionale Beschreibung von Maßnahmen zur beruflichen Teilhabe und Eingliederung sowie des Personenkreises »psychisch kranke und behinderte Menschen«,
- die Beschreibung vorhandener Einrichtungen und Dienste im Bereich der beruflichen Teilhabe und Eingliederung,
- die Untersuchung der Effektivität der Teilhabe- bzw. Eingliederungsmaßnahmen,

- eine Bewertung der Einrichtungen und Dienste und der von diesen durchgeführten Maßnahmen.

Am Ende des Projekts soll die APK dem Bundesarbeitsministerium Vorschläge zu folgender Frage machen: *Wie können die bestehenden Angebote zur beruflichen Teilhabe bzw. Eingliederung psychisch kranker und behinderter Menschen sinnvoll weiterentwickelt werden?*

Dieses Projekt verfolgen wir im BMA mit großer Aufmerksamkeit. Es wird von einem Beirat begleitet, in dem Selbsthilfeverbände psychisch behinderter Menschen vertreten sind, aber auch zahlreiche Vertreter aus Reha-Einrichtungen, die Reha-Träger sowie zahlreiche Fachleute aus der Psychiatrie mitwirken. Die Ergebnisse des Projektes werden zwar erst im Jahre 2003 erwartet, doch lassen sich schon heute bestimmte Erkenntnisse als Zwischenergebnisse formulieren, die alle um die wichtige Frage kreisen: *Wie kann Arbeit mehr als bisher zum integrativen Bestandteil einer erfolgreichen Rehabilitation für psychisch beeinträchtigte Menschen gemacht werden?*

Ich möchte abschließend kurz die m.E. wichtigsten Zwischenergebnisse des Projekts »Bestandsaufnahme zur Rehabilitation psychisch Kranker/Behinderter« aufzeigen. Die Sicherung der Teilhabe am Arbeitsleben sollte als wichtigstes Ziel betrachtet werden. Die vielschichtige Bedeutung von Teilhabe am Arbeitsleben und auch die sozialen, gesundheitlichen und psychischen Folgen von Arbeitslosigkeit sind in den letzten Jahrzehnten wiederholt untersucht und beschrieben worden. Ein zentraler Aspekt ist, dass die Teilhabe an der Erwerbsarbeit und das dadurch erzielbare Einkommen die Lebenssituation der Menschen wesentlich bestimmt. Das gilt für die psychisch beeinträchtigten Menschen ebenso wie für jeden anderen.

Außerdem hat die Teilhabe am Arbeitsleben gerade für Menschen mit psychischen Beeinträchtigungen große Bedeutung, denn Arbeit verschafft ihnen ein Gefühl von persönlichem Erfolg und persönlicher Sicherheit durch die gelungene Bewältigung von äußeren Anforderungen und die Erfüllung der Erwartungen anderer. Teilhabe am Arbeitsleben bietet ihnen eine wichtige Möglichkeit, sich in normalen sozialen Rollen zu engagieren und sich nicht als Patient zu fühlen. Und was ganz wichtig für diesen Personenkreis ist: Arbeit bietet ein wirksames Mittel zur Tagesstrukturierung.

In diesem Zusammenhang ist es sehr wichtig, dass die Integration in ein solches Arbeitsverhältnis gelingt, das den Neigungen und Fähigkeiten des Menschen mit psychischer Beeinträchtigung entspricht. Es müssen sowohl Überforderung als auch Unterforderung vermieden werden. Das entspricht auch dem SGB IX. Dabei sollte es um das gesamte Spektrum von Arbeits- und Beschäftigungsmöglichkeiten gehen: Von stundenweiser Tätigkeit bis zur Vollzeitbeschäftigung, möglichst auf dem allgemeinen Arbeitsmarkt, aber auch in Werkstätten für behinderte Menschen und in Integrationsprojekten.

Die heutige Tagung bietet Gelegenheit, die Ergebnisse des Forschungsprojektes »Bestandsaufnahme der Rehabilitation psychisch Kranker« kennen zu lernen. Die Rehabilitation psychisch behinderter Menschen stellt uns vor *besondere* Herausforderungen. Ich würde es daher begrüßen, wenn in einer breiten Diskussion neue Impulse gegeben werden könnten. Ich bin sicher, dass diese Tagung einen wichtigen Beitrag zur Integration psychisch behinderter Menschen in Familie, Beruf und die Gesellschaft leisten wird. In diesem Sinne wünsche ich der Konferenz einen erfolgreichen Verlauf. Vielen Dank.

Rede des Vorstandsvorsitzenden der Bundesanstalt für Arbeit

Florian Gerster

Ich freue mich, liebe Regina Schmidt-Zadel, verehrte Frau Vorsitzende, dass ich die Einladung an meinen Vorgänger übernehmen konnte. Gerne knüpfe ich an frühere Kontakte zur AKTION PSYCHISCH KRANKE an. Die Bundesanstalt für Arbeit trägt in besonderem Maße dazu bei, dass die Beteiligung am Arbeitsleben für psychisch kranke Menschen, für psychisch behinderte Menschen immer häufiger zum Normalfall und nicht zum Ausnahmefall wird.

In meiner Amtszeit als Sozial- und Gesundheitsminister in Rheinland-Pfalz, von 1994–2002, zog sich das Thema Psychiatriereform wie ein roter Faden durch meine Arbeit. Ich wage zu behaupten, dass sich in Rheinland-Pfalz für psychisch kranke Menschen in diesen Jahren mehr verändert hat als Jahrzehnte vorher. Und das liegt nicht einmal an dem zuständigen Gesundheitsminister, sondern es lag daran, dass es eine Bürgerbewegung im besten Sinne war, in der sich Wissenschaft, engagierte Betroffene, Psychiatrie-Erfahrene, aber auch Menschen des öffentlichen Lebens zusammengetan haben.

Ich fand es ausgesprochen erfreulich, dass es in den letzten zehn Jahren keinen einzigen Fall gab, in dem sich eine Kommune gegen die Einrichtung einer Tagesstätte für psychisch erkrankte Menschen in einem Wohngebiet gewehrt hätte. Diese Themen wurden noch vor nicht langer Zeit öffentlich nicht immer so behandelt, wie es notwendig war. In den letzten zehn Jahren haben wir hinsichtlich solcher Themen eine Normalisierung erreicht, die außerordentlich erfreulich ist. Eine Normalisierung, die übrigens auch die Fantasie der Menschen prägt: Psychisch zu erkranken liegt bei vielen Menschen nicht mehr außerhalb ihrer Vorstellungskraft.

Als Gesundheitsminister habe ich immer wieder betont, dass keiner von sich sagen kann, dass er 100%-ig gesund oder 100%-ig krank ist. Der Normalfall von somatischen Krankheiten könnte auf einer Skala zwischen 10 und 90 liegen. Manche haben gelernt, mit ihren Beschwerden zu leben. Andere fühlen sich gesund, können aber aus heiteren Himmel einen Warnschuss bekommen.

Bei der psychischen Krankheit herrschte lange die Vorstellung, dass sie auf einen relativ abgrenzbaren Personenkreis beschränkt ist und die große Mehrheit davon nicht betroffen. Diese Überzeugung hat sich geändert. Und keiner kann für sich – wie das für körperliche Krankheiten gilt – ausschließen, bis zu einem gewissen Grade psychisch krank zu sein oder psychisch krank zu werden. Deswegen ist eine bessere Integration psychisch kranker Menschen im besten Sinne auch eine Vorsorge für eine mögliche persönliche Betroffenheit und für die Betroffenheit im persönlichen Umfeld.

Am meisten hat mich gefreut, meine Damen und Herren, dass sich in Rheinland-Pfalz, und das gilt sicher auch für viele andere deutsche Bundesländer, Menschen für psychisch Kranke engagiert haben, die sich genauso gut für andere öffentliche Belange hätten einsetzen können, etwa für Sport oder Kultur. Als Beispiel möchte ich Roswitha Beck nennen, die Frau des Ministerpräsidenten und Vorsitzende eines Fördervereins für die Psychiatrie in Rheinland-Pfalz. Sie hat im Laufe der Zeit eine hohe finanzielle Summe, schätzungsweise einen sechsstelligen D-Mark-Betrag, für Einrichtungen und für psychisch kranke Menschen gesammelt.

Ich kann mich noch sehr genau an meine Zeit als junger Abgeordneter im Landtag Ende der 70er-Jahre erinnern. Die Psychiatrie-Enquête von 1975, verbunden mit dem Namen Prof. Kulenkampff, der vor einigen Wochen gestorben ist, war damals eine Zäsur. Das war ein Einschnitt in der Psychiatriegeschichte, ein Einschnitt auch im Gesundheitswesen Deutschlands, der mit wenigen anderen Paradigmenwechseln, so nennt man das ja inzwischen auf Neudeutsch, vergleichbar ist. 1975 war mit der Psychiatrie-Enquête ein Quantensprung in der Betrachtung der gesundheitspolitischen Versorgung verbunden. Leider hat es in manchen Regionen, in manchen Ländern relativ lange gedauert, bis die Erkenntnisse umgesetzt wurden. Die großen Psychiatrischen Krankenhäuser, meistens staatliche Landeskrankenhäuser, zu dezentralisieren, brauchte gute Zeit. Viel Zeit ging ins Land, bis die Psychiatrie in die Gemeinde kam und als Gemeindepsychiatrie in das persönliche Umfeld. Bis dahin sind psychisch kranke Menschen weit entfernt von ihrem Umfeld irgendwo in einer zentralen Einrichtung für Monate oder auch für länger aus dem gemeinschaftlichen Leben verschwunden. Es hat lange gedauert bis das umgesetzt wurde, aber diese Umsetzung hat enorm an Geschwindigkeit gewonnen, und in Rheinland-Pfalz wurde in den 90er-Jahren das nachgeholt, was in den 80er-Jahren versäumt wurde.

Rede des Vorstandsvorsitzenden der Bundesanstalt für Arbeit

Ich sehe unter den Zuhörern Herrn Schmidt und andere, die das beurteilen können. Sie nicken. Wir haben in diesem Bereich wirklich mehr getan als für jede andere Personengruppe, und ich glaube, dass es auch richtig und notwendig gewesen ist. Ich bin froh darüber, dass wir auf diese Weise zur Normalisierung beigetragen haben. Herr Bundesminister Riester hat die erfreuliche Entwicklung der Arbeitslosigkeit schwerbehinderter Menschen und darunter auch vieler psychisch behinderter Menschen erwähnt. Auch da sind wir auf dem Weg zur Normalisierung, was ich vor einigen Jahren noch gar nicht zu hoffen gewagt habe. Bei einer insgesamt schwierigen Arbeitsmarktentwicklung ist die Beschäftigung behinderter Menschen und darunter auch vieler psychisch behinderter Menschen deutlich besser geworden.

Meine Damen und Herren, es geht natürlich wie immer in der Arbeitsmarktpolitik in erster Linie um die Eingliederung in den ersten Arbeitsmarkt. Der zweite Arbeitsmarkt ist auch für psychisch kranke und behinderte Menschen, für zu rehabilitierende oder rehabilitierte Menschen immer eine Notlösung, immer eine Ersatzlösung, die durchaus eine Berechtigung haben mag, vor allem aber dann, wenn sie eine Brücke in den ersten Arbeitsmarkt schlägt, wenn sie als Vorstufe angelegt ist, als Trainingslager sozusagen, von dem aus der Weg in den ersten Arbeitsmarkt führt.

Die Bundesanstalt für Arbeit wird oft gemessen an Zahlen von Menschen, um die sie sich kümmert oder kümmern muss. Es sind zu viele. Es sind zu viele Arbeitslose, im Jahresdurchschnitt um die 4 Millionen. Sie wird auch gemessen an den Geldleistungen, die für diese Menschen aufgebracht werden. Es ist dann schon recht eindrucksvoll, wenn der Haushalt in Nürnberg eine Dimension von über 50 Milliarden Euro aufweist, darunter auch ein Bundeszuschuss von 2 Milliarden Euro. Das ist eine Menge Geld. Was bei solchen Betrachtungen eindrucksvoller Zahlen, auch negativ eindrucksvoller Zahlen – und niemand ist stolz über eine solche Bilanz – vergessen wird, ist die Beratungsqualität und die Beratungsintensität, die in vielen Arbeitsämtern in Deutschland geleistet wird.

Ich bin froh für eine Institution sprechen zu können, die zum Teil ohne eigenes Verschulden ins Gerede gekommen ist, die aber mit ihren neunzigtausend Menschen, eine Qualität der Beratung erbringt, die, wie viele von ihnen beurteilen können, dazu beigetragen hat und immer wieder von neuem dazu beiträgt, dass die berufliche Rehabilitation vielen psychisch kranken Menschen die Integration in das Arbeitsleben ermöglicht hat. Diese Beratungsdienstleistung, die Qualität dieser Beratung, ist, so denke ich, erwähnenswert. Und ich bin auch froh darüber, dass bei der Reform der Arbeitsverwaltung – ein Teil davon ist das so genannte Arbeitsamt 2000 – die Rehabilitation im Reha-Team gebündelt worden ist. Diese ganzheitliche Leistung wird nicht etwa »am Rande« für eine kleine Personengruppe erbracht. Das Reha-Team ist ein ganz wesentlicher Teil der Dienstleistung eines Arbeitsamtes – von denen es 181 gibt, rechnet man noch alle Geschäftsstellen dazu, sind es über 600 in Deutschland.

Diese Beratungsqualität geht deutlich über das in Zahlen messbare Leistungsgeschehen hinaus. Bei der Reform der Arbeitsämter, Stichwort Arbeitsamt 2000, wurden die internen Schnittstellen reduziert. Es sollte verhindert werden, dass Menschen, die die Leistungen des Arbeitsamtes in Anspruch nehmen, von Tür zu Tür geschickt werden. Im Arbeitsamt 2000 sollen »die Akten wandern«, nicht aber die betroffenen Menschen. Eine ganzheitliche Eingliederungsstrategie muss im Vordergrund stehen.

Die Arbeitsämter erfahren wesentliche Unterstützung durch die Möglichkeiten der Arbeitserprobung und Berufsfindung in Reha-Einrichtungen. Es ist zum Teil schon von Frau Schmidt-Zadel und von Herrn Minister Riester erwähnt worden. Dort ist es möglich, auf Menschen mit Leistungseinschränkungen einzugehen und gleichwohl eine Brücke zum ersten Arbeitsmarkt zu bauen ohne ein auf Dauer geschütztes Umfeld als Barriere aufrecht zu erhalten.

Es gibt auch in der Bundesanstalt für Arbeit interne Kompetenzen, die in diesem Zusammenhang erwähnenswert sind. 320 Ärztinnen und Ärzte sowie 420 Psychologinnen und Psychologen bieten wohnortnah und arbeitsmarktnah Untersuchungen und Beratungen an. Auch dort hat sich das Fallmanagement durchgesetzt, möglichst ganzheitlich und über längere Abschnitte personenzentriert zu betreuen; eine Betreuung, die nicht wechselt, wenn eine Phase abgeschlossen ist, sondern die den zu beratenden, den einzugliedernden Betroffenen möglichst lange begleitet.

Erwähnenswert sind auch die Berufsbildungs- und Berufsförderungswerke. Ich war erst vor wenigen Tagen in Heidelberg bei der Stiftung Rehabilitation, einem der ganz großen Anbieter, auch wenn ich bei den ganz großen Anbietern manchmal gemischte Gefühle habe, das gebe ich gerne zu. Die Grenze zwischen Oligopol und Monopol ist dabei fließend. Bei allem Respekt für die hervorragende Arbeit großer und erfahrener Einrichtungen, muss es so etwas geben wie einen regionalen Markt. Die Arbeitsämter werden dort, wo sie Hilfen finanzieren, verstärkt darauf zu achten haben, dass es diesen regionalen Markt gibt.

Auf die psychische Erkrankung zugeschnitten sind spezielle Einrichtungen für die Rehabilitation psychisch Kranker (RPK) und berufliche Trainingszentren entstanden. Auch in den Werkstätten für behinderte Menschen (WfbM) ist der Anteil der psychisch Kranken in den letzten Jahren erheblich gestiegen. Gleichwohl weiß ich, dass es oft nicht recht passt, wenn körperlich, geistig und psychisch behinderte Menschen zum Teil in ähnlichen oder in den selben Einrichtungen tätig sind und integriert werden sollen. Da ist es sinnvoller – und das geschieht ja auch schon – Sub-Einrichtungen zu schaffen, die auf die jeweilige Personengruppe besser eingehen können. Differenzierung tut Not, und dieser Differenzierung wird auch zunehmend Rechnung getragen.

Eine ausgesprochen positive Entwicklung kennzeichnet den Aufbau beruflicher Trainingszentren (BTZ). Ist die medizinische Rehabilitation abgeschlossen, wird im Rahmen einer Orientierungsphase ein Reha-Plan mit dem Ziel der Aufnahme einer Beschäftigung auf dem allgemeinen Arbeitsmarkt erarbeitet. Vorhandene Arbeitstugenden werden beispielsweise trainiert. Das ist übrigens kein Phänomen für psychisch Kranke oder behinderte Menschen. Längere Phasen der Arbeitslosigkeit sind mit Dequalifizierung verbunden, die mit der allgemeinen Einstellung zur Arbeit zu tun haben, gar nicht nur in erster Linie mit fachlichen Fertigkeiten, sondern mit der Bereitschaft und der Fähigkeit, längere Phasen des Arbeitens durchzuhalten, bestimmte regelmäßige Zeiten zu akzeptieren und eine gewisse Disziplin, auch im Tagesablauf, als notwendiges Muss des Arbeitslebens in einer arbeitsteiligen Organisation für sich selbst zu akzeptieren. Das muss erst wieder trainiert werden, wenn längere Phasen der Entwöhnung vom Arbeitsleben vorangegangen sind, und das gilt dann natürlich besonders auch für psychisch kranke Menschen, die wieder zurückfinden müssen in das Arbeitsleben.

Das SGB IX hat nach der Psychiatrie-Enquête wesentliche weitere Schritte gebracht, vor allen Dingen auch durch die inhaltliche und zeitliche Koordination der unterschiedlichen rehabilitativen Leistungen. Ähnlich wie die Psychiatrie-Enquête könnte jetzt das neue Rehabilitationsrecht im SGB IX ein Meilenstein bei der Verbesserung der Teilhabe psychisch kranker Menschen am Leben in der Gemeinschaft und am Arbeitsleben werden.

Die Voraussetzung ist durch den Gesetzgeber geschaffen worden. Im SGB IX wird verbindlicher geregelt, was bereits im Rehabilitations-Angleichungsgesetz von 1974 vorgeschrieben wurde. Zu nennen ist der Vorrang der Prävention und die Verpflichtung, in jedem Fall der Antragstellung auf Sozialleistungen zu prüfen, ob Leistungen zur Teilhabe Erfolg versprechend sind. Um sicherzustellen, dass es tatsächlich zu einem besseren Zusammenwirken und zur Entwicklung gemeinsamer Qualitätsgrundsätze kommt, werden nun die Rehabilitationsträger zur Vereinbarung gemeinsamer Empfehlungen unter dem Dach der Bundesarbeitsgemeinschaft für Rehabilitation verpflichtet.

Für psychisch kranke Menschen, meine Damen und Herren, ist von besonderer Bedeutung, dass die Träger der Sozialhilfe, also die örtlichen Sozialämter, aber auch die entsprechenden Einrichtungen auf der Landesebene und die Träger der öffentlichen Jugendhilfe, die Leistungen zur Teilhabe am Leben in der Gemeinschaft erbringen, in den Kreis der Rehabilitationsträger aufgenommen worden sind. Das alles nützt aber nichts, wenn die Sozialversicherungszweige diese Grundsätze nicht auch im Sinne einer ergebnis- statt verrichtungsorientierten Arbeitsweise in die Tat umsetzen. Also ähnlich wie bei der ganzheitlichen Betreuung der Klienten oder Kunden durch die Arbeitsämter, geht es hier um eine ergebnisorientierte Begleitung durch die verschiedenen Zweige der Sozialversicherung. Diese dürfen sich nicht an den Grenzen der eigenen rechtlichen Zuständigkeiten orientieren, wodurch unter Umständen Verschiebebahnhöfe zwischen den verschiedenen Zweigen der Sozialversicherung entstehen und dann zu jeweils unterschiedlichen Leistungsansprüchen und Möglichkeiten der Integration führen können.

Ich freue mich, dass von Frau Schmidt-Zadel das persönliche Budget so positiv erwähnt worden ist, das wir in Rheinland-Pfalz als Großversuch auf der Ebene des ganzen Landes eingeführt haben. Wir nennen dieses Modellprojekt »Hilfe nach Maß – Selbstbestimmung für behinderte Menschen«. Wir wollen damit erreichen, dass durch ein persönliches Budget der behinderte Mensch und eben auch der psychisch behinderte Mensch die Leistungen selbst einkaufen kann, die für ihn angemessen sind. Soweit er nicht völlig allein entscheiden und keine Markttransparenz herstellen kann, muss dies natürlich durch entsprechende Beratung unterstützt werden; gegebenenfalls müssen andere für ihn die Entscheidung treffen. Aber es kommt darauf an, dass das Angebot für behinderte Menschen und für psychisch behinderte Menschen vom Einzelnen her gedacht wird, also vom Kunden her und nicht von der Einrichtung entwickelt wird.

Ich will zurückkommen auf meine Mischung aus Respekt und Skepsis gegenüber den großen zentralen Einrichtungen der Rehabilitation. Diese sind ohne Zweifel professionell, gut und haben auch unter Qualitätsgesichtspunkten eine bemerkenswerte Entwicklung in den letzten Jahren in vielen Regionen Deutschlands genommen. Aber sie setzen Standards oft aus der professionellen Sicht der Einrichtungen, und das ist nicht immer die Bedarfssicht des oder der Betroffenen. Deswegen müssen wir auch hier das Leistungsgeschehen demokratisieren. Wir müssen es gewissermaßen zurück verlagern zu dem Betroffenen und den Menschen, die personenzentriert betreuen, was übrigens auch ökonomisch vernünftig sein kann. Es wird in den meisten Fällen gelten, weil die Standards, die die Einrichtungen definieren eher Vollversorgungsstandards aus Sicht der Einrichtungen sind. Das niedrigschwellige Angebot wird unter Umständen von dem Betroffenen sehr viel besser angenommen, wenn er nicht Standards vorfindet, für die oder gegen die er sich nicht entscheiden kann.

Meine Damen und Herren, das Leistungsgeschehen in den Arbeitsämtern muss sich insgesamt beschleunigen. Die berufliche Rehabilitation muss noch stärker darauf ausgerichtet werden, den Arbeitsplatzverlust zu vermeiden. Die Rehabilitation muss wirksam werden, *bevor* der Arbeitsplatzverlust zu beklagen ist. Dazu braucht es ein wohnortnahes, zielorientiertes Fallmanagement. Wir werden bei der Reform der Arbeitsverwaltung, die im Augenblick in einer Reform-Kommission in der Verantwortung des Bundesarbeitministers vorbereitet wird und die dann auch nach der Bundestagswahl zu weiteren gesetzlichen Veränderungen führen muss, darauf achten, dass das Leistungsgeschehen sich gerade auch in dem Bereich der Reha-Organisation beschleunigt, damit wir eben nicht Schaden reparieren, der nicht eintreten muss, wenn schnell genug und vor allen Dingen auch präventiv gehandelt haben. Wir müssen darüber hinaus auch die Arbeitgeberberatung verstärken. Wir müssen die Arbeitgeber überzeugen, dass Menschen mit psychischen Beeinträchtigungen nicht automatisch ein Störfaktor sind, sondern im Gegenteil, wenn sie sinnvoll integriert werden, eine Bereicherung darstellen. Das kann man mit den Leistungen, die uns der Gesetzgeber an die Hand gibt, unterstützen.

Wenn bestimmte Trainingsmaßnahmen, wenn bestimmte Erleichterungen im Arbeitsleben öffentlich gefördert werden, dann können solche Menschen ein Gewinn für ein Team sein, und für einen Arbeitgeber, und dafür müssen wir werben. Die Erfahrung ist übrigens positiv. Arbeitgeber, die Erfahrungen mit psychisch beeinträchtigten Menschen oder mit Menschen gemacht haben, die nach einer Phase der psychischen Beeinträchtigung in das Arbeitsleben wieder voll integriert wurden, sind nach meiner Beobachtung in fast allen Fällen bereit, das Arbeitsverhältnis fortzusetzen und auch andere Menschen mit ähnlichen Biografien in ihr Team aufzunehmen.

Meine Damen und Herren, ich will abschließend ausdrücklich für die gute und enge Zusammenarbeit mit der AKTION PSYCHISCH KRANKE danken. Ich möchte, dass sie uns, die Arbeitsverwaltung, fördern und fordern. Auch wir werden umgekehrt Sie fördern und fordern. Ich hoffe, dass hier wie in vielen Teilbereichen immer mehr Normalität einkehrt, so dass die Frage der Integration eigentlich gar nicht mehr im Sinne des »ob« erörtert werden muss, sondern nur noch im Sinne des »wie«. Wie können wir noch besser werden, wie können psychisch kranke Menschen noch besser integriert werden? In den letzten zehn Jahren hat sich in Deutschland mehr verändert als in allen Jahrzehnten vorher, und ich bin sehr zuversichtlich, wenn so viel engagierte Menschen, wie heute hier in Berlin, an einem Strang ziehen, die Politik und eine Einrichtung wie die Bundesanstalt für Arbeit voll mit von der Partie sind, dass wir auch in den nächsten Jahren viel erreichen werden. Vielen Dank und Glück auf.

Anforderungen an Hilfen zur Teilhabe am Arbeitsleben

Niels Pörksen

Die Psychiatriereform ist seit Beginn der 70er-Jahre in unserem Land weit vorangekommen. Parlament und Bundesregierung haben mit der Psychiatrie-Enquête von 1975, dem Bundesmodellprogramm und dem daraus folgenden Bericht der Expertenkommission, mit Modellprojekten, Gesetzesinitiativen und Stellungnahmen erheblich dazu beigetragen, die Grundsätze und Leitlinien der Psychiatriereform umzusetzen. Wesentliche Fortschritte verzeichnen wir in den Anforderungen an die gemeindenahe psychiatrische Versorgung, an die sozialrechtliche und faktische Gleichstellung seelisch und körperlich kranker Menschen, an den Vorrang ambulanter vor stationären Hilfen und in der Teilhabe am gesellschaftlichen Leben. Die AKTION PSYCHISCH KRANKE hat diese Leistungen in einem Festakt im Bonner Wasserwerk und in einer bundesweit und international beachteten Tagung im Jahre 2000 gewürdigt [1].

Die Umsetzung der Psychiatriereform erfolgte unvollständig. Ein zentrales Element der Teilhabe am gesellschaftlichen Leben, die Teilhabe am Arbeitsleben, ist bisher nicht realisiert. Seit zwei Jahren führt die AKTION PSYCHISCH KRANKE im Auftrage des Bundesarbeitsministeriums eine bundesweite Untersuchung zur beruflichen Rehabilitation von Menschen mit psychischen Störungen durch und stellt dabei fest: Selbst dort, wo die Anforderungen der Psychiatriereform weitestgehend erfüllt zu sein scheinen, findet die Teilhabe von Menschen mit psychischen Beeinträchtigungen am Arbeitsleben nicht statt. Dies gilt zumindest für Menschen mit schweren psychischen Störungen und bei langfristigem oder wechselhaftem Verlauf der Beeinträchtigungen. Daraus folgt zwingend die Forderung:

Die zweite Stufe der Psychiatriereform

Wir brauchen einen Start in die nächste Stufe der Psychiatriereform, die wir mit der heutigen Veranstaltung einläuten wollen und deren Zielsetzung sich in eine Satz zusammenfassen lässt, der die Gleichstellung auch im Arbeitsleben bedeutet: »Ich stehe morgens auf und gehe zur Arbeit; ich gehe nach getaner Arbeit wieder heim und am Ende jeden Monats habe ich so viel Geld verdient, dass ich davon leben kann.« Diesen Satz umzusetzen, erfordert einen fundamentalen Paradigmenwechsel. Orientierung unseres Handelns wird damit nicht mehr wie bisher die weitere Ausdifferenzierung von Rehabilitations-Maßnahmen aller Art sein, von der Ergotherapie bis zur Arbeitserprobung, von der Integration in Reha-Einrichtungen bis zur Schulung und Weiterbildung, aber auch nicht die Subventionierung von Betreuungsleistungen im Wohnbereich und in der Tages- und Freizeitgestaltung auf Grund unnötiger Untätigkeit. Orientierung und Qualitätskriterium muss allein die tatsächliche Teilhabe am Arbeitsleben werden.

Die Psychiatrie-Erfahrenen haben sich in ihren Aussagen zu den blinden Flecken der Psychiatriereform eindeutig geäußert. Von sechs blinden Flecken ging es viermal um das Thema Arbeit, um das Finden von Arbeit, um gerechte Entlohnung, flexible Lösungen, die auf Fähigkeiten und Beeinträchtigungen Rücksicht nehmen [6].

Ähnlich äußert sich der Bundesverband der Angehörigen psychisch Kranker in einer Repräsentativbefragung. Auf die Frage, welche Einrichtungen gewünscht würden und welche Möglichkeiten der Betreuung für wichtig gehalten werden, stehen Arbeitsplätze mit 70,9 % mit weitem Abstand an der Spitze der Forderungen. Zu den weiteren wichtigen Forderungen gehören Tagesstruktur und Freizeitbeschäftigung (59,2 %), verbesserte Nachbetreuung (59,2 %), Wohnraum für psychisch Kranke (55,1 %), wohnortnahe Reha-Plätze (45,6 %) und Probearbeitsplätze (43,6 %) [2].

Sibylle Prins hat in ihrem 2001 erschienen Buch unter anderem Folgendes ausgeführt:

»Es fällt auf, dass im psychiatrischen Bereich beim Thema Arbeit überwiegend von den ideellen Werten der Arbeit die Rede ist: Arbeit, egal welche, sei sinnstiftend, gebe das Gefühl, nützlich zu sein, sei identitätsstärkend, verschaffe soziale Kontakte sowie innere Befriedigung, strukturiere den Tag, sei stabilisierend usw., usw. (...) Seit Jahren hab ich es geschafft, einen Arbeitsplatz zu finden und bisher zu halten. Von den genannten Vorteilen und Wirkungen habe ich nur wenig darin wieder gefunden. Warum ich trotzdem weiterarbeite? Zum einen, weil mir das finanzielle Unabhängigkeit gibt. Zweitens hat der Besitz eines Arbeitsplatzes wesentlich dazu beigetragen, dass ich mich nicht mehr als unbedingt notwendig in psychiatrische Strukturen hineinbegeben und mich nicht jahrelang mit unsicherem Ergebnis in irgendwelchen Reha-Programmen aufhalten musste. (...) Arbeit muss vielleicht nicht unbedingt sein. Aber erzwungenes Nichtstun ist eine enorme Qual. Es gibt da so eine pervertierte Form von Freiheit, wo man sich nirgendwo mehr betätigen kann, nirgendwo erwartet und gebraucht wird, es keine Anknüpfungspunkte für sinnvolle Tätigkeit gibt und alle Türen ins Nichts führen.«[4]

Zum Recht auf Teilhabe

Das Recht auf Teilhabe aller Menschen am gesellschaftlichen Leben ist seit den 60er-Jahren fest verankert in unserem gegliederten System der sozialen Sicherung. »*Normalisierung*« und »*Teilhabe*«, das sind die Begriffe, an denen sich die Gesellschaft messen lassen muss.

Im Allgemeinen Teil des SGB I heißt es in der Fassung vom 1.12.1975, die im SGB IX nur geringfügig verändert wurde: »Wer körperlich, geistig oder seelisch behindert ist oder wem eine solche Behinderung droht, hat unabhängig von der Ursache der Behinderung ein Recht auf Hilfe, die notwendig ist, um
1. die Behinderung abzuwenden, zu beseitigen, zu bessern, ihre Verschlimmerung zu verhüten oder ihre Folgen zu mildern,
2. ihm einen seinen Neigungen und Fähigkeiten entsprechenden Platz in der Gemeinschaft insbesondere im Arbeitsleben zu sichern«.

Analog hierzu hieß es in § 1 RehaAnglG, das im ersten Teil des SGB IX aufgegangen ist:
»Die medizinischen, berufsfördernden und ergänzenden Maßnahmen und Leistungen zur Rehabilitation sind darauf auszurichten, körperlich, geistig oder seelisch Behinderte möglichst auf Dauer in Arbeit, Beruf und Gesellschaft einzugliedern.«

Für Menschen mit chronischem Verlauf ihrer psychischen Beeinträchtigung wurden die genannten Ziele nicht eingelöst. Auch in der ersten Fassung des BSHG war die Eingliederungshilfe noch als Eingliederung in das Erwerbsleben konzipiert. Nachrangig waren die Ziele »angemessene Tätigkeit« und »Unabhängigkeit von Pflege«. Zurzeit gelten praktisch nur noch diese nachrangigen Ziele.

Auch im neuen SGB IX heißt es im § 1 u.a.: »Behinderte Menschen erhalten Leistungen, um ihre Selbstbestimmung und gleichberechtigte Teilhabe am Leben in der Gesellschaft zu fördern (...).«

Tatsächliche Teilhabe am Arbeitsleben, erfordert allerdings weitergehende Leistungen, wenn Arbeit und ein den Lebensunterhalt sicherndes Entgelt dazu gehören. Das SGB IX weist in die richtige Richtung. Der Begriff Teilhabe drückt für mich genau das aus, worum es geht. Darin steckt jenseits von Fensterreden »Fördern und Fordern« auf gleicher Augenhöhe, solidarisches Miteinander in der Gesellschaft, bei Anerkennung aller Unterschiede, so wie das in den § 3 des Grundgesetzes aufgenommene Diskriminierungsverbot und vieles mehr.

Immerhin wird das Ziel der Teilhabe am Arbeitsleben von den Repräsentanten unserer Gesellschaft geteilt und eingefordert. Ich zitiere einige. Bundespräsident Johannes Rau hat in seiner bildungspolitischen Grundsatzrede am 10.01.02 zu unserem Thema gesagt:

»Viel ist in den letzten Jahren vom Ende der Berufsgesellschaft oder von der schwindenden Bedeutung der Erwerbsarbeit geschrieben und geredet worden. Manches davon ist gewiss richtig. Es bleibt aber wahr, dass die Erwerbsarbeit eine zentrale Voraussetzung sozialer Anerkennung war und ist. Für das Selbstwertgefühl der Menschen, für die Identität und für die Teilhabe am gesellschaftlichen Leben ist sie von allergrößter Bedeutung«.

Ähnlich äußerte sich Bundestagspräsident Thierse im letzten Jahr auf dem Werkstätten-Tag in Rostock:

»Nicht in Arbeit zu sein, bedeutet für die meisten Betroffenen, nicht gebraucht zu werden. In einer Arbeitsgesellschaft wie der unsrigen heißt das auch, ein Stück weit die eigene Identität infrage zu stellen. Aber nicht jede Arbeit garantiert die gesellschaftliche Teilhabe. Das zeigt sich an der Arbeit von behinderten Menschen.«

Der Bundeskanzler hat in seiner Ansprache zum Jahreswechsel und bei vielen Gelegenheiten auf die Notwendigkeit aller zur Teilhabe am Arbeitsleben – und damit auch auf ihre Rechte und Pflichten – hingewiesen. Teilhabe ist auch für ihn der Schlüsselbegriff für die Funktionsfähigkeit unserer Gesellschaft. Wir befinden uns also in guter Gesellschaft, wenn wir für alle Menschen mit psychischen Beeinträchtigungen die tatsächliche Gleichstellung als zentrales Ziel der Behandlung und Rehabilitation einfordern und damit auch die Teilhabe am Arbeitsleben. Solange – wie unser Bundespräsident sagt – die Erwerbsarbeit zentrale Voraussetzung sozialer Anerkennung ist, ist die vollständige Rehabilitation erst mit der Teilhabe an Erwerbsarbeit erreicht.

Die Krise unserer derzeitigen Arbeitswelt, die hohe Arbeitslosigkeit bei freien Stellen, die fehlende Anpassung der Einzelnen an die Erfordernisse in der Arbeitswelt und vieles mehr ist uns wohl bewusst. Die Soziologen Oskar Negt, Ulrich Beck und andere fordern deshalb zu Recht, die Erwerbsarbeit in der heutigen Form und Struktur zu überdenken und neue Formen der Erwerbsarbeit und Entlohnung zu erproben. Für die psychisch Kranken allerdings fordern wir keinen Sonderweg. Ihr Ziel ist einfach nur die Teilhabe am Arbeitsleben mit der klassischen Rahmenbedingung: »Ich gehe zur Arbeit und kann von meinem Einkommen leben.«

Die Psychiatriereform hat wesentliche Ziele erreicht

Die Hauptforderungen der Psychiatrie-Enquête wurden erfüllt. Ambulante, teilstationäre und stationäre psychiatrische und psychotherapeutische Behandlung findet fast überall ortsnah und in ausreichender Qualität statt. Menschen mit langfristigen psychischen Beeinträchtigungen steht ein breit gefächertes Angebot von gemeindepsychiatrischen Hilfen zur Verfügung. Gemeindepsychiatrische Verbünde, von der Expertenkommission der Bundesregierung gefordert, wurden aufgebaut mit ambulanten Hilfen, dezentralen Heimeinrichtungen, Kontaktstellen, Tagesstätten und anderen Formen der Tagesstruktur mit und ohne Arbeitsangebot. Fast alle gemeindepsychiatrischen Hilfen sind allerdings ambulante und stationäre Eingliederungshilfe nach BSHG und gehen in der Regel zu Lasten der öffentlichen Hand oder der Betroffenen und ihrer Angehörigen. Krankenkassen und Rentenversicherungsträger beteiligen sich praktisch nicht an der gemeindepsychiatrischen Versorgung. In den gemeindepsychiatrischen Verbünden werden zunehmend Qualitätskriterien wie die individuelle Hilfeplanung bei komplexen Leistungsanforderungen und die Steuerung über Hilfeplankonferenzen akzeptiert und in den kommunalen Gebietskörperschaften umgesetzt.

Wir wollen die Fortschritte des Erreichten nicht schmälern. Dennoch: Der Geist im System ist weiterhin zu sehr vom Versorgungsgedanken und vom Betreuungsdenken geprägt und nicht von Normalität und Teilhabe. Nirgendwo wird dies so deutlich wie im Arbeitsleben. Da sind die Ziele der Psychiatriereform nicht realisiert. Bei unseren Regionalerhebungen – wir werden darüber berichten – ist uns klar geworden, dass Arbeit und berufliche Rehabilitation nicht zum Selbstverständnis gemeindepsychiatrischen Handelns gehören, obwohl – wie oben ausgeführt – für die Betroffenen und die Angehörigen die Teilhabe am Arbeitsleben ganz oben auf der Forderungsliste stehen.

So sind z.B. in Halle 95 % der im betreuten Wohnen geförderten chronisch psychisch Kranken ohne Tagesbeschäftigung. 43,3 % sind Rentner auf Grund einer Erwerbsminderung (früher: Erwerbsunfähigkeit und Erwerbsunfähigkeitsrente, »EU-Rente«), 14 % sind arbeitslos und 36,3 % ohne Beschäftigung. Ähnlich sieht es in Leipzig aus. Dort erhalten sogar 60 % eine Rente wegen Erwerbsminderung. In den neuen Bundesländern ist der Prozentsatz so hoch, weil nach der Wende die chronisch psychisch Kranken ihren Arbeitsplatz verloren, aber zu »EU-Rentnern« wurden, weil sie ausreichend Anwartschaften erfüllt hatten. Heute ist nicht einmal mehr das der Fall. Selten ist jemand auf dem allgemeinen Arbeitsmarkt tätig, wenige in einer geringfügigen Teilzeitbeschäftigung. Nicht ganz so katastrophal sieht es in Kassel oder im Oberbergischen Kreis aus. Aber auch dort sind es keine 10 %, die auf dem allgemeinen Arbeitsmarkt tätig sind. Nicht einmal mehr zum Spektrum ambulanter Eingliederungshilfen gehören Arbeit und geringfügige Teilzeitbeschäftigung als Bestandteile der Tagesstruktur, es sei denn, die Betroffenen werden in Tagesstätten zu unnötig hohen Kosten betreut. Wir haben im März im Rahmen eines Modellvorhabens zur verbindlichen gemeindepsychiatrischen Hilfeplanung eine Zielvereinbarung in einem westfälischen Landkreis unterschrieben. Auf die Frage, was für den Bereich Arbeit und berufliche Integration geplant sei, wurde geantwortet: »Das Thema klammern wir erst einmal aus.«

Beim Thema Arbeit und Berufliche Rehabilitation beggnen uns Modelle, Projekte, Initiativen oder spezielle Rehabilitationseinrichtungen. So etwas wie Verbindlichkeit und Versorgungsverpflichtung – ansonsten festverankerte Begriffe in der Psychiatrie – haben Arbeit und berufliche Integration oder Teilhabe nicht im Programm. Da gibt es nichts zu beschönigen. Das zeigen unsere Erhebungen deutlich. Eine kürzlich erschienene Untersuchung aus der Schweiz zur Beschäftigungslage von Schizophrenie- und Affektkranken kommt nicht zu viel besseren Ergebnissen [5]. Im Grunde ist dies Ergebnis verwunderlich, weil es zahlreiche Initiativen, Aktivitäten und Projekte vielerorts gibt.

Angebotsvielfalt und Koordinationsmangel

Es gibt zahlreiche Initiativen und Maßnahmen zur Förderung der beruflichen Rehabilitation. Zum Angebotsspektrum gehören die klassischen Rehabilitationseinrichtungen wie Berufsförderungswerke, Berufsbildungswerke, Rehabilitationseinrichtungen für psychisch Kranke (RPK), Berufliche Trainingszentren (BTZ), Integrationsfirmen, ambulante und stationäre Ergotherapie, Zuverdienstbetriebe, Werkstätten für behinderte Menschen (WfbM) mit Zweigwerkstätten für psychisch Behinderte, Förderlehrgänge usw.

All diese Initiativen, Institutionen und Strukturen sind in den vergangenen Jahrzehnten geschaffen worden auf Grund der Erkenntnisse, dass Menschen, die behindert sind oder von Behinderung bedroht, vielfältige Formen der medizinischen und beruflichen Rehabilitation benötigen. Nur: Berufsförderungswerke, Berufsbildungswerke und Berufliche Trainingszentren spielen für die Gesamtzahl der Menschen mit psychischen Beeinträchtigungen eine untergeordnete Rolle. Die Hauptzielgruppen unterscheiden sich. Werkstätten für behinderte Menschen haben sich zu Recht vorwiegend für Menschen mit geistigen Behinderungen entwickelt. Viele von ihnen nehmen auch Menschen mit psychischen Beeinträchtigungen auf, integriert oder in eigenen Zweigwerkstätten. Insgesamt aber verweigern viele psychisch kranke Menschen die Arbeit in Werkstätten, weil sie unweigerlich mit dem Stigma der Behinderung einhergeht und weil kein tariflicher Lohn, sondern ein Arbeitsentgelt, zusammengesetzt aus Grund- und Steigerungsbetrag, gezahlt wird, dass hinsichtlich der Höhe des leistungsabhängigen Steigerungsbetrages von Werkstatt zu Werkstatt höchst unterschiedlich bemessen ist.

RPK und BTZ sind auf unsere Zielgruppen ausgerichtet. Es handelt sich um wenige kleine, eher zentrale Einrichtungen, die nur einen geringen Teil der Klientel erreichen und keine Pflichtversorgung übernehmen. Integrationsbetriebe können viel leisten, ihre Anforderungen an die Arbeitsleistung der Arbeitnehmer sind allerdings hoch und stellen für viele eine Überforderung dar. Geringfügige Teilzeitbeschäftigung, in eigenen Institutionen oder im Umfeld von komplementären Diensten wie etwa Tagesstätten, Wohnheimen oder Kontaktstellen, sind wichtige Ergänzungen im Rahmen der Eingliederungshilfe, sie ermöglichen allerdings keine wirkliche Teilhabe am Arbeitsleben.

Geringfügige Teilzeitbeschäftigung, so genannte Zuverdienstmöglichkeiten gibt es nur in völlig unzureichendem Umfang. Wer nur stundenweise tätig sein kann, der muss sich bei vergleichsweise hohen Tagessätzen in eine Tagesstätten oder für einige Stunden in eine Werkstatt für behinderte Menschen begeben, obwohl er mit einem flexiblen Zuverdienstangebot bei geringeren Aufwendungen angemessener gefördert würde.

Die Vielzahl der Angebote vermittelt nur auf den ersten Blick den Eindruck eines entwickelten und differenzierten Hilfesystems. Bei näherer Betrachtung werden jedoch schnell Mängel und Defizite deutlich:

- Das System ist hochgradig unübersichtlich, denn auch hinter gleich bezeichneten Einrichtungen und Diensten verbirgt sich ein breites Spektrum unterschiedlicher konzeptioneller Orientierungen und Organisationsstrukturen.
- Hilfeangebote sind regional unterschiedlich verfügbar.
- Die einrichtungsbezogene Organisation von Hilfen führt zu einer Fragmentierung der Hilfeprozesse. Bei verändertem Bedarf müssen jeweils andere Einrichtungen und Dienste in Anspruch genommen werden. Der damit einhergehende Wechsel von Bezugspersonen, ggf. auch des gewohnten Umfeldes, bedeutet für die Betroffenen eine zusätzliche Belastung und Destabilisierung.
- Die institutionszentrierte Organisation von Hilfen hängt an den Finanzierungsbedingungen der Einrichtungen, nicht am Bedarf des Rehabilitanden.
- Ansätze zu einer integrierten Leistungserbringung, die auf der Grundlage der Empfehlungsvereinbarung über die Zusammenarbeit der Krankenversicherungsträger und der Rentenversicherungsträger sowie der Bundesanstalt für Arbeit bei der Gewährung von Maßnahmen in Rehabilitationseinrichtungen für psychisch Kranke grundsätzlich möglich sind, sind vollkommen unzureichend umgesetzt worden und fehlen in den neuen Bundesländern nahezu völlig. Diese Leistungen sind selbst dort, wo sie realisiert werden, nicht funktionell, sondern institutionell geregelt.
- Für chronisch psychisch Kranke hat sich die Eingliederungshilfe nach BSHG systemwidrig zum wichtigsten Leistungserbringer entwickelt. Die Verweildauern in den Krankenhäusern sind auch für diesen Personenkreis erheblich zurückgegangen. Medizini-

sche Rehabilitation zulasten der Krankenversicherungen wurde nicht entsprechend aufgebaut und der Zugang zur Arbeitswelt scheitert an den genannten Zugangsschwellen und an der Minderleistung der Betroffenen.

- Nach den Ergebnissen neuer Untersuchungen ist davon auszugehen, dass maximal 10 % der chronisch psychisch Kranken auf dem allgemeinen Arbeitsmarkt beschäftigt sind und 20 % einen beschützten Arbeitsplatz in einer Werkstatt für Behinderte haben. Etwa 5 % nutzen Angebote beruflichen Trainings und beruflicher Rehabilitation. Circa 15 % nehmen Beschäftigungsmöglichkeiten in tagesstrukturierenden Angeboten wahr.
- Mehr als die Hälfte aller chronisch psychisch Kranken ist untätig. Die meisten dieser Untätigen benötigen intensive, kostenwirksame Betreuung, auch um die Untätigkeit zusätzlich zur krankheitsbedingten Einschränkung ertragen zu können.

Ziele und Prioritäten in den Anforderungen

Arbeit für alle Menschen mit psychischen Beeinträchtigungen

Jeder Mensch mit psychischen Beeinträchtigungen benötigt einen seinen Fähigkeiten und Neigungen entsprechenden Arbeitsplatz. Wir wissen, dass diese Forderung nicht einfach umzusetzen ist, weil die Leistungsfähigkeit des Einzelnen auf Grund des wechselhaften Verlaufs der Erkrankung schwer prognostisch einzuschätzen ist.

Ziel bleibt die Integration in den ersten Arbeitsmarkt. Dazu bedarf es vor allem für Menschen in akuten Krisen und bei Suchterkrankten verstärkter Anstrengungen zum Erhalt des noch vorhandenen Arbeitsplatzes. Für die meisten psychisch Kranken ist allerdings das Ziel der uneingeschränkten und vollschichtigen Erwerbstätigkeit auf dem ersten Arbeitsmarkt nicht Erfolg versprechend. Flexibilität, Rücksichtnahme auf Leistungsschwankungen und kreative Teilzeitlösungen sind unverzichtbar.

Für viele besteht ein Bedarf zu Arbeit und Beschäftigung in Teilzeit – auch unterhalb der Schwelle zur versicherungspflichtigen Tätigkeit. Geringfügige Teilzeitbeschäftigung als dauerhafte Perspektive oder als Überbrückungshilfe im Vorfeld oder im Anschluss an Qualifizierungsmaßnahmen zur Vermeidung erneuter Destabilisierung müssen flexibel angeboten werden. Es kann nicht so bleiben, dass ein »Recht auf Beschäftigung« praktisch nur in einer Werkstatt für behinderte Menschen realisiert wird. Ein Recht auf Beschäftigung müsste flexibel, unbürokratisch, kostengünstig und am Wohnort eingelöst werden können. Das gesamte Spektrum der Teilzeitarbeit und des Niedriglohnsektors sowie des dritten Arbeitsmarktes bedarf der verstärkten Weiterentwicklung, will man Menschen mit psychischen Beeinträchtigungen teilhaben lassen.

Die begleitenden Hilfen im Arbeitsleben müssen den besonderen Bedürfnissen der seelisch behinderten Menschen Rechnung tragen (§ 10 Abs. 3 SGB IX). Für die meisten psychisch kranken Menschen ist die formelle Anerkennung der Schwerbehinderteneigenschaft kontraindiziert. Der Zugang zu den erforderlichen Leistungen muss deshalb ohne formelle Anerkennung unbürokratisch ermöglicht werden.

Existenzsicherndes Einkommen

Bei sozialversicherungspflichtigen Arbeits- und Beschäftigungsverhältnissen auf dem allgemeinen Arbeitsmarkt ist ein dem individuellen Leistungsbeitrag angemessenes, mindestens existenzsicherndes Entgelt erforderlich, ggf. gestützt durch einen Subventionsanteil zum Ausgleich von Minderleistung oder bei Beschäftigung im Niedriglohnsektor. Grundsätzlich muss es heißen: »Subvention vor Sozialhilfe«. Die positiven Erfahrungen mit dem Kombilohn-Modell sollten gerade auch für psychisch kranke Menschen gelten.

Der Grundsatz »Subvention vor Sozialhilfe« muss umfassend Geltung erlangen, sogar für Menschen, die nur einer Teilzeitbeschäftigung nachgehen oder auf dem besonderen Arbeitsmarkt tätig sind. Hier muss die Möglichkeit der Bündelung der Auszahlung von Leistungsentgelt und weiterer Leistungen (z.B. Hilfe zum Lebensunterhalt, ergänzende Hilfe, Grundsicherung ab 1.1.2003, Teilrente bei Erwerbsminderung) »aus einer Hand vom Arbeitgeber« geschaffen werden, wenn man aus Sicht der Betroffenen von den unwürdigen Prämiensystemen wegkommen will, die alles andere als motivierend sind. Lennarth Andersson wird uns dazu morgen aus Schweden berichten. Gleiches gilt dann auch für die kreative Weiterentwicklung von bisher noch nicht refinanzierten Vergütungen von Tätigkeiten im so genannten dritten Sektor. Vielleicht lassen sich die positiven Erfahrungen mit dem persönlichen Budget nutzen.

Anforderungen an Hilfen zur Teilhabe am Arbeitsleben

Weiterentwicklung im Hilfesystem

Die Mitarbeiter psychiatrischer Einrichtungen müssen in jedem Einzelfall eine orientierende Abklärung als Pflichtaufgabe durchführen. Diese ist nicht zeitaufwändig. Nächster Schritt ist die konkrete Abklärung des individuellen Hilfebedarfs einschließlich der Motivierung und Begleitung zur Inanspruchnahme von Hilfen. Diese Abklärung (Assessment) muss frühzeitig und umfassend erfolgen, verbindlich sein und auf die besonderen Bedürfnisse, Fähigkeiten und Behinderungen Rücksicht nehmen. Die integrierte Hilfeplanung (Integrierte Behandlungs- und Rehabilitationsplanung, IBRP) hat sich in anderen Feldern hervorragend bewährt. Die Festlegung von Zielen erfordert die Beteiligung von Fachkräften, die über psychiatrische Erfahrung und die über Erfahrungen und Kenntnisse in der Arbeitsrehabilitation, der konkreten Arbeitswelt und über das System der Leistungen verfügen.

Dabei ist in jedem Einzelfall zu klären, ob ein Klient von einer Fachkraft aus dem psychiatrischen Hilfesystem oder aus dem arbeitsbezogenen Hilfesystem unterstützt und begleitet wird. Die Nahtstelle zwischen den Hilfesystemen muss strukturell und in jedem Einzelfall überbrückt werden. Ob die neuen Servicestellen (§ 23 SGB IX) dabei eine bedeutsame Rolle übernehmen können, wird sorgfältig zu prüfen sein.

Hilfegewährung und Leistungen auf den Einzelfall ausrichten

Konkret bedeutet diese Forderung weg von einrichtungs- und maßnahmebezogener Hilfegewährung hin zu einzelfallbezogener und flexibler Hilfegewährung am Wohnort, um unnötige Veränderungen des gesamten Lebensumfeldes und der weiteren Gewährung anderer komplexer Hilfeleistungen nicht zu gefährden.

Dabei muss das »Normalisierungsprinzip« gelten. Rehabilitation im gewohnten Umfeld oder Integration nach dem Slogan »Erst platzieren – dann rehabilitieren« ist weitaus erfolgversprechender als Hilfeplanung, Hilfegewährung und Integration nacheinander in unterschiedlichen Strukturen. Das belegen Studien aus den USA und der Schweiz eindrucksvoll. Während unserer Tagung wird dies eine besondere Rolle spielen.

Die Hilfegewährung muss personenbezogen, funktional von der

Beratung, Diagnostik (Assessment) bis zur Integration und professionellen Begleitung erfolgen, die Fähigkeiten und Neigungen berücksichtigen, die einen wichtigen Teil der Motivation ausmachen und durch verbindliche Fallverantwortung (Casemanagement, Job coach) initial oder im Bedarfsfall andauernd unterstützt werden. Dabei ist der Casemanager nicht Moderator oder nur professioneller Begleiter, er ist das, was die Amerikaner in ihrer unnachahmlichen Direktheit »teacher, preacher, friend und cop« nennen.

Regionale Umsetzung und Zuständigkeiten

Auf regionaler, in der Regel kommunaler Ebene sind Vereinbarungen und Organisationsstrukturen zu schaffen, wie das psychiatrische Hilfesystem, oft repräsentiert durch den Gemeindepsychiatrischen Verbund (GPV) und das Hilfesystem im Arbeitsleben – in der Regel sind dies vor Ort gemeinsame Vorhaben von Arbeitsverwaltung, Sozialämtern und kommunalen Beschäftigungsinitiativen – in jedem Einzelfall verbindlich und lösungsorientiert zusammen arbeiten. Die jeweiligen Verantwortlichkeiten sind festzulegen. Die Bertelsmann-Stiftung hat gemeinsam mit Städte- und Landkreistag und der Bundesanstalt für Arbeit konkrete Vorschläge zur Organisationsstruktur auf örtlicher Ebene gemacht, die unseren Vorstellungen entgegen kommen [3]. Zu den Aufgaben der regionalen Steuerung gehört neben der konkreten Hilfe im Einzelfall die gesamte Steuerung der Teilhabe am Arbeitsleben in den unterschiedlichen Bereichen. Mitnahmeeffekte lassen sich vermeiden, wenn bedarfsgerecht gesteuert wird.

Lassen Sie mich die wichtigsten Forderungen noch einmal zusammenfassen:
- Teilhabe am Arbeitsleben für alle Menschen mit psychischen Störungen, auf dem allgemeinen und dem besonderen Arbeitsmarkt;
- Unabhängigkeit von Sozialhilfe bzw. Integration der Sozialhilfe in kombinierte Entgelte;
- Frühzeitige, umfassende, personenbezogene Hilfeplanung vor Ort;
- Verbindliche Abstimmung in der Hilfeplanung und Hilfegewährung vor Ort zwischen allgemeinen und psychiatriespezifischen arbeitsbezogenen Hilfen strukturell und im Einzelfall;

- Koordination und verbindliche Steuerung des regionalen Angebots der Hilfen zur Teilhabe am Arbeitsleben und der Beschäftigungsmöglichkeiten.

Wir haben allen Grund, die nächste Stufe der Psychiatriereform zügig anzupacken. Ich freue mich, dass so viele gekommen sind, um mit der AKTION PSYCHISCH KRANKE, die bereits manche Reform aktiv begleitet hat, in diesen Prozess einzusteigen

Literatur

1. AKTION PSYCHISCH KRANKE: 25 Jahre Psychiatrie-Enquête, Bd. 1, Bonn 2001
2. AKTION PSYCHISCH KRANKE: Projekt »Bestandsaufnahme zur Rehabilitation psychisch Kranker« im Auftrag des Bundesministeriums für Arbeit und Sozialordnung – Zwischenbericht zum 31. März 2002, unveröff. Ms., Bonn 2002
3. BERTELSMANN STIFTUNG, BUNDESANSTALT FÜR ARBEIT, DEUTSCHER LANDKREISTAG, DEUTSCHER STÄDTETAG, DEUTSCHER STÄDTE- UND GEMEINDEBUND (Hg.): Handbuch Beratung und Integration. Fördern und Fordern – Eingliederungsstrategien in der Beschäftigungsförderung, Gütersloh 2002
4. PRINS, S.: »Gut, dass wir einmal darüber sprechen – Wortmeldungen einer Psychiatrie-Erfahrenen«, Paranus, Neumünster 2001
5. RÜESCH, P., MEYER, P.C., GRAF, J., HELL, D.: Beschäftigungslage von Schizophrenie- und Affektkranken. Psychiatrische Praxis 29, 2002, S. 68–75
6. SCHERNUS, R.: »Moderne Zeiten« – Mögliches und Unmögliches in der Psychiatrie, Sozialpsychiatrische Informationen 2, 2001

Erwartungen an Hilfen zur Teilhabe am Arbeitsleben

Klaus Laupichler

Wenn ich von Erwartungen zur Teilhabe am Arbeitsleben spreche, verstehen Sie bitte, dass ich dann auch von meinem Erlebnishorizont spreche, von meinem Erleben innerhalb von 35 Jahren Psychiatrieerfahrung. Ich werde oft von meiner Region sprechen, aber ich weiß von Regionen, in denen mit uns sehr sorgsam umgegangen wird. Bei uns ist die Werkstatt für behinderte Menschen (WfbM) in der Regel die Patentlösung für die berufliche Eingliederung. Man nennt die WfbM WfpK, also Werkstatt für Psychisch Kranke. Kranke gehören allerdings in die Klinik und nicht in eine Werkstatt.

Bei uns ist der Ablauf folgender: Kommt ein Mitmensch aus dem seelischen und damit verbunden aus dem beruflichen Gleichgewicht, dann wird der Integrationsdienst bemüht. Die Wiedereingliederung ist meistens nicht erfolgreich, wenn es zum Beispiel einen chronischen Krankheitsverlauf gibt. Dabei behaupte ich, dass eine schnellstmöglichste Wiedereingliederung einen chronischen Krankheitsverlauf vermeidet. Gerade bei den jüngeren Patienten wird dann auf die Berufsbildungswerke verwiesen. Diese sind meist weit weg von der Heimat. Neben der oft harten Ausbildung wird der junge Mensch aus seiner gewohnten Umgebung herausgeholt, aber vor allem aus seinem sozialen Netz. Ich habe die Erfahrung gemacht, dass dann doch viele junge Leute anschließend keinen Arbeitsplatz fanden, obwohl sie einen guten Abschluss vorweisen konnten.

Aber zunächst bin ich einmal froh, dass wir überhaupt vom Arbeitsleben sprechen und nicht von einer Bastelstube. Allzu oft müssen wir erleben, dass Arbeit für psychisch Erkrankte heißt, dass wir Arbeiten verrichten müssen, bei der wir unterfordert werden. In der Regel heißt Arbeiten für uns, Ausschluss aus der normalen Arbeitswelt. Die häufigste Lösung ist die Frühberentung oder Arbeitslosigkeit. Wie viele junge psychiatrisch Erkrankte erhalten in unserer Region nicht einmal die Chance einen Beruf zu erlernen. Sie kommen aus der Tagesstätte nicht heraus und das höchste Ziel ist die Mitarbeit in unserer Werkstatt für psychisch Kranke (WfpK). Jedenfalls sind viele – mit oder ohne Arbeit – auf die Sozialhilfe oder das Einkommen ihrer Partner und Eltern angewiesen. Die Heranziehung des Vermögens eines Familienteils, weil ich krank geworden bin, empfinde ich als diskriminierend. Tritt die Erkrankung vor dem Eintritt in das Erwerbsleben ein, werde ich damit bestraft, dass ich 20 Jahre in einer Werkstatt für behinderte Menschen (WfbM) arbeiten muss.

Wenn wir uns einmal überlegen, was das heißt, Arbeiten, welche Funktionen Arbeiten hat, dann erkennen wir auch den therapeutischen Wert von Arbeit. Arbeit heißt Integration, Selbstwertgefühl, Kontakt und soziale Anerkennung. Natürlich darf Stress und Mobbing nicht unter den Tisch fallen, denn sie sind auch oft genug Ursachen von psychischen Erkrankungen. Aber oft mache ich die Erfahrung, dass wir für teures Geld ausgegliedert, und dann für teures Geld integriert werden – und das geht oft schief. Seit Jahren werden Subkulturen mit einem sehr hohen finanziellen und ideellen Aufwand für uns psychisch Erkrankte geschaffen. Diese Subkulturen darf es nicht geben. Denn ich habe das Gefühl, dass das System falsch ist. Denn zuerst werden wir ausgegliedert, um dann, verbunden mit hohen Kosten, wieder eingegliedert zu werden. Deshalb ist Arbeit in der Normalität für uns wichtig. Sicher brauchen wir dazu Hilfen, aber diese Hilfen sollen uns unterstützen, den normalen Alltag zu bewältigen.

Mit Sorge sehe ich da auch die Verkürzung der Aufenthaltsdauer in den Psychiatrischen Kliniken. Diese mutieren immer mehr zu »Konzernen«, die ausschließlich auf den wirtschaftlichen Erfolg orientiert zu sein scheinen. Es wird nur noch die wahrscheinlich richtige Dosis des Medikamentes erprobt, nicht aber der Mensch ganzheitlich gesehen: Der Mensch in und mit seinem sozialen Umfeld, zu dem auch seine Arbeit gehört. Jeder Patient sollte beruflich beraten werden, bevor er entlassen wird. Oft kommen hier Schwierigkeiten zu Tage, die vielleicht schon im Ansatz mit dem Integrationsdienst oder sonst einem Helfer, einer Begleitung bei der Arbeit, behoben werden können, bevor es zur einer erneuten Erkrankung oder dem Verlust des Arbeitsplatzes kommt. In der Psychiatrie muss die Arbeit einen wesentlich höheren Stellenwert bekommen, nämlich als materielle und ideelle Lebensgrundlage.

Ich möchte hier nicht gegen die Beschäftigungstherapie reden. Sie ist vor allem in der akuten Krankheitsphase hilfreich. Psychiatrische Behandlung darf sich darauf aber nicht beschränken. Die Arbeitstherapie sollte in die Arbeitswelt zurückführen. Auf der Beschäftigungstherapie aufbauend, muss die Arbeitstherapie der Brückenkopf zur Arbeitswelt werden. Dieser Brückenkopf kann mithilfe der Integrationsdienste den Weg zum Arbeitsplatz ebnen. Die bereits gesetzlich gegebenen Möglichkeiten können so genützt werden, zum Beispiel die stufenweise Wiedereingliederung. Aber bei einem durchschnittlich 20-tägigen Psychiatriebesuch kann dieser ganzheitliche Ansatz nicht zum Tragen kommen.

Auf diesem Weg ergeben sich vielfältige Möglichkeiten, die auch in das therapeutische Programm, z.B. der Tagesklinik aufgenommen werden können. Ich bin für eine Therapie die sich mit realen Problemen, auch mit denen der Arbeitswelt, auseinandersetzt. Eine künstliche Welt hilft uns nicht weiter. Natürlich stellt sich die Frage, was bei einem starken chronischen Krankheitsverlauf in Bezug auf Arbeit möglich ist. Können in den Tageskliniken nicht andere sinnvollere Beschäftigungsmöglichkeiten in die Wege geleitet werden, als die jetzigen Arbeitstherapien. Zum Beispiel in Zusammenarbeit mit Tagesstätte, Sozialdienst und Altenheimen einen Vorlesedienst oder einen Hol- und Bring-Service einrichten. Also raus aus den Grenzen unserer Krankheit, mit allem was wir in unseren vielfältigen Therapien gelernt haben. Viele Fachleute wundern sich, wie gut psychisch Erkrankte sich ausdrücken, formulieren und sich einfühlen können. Dies ist doch kein Wunder, bei den vielen Einzel- und Gruppentherapien. Deshalb sollte auch diese Kompetenz anerkannt und gefördert werden, wie es z.B. bei der Beschäftigungstherapie geschieht, wenn man wieder ein malerisches Talent entdeckt und fördert.

Aber mit den Integrationsdiensten ist das so eine Sache. Es kommt gerade auch auf dem psychiatrischen Sektor sehr darauf an, wer der Kopf von solchen Diensten ist. Für mich wird immer deutlicher, dass es sehr große Unterschiede in unserer Versorgung gibt. Leider wird in manchen Landkreisen, die gute Grundidee dieser Dienste durch starres und unflexibles Denken der Verantwortlichen blockiert. Es gibt fast überall sämtliche Bausteine für eine gute Versorgung. Deshalb ist es dringend erforderlich, eine Qualitätskontrolle zu installieren mit dem Hauptkriterium, dass möglichst viele in den ersten Arbeitsmarkt vermittelt werden. Wir müssen weg von der Beheimatung im psychosozialen Netz und hin zur dauerhaften Integration in der Normalität.

In unserem Bundesland gibt es immer mehr Lebensmittelmärkte, die in strukturschwachen Gebieten die Grundversorgung der

Erwartungen an die Hilfen zur Teilhabe am Arbeitsleben

Bevölkerung übernehmen. Neben einem stabilen Marktleiter werden diese Märkte von psychisch belasteten Mitarbeitern geführt. Diese Märkte sollen Platz zur Kommunikation und Hilfe bieten. So haben eine Kaffee-Ecke und ein Bring-Service seinen festen Platz in dem Markt. Hier wird auf Kommunikation Wert gelegt und genau da haben wir eine unserer Fähigkeiten. Bedingt durch unsere jahrelangen Therapien mit Gruppen- und Einzelgesprächen haben wir das Reden gelernt. Eine wichtige Voraussetzung um gut zu beraten und zu motivieren. Gibt es mehr solcher Märkte in strukturschwachen Gebieten, kann auch auf millionenschwere Antistigmakampagnen verzichtet werden. Diese Gelder könnten dann sinnvoller für uns und mit uns eingesetzt werden. Gleichzeitig kommen wir aus der Isolation in unseren Subkulturen von Tagesstätten, Tageszentren und WfbM heraus.

Ich möchte jetzt zu »Fluch und Segen« von Behindertenwerkstätten kommen. In den letzten Jahren sind immer mehr entstanden. Es ist festzustellen, dass hier mit einem sehr hohen Einsatz an finanziellen und ideellen Mitteln gearbeitet wird. Aber leider sind die Wiedereingliederungsquoten sehr gering, im Jahr 1998 lagen sie bei 1,8 %. Diese Zahl macht mich wütend. Viele von uns kommen über das Schrauben zählen nicht hinaus und sollen das 20 Jahre aushalten.

Potenzielle Arbeitgeber stehen dieser Integrationsarbeit sehr kritisch gegenüber. Wie kann ein Arbeitnehmer belastbar sein, der jahrelang die gleiche stupide Handbewegung ausführt? Unternehmer sind nicht motiviert, einen von uns anzustellen. Mich ärgert auch, dass ein Facharbeiter seine Fertigkeiten verliert, wenn er in eine WfbM geht. Wäre es nicht sinnvoller, er würde weiter geschult durch und mit der WfbM und dem Integrationsdienst, um ihn für den Arbeitsmarkt interessanter zu machen. Wenn dann auch noch dem Arbeitgeber finanziell geholfen wird, auch hierfür gibt es schon lange Möglichkeiten, so ist jedem gedient. Dieser Vorgang ist vielleicht für einen kurzen Zeitraum teuer, aber er verhindert einen langwierigen und demotivierenden Aufenthalt in einer WfbM, vielleicht zusätzlich noch einen Heimaufenthalt und verheißt dafür dem Betroffenen mehr Lebensqualität und nicht zu vergessen große Einsparungen den Krankenkassen, den Rentenkassen und dem Staat. Mit Sicherheit würde sich das Image der Werkstätten auch verbessern. Die Hilfe, die dann gewährt wird, ist dann wirklich eine Hilfe zur Wiedereingliederung.

Wie wäre es, wenn den WfbM geholfen würde, in normalen Betrieben, wie es hier und da bereits gemacht wird, Außenstellen zu schaffen? Mein Leid in der letzten WfpK war das Dampfkessel-Syndrom, die verschiedenen Krankheitsbilder kochten unkontrolliert hoch und endeten oft in der Resignation des Einzelnen. Aber auch die fehlende Herausforderung durch die ständige Unterforderung. In meiner ersten WfbM war das anders. Durch einen erfahrenen Arbeitstherapeuten wurde ich, während der langwierigen schwierigen Lebenssituation, an immer neue Herausforderungen herangeführt. Wenn es mir langweilig wurde, kam schon die nächste Herausforderung. Gleichzeitig wurde auf die Balance zur Überforderung sorgsam geachtet.

Ich denke, dass die erste Werkstatt für mich rettend war und für meine Rehabilitation nicht weg zu denken. Durch sie bekam ich zwar keinen beruflichen Einstieg, aber mein Selbstwertgefühl wurde so nachhaltig aufgebaut, dass ich aus dem Heim herauskommen konnte und jetzt ehrenamtlich tätig bin. Mein Selbstbewusstsein und meine Motivation wuchsen schon in dem Moment in dem ich merkte, dass ich mit den Arbeitern von einer Optikfirma in den Bus stieg und nach Feierabend mit ihnen wieder zurückkam. Durch diesen geregelten Arbeitstag fühlte ich mich zugehörig und hatte das Gefühl gebraucht zu werden.

Ich möchte nochmals betonen, dass es wirklich gute Werkstätten gibt. Aber da gibt es die Gebietshoheit. Ich wäre sehr dankbar, wenn die Gebietshoheit abgeschafft würde, wir uns die Werkstatt aussuchen könnten und vom Arbeitsamt oder Sozialamt das Fahrgeld zur besseren WfbM erstattet bekommen würden. So käme eine für uns gute Konkurrenz in die Trägerlandschaft. Und aus der Konkurrenz würde eine Vielfalt werden. Die eine WfbM hat den Schwerpunkt auf Computerarbeit und bildet für Call-Zentren aus, die andere reagiert auf die einheimische Industrie und arbeitet vorwiegend im Metallbereich und in der nächsten arbeitet man mit schwer belasteten Mitmenschen mehr auf Hauswirtschaft und Beheimatung hin.

Wir dürfen bei dem Wunsch zur Rehabilitation die Mitmenschen nicht aus dem Auge verlieren, die mit sich und ihrem Handikap solche Schwierigkeiten haben, dass sie kaum in unserer Arbeitswelt einen Platz haben. Aber auch sie sollten in unserer Gesellschaft einen sicheren Platz haben und befähigt werden, mit ihrem Handikap und der normalen Umwelt klar zu kommen. Für diese Mitmenschen sollte die WfbM mehr eine Heimat werden, die auch eine tagesstrukturierende und motivierende Wirkung hat. Das Angebot der WfbM ist oft gar nicht so niederschwellig, wie sich das der Gesetzgeber denkt und es wäre schön, wenn wir nach 20 Jahren unsere Rente beziehen könnten. Auch die 120 Fehltage-Regelung finde ich nicht richtig. Denn zu den 120 Fehltagen zählt automatisch der Urlaub und wenn sie am Freitag krank sind, zählen auch der Samstag und Sonntag dazu. Nirgends gibt es so eine Regelung, aber gerade im Bereich der Handikaps wird so eine Regelung eingeführt, die zum Ausschluss aus der WfbM führt.

Meine Damen und Herren, es ist eine Freud und ein Leid mit den WfbM. Aber ich sehe auch nicht ein, dass gerade die teuerste Form von Ausgliederung aus dem Bereich der Normalität so normal wird. Ich beobachte immer häufiger, dass nach der Installation einer Werkstatt, auch gesündere Leute auf dieses Abstellgleis gestellt werden und diese oft jungen Mitmenschen, anstatt integriert, ausgegliedert werden. Hier geht dann die Institution vor den Interessen des Einzelnen. Wenn wir schon bei dem Thema Handikap sind, möchte ich auch den Behindertenausweis ansprechen. Die Einstufungen von seelischen Erkrankungen sind viel zu gering und genügen nicht den Erfordernissen zur Durchführung eines Berufes.

Aus den oben genannten Gründen darf man die zwei Ps in der Werkstatt nie außer Acht lassen. Das eine P steht für Produktion und das andere steht für Pädagogik. In der WfbM muss auch Platz für die Pädagogik sein, die zur Selbstbefähigung führt. Das heißt, Selbstbewusstsein erarbeiten und dann auch die Verantwortung für sich und andere zu übernehmen. Der Druck zur Wirtschaftlichkeit darf nicht dazu führen, dass die Pädagogik außer Acht gelassen wird. Einen besonderen Raum dafür nimmt der Arbeitstrainingsbereich ein, der oft gar nicht genutzt wird. Er muss mehr genutzt werden, damit wir Betroffenen uns besser in Praktika bei den Firmen zurechtfinden. Aber die WfbM soll auch fit machen für ehrenamtliche Arbeit. So war es für meinen Werkstattleiter in der ersten WfbM selbstverständlich, dass ich für Termine meiner ehrenamtlichen Tätigkeit freigestellt wurde.

Für WfbM, Selbsthilfefirmen, Integrationsbetriebe und andere Arbeitsmöglichkeiten sollte Priorität sein, uns in erster Linie für den ersten Arbeitsmarkt fit zu machen und nur in Ausnahmefällen sollte ein Dauerarbeitsplatz daraus werden. Für mich als einen so genannten chronisch Kranken ist dieser Verlauf üblich. Meine ehrenamtliche Arbeit zeigt aber, dass es auch anders geht. Viele meiner Mitbetroffenen sollten gar nicht aus dem Arbeitsmarkt herausfallen, sondern es sollten alle Möglichkeiten ergriffen werden, den Arbeitsplatz zu erhalten oder schnell wieder zu einer Arbeit zu kommen. Natürlich sind viele Arbeitgeber mit uns ab und zu doch überfordert. Hier könnten, wie bei Suchterkrankungen erfolgreich praktiziert, Helfer für die psychische Eingliederung und den Erhalt geschult und installiert werden. Hier hätten wir mehrere Vorteile. Diese Hilfe hätte ein prophylaktisches Moment und ein Wiedereingliederndes. Die Helfer wären Anlaufpunkt für gestresste und gemobbte Betroffene und könnten so einer längeren Krise entgegenwirken. Bei allem Lob der Arbeit, darf nicht verkannt werden, dass Arbeit auch krank machen kann. Für einen Unternehmer wäre es vielleicht leichter, wenn er solch einen Mitarbeiter als Anlaufpunkt in seiner Firma hätte, der eng mit dem Integrationsdienst zusammen arbeitet.

Ich habe die Erfahrung gemacht, dass hoch begabte Mitbetroffene in wohnortsfernen Berufsbildungswerken unter großem Einsatz einen Beruf erlernten. Durch das Herausnehmen aus der gewohnten Umgebung gab es zusätzlich große Probleme, die in Suizidversuche mündeten. Nach dem Berufsabschluss kamen sie wieder in ihre heimatliche Region und waren arbeitslos. Dann folgten ABM-Anstellungen und zum Schluss landeten sie wieder in einer WfbM. Dies sprach sich natürlich herum und sorgte weiter für eine resignierte Stimmung bei den Daheimgebliebenen. Wie bei den Berufstrainingszentren sollte alles in Wohnortsnähe stattfinden, sodass kein Arztwechsel und keine Wechsel der soziotherapeutischen Programme notwendig sind. Die heimische Industrie sollte miteinbezogen sein, sodass nicht am Bedarf vorbei ausgebildet wird. Vielleicht kann dann eine Ausbildung in Modulen durchgeführt werden, in dem der Auszubildende in stabilen Phasen seine Prüfungen bestreitet.

Für uns chronisch Betroffene sehe ich noch die Möglichkeit der ehrenamtlichen Arbeit. Könnten wir da nicht eine Lücke in unseren Heimatgemeinden schließen, indem wir uns zusammenschließen und an die Sozialstationen herangehen und für gehandikapte Mitbürger einen Hol-und Bring-Service anbieten, indem wir für ältere Mitbürger einen Vorlesedienst einrichten. Sie werden jetzt sagen: »Noch zusätzliche Arbeit, wer soll das bezahlen?« Aber könnte dies nicht eine Aufgabe der Tagesstätten sein, so etwas zu organisieren. Es wird doch nur der kommunale Hospitalismus organisiert und wir kommen aus unseren Kreisen nicht heraus. Es sollte auch einen Sozialcoach geben, der uns hilft nach außen zu gehen und dort kleine Erfolgserlebnisse zu sammeln. Ich glaube, dass wir gerade in den Kirchen dabei gute Partner finden würden. Diese ehrenamtliche Tätigkeit sollte aber auch belohnt werden durch Aufwandentschädigungen. Es geht uns oft nicht um Geld oder Status, sondern was wir brauchen sind interessante Arbeitsabläufe. Wir chronisch Kranken sollten mindestens eine Absicherung erhalten, sodass wir auch tatsächlich ehrenamtliche Arbeit leisten können.

Ich möchte abschließend noch einmal meine Forderungen wiederholen:

- Schon während dem Klinikaufenthalt eine ausführliche Beratung über das Thema Arbeit, Beruf und Ausbildung.
- Eine Teilhabe am Arbeitsleben nach Neigungen und Fähigkeiten muss dauerhaft gesichert sein.
- Ein existenzsicherndes Einkommen, Subventionen vor Sozialhilfe.
- Mehr Modulausbildungen und flexible Arbeitszeiten.
- Die Leistungen zur Arbeitsfindung und Ausbildung müssen wohnortnah sein. Kein Herauslösen aus dem heimatlichen Sicherungsnetz.
- Ein Netz von Klinik, Integrationsdienst und Arbeitgeber für den Erkrankten und wenn nötig eine fortlaufende Betreuung.
- Die Integration in den normalen Arbeitsmarkt, in die Normalität muss absoluter Vorrang haben. Statt tausend Ämter eine Bezugsperson.
- Die Erhaltung der Niedrigschwelligkeit der WfbM und die Anpassung dieser an den Arbeitsmarkt.
- Abschaffung der Gebietshoheit für den zweiten Arbeitsmarkt und eine ständige Qualitätssicherung auch durch Patientenanwälte.
- Die Erhebung des tatsächlichen Handikaps zur Aufnahme einer Arbeit im Schwerbehindertenausweis.
- Die Mindestabsicherung für chronisch Erkrankte ohne Heranziehung der Familie.

Wir stehen kurz vor einer Bundestagswahl. Da wird auch sehr gerne um die Lufthoheit über deutschen Stammtischen gekämpft. Dabei müssen die Sozialhilfeempfänger immer auch herhalten. Diese Diskussion verängstigt und verunsichert uns. Wir sind oft Sozialhilfeempfänger und arbeiten in den WfbM. Wir sind Sozialhilfeempfänger, weil wir krank sind. Genauso ist das mit den Geldern und Diskussionen um die Krankenkassen. Wir sind darauf angewiesen und dahinter versteckt sich nicht Faulheit, sondern sehr viel Leid von uns Betroffenen und unseren Angehörigen.

Handlungsbedarf zur Weiterentwicklung des Rehabilitationssystems

Christian Gredig

Ich möchte Ihnen mit diesem Beitrag einen Einblick geben in unsere Arbeit und Ihnen die bis heute vorliegenden Ergebnisse des Projektes »Bestandsaufnahme zur Rehabilitation psychisch Kranker« vorstellen.

Das Projekt wird realisiert von einem Projektteam[1] und begleitet von einer Arbeitsgruppe und einem Beirat. Die Zusammensetzung der beiden Kommissionen mit VertreterInnen der Ministerien, der Leistungsträger, mit Experten aus der Rehabilitationspraxis, mit Psychiatrie-Erfahrenen und Angehörigen psychisch kranker Menschen verweist auf die Vielzahl unterschiedlicher Kompetenzen, Erfahrungen und Interessen und auf das breite Spektrum der Rehabilitationslandschaft.

Die Rehabilitationslandschaft – Leistungen und Angebote für psychisch kranke Menschen, die einen Weg zur »Teilhabe« an Arbeit und Beschäftigung ermöglichen sollen

Diese Rehabilitationslandschaft wollen wir beschreiben, mit ihren Höhen und Tiefen, mit ihren Wegen und ihren Irrwegen, mit Hindernissen und Akteuren. Diese Landschaftsbeschreibung wird allerdings nicht zu einem Bild werden, das zur Kontemplation einlädt, sondern das Widerspruch hervorruft und dazu auffordert, die Dinge zu ändern, die Landschaft zu gestalten.

Ein guter Maler wird vor Beginn seiner eigentlichen Arbeit unterschiedliche Standorte auswählen, also von wechselnden Stellen auf sein Objekt schauen – sich aber auch in die Landschaft hineinbegeben, und nicht nur deren Statik, sondern auch deren Dynamik erfassen, um die Mehrdimensionalität des Betrachteten auf der Leinwand festhalten zu können.

Wir haben in diesem Projekt gleichfalls unterschiedliche Standorte und Vorgehen gewählt, um nicht lediglich eine umfangreiche

---

1 Projektleitung: Niels Pörksen, Projektkoordination: Karl-Ernst Brill, Projektmitarbeit: Christian Gredig, Bernd Jäger

Datensammlung zu erhalten, sondern die konkreten Probleme in und mit der Arbeitsrehabilitation zu beschreiben. Nur so ist es möglich gewesen, über das Bild der »Rehabilitationslandschaft« hinaus Vorschläge zu erarbeiten und erste Leitlinien zu skizzieren, Empfehlungen zu formulieren, die die Teilhabe von Menschen mit psychischen Beeinträchtigungen am Arbeitsleben, und ihre je individuellen Hilfebedarfe auf diesem Weg in den Mittelpunkt stellen. Lassen Sie mich unser Vorgehen und die Standorte unserer Objektbeschreibung im Folgenden kurz erläutern:

Wir haben zum Einen im Rahmen regionaler Erhebungen alle *Einrichtungen und Dienste* erfasst, die in und für die medizinische und berufliche Rehabilitation und (Wieder-)Eingliederung psychisch kranker und behinderter Menschen ins Arbeitsleben relevant sind. Dazu gehörten die institutionellen rehabilitativen Angebote wie Berufliche Trainingszentren (BTZ), Berufsbildungs- und -förderungswerke (BBW bzw. BFW), Integrationsfachdienste (IFD) oder Rehabilitationseinrichtungen (RPK) ebenso, wie die Dienste und Einrichtungen, die an der Vorbereitung und Einleitung entsprechender Hilfen mitwirken (also Tagesstätten, Übergangseinrichtungen oder Wohnen mit Betreuung, Psychiatrische Kliniken).

Zum Zweiten erarbeiteten wir eine Darstellung der funktionalen Hilfen, die in einer Region angeboten bzw. vorgehalten werden müssten, um eine personenzentrierte und zielorientierte Gestaltung des Rehabilitations- und Integrationsgeschehens zu ermöglichen. Funktional heißt in diesem Zusammenhang, unter Berücksichtigung der individuellen Ressourcen, dem individuellen Hilfebedarf entsprechend genau die Hilfen bereitzustellen und einzusetzen, die zur Erreichung spezifischer realistischer Ziele im Arbeitsleben notwendig sind.

Drittens haben wir *Effizienz und Effektivität des Rehabilitations- und Eingliederungsgeschehens* untersucht; nicht die einzelner Institutionen oder Maßnahmen, sondern der vorfindlichen Strukturen, bezogen auf die Ergebnisse in den und für die ausgewählten Regionen. Das Ergebnis dieser nun abgeschlossenen Projektphase liegt in der Form des Zwischenberichtes vor[2].

---

2   Eine bearbeitete Kurzfassung des Zwischenberichtes ist im vorliegenden Tagungsband abgedruckt. Die Langfassung des Zwischenberichtes steht zum Download unter der Adresse www.psychiatrie.de/apk zur Verfügung

Erhebung und Beschreibung vorhandener Dienste und Einrichtungen

Zu dem ersten Punkt, der Erhebung und Beschreibung aller vorhandenen Dienste und Einrichtungen, waren umfangreiche und z.T. mühsame Recherchen erforderlich, die sehr schnell folgende Probleme deutlich werden ließen:

1. Es gibt in Deutschland viele Dienste und Einrichtungen mit gleicher Bezeichnung, die aber je nach regionaler Entwicklung und konzeptioneller Ausrichtung zum Teil sehr unterschiedliche Angebote vorhalten. Die Existenz einer Einrichtung mit einer geläufigen Bezeichnung lässt daher wenig Rückschlüsse auf das konkrete regionale Versorgungsangebot zu.
So sind z.B. die Angebote psychiatrischer Tagesstätten je nach konzeptioneller Ausrichtung entweder im Sinne von »Rehabilitationseinrichtungen mit Übergangscharakter« oder als »unbefristete Langzeiteinrichtung« gestaltet. Arbeit und Beschäftigung wird dabei sehr unterschiedliche Bedeutung beigemessen.
Ein weiteres Beispiel ist das von Klink zu Klinik höchst unterschiedlich entwickelte und ausgerichtete ergotherapeutische Angebot, im besonderen die Arbeitstherapie. Nur selten orientiert sich die Arbeitstherapie an den konkreten arbeitsspezifischen Belangen und Möglichkeiten des einzelnen Patienten und ist auf Wiedereingliederung ausgerichtet.
2. Die Erhebung zeigt, dass viele Einrichtungen der beruflichen Rehabilitation (Berufsförderungswerke, Werkstätten für behinderte Menschen etc.) zwar inzwischen dem Personenkreis der psychisch kranken Menschen grundsätzlich offen stehen, dass diese Einrichtungen aber in vielen Fällen auf Grund ihrer Größe, ihrer Lage oder ihrer strukturellen Entwicklung zu wenig auf die individuellen Erfordernisse psychisch kranker Menschen eingehen können. Krankheitsbedingte Leistungsschwankungen und der Wunsch der Betroffenen nach Berücksichtigung sozialer Bezüge finden in vielen Fällen nicht die notwendige Berücksichtigung. *Fluktuierender Krankheitsverlauf und Diskontinuität im Leistungsvermögen* spielen aber bei psychisch kranken Menschen eine große Rolle, ja, sie sind geradezu ein Wesensmerkmal psychischer Störungen.
3. Bei der Auswertung von Statistiken (insbesondere der Leistungsträger) über durchgeführte Maßnahmen im Bereich der Rehabi-

litation wurde deutlich, dass das Datenmaterial nicht ausreichend differenziert, zuweilen inkommensurabel ist: So werden zum Beispiel psychisch kranke Menschen und Menschen mit Suchterkrankungen in einigen Statistiken zusammen ausgewiesen, in anderen wiederum getrennt aufgeführt. Personenbezogene Angaben über den Verlauf und den Abschluss von durchgeführten Rehabilitationsmaßnahmen fehlen, sodass eine aussagekräftige Bewertung der Daten insgesamt nicht möglich ist.

Funktionale Beschreibung vorhandener Maßnahmen

Hierzu fanden intensive Diskussionen und Überlegungen in den beteiligten Projektgremien statt. Sie waren geleitet von der Einsicht, dass nur ein differenziertes, den individuellen Bedürfnissen und Voraussetzungen der Betroffenen entsprechende Angebotssystem Sinn macht. Dieses sollte flexibel und übersichtlich genug sein, um in jeder Region seinen Platz und seine Aufgaben zu finden. Zugleich sollten diese Überlegungen aber auch dazu dienen, die unterschiedlichen Definitionen im Rehabilitationssystem zusammenzuführen und somit eine gemeinsame begriffliche Grundlage zu schaffen.

Effektivität der Rehabilitations- und Eingliederungsmaßnahmen (Regionalerhebungen)

Ausgehend von der Annahme, dass sich trotz gleicher rechtlicher Grundlagen in den einzelnen Regionen der Bundesrepublik sehr unterschiedliche Angebotsstrukturen entwickelt haben, war es erforderlich, unterschiedliche Regionen zu untersuchen, um über einen Vergleich zu einer entsprechenden Einschätzung gelangen zu können.

Diese Regionalerhebungen sollten exemplarisch das Rehabilitationsgeschehen abbilden und dabei unterschiedliche strukturelle Bedingungen berücksichtigen. Die hierfür notwendigen Fragestellungen und die zu untersuchenden Regionen wurden im Laufe der Projektarbeit ausgewählt. Bevor ich Ihnen die Erhebungsregionen und einige ausgewählte Ergebnisse unserer Erhebungen vorstelle, lassen Sie mich noch kurz auf den letzten Teil unseres Gesamtprojektes zu sprechen kommen.

Handlungsbedarf zur Weiterentwicklung des Rehabilitationssystems

Bewertung des bestehenden Systems und den Vorschlägen zu einer Weiterentwicklung

Für diesen Teil sollten die Ergebnisse und Diskussionen der ersten drei Projektabschnitte miteinbezogen werden. Auf der Grundlage dieser Ergebnisse sollen dann konkrete Vorschläge für eine Weiterentwicklung erarbeitet werden mit dem Ziel, einer bedarfsgerechten und personenzentrierten Versorgung den Weg zu bereiten und den beteiligten Akteuren Anregung und Orientierung zu bieten. Diese Tagung kann und soll uns jetzt, nachdem zwei Drittel der Projektzeit vorüber sind, auch dazu dienen, die bisherigen Überlegungen mit Ihnen zusammen zu diskutieren.

In Abbildung 1 sind unterschiedliche Strukturdaten der drei Erhebungsregionen abgebildet. Die von uns ausgewählten Regionen wurden unter dem Aspekt ausgewählt, strukturell möglichst unterschiedliche Bedingungen vorzufinden. Zum einen die Region Halle/Saale im Bundesland Sachsen-Anhalt, in der die Voraussetzungen auf Grund der allgemeinpolitischen Vorbedingungen und der aktuellen Arbeitslosigkeit von fast 20 % in besonderer Weise geprägt sind. Zum Zweiten die Region Kassel – Stadt und Landkreis – mit einem breiten Angebot an Rehabilitationseinrichtungen und Diensten. Trotz der in den beiden Gebietskörperschaften unterschiedlichen Bedingungen (Verkehrsanbindung, Arbeitslosigkeit), sind in der rehabilitativen Praxis die gebietskörperschaftlichen Abgrenzungen von einem Beziehungsnetz überlagert. Als Drittes dann der Oberbergische Kreis, eine eher ländlich geprägte Region mit großer Ausdehnung, in der ein enges Netz miteinander kooperierender Dienste und Einrichtungen entstanden ist. Dieses Netz hat im Bereich der beruflichen Eingliederung seinen Schwerpunkt in ineinandergreifenden ambulanten und teilstationären Maßnahmen mit der Psychiatrischen Klinik am Kreiskrankenhaus als »Epizentrum«.

Anhand unterschiedlicher Fragebögen und eines Interviewleitfadens wurden in den einzelnen Regionen über mehrere Tage hinweg MitarbeiterInnen von Rehabilitationseinrichtungen, Kliniken, komplementären Diensten, Leistungsträgern sowie Angehörige und Psychiatrie-Erfahrene befragt mit dem Ziel, ein möglichst umfassendes Bild von dem Rehabilitationsgeschehen der entsprechenden Region zu bekommen. An dieser Stelle sei noch einmal allen dort vor Ort Tätigen für Ihre Unterstützung gedankt.

Erhebungsregionen

		Halle 135 km^2	Kassel 1400 km^2		Oberberg. Kreis 918 km^2
Fläche					
Einwohner		248.000	442.000		288.000
Arbeitslosenquote		19,7 %	Stadt 13,7 %	Landkr. 7,9 %	7,8 %
Arbeitsplätze für psychisch kranke Menschen	Integrationsfirmen Zuverdienstangebote WfbM*	24,2 11,7	1,1 2,7 43,9		10,4 33
Arbeitstraining	WfbM		9,3		11,8
Berufliche Reha	RPK** Ambulante Lehrgänge	9,7			9,4
Berufliche/med. Reha	RPK		4,5		
Arbeitstherapie	stationär Teilstationär/ambulant		23,3 2,3		12,2

* Werkstatt für behinderte Menschen
** Rehabilitationseinrichtung für psychisch Kranke

Abb. 1: Plätze in Angeboten und Maßnahmen für psychisch kranke und behinderte Menschen (2000) (pro 100.000 Einwohner)

Gefragt wurde insbesondere nach Aufnahmevoraussetzungen, Hilfeplanungsinstrumenten, Eingliederungsbilanzen, Kooperationskultur sowie nach auftretenden Problemen in den Rehabilitationsprozessen und nach Verbesserungsvorschlägen. Die Ergebnisse der Regionalerhebungen wurden nach der Auswertung in einer zweiten Veranstaltung in den einzelnen Regionen vorgestellt und mit den Beteiligten diskutiert. Ich möchte mich bei der nun folgenden Darstellung unserer Erhebungsergebnisse auf zwei statistische Teilaspekte beschränken und zwar auf die Eingliederungsbilanz einzelner Einrichtungen sowie auf die Arbeits- und Beschäftigungssituation derjenigen Menschen, die ambulant im psychiatrischen Hilfesystem betreut werden.

Die erste Grafik (Abb. 2) zeigt Ihnen, unterteilt nach den von uns untersuchten Regionen, die Beschäftigungssituation der Klienten des ambulant betreuten Wohnens. Die Zahlen müssen m.E. nicht näher erläutert werden, sie erklären sich fast von allein. Auch wenn

Handlungsbedarf zur Weiterentwicklung des Rehabilitationssystems

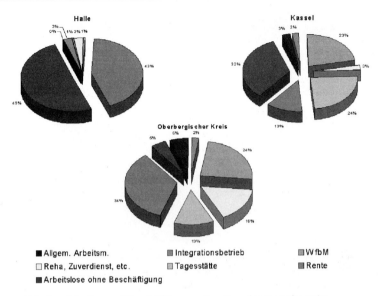

- ■ Allgem. Arbeitsm.
- □ Reha, Zuverdienst, etc.
- ■ Arbeitslose ohne Beschäftigung
- ■ Integrationsbetrieb
- □ Tagesstätte
- ■ WfbM
- ■ Rente

Abb. 2: Arbeits- und Beschäftigungssituation der Bewohner im »Betreuten Wohnen« 2000

man die sozioökonomischen Bedingungen der einzelnen Regionen, also z.B. die Arbeitslosigkeit mit berücksichtigt, so kann doch eines ohne Zweifel festgestellt werden: Die berufliche Eingliederung und die Beschäftigung psychisch erkrankter Menschen ist offensichtlich nur unzureichend berücksichtigt und ausgestaltet. Bedenken Sie bitte, dass es sich dabei nur um diejenigen Menschen handelt, die in das psychiatrischen Hilfesystem eingebunden sind. All diejenigen, die dies nicht wollen oder dazu nicht in der Lage sind, müssen wir als Dunkelziffer noch dazurechnen. Im Übrigen werden diese Untersuchungsergebnisse im Trend bundesweit bestätigt durch Untersuchungen im Bereich des Landeswohlfahrtsverbandes Hessen und durch eine Befragung des Bundesverbandes der Angehörigen psychisch kranker Menschen – hierauf hat bereits Dr. Pörksen in seinem Referat hingewiesen.

Eine weitere Frage an die Einrichtungen und Dienste der beruflichen Rehabilitation war die nach dem Status derjenigen Teilnehmer oder Beschäftigten, die im Jahr 2000 die Einrichtung verließen. Anhand dieser Grafik wird deutlich, wie unterschiedlich das

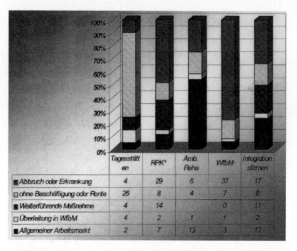

Abb. 3: Ausgeschiedene Rehabilitanden bzw. Arbeitnehmer (2000)
*) Die RPK in Guxhagen arbeitet erst seit zwei Jahren. Die RPK Sachsen-Anhalt führt nur berufl. Rehabilitation durch.

Ziel der Eingliederung in Arbeit und Beschäftigung in den einzelnen Einrichtungstypen und Diensten umgesetzt werden konnte. Auffallend in dieser Grafik ist neben der zum Teil geringen Eingliederung in Arbeit und Beschäftigung der hohe Prozentsatz an Abbrüchen, insbesondere in den Werkstätten für behinderte Menschen und bei den Rehabilitationseinrichtungen. Sie sind zum einen auf erneute Erkrankungen und zum anderen auf Unzufriedenheit mit dem entsprechenden Angebot zurückzuführen. Die mittlere Säule mit der relativ hohen Eingliederungsquote repräsentiert ein aufeinander abgestimmtes Angebot von ambulanten Rehabilitationsmaßnahmen in der Oberbergischen Region, dass einen Schwerpunkt in der engen Kooperation mit örtlichen Arbeitgebern hat.

Lassen Sie mich nunmehr zu den Punkten kommen, die sich insbesondere im Rahmen der Interviews unserer Regionalerhebungen als zentrale Problem- und Handlungsfelder herausgestellt haben:

1. Es fehlt an einer individuellen, institutionsübergreifenden Hilfeplanung und Abstimmung
2. Es fehlt weiterhin an individuell angepassten Unterstützungs- und Beschäftigungsmöglichkeiten

Handlungsbedarf zur Weiterentwicklung des Rehabilitationssystems

3. Zur Überwindung von Lücken und Barrieren sind ineinander greifende Hilfen und Maßnahmen ohne unnötige Unterbrechungen und Abbrüche, sowie übergreifende fachliche Kompetenz und Verständnis von MitarbeiterInnen aller Beteiligten Dienste und Einrichtungen erforderlich.
4. Und als Letztes besteht ein dringender Bedarf an einer regionalen Koordination und Steuerung, um eine Sicherstellung benötigter Angebote und Hilfen zu gewährleisten.

Ich möchte diese einzelnen Aspekte noch einmal auf Grund unserer Erhebungen beleuchten und untermalen.

Individuelle, institutionsübergreifende Hilfeplanung insbesondere unter Berücksichtigung arbeitsrehabilitativer Maßnahmen

Hier ist zu sagen, dass es sie so gut wie gar nicht gibt. Wenn einzelne Dienste und Einrichtungen regelmäßig Rehabilitationspläne mit dem Betroffenen zusammen erstellen, dann in der Regel nur bezogen auf die Angebote ihrer eigenen Einrichtung. Sie gehen nicht vom Bedarf einer Person aus und berücksichtigen in der Regel nicht die Möglichkeiten des gesamten Rehabilitationssystems bzw. der in der Region verfügbaren Angebote. Ein Grund dafür liegt sicherlich auch in den fehlenden Kenntnissen der beteiligten Akteure über die Ziele und Schwerpunkte anderer Einrichtungen und Dienste. Es ist daher zu vermuten, dass viele Klienten/innen nur ungenügend informiert, unterstützt und begleitet werden in Bezug auf die Eingliederung und insbesondere in Bezug auf die »Teilhabe am Arbeitsleben«.

Ein oft geäußertes Argument im Rahmen der Untersuchung war, dass die betroffenen Menschen ja eigentlich gar nicht in der Lage wären, dauerhaft einer Arbeit oder Beschäftigung nachzugehen. Auf der anderen Seite wurde die Sinnhaftigkeit und die Notwendigkeit von abgestuften Arbeits- und Beschäftigungsmöglichkeiten nicht nur von den Professionellen, sondern auch oder gerade von den Betroffenen und den Angehörigen als unbedingt notwendig erachtet. Bundesweite Befragungen bestätigen dies.

Die Frage muss also lauten: Wie kann sichergestellt werden, dass der Betroffene zu Beginn und im Verlauf jedes Eingliederungsprozesses

- seine individuellen Ressourcen und Wünsche in Bezug auf Arbeit und Beschäftigung überprüfen kann?
- seine Arbeitsfähigkeit erproben, erhalten, entwickeln oder wiedererlangen kann? oder
- eine Beschäftigung findet, die in Art und Umfang seinen Neigungen und Fähigkeiten entspricht?

Auf Grund der mangelnden Berücksichtigung berufs- und arbeitsbezogener Belange bei der Hilfeplanung in psychiatrischen Diensten und Einrichtungen und der weit verbreiteten institutionsbezogenen Sichtweise mit einer Ausrichtung allein auf die Angebote der eigenen Einrichtung werden diese Aspekte aus der Sicht unseres Projektes zu wenig beachtet und in den seltensten Fällen in einem gemeinsamen Prozess aller Akteure geplant und umgesetzt. So planen und handeln oftmals mehrere Personen unabhängig voneinander, und es ist nicht schwer sich vorzustellen, dass diese fehlende Abstimmung den Rehabilitationsprozess in vielen Fällen behindert.

Stellen Sie sich bitte einmal vor, in einer Küche würde eine Gericht von mehreren Personen zubereitet, ohne das eine Abstimmung über die Art und Menge der Gewürze erfolgen würde. Es wäre eher ein Glücksfall, wenn dieses Gericht letztlich ein Genuss werden sollte.

Und genauso erscheint, von außen gesehen, der Rehabilitationsverlauf in vielen Fällen: Als ein Prozess mit unterschiedlichen Akteuren, die ohne gemeinsame Abstimmung und Planung ein (vermeintlich) gemeinsames Ziel verfolgen. Damit eine sinnvolle Planung letztlich aber umgesetzt werden kann, müssen natürlich in jeder Region die entsprechend notwendigen Angebote vorgehalten werden. Womit ich am zweiten Punkt wäre.

Es fehlt an individuell angepassten Unterstützungs- und Beschäftigungsmöglichkeiten

Wie unsere allgemeine Datenerhebung deutlich macht, bestehen spezielle institutionelle Angebote zur beruflichen Rehabilitation nur in wenigen Regionen und haben in der Regel hohe Zugangsschwellen. Sie erwarten also von den Nutzern eine gewissen Stabilität und in vielen Fällen die Bereitschaft, ein komplexes Hilfsangebot zu nutzen, was u. U. gar nicht gewünscht oder notwendig ist.

Handlungsbedarf zur Weiterentwicklung des Rehabilitationssystems

So können die Angebote in vollstationären Einrichtungen nur dann in Anspruch genommen werden, wenn ein Teil der Ressourcen und Lebensbezüge (also Kontakte und ggf. auch die eigene Wohnung) aufgegeben werden. Als Beispiel aus den Regionen möchte ich an dieser Stelle das Berufsförderungswerk im Landkreis Kassel nennen, in dem vorausgesetzt wird, dass die Rehabilitanden internatsfähig und vollschichtig belastbar sind.

Dort, wo es ambulante Unterstützungsmöglichkeiten in Form von Lehrgängen oder Qualifizierungsmaßnahmen gibt, werden sie vielfach losgelöst von dem übrigen Hilfe- und Unterstützungssystem angeboten. Diese Angebote erfordern in der Regel eine bestimmte Teilnehmergröße und üben damit eine gewisse Sogwirkung aus, was letztlich dazu führt, dass die individuellen Erfordernisse des Einzelnen in den Hintergrund gedrängt werden.

Man könnte es auch anders ausdrücken: Es besteht die Gefahr, dass die Notwendigkeit, eine solche Maßnahme mit TeilnehmerInnen zu füllen, Vorrang vor dem individuellen Bedarf des Einzelnen erhält.

Ich möchte an dieser Stelle aber nicht unerwähnt lassen, dass es auch positive Ansätze und kreative Lösungen gibt. So hat sich über einen längeren Prozess – z.B. in der Oberbergischen Region – ein komplexes System von teilstationärer Arbeitstherapie, Wiedereingliederungslehrgang, Qualifizierungs- und Trainingsmöglichkeiten bis hin zu differenzierten Beschäftigungsmöglichkeiten entwickelt. In diesem System sind die Klinik, arbeitstherapeutische und berufsbegleitende Angebote sowie eine Integrationsfirma und lokale Arbeitgeber eingebunden und während des Eingliederungsprozesses ist über weite Strecken personelle Kontinuität gewährleistet. Das heißt konkret, dass z.B. der Arbeitstherapeut aus der stationären Arbeitstherapie für den Klienten auch während des Wiedereingliederungslehrganges zuständig ist. Leider sind solche Beispiele noch selten und oft nur unter enormer Anstrengung der vor Ort Aktiven gegen die Widerstände, z.B. der Leistungsträger, möglich.

Wenn an diesem Punkt meiner Ausführungen von angepassten Beschäftigungsmöglichkeiten die Rede ist, dann muss auf Grund der uns vorliegenden Rückmeldungen wohl an erster Stelle die Teilzeitbeschäftigung unterhalb der Grenze zur sozialversicherungspflichtigen Tätigkeit genannt werden, die im psychiatrischen Bereich zumeist als niedrigschwelliger Zuverdienst bezeichnet wird.

Fast alle interviewten Personen und Institutionen äußerten auf unsere Frage nach vorhandenen Lücken bzw. notwendigen Ergänzungen des vor Ort bestehenden Angebotsspektrums den Wunsch nach Zuverdienstmöglichkeiten. Diese sollten die Möglichkeit zur Anpassung an Schwankungen im Leistungsvermögen der Betroffenen bieten. Sowohl in ihren konkreten Anforderungen an Konzentration und Geschicklichkeit als auch in ihrem zeitlichen Umfang.

Die wenigen Zuverdienstmöglichkeiten, die in den untersuchten Erhebungsregionen bestanden, waren entweder nur im Zusammenhang mit der Nutzung anderer stationärer oder teilstationärer Angebote möglich oder sie waren auf Grund der fehlenden finanziellen Absicherung von der Schließung bedroht.

Wenn vom Komplex der Beschäftigungs- und Eingliederungsmöglichkeiten für psychisch behinderte Menschen die Rede ist, dann muss natürlich auch von den Werkstätten für behinderte Menschen gesprochen werden. Sie bieten für den genannten Personenkreis häufig den einzigen Zugang zu Arbeit und Beschäftigung. Die Projektergebnisse bestätigen hier das, was sich schon in bundesweiten Erhebungen gezeigt hat. Die Integrationsbilanz dieser Einrichtungen ist negativ. Zudem begegnen viele psychisch kranke Menschen, die einen Weg in Arbeit und Beschäftigung suchen, diesem Angebot mit großen Vorbehalten weil,

- für sie selbst damit eine Stigmatisierung verbunden ist,
- die Arbeiten oft zu monoton und zu wenig auf die Fähigkeiten und Qualifikationen des Einzelnen abgestimmt sind,
- die Entlohnung zu gering und somit nicht motivierend ist.

Es soll an dieser Stelle nicht das Engagement und die Motivation der beteiligten Mitarbeiterinnen und Mitarbeiter infrage gestellt werden, aber letztlich bleibt offen, inwieweit eine zeitweilige oder langfristige Beschäftigung in einer WfbM für einzelne, psychisch behinderte Menschen sinnvoll ist

Es bleibt also festzustellen, dass in dem gesamten Bereich der Angebote von Unterstützungs- und Arbeitsmöglichkeiten viele Mechanismen und Mängel bestehen, die eine individuell angepasste Unterstützung erschweren bzw. verhindern. Kommen wir nunmehr zum dritten Punkt unserer Problemfelder.

Lücken und Barrieren

Wenn in diesem Zusammenhang von Lücken die Rede ist, so meint dies nicht nur die evtl. fehlenden Angebote, sondern auch die Lücken, die im Verlauf eines Rehabilitationsprozesses auf Grund von Wartezeiten, fehlenden Voraussetzungen oder institutionellen Hindernissen auftreten.

Wartezeiten gibt es besonders dort, wo es vor Beginn einer Maßnahme einer rechtlichen oder diagnostischen Klärung bedarf, bevor eine notwendige Hilfe bereitgestellt wird oder dort, wo nachfolgende Einrichtungen und Dienste keine Platzkapazitäten mehr haben. Von vielen unserer Gesprächspartner, gerade in den Kliniken oder aus klinischen Maßnahmen, wurden diese sich daraus ergebenden Wartezeiten bemängelt.

Des Weiteren können einige Unterstützungsmaßnahmen nur dann in Anspruch genommen werden, wenn bestimmte Voraussetzungen erfüllt werden. So zum Beispiel beim Vorliegen einer Schwerbehinderung. Sie wird gerade in dem Bereich der Begleitung und der Integration in das Arbeitsleben gefordert und lässt offensichtlich viele psychisch kranke Menschen unberücksichtigt, die entweder keinen entsprechenden Schwerbehindertenausweis wollen oder keinen bekommen. Auch hier bestätigen uns die Rückmeldungen der Fachleute und der Betroffenen vor Ort in der Einschätzung, dass die Rechte, die mit der Feststellung einer Schwerbehinderung verbunden sind, in vielen Fällen für die Betroffenen weniger wiegen, als die Nachteile und die vermeintliche Stigmatisierung.

Ein anderer Punkt sind die Anforderungen, die von Einrichtungen und Diensten an die »Rehabilitationsfähigkeit« gestellt werden. Es geht dabei u.a. um die Stabilität und Belastbarkeit, daneben auch um die Frage, ob ein Rehabilitationsziel in einem vorab festgelegten Zeitraum erreichbar ist. Nun ist fachlich unbestritten, dass eine solche Vorhersage für einen längeren Zeitraum von ein oder zwei Jahren bei schweren psychischen Erkrankungen nicht zuverlässig möglich ist, andererseits wird sie aber gefordert. Hieraus resultieren enorme Selektionsmechanismen bereits im Aufnahmeverfahren. Im weiteren Verlauf sorgt dann die fehlende Möglichkeit einer flexiblen Anpassung für eine hohe Quote von »Maßnahmeabbrüchen«. Für die Betroffenen bedeutet dies regelmäßig ein Erlebnis des Scheiterns, nach dem sie wieder ganz von vorne anfangen müssen.

All dies führt zu unnötigen Lücken und Abbrüchen, die nicht nur den Rehabilitationsprozess verzögern und unnötig verlängern, sondern dazu noch das Selbstwertgefühl und die Motivation der Betroffenen in hohem Maße beeinträchtigen.

Aber nicht nur Lücken sind zu schließen, sondern auch Barrieren abzubauen und zwar in Hinsicht auf das Verständnis für psychisch kranke Menschen und bezogen auf den Umgang der betroffenen Akteure untereinander.

So wurde sowohl vonseiten der Betroffenen selbst als auch der psychiatrisch tätigen Menschen vor Ort beklagt, dass aufseiten der Verwaltung (also Arbeits- oder Sozialamt) zu wenig Verständnis für die besonderen Probleme der psychisch kranken Menschen besteht. Dies würde dazu führen, dass entsprechende Hilfen zum Teil gar nicht in Anspruch genommen würden. Auf der anderen Seite, waren die Mitarbeiter der psychiatrischen Dienste aber auch nur sehr unzureichend über die Angebote und Möglichkeiten in Bereich der berufsbezogenen Hilfen und Möglichkeiten informiert.

Hier gilt es also zukünftig Barrieren ab und Brücken aufzubauen, damit die Beteiligten miteinander in Kontakt, Austausch und letztlich in einen gemeinsam gestalteten Prozess kommen können.

Regionale Koordination und Steuerung

Zwar gab es in allen von uns untersuchten Regionen Kooperationsstrukturen in mehr oder weniger ausgeprägter Form. Auf Teilhabe am Arbeitsleben orientierte verbindlich koordinierte und fallorientierte Zusammenarbeit im psychiatrischen Hilfesystem und zwischen psychiatrischem Hilfesystem und Arbeitswelt fand nirgends statt.

Die Vorstellung und Diskussion von Anforderungen und Voraussetzungen für eine sinnvolle Koordination und Steuerung bilden einen weiteren Schwerpunkt des morgigen Tages. Ich komme zum Schluss meines Vortrages, in der Hoffnung, Ihnen einige Anregungen zu den kommenden Diskussionen gegeben zu haben.

Wir haben bei unseren Gesprächen viele engagierte und motivierte Menschen getroffen. Und wenn die Auswertung unseres Projektes ein eher kritisches Bild liefert, dann soll dieses Engagement dadurch nicht geschmälert werden. Aber wenn der Spruch: »*Arbeit ist das halbe Leben!*« im positiven Sinne heute noch Bedeutung hat, dann muss man leider anhand unserer Ergebnisse zu der Einschät-

Handlungsbedarf zur Weiterentwicklung des Rehabilitationssystems

zung kommen, dass dieses halbe Leben von einem großen Teil der psychisch kranken Menschen noch nicht oder nur unzureichend gelebt werden kann. Die kommenden beiden Tage können dazu dienen, darüber nachzudenken und ins Gespräch zu kommen. Unser Projektteam wünscht Ihnen in diesem Sinne eine lebendige und letztlich fruchtbare Tagung und angeregte Diskussionen.

Überwindung von Barrieren

Regionale Initiativen zur Überwindung von Barrieren

Peter Kruckenberg, Henning Voßberg

Barrieren zu überwinden kann eine lohnende Herausforderung, kann aber auch Überforderung oder Unmöglichkeit sein. Worin bestehen die Barrieren, die daran hindern, Menschen mit seelischen Störungen dabei zu unterstützen, eine für sie leistbare sinnvolle Erwerbstätigkeit zu finden und zu behalten, ihre Leistungsfähigkeit zu verbessern, die wöchentliche Arbeitszeit wieder auszudehnen, sich weiter zu qualifizieren und sich in der beruflichen Tätigkeit weiter zu entwickeln? Viele Schwierigkeiten sind heute schon genannt worden. Schwierigkeiten, die die Klienten selbst betreffen oder den Arbeitsmarkt, die den verschiedenen Einrichtungen, die die Rehabilitation fördern sollen, zuzurechnen sind oder den Leistungsträgern, die gesetzlich verpflichtet sind, die notwendigen Angebote vorzuhalten, sich aber dieser Aufgabe vielfach verweigern. Barrieren können in den materiellen Verhältnissen liegen oder in den Köpfen bestehen. Barrieren sind ein Bild für Widerstände und Schwierigkeiten auf dem Wege, vielleicht nicht immer das passende.

Wir möchten im ersten Teil des Referats die Schwierigkeiten beim Bemühen um berufliche Teilhabe aus der Sicht des Klienten Herrn M. betrachten, dessen Beispiel in dem Zwischenbericht des Projekts kurz dargestellt wurde: Es geht um einen 24-jährigen Laborangestellten, dem einige Monate nach seiner erstmals aufgetretenen schizophrenen Störung aus betriebsbedingten Gründen gekündigt wird und der kurze Zeit später erneut in die Psychiatrische Klinik aufgenommen werden muss (Abb. 1). Dort nutzt er das arbeitstherapeutische Programm, auch wenn es seine beruflichen Kenntnisse und Erfahrungen nicht berücksichtigen kann. An berufsbezogene Untersuchungs- und Trainingsmaßnahmen oder etwa externe Belastungserprobungen wird nicht gedacht. Immerhin wird ein Antrag auf medizinische Rehabilitation beim Rentenversicherungsträger gestellt, aber die nächste Rehabilitationseinrichtung für psychisch Kranke (RPK) ist 80 km entfernt und hat eine Wartezeit von mindestens einem Jahr. Außerdem möchte der Patient weder seine Wohnung noch den Kontakt zu seinem sozialen Umfeld verlieren.

Die Beratung bei der örtlichen Servicestelle des Rentenversicherungsträgers endet mit der Empfehlung, es in einer süddeutschen Reha-Klinik zu versuchen, was Herr M. aus den gleichen Gründen ablehnt. Er hat noch nicht aufgegeben und wendet sich an das örtliche Arbeitsamt. Dort wird er rechtlich beraten, aber in Hinblick auf konkrete Hilfe an ein berufliches Trainingszentrum in etwa 100 km Entfernung verwiesen. Herr M. wechselt stattdessen in die Tagesklinik.

Nach zehn Wochen lehnt der Medizinische Dienst der Krankenversicherung eine weitere Krankenhausbehandlung ab und Herr M. wird aus der Tagesklinik entlassen. Angebote der ambulanten medizinischen Rehabilitation gibt es in Wohnortnähe nicht, aber als kontinuierliche Betreuung ergänzend zu der nervenärztlichen Behandlung immerhin die Möglichkeit des Betreuten Einzelwohnens. Die Mitarbeiter des Betreuten Wohnens haben keine Reha-Erfahrungen, verweisen erneut an das Arbeitsamt und nennen ihm als einziges wohnortnahes Angebot die Werkstatt für behinderte Menschen. Nach einem Besuch dort ist für ihn diese Perspektive indiskutabel: Nur unter behinderten Menschen arbeiten, keinen Bezug zu seinem früheren Arbeitsgebiet haben, ein geringes Arbeitsentgelt erhalten und zur Sicherung seines Lebensunterhalts Sozialhilfe in Anspruch nehmen müssen, das will er nicht.

Verschiedene Versuche auf eigene Faust, wieder in seinem alten Beruf tätig zu werden, scheitern aufgrund der ungünstigen Situation am Arbeitsmarkt und seiner inzwischen eingetretenen Beschäftigungslücke. Nach wiederholten Enttäuschungen und der Erfahrung des ständigen »nutzlosen Herumsitzens« sinken Hoffnung und Selbstbewusstsein. Dies wird noch verstärkt, nachdem ein Reha-Berater des Arbeitsamtes ihm rät, einen Schwerbehindertenausweis zu beantragen, was er vehement ablehnt. Er fühlt sich nicht schwer behindert, eher gehindert. Nicht nur, dass dieses System der medizinischen und beruflichen Rehabilitation für Herrn M. keine sinnvolle Hilfe geleistet hat. Es war zusätzlich kränkend. Unsere seelische Gesundheit ist nach Antonowski darauf angewiesen, dass wir die wesentlichen Faktoren, die unsere Lebenszusammenhänge bestimmen, verstehen, dass wir auf sie Einfluss nehmen können und in unserem Handeln einen Sinn sehen können. All dieses wurde und wird Herrn M. verwehrt, eine sinnstiftende Teilhabe am Arbeitsleben unmöglich gemacht.

Die Bilder, die man sich vom eigenen Leben macht, sind im Sinne der Förderung oder Belastung seelischer Gesundheit bedeutend. Ist das Wort Barriere im Sinne von Mauern für die Erfahrungen von Herrn M. passend? Wenn es um seine Bewerbung auf Arbeitsplätze ging, passt vielleicht eher das Bild eines unüberwindlichen Grabens, die Vorschläge hinsichtlich so genannter qualifizierter Reha-Einrichtungen waren keine gangbaren Wege oder führten in unerreichbare Ferne. Das Hin und Her (Abb. 1) zwischen den verschiedenen Diensten, Einrichtungen, Arbeitgebern, Kostenträgern erscheint eher wie der Weg durch ein Labyrinth, aus dem es kein Entrinnen gibt.

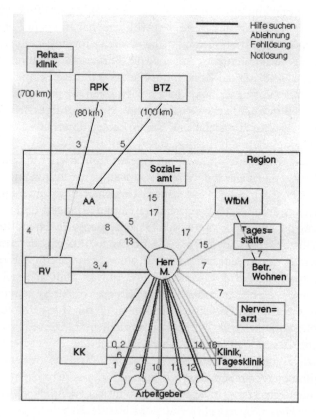

Abb. 1: »Personenzentrierte« regionale Rehabilitation 2002

Uns fiel als szenische Darstellung das Märchen vom Hasen und Igel ein. Sie kennen das Wettrennen, in dem der Hase dann am Ende der Rennbahn immer entweder auf den Igel oder dessen Frau trifft, die ihn mit den Worten »Ich bin all da« zum nächsten Lauf treiben, bis er tot zu Boden stürzt. Bei Herrn M. hieß es nicht, »Ich bin schon da«, sondern in verschiedenen Variationen: »Ich bin für Sie nicht zuständig«. Das Ergebnis ist resignative Anpassung und weiterer Verlust von Fähigkeiten und Chancen, wieder in den Beruf zurück zu finden.

Wie geht es weiter? Mit Wahrscheinlichkeit nicht aufwärts, sondern in die Chronifizierung. Es besteht die Gefahr des Abgleitens in Suchtmittelmissbrauch und Verwahrlosung, Gewöhnung an den Status eines Sozialhilfeempfängers, weiterer Klinikaufenthalte, im Anschluss einfache Tätigkeit in einer Tagesstätte für 1 Euro pro Stunde, 2 x 2 Stunden in der Woche oder wenn er sich dazu durchringen kann und den Leistungsanforderungen an Arbeitsstunden und Beständigkeit noch gewachsen ist, irgend wann doch noch ein Versuch im Montagebereich der Werkstatt für behinderte Menschen. Dann wäre er ein Fall für die erfolgreiche Eingliederungsstatistik.

Die Entwicklung von Herrn M. ist kein Ausnahmefall, sondern statistisch eher die Regel. Dass aber sein Schicksal nicht so sein muss, zeigen immer wieder positive Erfahrungen mit ambulanten Reha-Diensten, psychosozialen Diensten, mit Reha-Einrichtungen für psychisch Kranke, vor allem, wenn diese sich auch teilstationär und ambulant differenziert haben, in bestimmten Fällen auch mit beruflichen Trainingszentren und Berufsförderungswerken, wenn sie zufällig in der Nähe des Wohnorts liegen und ein passendes Angebot vorhalten.

Alle diese Einräumungen sind, wie bereits berichtet, in den meisten Regionen nicht vorhanden. Dort, wo es sie gibt, richten sie sich an eine bestimmte Klientel mit in der Regel relativ hoher Kompetenz und Belastbarkeit und sind für die anderen nicht zuständig. Ihre Erfolge oder Misserfolge sind aufgrund der Selektionskriterien, aber noch mehr aufgrund der fehlenden oder begrenzten Effizienzuntersuchungen kaum zu bewerten: Es ist schon viel, wenn die Fragen nach der Abbruchrate und der Häufigkeit der Eingliederung in ein Arbeitsverhältnis nach Ende der Reha-Maßnahme beantwortet werden kann – für wie lange dieser Arbeitsverhältnis gehalten werden konnte, weiß man fast nie. Dies ist der Jammer mit institutionszentrierten Hilfesystemen für psychisch Kranke auch und besonders in der medizinischen und beruflichen Rehabilitation.

Aber es muss nicht beim Jammern bleiben. Herr M. weiß sehr wohl, zumindest zu Beginn seiner Kranken- und Rehabilitandenkarriere, was ihm fehlt: Anfänglich eine sein Selbstvertrauen stützende Trainingsphase, z.B. in der Tagesklinik. Dann ein zu seinen aktuellen Fähigkeiten und Belastbarkeiten passender Arbeitsplatz, eine angemessene begleitende sowohl psychiatrische wie arbeitsbezogen fachliche Unterstützung und die Finanzierung der notwendigen Leistungen – z.B. Minderleistungsausgleich wie begleitende Betreuung – durch den oder die zuständigen Kostenträger. Und zwar alles zeitgerecht und in der Region, in der er lebt.

Er hat erfahren müssen, dass die drei Bereiche, arbeitgebende, begleitende und finanzierende Institutionen zusammenarbeiten müssten und dass sie das nur sehr begrenzt tun, dass sie überwiegend mit sich selbst beschäftigt sind und wenig mit ihm und seinen Bedürfnissen und gesetzlichen Leistungsansprüchen. So ist das und daran scheint niemand ernsthaft etwas ändern zu wollen.

Hierzu noch ein zweites Beispiel: Zitat aus einer Kostenbewilligung der Krankenkassen vom 22.01.2002: »Antrag vom 22.11.2001 auf teilstationäre Arbeitstherapie. Den oben genannten Antrag haben wir mit Schreiben vom 04.12.2001 abgelehnt. Gegen diese Ablehnung legte unser Mitglied Widerspruch ein (...). In dem uns jetzt vorliegenden Gutachten kommt der MdK zu folgendem Ergebnis: Es liegt eine medizinische Indikation vor für eine ambulante Arbeitstherapie im Sinne des beruflichen Trainings und Erwerbens einer regelmäßigen Tagesstruktur mit dem Ziel einer Arbeitsfähigkeit für Bürotätigkeiten unter geschützten Bedingungen (...). Dieses Ziel ist in 3 Monaten zu erreichen, wenn vor Beginn dieser Behandlung der nahtlose Übergang in eine geschützte Tätigkeit sichergestellt werden kann. Eine Arbeitstherapie ist sinnlos, wenn zwischen dem Ende der Arbeitstherapie und der beruflichen Tätigkeit eine Pause, länger als eine Woche eintritt. Daher können wir die Kosten für die klinische Arbeitstherapie unserer Versicherten nur übernehmen, wenn vorher der nahtlose Übergang in die geplante geschützte Arbeit sichergestellt werden kann, d.h. der Beginn der Arbeitstherapie ist terminlich dem Beginn der beruflichen Tätigkeit anzupassen.«

Die richtige Erkenntnis, dass es zwischen Arbeitstherapie und

Regionale Initiativen zur Überwindung von Barrieren

anschließender beschützter Beschäftigung zu keinen längeren Wartezeiten kommen sollte, verkehrt sich hier in objektiv zynischer Weise. Die zu vermeidende Unterbrechung des Rehabilitationswegs wird durch diese Entscheidung in eine Verhinderung von Rehabilitation überhaupt umgemünzt. Dieses ist nur ein Beispiel für eine sich verschärfende allgemeine Tendenz: Auf allen Ebenen werden Entscheidungen immer mehr von Kostenabwehraspekten bestimmt. Die Bedürfnisse der Klienten treten demgegenüber in den Hintergrund.

Diskutiert man solche Probleme einzelfallbezogen an der Basis, so herrscht meist Einigkeit über die an und für sich notwendigen Hilfen. Je eindrucksvoller aber die Sparsamkeitsgebote reglementierend an die einzelnen Sachbearbeiter weiter gegeben werden, desto geringer werden die Spielräume, mit denen in der Vergangenheit fantasievoll und unkonventionell die Hindernisse und Begrenzungen unzulänglicher gesetzlicher Regelungen und Verwaltungsvorschriften umschifft worden sind. Die Sorge, im Zweifelsfall eine Zuständigkeit übernommen zu haben, für die eventuell doch ein anderer Kostenträger leistungspflichtig sein könnte, setzt sich immer stärker gegen die Aufgabe durch, den Versicherten angemessene Leistungen anzubieten. »Ich habe mit meinem Vorgesetzten gesprochen, wir können da nichts machen«, ist ein häufig gehörter Satz, der hilflos und wütend macht.

Über die gesetzlichen Grundlagen, die fachlichen Standards über positive Erfahrungen und die Leitlinien für ein personenzentriertes regionales Hilfesystem haben Sie heute schon Einiges und werden Sie morgen noch mehr erfahren. Wir sollen etwas zur Überwindung von Barrieren oder Überbrückung von Gräben, Abkürzung von Wegen, Ordnung von Labyrinthen sagen, d.h. dazu, was getan werden muss, um Menschen wie Herrn M. wirksam zu einer sinnvollen Teilhabe am Arbeitsleben zu verhelfen, und dies wollen wir abschließend in aller Kürze versuchen.

Dies ist konkret zu tun, damit die wesentlichen Strukturkriterien für die Eingliederung chronisch psychisch kranker und behinderter Menschen in Arbeit und Beschäftigung erfüllt werden können:

- Individuelle kontinuierliche personenzentrierte Erbringung notwendiger Hilfen im Rahmen integrierter Behandlungs- und Rehabilitationspläne,
- Realisierung von Ansprüchen in der medizinischen und beruflichen Rehabilitation für bisher benachteiligte Klientengruppen,

- Schaffung passgenauer Arbeitsplätze in Abstimmung der Interessen von Arbeitgebern und einzugliedernden Arbeitnehmern,
- Verwirklichung von Versorgungsverpflichtung durch Leistungs-, Entgelt-, Kooperations- und Koordinationsvereinbarungen im Gemeindepsychiatrischen Verbund?

Zum Beispiel in Bremen, wo Herr Voßberg und ich seit vielen Jahren tätig sind. In Bremen ist der Stand der Arbeitslosigkeit weiterhin hoch (im April 2002 11,6 %) mit besonderen Auswirkungen auf die beruflichen Eingliederungschancen von behinderten, insbesondere psychisch behinderten Menschen. Andererseits gibt es in Bremen seit Anfang der 80er-Jahre in vieler Hinsicht vorbildliche Aktivitäten im Rahmen der Psychiatriereform, auch im Bereich Arbeit und Beschäftigung für psychisch Kranke:

- Differenzierte Programme der Werkstatt für behinderte Menschen (WfbM), für psychisch Kranke sowohl im Arbeitstrainings- wie im Dauerarbeitsbereich, z.B. in regionalen Kleinwerkstätten und ausgelagerten Arbeitsplätzen in Betrieben
- Teilstationäre Arbeitstherapie als medizinische Rehabilitationsmaßnahme am Zentrum für Psychiatrie und Psychotherapie des Zentralkrankenhauses Bremen Ost.
- Eine arbeitstherapeutische Tagesklinik, ebenfalls am Zentralkrankenhaus Bremen Ost.
- Ambulanter beruflicher Reha-Dienst zur Vorbereitung und Vermittlung von Arbeitsplätzen für psychisch Kranke (»betriebsnahe Rehabilitation«).
- Spezialisierte Angebote für psychisch Kranke im Rahmen des psychosozialen Fachdienstes.
- Ergotherapeutische Werkstätten des Sozialwerks der Freien Christengemeinde.
- Integrationsbetriebe für psychisch Kranke.
- Gering finanzierte Zuverdienstmöglichkeiten in fünf regionalisierten Tagesstätten für psychisch Kranke.

Darüber hinaus gibt es Einrichtungen zur beruflichen Integration Behinderter, die auch psychisch Kranken zugute kommen, wie
- Vermittlung und Beratung durch das Arbeitsamt einschließlich AB-Maßnahmen,
- BSHG § 19-Stellen u.Ä.,

- Integrationsfachdienst,
- Berufliches Trainingszentrum Friedehorst,
- Berufsbildungswerk des Reichsbunds,
- Lehrgang mit Bremer Betrieben.

Die verschiedenen Leistungsanbieter sind zusammen mit dem Arbeitsamt, dem Integrationsamt, dem Arbeits- und Sozialressort des Senats zum Arbeitskreis »Arbeit für psychisch Kranke« zusammengeschlossen, ein Ausschuss des übergreifenden Koordinations- und Planungsgremiums »Zentrale Arbeitsgruppe für psychisch Kranke« der Stadtgemeinde Bremen.

Die genannten Bremer Projekte haben sich hinsichtlich der Eingliederungserfolge bewährt, z.T. auch ausgewiesen durch externe Evaluation. Leider »passen« die Angebote jeweils nur für spezielle Zielgruppen, in der Regel für die eher beruflich gut vorgebildeten und gesundheitlich relativ stabilen ganztags leistungsfähigen Klienten.

Dagegen haben psychisch kranke Menschen mit fluktuierendem Krankheitsverlauf und durchaus besserungsfähigen, krankheitsbedingten Fähigkeitsstörungen kaum Chancen auf angemessene Förderung: Verzögerungen in der Antragsbearbeitung, Probleme der Zuständigkeit, strukturbedingte Abbrüche im Rehabilitationsprozess, fehlende Praktikums- und Arbeitserprobungsplätze u.Ä. führen auch in Bremen zur resignativen Anpassung an Arbeitslosigkeit, Frühberentung oder Minimalbeschäftigung im Rahmen von BSHG-finanzierten Eingliederungsmaßnahmen.

Verschiedene Bemühungen, die Ansprüche auf medizinische und berufliche Rehabilitation auch von Menschen mit chronischen psychischen Störungen durch Aufbau einer Rehabilitationseinrichtung für psychisch Kranke (RPK) zu realisieren, sind Ende der 80er- und Anfang der 90er-Jahre an den Kostenträgern gescheitert. Mit der GKV Gesundheitsreform 2000 und dem SGB IX hat sich die Hoffnung auf die Durchsetzung dieser Ansprüche gebessert, sodass es seit mehreren Monaten eine trägerübergreifende Initiative zur Konzeptionierung des Regionalen Zentrums für Rehabilitation psychisch Kranker gibt, das die oben aufgeführten Zielsetzungen im regionalen Verbund realisieren soll.

1. Es ist ein ambulantes Reha-Team mit Versorgungsverpflichtung aufzubauen, das

- jedem zugewiesenen Bremer Klienten kurzfristig eine umfassende Rehabilitationsdiagnostik garantiert,
- jeder zuweisenden Stelle, d.h. anderen Leistungserbringern aber auch Leistungsträgern, insbesondere den zukünftigen Servicestellen, eine konsiliarische Beratung bzw. kooperative Abstimmung anbietet,
- Klienten an geeignete und aufnahmebereite Leistungserbringer bzw. Arbeitgeber begleitend überleitet,
- die übrigen Klienten so lange wie notwendig betreut in der Regel ambulant begleitet und ggf. notwendige ergänzende Maßnahmen wie teilstationäre Arbeitstherapie, Arbeitstraining, Arbeitsassistenz und rehabilitative Hilfen im Wohnbereich bei den regional vorhandenen Diensten »einkauft« oder selbst anbietet,
- Plätze für Praktika, Arbeitserprobung und Arbeit für psychisch kranke Menschen akquiriert (Jobbörse und gezielte Arbeitsplatzsuche und –gestaltung einschl. arbeitsvertraglicher Regelungen, die den fluktuierenden Krankheitsverlauf berücksichtigen).

Mit anderen Worten, wenn andere Anlaufstellen von behandelnden, betreuenden oder rehabilitativen Diensten dem Hilfebedarf nicht ausreichend entsprechen können, heißt es nicht mehr »nicht zuständig«, sondern »dort finden Sie kompetente Hilfe«.

2. Dieses ambulante Reha-Team ist zu ergänzen durch ein integriertes, teilstationäres Angebot medizinischer und beruflicher Rehabilitation. Dies führt, soweit notwendig, ein vertiefendes Assessment durch, nach Möglichkeit schon begleitend am Arbeitsplatz oder um zumindest einen »Landeplatz« im Arbeitsfeld zu finden mit den im Einzelfall erforderlichen und möglichen passgenauen Arbeitsbedingungen, Rehabilitationsangeboten und Verdienst- oder Zuverdienstmöglichkeiten.

3. Ergänzend sind die für einen Teil der Klienten erforderlichen rehabilitativen oder geschützten Wohnmöglichkeiten in einzelbetreuten Wohnplätzen, Wohngruppen und, wenn unbedingt nötig, in Heimen zu assoziieren.

4. Der ambulante und teilstationäre Reha-Dienst ist durch verbindliche Kooperations- und Koordinationsvereinbarungen im Rahmen des »Kooperationsverbunds Arbeit« mit den übrigen Leistungsanbietern zur Teilhabe am Arbeitsleben, aber auch mit den Diensten und Einrichtungen zur Behandlung, Selbstversorgung

Regionale Initiativen zur Überwindung von Barrieren

im Wohnbereich, Tagesgestaltung und Teilhabe am gesellschaftlichen Leben im Gemeindepsychiatrischen Verbund zu vernetzen.
5. Mit den anderen Diensten zusammen wird regelmäßig der Bedarf und das Ausmaß der Bedarfsdeckung in der Region und soweit sinnvoll, außerhalb der Region dokumentiert und ebenso wie die Entwicklungserfordernisse in die Gesundheitsberichtserstattung der Kommune aufgenommen.
6. Die Leistungsträger, also Krankenkassen, Rentenversicherer, Arbeitsamt, Integrationsamt und Sozialhilfeträger sind vertraglich einzubinden in die regelmäßige Auswertung der Gesundheitsberichte und erarbeiten mit dem Gemeindepsychiatrischen Verbund unter Einbeziehung von Vertretern der Arbeitgeber, der Klienten und der Angehörigen konkrete Entwicklungspläne und deren Finanzierung.

Angesichts der gewachsenen Kooperationskultur der Leistungsanbieter in Bremen, der Bereitschaft, ein ambulantes und teilstationäres Rehabilitationszentrum als »Joint Venture« zu realisieren und der aktiven Begleitung durch die Kommune wird das Projekt realisiert werden, wenn es gelingt, eine Anschubfinanzierung im Rahmen einer Modellerprobung zu erreichen.

Nur die verbindliche langfristige Einbeziehung der Sozialversicherungsträger wird – wie überall – schwierig. Das liegt vor allem daran, dass die Sozialversicherungsträger im Hinblick auf die Rehabilitation von Klienten mit komplexer Problematik ihre Gestaltungsaufgaben bundesweit bisher kaum wahrnehmen und sich auch aus den notwendigen regionalen Bedarfsentwicklungen und Entwicklungsplanungen heraus halten. Dies gilt besonders für den Bereich der medizinischen und beruflichen Rehabilitation, aber auch für andere Leistungsbereiche in der Versorgung psychisch Kranker, so z.B. für die Krankenhausbehandlung in der Anwendung der Psychiatrie-Personalverordnung (Psych-PV), für die ambulante psychiatrische Pflege und für die Soziotherapie. Ein aktuelles Beispiel hinsichtlich der Umsetzungsbereitschaft von Sozialgesetzen ist die Diskussion um die Ausgestaltung und Arbeitsweise der Servicestellen gemäß SGB IX.

Auf den Punkt gebracht: Hinsichtlich der medizinischen und beruflichen Rehabilitation psychisch kranker Menschen genügt den

Kostenträgern der Hinweis auf ihre unbestrittenen Budgetprobleme, um über Jahre und Jahrzehnte notwendige Entwicklungen im Sinne der Realisierung gesetzlicher Ansprüche nicht nur nicht zu gestalten, wie es ihre Aufgabe wäre, sondern auch regelmäßig zu verhindern. Hier ist der Gesetzgeber gefordert.

Es nutzt nichts, gute Gesetze zu machen, wenn der Wille des Gesetzgebers nicht beachtet wird. Arbeitsminister Riester hat wiederholt von einer »lernenden Gesetzgebung« gesprochen. Diese gilt es auf den Weg zu bringen. Unsere Aufgabe als Leistungserbringer ist es, überall zu versuchen, die Fronten aufzulockern, vor allem aber in Regionen mit reformbereiten Akteuren in den verschiedenen Funktionen zu zeigen, dass es möglich ist, zeitgemäße regionale personenzentrierte Hilfesysteme auch in der medizinischen und beruflichen Rehabilitation von psychisch Kranken auf den Weg zu bringen. Bundesgesetzgeber und Bundesregierung sind gefordert, die Entwicklung zu einer »lernenden Gesetzgebung« auf den Weg zu bringen, dadurch dass sie zeitlich befristete Umsetzungsprojekte und die erforderliche Evaluation mit durchaus begrenzten Mitteln fördern, damit diese einerseits eine Ausstrahlungswirkung auch auf andere Regionen entfalten können, zum anderen Erfahrungen für später durchzuführende gesetzliche Novellierungen liefern.

Platziert rehabilitieren

Einführung

Thomas Reker

In der psychiatrischen Arbeitsrehabilitation gibt es derzeit zwei konkurrierende Konzepte, die – formuliert man es biblisch – heißen »der Prophet kommt zum Berg« bzw. »der Berg kommt zum Propheten«. Zurückübersetzt in die Praxis der psychiatrischen Arbeitsrehabilitation bedeutet das erste Konzept, dass ein Betroffener nach der Überwindung der Erkrankung durch therapeutische und rehabilitative Hilfen die Fähigkeiten entwickelt, die nötig sind, um einer Arbeit auf dem allgemeinen Arbeitsmarkt nachzugehen. Wenn diese Bemühungen scheitern, dann muss der Berg eben zum Propheten kommen; d.h. wir halten eine Vielzahl von Möglichkeiten und Einrichtungen vor, in denen die Anforderungen an behinderte Menschen so reduziert sind, dass sie auch mit ihren eingeschränkten Möglichkeiten dort arbeiten können. Diese beschützenden Arbeitsverhältnisse sind neben aller Wertschätzung immer wieder auch Gegenstand der Kritik gewesen, wie sie z.B. auch heute Morgen formuliert worden ist.

Die wichtige Frage, mit der wir uns in diesem Symposium vor allen Dingen beschäftigen werden, ist die Frage der Reihenfolge rehabilitativer Maßnahmen. Das klassische und nach meiner Schätzung in Deutschland zu 95 % zugrunde gelegte Konzept von Arbeitsrehabilitation sieht folgendermaßen aus: Es gibt jemanden, der aufgrund seiner Erkrankung eingeschränkte Fähigkeiten hat. Diese müssen unter stufenweiser Steigerung der Anforderungen trainiert werden und erst, wenn ein bestimmter Trainingserfolg erreicht ist, erfolgt der Versuch einer Platzierung auf dem allgemeinen Arbeitsmarkt; d.h. vor der Platzierung erfolgt ein ausgiebiges Training. Dieses Prinzip ist eingebunden in die deutsche Psychiatriegeschichte. Eugen Bleuler hat schon 1911 in dieser Weise sehr positiv über die Arbeitstherapie gesprochen. Kritisch betrachtet heißt das aber auch, dass manchmal sehr lange Trainingsphasen absolviert werden müssen, dass viele Betroffene in diesen Trainings hängen bleiben oder demotiviert aufgeben, und dass sie eine Unterstützung für weitergehende Rehabilitationsziele erst erhalten, wenn sie entsprechende Trainingserfolge vorzeigen können. Der größte Nachteil dieses Konzeptes ist aber, dass mit der Platzierung in der Regel alle Unterstützung aufhört.

»Supported employment«-Programme, die in Amerika entwickelt und dort überwiegend eingesetzt werden, gehen den radikal umgekehrten Weg. Sie stellen die Notwendigkeit aber auch die Sinnhaftigkeit einer langen Trainingsphase unter beschützenden Bedingungen infrage und vermuten negative Auswirkungen auf die Motivation der Betroffenen. Darüber hinaus ist auch nicht ausgeschlossen, dass man Dinge trainiert, die man an dem späteren Arbeitsplatz überhaupt nicht mehr braucht und umgekehrt Dinge, die von besonderer Wichtigkeit an diesem Arbeitsplatz sind, unglücklicherweise vorher gar nicht trainiert wurden oder auch nicht trainiert werden konnten. Das Prinzip von »erst trainieren, dann platzieren« wird in den »supported employment«-Programmen umgedreht. Zunächst erfolgt eine Platzierung auf einen Arbeitsplatz und dann das auf diesen Arbeitsplatz zugeschnittene kontinuierliche und langfristige Training. Das ist für uns sehr ungewöhnlich. Das ist genau das Gegenteil von dem, was wir bisher überwiegend gemacht haben. Und genau über dieses Thema, über Pro und Kontra wollen wir heute diskutieren.

Die Antwort ist wahrscheinlich – ich will damit kein Ergebnis vorwegnehmen – nicht ein striktes *entweder oder*, sondern ich glaube, dass eine Kombination beider Ansätze möglich ist. Ich glaube auch, dass es sehr unterschiedliche Bedürfnisse bei einzelnen Betroffenen gibt.

In den folgenden Beiträgen geht Herr Längle zunächst anhand einiger Daten aus einer klinischen Stichprobe auf die Frage der Bedarfe ein, die psychisch Erkrankte nach Verlassen der Klinik im Zusammenhang mit Arbeit und Beschäftigung haben. Wir haben glaube ich alle die Vorstellung, dass es die *eine* Maßnahme für alle Betroffene nicht gibt, sondern dass es eines Spektrums von Hilfen und Wegen bedarf mit Wahl und Auswahlmöglichkeiten

Herr Saal berichtet in seinem Beitrag aus der Praxis einer Werkstatt für psychisch behinderte Menschen, die einen großen Teil ihrer Rehabilitationsarbeit nicht unter dem Dach der Werkstatt, sondern auf ausgelagerten betrieblichen Arbeitsplätzen durchführt. Er informiert über die Ergebnisse aus und die Erfahrungen mit diesem Projekt.

Herr Hoffmann geht aus der wissenschaftlichen Perspektive auf den Themenkomplex ein, der in der Literatur unter dem Stichwort supported employment Programme firmiert. Es handelt sich um die Programme, deren Grundprinzip ich Ihnen in aller Kürze dargestellt habe.

Den Abschluss bildet ein Statement von Herrn Gütschow zu Problemen der Integration psychisch Erkrankter in das Arbeitsleben aus der Sicht eines Angehörigen.

Die berufliche Entwicklung schizophrener Patienten im Jahr nach Entlassung aus der Klinik

Gerhard Längle

Zielsetzung des Beitrages

Dargestellt wird der natürliche Verlauf von Patienten, mit Erkrankungen aus dem schizophrenen Formenkreis, im Jahr nach Entlassung aus der Universitätsklinik für Psychiatrie und Psychotherapie Tübingen. Die Klinik hat die Pflichtversorgung für den Landkreis Tübingen (ca. 206.000 Einwohner) [3]. Der Landkreis Tübingen ist mit ambulanten Diensten und komplementären Einrichtungen inklusive der Angebote zur Arbeitsrehabilitation durchschnittlich ausgestattet [4]. Er liegt in einem gemischt städtisch-ländlichen Raum am Rande des Industriezentrums Mittlerer Neckar. Die Arbeitslosenquote betrug im Untersuchungszeitraum zwischen 5 und 7 %.

Zugrunde liegende Studie

Die Daten wurden im Rahmen einer nicht interventionellen Beobachtungsstudie an einer unausgelesenen Kohorte von Patienten (N = 169) erhoben, die an einer Störung aus dem schizophrenen Formenkreis litten und in der Zeit vom 1.8.1998 bis 31.7.1999 aus der stationären Behandlung entlassen wurden. Die Patienten wurden vor Entlassung, nach sechs Monaten (Kat. 6) und nach zwölf Monaten (Kat. 12) umfangreich untersucht [2], eine katamnestische Befragung nach 48 Monaten ist derzeit in Vorbereitung.

Neben anderen Themenbereichen wurden die soziale und berufliche Integration und deren Bewertung durch die Patienten erfragt. Die allgemeine Lebenszufriedenheit und die Zufriedenheit mit einzelnen Bereichen des täglichen Lebens wurde mit dem »Berliner Lebensqualitätsprofil BeLP« [7], der deutschen Adaptation des »Lancashire Quality of life Profile« [6] erhoben.

Beschreibung der Kohorte und der Stichproben

Die soziodemographischen Kenndaten sowie ausgewählte Anamnesedaten sind Tab. 1 und 2 zu entnehmen.

Tab. 1: Soziodemographische Daten

Geschlecht	weiblich	52 %
	männlich	48 %
Alter	18–30	31 %
	31–40	39 %
	41–64	30 %
Wohnform	selbstständig	70 %
	Eltern/Verwandte	21 %
	betreute Wohnform	9 %
Schulabschluss	Abitur/Fachhochsch.	44 %
	Realschule	21 %
	Hauptschule	28 %
	ohne Schulabschluss	4 %
	keine Angabe	3 %

In einer umfangreichen Überprüfung der Teilnehmerstichproben zu den jeweiligen Messzeitpunkten erwiesen sich diese als repräsentativ für die Gesamtstichprobe. Dies gilt insbesondere auch für die 70 Patienten, für die ein kompletter Datensatz zu allen drei Messzeitpunkten vorliegt. Verglichen mit den Rahmendaten einer Studie von Janssen et al. [1] einer der wenigen Untersuchungen, in der ein Vergleich von Patienten verschiedener Kliniken vorgenommen wurde, ergeben sich nur geringe Abweichungen, so dass die Stichprobe über die hier berichtet wird, mit aller Vorsicht als typisch für Patienten Psychiatrischer Kliniken betrachtet werden kann.

Entwicklungslinien beruflicher Integration im Verlauf

Der Beschäftigungsstatus der Patienten zu den jeweiligen Messzeitpunkten ist Tab. 3 zu entnehmen. Bedeutsam ist dabei die relativ stabile Quote der Patienten mit regulärem Beschäftigungsverhältnis von über 20 Stunden pro Woche (24–30 %). Im Laufe des Jahres

Tab. 2: Krankheitsanamnestische Daten

Diagnose	Paranoide Schizophrenie	54 %
	Schizoaffektive Störung	26 %
	Vorüberg. psychotische Störung	9 %
	Undifferenzierte Schizophrenie	3 %
	Schizophrenes Residuum	2 %
	andere F2-Diagnosen	6 %
Krankheitsdauer	0–1 Jahre	21 %
	1–5	22 %
	5–10	16 %
	> 10	41 %
Aufnahmemodus	Facharzt	39 %
	Allgemeinarzt, Notdienst, Polizei	22 %
	Ohne ärztliche Einweisung	25 %
	Sonstige	14 %
Klinikaufenthalte	erstmals stationär	12 %
	1–3 Aufenthalte	37 %
	4–10	34 %
	> 10	12 %
	keine Angaben	5 %

nach Entlassung scheint sich eine Entwicklung abzubilden, die einen Klärungsprozess innerhalb von zwölf Monaten andeutet: Die Quote der Arbeitslosen nimmt von 17 auf 3 % ab, die der Rentner sowie der Patienten in beschützter Tätigkeit nimmt zu. Ausbildungsverhältnisse werden abgebrochen oder abgeschlossen.

Die differenzierte Betrachtungsweise mit Darstellung der Verteilung der Gruppen zum nächsten Erhebungszeitraum macht jedoch deutlich, dass während des ganzen Jahres eine starke Bewegung zwischen den einzelnen Gruppen stattfindet, dass die Verläufe weniger homogen sind als dies die Gruppenbetrachtung nahe legt (die Wechsel zwischen den Gruppen sind durch die Pfeile markiert).

Immerhin können fast zwei Drittel der Patienten ihre Arbeitsstelle, die sie vor Klinikaufenthalt innehatten, während des Katamnesezeitraumes beibehalten. Bei den beschützten Arbeitsplätzen bildet sich erst im zweiten Halbjahr eine gewisse Stabilisierung ab. Überraschenderweise gibt es auch bei den Rentnern eine Entwicklung hin zu beschützten Arbeitsplätzen, die Arbeitslosen finden mehrheitlich Beschäftigung, nur einzelne werden berentet, auch Pa-

Die berufliche Entwicklung schizophrener Patienten im Jahr nach Entlassung aus der Klinik

Tab. 3: Beschäftigungsstatus im Verlauf (N = 70)

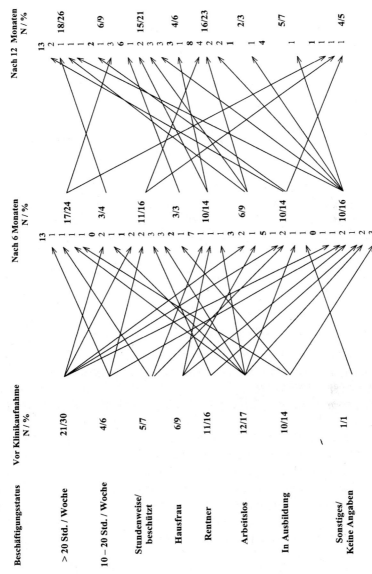

tienten nach Ausbildung finden häufig Arbeit. Die Palette der beruflichen Tätigkeit reicht von Beschäftigung als Ausgrabungshelfer oder Elektroniker bis zu Aufnahme einer Lehre und Fortführung des Studiums. Es bleibt abzuwarten, welche Entwicklung sich vier Jahre nach Entlassung abzeichnen wird.

Bei Patienten, die ein reguläres Arbeitsverhältnis hatten, wurde erfragt, welches Niveau dieses im Vergleich zu ihrem Ausbildungsniveau habe. Nach einem halben Jahr (einem Jahr) gaben 56 % (61 %) dieser Patienten an, entsprechend dem Ausbildungsniveau beschäftigt zu sein, 4 % (0 %) schätzten ihre aktuelle Arbeit als über, 40 % (39 %) als unter ihrem Ausbildungsniveau liegend ein. Im Vergleich zur Situation vor dem Klinikaufenthalt schätzten 53 % (43 %) ihre aktuelle berufliche Situation jedoch als besser ein, 30 % (43 %) als unverändert und 17 % (14 %) als schlechter.

Tab. 4: Quelle des hauptsächlichen Lebensunterhaltes

Hauptsächliche Quelle	Erstes Halbjahr	Zweites Halbjahr
»staatl. Unterstützung« (Arbeitslosengeld, Rente, Sozialhil	51 %	44 %
Unterstützung durch Familie	21 %	24 %
Eigenes Vermögen	2 %	0 %
Lohn/Gehalt	26 %	31 %

Angaben auf die Frage, wodurch die Patienten im Katamnesezeitraum ihren hauptsächlichen Lebensunterhalt bestritten (N = 70)

Ihren hauptsächlichen Lebensunterhalt bestritten ihren eigenen Angaben zufolge nach sechs Monaten (zwölf Monaten) 51 % (44 %) über »staatliche Unterstützung«, worunter u.a. Sozialhilfe, Arbeitslosengeld oder Rente zusammengefasst sind, 21 % (24 %) über familiäre Unterstützung, 2 % (0 %) über eigenes Vermögen und 26 % (31 %) durch Lohn oder Gehalt. Letzteres entspricht ungefähr der Quote der Patienten mit einem regulären vollschichtigen Arbeitsplatz.

Tab. 5: Niveau der Beschäftigung im Verlauf

Beschäftigung	(Kat.6)	(Kat. 12)
Entsprechend Ausbildungsniveau	56 %	61 %
Unterhalb des Ausbildungsniveaus	40 %	39 %
Oberhalb des Ausbildungsniveaus	4 %	0 %
Berufliche Situation vor/nach Klinikaufenthalt		
Unverändert	30 %	43 %
Jetzt besser	53 %	43 %
Jetzt schlechter	17 %	14 %

Angaben der Patienten in regulärem Arbeitsverhältnis zum Niveau ihrer Beschäftigung im Vergleich zu ihrem Ausbildungsstand sowie zur Veränderung der beruflichen Situation im Verlauf (N = 70)

Berufliche Integration und Krankheitsverlauf

Mit Hilfe von Varianzanalysen wurden die Beschäftigungssituation nach einem Jahr und Kennwerte der Krankheitsanamnese zueinander in Beziehung gesetzt. Einziges signifikantes Ergebnis, dies jedoch hochgradig (F = 14,16; p<0,001), ist die mit durchschnittlich 12 stark erhöhte Anzahl der Klinikaufenthalte bei den Rentnern (vgl. Abb. 1). Ein ähnliches Bild ergibt sich für die Dauer der Erkrankung, die bei den Rentner mit 17,6 Jahren im Durchschnitt weit über der aller anderen Patienten liegt. Auch bei der Gesamtdauer der stationären Aufenthalte sind die berenteten Patienten in der Spitzengruppe zu finden (vgl. Abb. 2), ohne dass dieses Ergebnis durchgängig signifikant wäre.

Die eigentliche Überraschung besteht jedoch darin, dass sich die Gruppe der Arbeitslosen und Hausfrauen, der beschützt Beschäftigten und der auf dem ersten Arbeitsmarkt Beschäftigten bzgl. Dauer der Erkrankung sowie Zahl und Gesamtdauer der stationären Aufenthalte nicht signifikant voneinander unterscheiden.

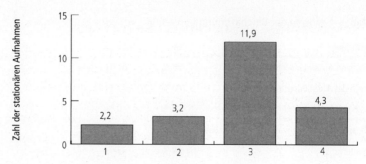

Mittlere Anzahl der bisherigen stationären Aufnahmen der Patienten der Stichprobe (N = 70)
1 = >20 Std./Woche beschäftigt bzw. in Ausbildung
2 = geringfügig beschäftigt/beschützt
3 = Rentner
4 = Hausfrauen/Arbeitslose

Abb. 1: Zahl der bisherigen stationären Aufnahmen und Beschäftigungsstatus

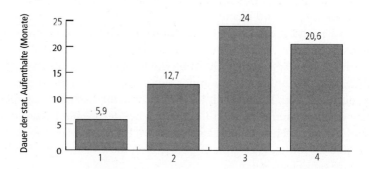

Mittlere Dauer der bisherigen stat. Aufenthalte der Patienten der Stichprobe (N = 70) in Monaten
1 = >20 Std./Woche beschäftigt bzw. in Ausbildung
2 = geringfügig beschäftigt/beschützt
3 = Rentner
4 = Hausfrauen/Arbeitslose

Abb. 2: Gesamtdauer der stationären Aufenthalte und Beschäftigungsstatus

Berufliche Integration und aktuelle Lebenszufriedenheit

Mittels des Berliner Lebensqualitätsprofiles (BeLP) wurde die Lebenszufriedenheit der Patienten erhoben und ebenfalls nach Beschäftigungsgruppen geordnet verglichen (Varianzanalysen kombiniert mit T-Test je nach Datenmaterial und Stichprobengröße). Dabei fand sich kein signifikanter Unterschied in der allgemeinen Lebenszufriedenheit zwischen den Vollbeschäftigten, den beschützt Beschäftigten, den Rentnern und der Restgruppe (vgl. Abb. 3)

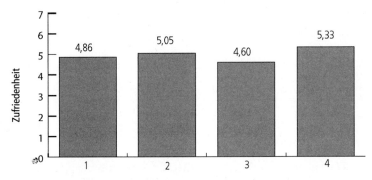

Mittlere Zufriedenheitseinschätzungen der Patienten der Stichprobe (N = 70) – BeLP 1 = völlig unzufrieden; 7 = völlig zufrieden
1 = >20 Std./Woche beschäftigt bzw. in Ausbildung
2 = geringfügig beschäftigt/beschützt
3 = Rentner
4 = Hausfrauen/Arbeitslose

Abb. 3: Allgemeine Lebenszufriedenheit und Beschäftigungsstatus

Auch bezüglich der Zufriedenheit mit der aktuellen Beschäftigungssituation bzw. der Situation nicht beschäftigt zu sein, fanden sich keine signifikanten Unterschiede (vgl. Abb. 4). Lediglich bei der Frage nach der Zufriedenheit mit dem jeweiligen Entgelt zeigten sich bei den Patienten in Vollbeschäftigung und den geringfügig/beschützt Beschäftigten geringere Werte bei der zweiten Gruppe (MW = 4,4 gegenüber MW = 4,8), die jedoch nicht signifikant wurden.

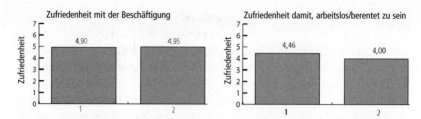

Mittlere Zufriedenheitseinschätzungen der Patienten der Stichprobe (N = 70) – BeLP 1 = völlig unzufrieden; 7 = völlig zufrieden
1 = >20 Std./Woche beschäftigt bzw. in Ausbildung
2 = geringfügig beschäftigt/beschützt
3 = Rentner
4 = Hausfrauen/Arbeitslose

Abb. 4: Zufriedenheit mit der Beschäftigung und Beschäftigungsstatus

Diskussion und Schlussfolgerung

Trotz weitgehender Repräsentativität der Patientengruppe muss berücksichtigt werden, dass die Untersuchung in einer wirtschaftlich starken Region mit geringer Arbeitslosigkeit durchgeführt wurde, wodurch eine Beschäftigung auch von leistungsschwächeren und behinderten Personen erfahrungsgemäß begünstigt wird. Entsprechend ist auch die Quote der beruflich integrierten Patienten relativ hoch. Bei nicht ganz vergleichbarer Gruppierung entspricht sie jedoch im Großen und Ganzen den Ergebnissen von Rüesch et al. [8], die an einer Stichprobe von Schweizer Patienten gewonnen wurden. Die Zahl derer, die sich hauptsächlich durch ihren Lohn finanzieren entspricht den Daten von Müller et al. [5], die an einer ähnlichen Stichprobe gewonnen wurden.

Bemerkenswert ist der starke Wechsel der Patienten durch die verschiedenen Gruppen im Laufe von zwölf Monaten. Hier wird deutlich, dass es sich bei der beruflichen Rehabilitation schizophrener Patienten um ein sehr dynamisches Geschehen handelt, was ja auch bedeutet, dass Veränderungen zum besseren jederzeit möglich sind. Bezogen auf die Gesamtgruppe der Patienten wird aber auch klar, dass das Beschäftigungsniveau im Vergleich zum Ausgangspunkt nach Ausbildung eher eine Tendenz nach unten aufweist.

Die berufliche Entwicklung schizophrener Patienten im Jahr nach Entlassung aus der Klinik

Ein Ergebnis, das nicht den Erwartungen und auch nicht den Ergebnissen anderer Untersucher entspricht [8], ist der geringe bis fehlende Einfluss von Krankheitsdaten wie Dauer der Erkrankung, Gesamtdauer der stationären Aufenthalte und Zahl der stationären Behandlungen auf die berufliche Integration. *Bei aller Vorsicht angesichts der kleinen Gruppengrößen lässt sich doch daraus schließen, dass eine einfache Zuordnung zwischen Chronizitätsmarkern und Chancen auf dem Arbeitsmarkt nicht zulässig ist.*

Grundsätzlich erstaunlich, aber übereinstimmend mit anderen Untersuchungen zu den Zusammenhängen von sozialer und gesundheitlicher Situation und der Lebenszufriedenheit bei Schizophrenen [2] ist die recht hohe Lebenszufriedenheit aller Patienten, weitgehend unabhängig vom Beschäftigungsstatus.

Insgesamt gilt auch nach diesen Daten, dass eine Prognose der beruflichen Integration für Gruppen von Patienten kaum möglich ist und die Orientierung am Einzelfall und dessen engmaschige Begleitung am ehesten Gewähr für einen optimalen, d.h. den Bedürfnissen des Patienten angepassten, Rehabilitationsverlauf und wohl auch eine hohe Lebenszufriedenheit bietet.

Literatur

1. JANSSEN, B., BURGMANN, C., HABEL, U. et al.: Externe Qualitätssicherung der stationären Behandlung schizophrener Patienten. Nervenarzt 71, 2000, S. 364–372
2. LÄNGLE, G.: Behandlungscompliance schizophrener Patienten nach Entlassung aus der Klinik. Habilitationsschrift. Universität Tübingen 2001
3. LÄNGLE, G., WASCHULEWSKI, H., RENNER, G., ROESGER, U., GÜNTHNER, A.: Auswirkungen der regionalen Versorgungsverpflichtung am Beispiel einer Universitätsklinik. Psychiatrische Praxis 26, 1999, S. 128–132
4. LANDRATSAMT TÜBINGEN, UNIVERSITÄTSKLINIK FÜR PSYCHIATRIE UND PSYCHOTHERAPIE TÜBINGEN (Hg.): Leitfaden Psychiatrie für den Landkreis Tübingen. 2. Auflage, Tübingen 1999
5. MÜLLER, P., GAEBEL, W., BANDELOW, B. et al.: Zur sozialen Situation schizophrener Patienten. Nervenarzt 69, 1998, S. 204–209
6. OLIVER, J.P.J., HUXLEY, P.J., PRIEBE, S., KAISER, W.: Measuring the quality of life of severely mentally ill people using the Lancashire Quality of Life Profile. Soc Psychiatry Psychiatr Epidemiol 32, 1997, S. 76–83
7. PRIEBE, S., GRUYTERS, T., HEINZE, M., HOFFMANN, C., JÄKEL, A.:

Subjektive Evaluationskriterien in der psychiatrischen Versorgung – Erhebungsmethoden für Forschung und Praxis. Psychiatrische Praxis 22, 1995, S. 140–144

8. RÜESCH, P., MEYER, P.C., GRAF, J., HELL, D.: Beschäftigungslage von Schizophrenie- und Affektkranken. Psychiatrische Praxis 29, 2002, S. 68–75

Berufliche Rehabilitation im Alltag eines Betriebes

Reinhard Saal

Institutionelle Rahmenbedingungen – die Dieburger Reha-Werkstatt

Ich möchte Ihnen das Modell einer beschützten Werkstatt vorstellen, das zwar dieselben formalen (rechtlich-administrativen) Grundlagen hat wie jede Werkstatt für behinderte Menschen, aber einer wesentlich anderen Konzeption und Organisation folgt. Wir verstehen »Werkstatt« nicht als räumliche Einheit und definieren »Gruppe« nicht produktionstechnisch (als Metall-, Garten- oder Holzgruppe). Der größte Teil unserer Klienten arbeitet in »Gruppen«, die wir in privatwirtschaftliche Betriebe implementiert haben, und zwar inklusive Gruppenleiter und Ganztagsbetreuung (Vgl. Abb. 1[1])

Bislang haben wir 90 Rehabilitanden aufgenommen. (Darauf beziehen sich die folgenden Prozentzahlen). Zurzeit betreuen wir 30 Personen mit 3,5 Gruppenleitern – also eine kleine Werkstatt. Zwei Betriebe kooperieren permanent mit unserem Modell: Das *VW-AUDI Vertriebszentrum Rhein Main* (ein Lager für Ersatz- und Zubehör-

---

[1] Abb. 1 zeigt die Gliederung der Reha-Werkstatt Dieburg. Dabei ist die Größe der Felder proportional zum Gewicht der Einrichtungsteile (gemessen in Anwesenheitstagen der jeweiligen »Gruppe«, 1/1997 – 12/2001). Der interne Bereich der Werkstatt besteht aus Vorbereitungsphase (3,5 %), Montagegruppe (30,2 %) und Auffanggruppe (2,3 %). Zu den Arbeitsplätzen in Betrieben zählen die im VW AUDI Vertriebszentrum Rhein Main (42,5 %), bei Messer Cutting & Welding (17,1 %) und in wechselnden Praktika (4,4 %). Die Verteilung zwischen internem Bereich und den betrieblichen Arbeitsplätzen ist seit 1987 etwa gleich. Die Gruppe bei Messer Cutting & Welding existiert erst seit 1998 und die Praktika sind erst seit 1997 obligatorischer Teil des Reha-Programms. Außerdem zeigt die Folie die Ströme der Rehabilitanden von Jan. 1987 bis Mai 2002. 90 Rehabilitanden wurden aufgenommen. Neun schieden in der Vorbereitungsphase aus. 77 wechselten auf einen betrieblichen Arbeitsplatz, vier zunächst in die interne Montagegruppe. Von diesen vier machten drei später Arbeitsversuche in einem der Trainingsbetriebe. 19 Rehabilitanden wechselten in die Auffanggruppe und kehrten wieder in einen der Betriebe zurück. 27 wechselten dauerhaft in den internen Bereich. 17 Rehabilitanden konnten aus einem der Trainingsbetriebe auf den allgemeinen Arbeitsmarkt vermittelt werden.

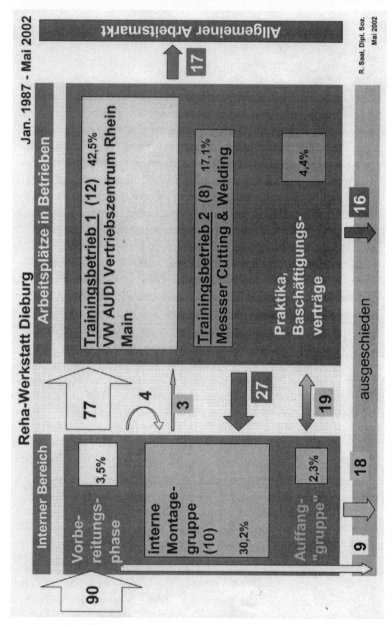

Abb. 1: Reha-Werkstatt Dieburg

teile), das 15 Arbeits- und Trainingsplätze in verschiedenen Bereichen zur Verfügung stellt und das Unternehmen *Messer Cutting & Welding*, wo wir acht Plätze besetzen können. (*Messer* produziert elektronisch gesteuerte Laser- und Plasmaschneidautomaten.) Im Folgenden bezeichne ich beide als Trainingsbetriebe.

Klienten, die wir neu in unsere Einrichtung aufnehmen, absolvieren im *internen* Bereich der Werkstatt zunächst eine *Vorbereitungsphase*, um zu klären, ob der Übertritt in einen der Betriebe möglich und sinnvoll ist und um ggf. Voraussetzungen hierfür zu schaffen. Diese erste Phase dauert selten länger als drei Monate, oft weniger. Mit fast 90 % unserer Klienten machen wir danach Arbeitsversuche in einem der genannten Betriebe.

Die Betriebe erlauben eine beträchtliche Flexibilität bei der Gestaltung der Arbeitsplätze. Wir unterscheiden drei Eingliederungsniveaus:
1. Arbeiten unter der Regie unseres Gruppenleiters (z.B. Verpacken von Prospekten),
2. Anforderungsreduzierte Arbeiten, die speziell für einen Beschäftigten zusammengestellt werden, angeleitet durch Mitarbeiter des Betriebes (z.B. Bearbeiten von Ablagen) und
3. Arbeiten mit dem vollen qualitativen Anforderungsprofil (z.B. Kommissionieren).

Wir haben vielfältige Möglichkeiten, Arbeitsanforderungen zu variieren, d.h. zunächst Belastungen gering zu halten durch reduzierte quantitative Anforderungen, (Arbeitsintensität, Stückzahl), reduzierte Arbeitszeit, intensive Betreuung und dichte Kontrolle, starke Vorstrukturierung, geringe Fehlersensibilität der Arbeit, einfache Tätigkeiten, kein Zeitdruck, geringe Verantwortlichkeit, vielfältige arbeitsergänzende Angebote (Sport, Ausflüge, Kultur). Die Rehabilitanden können langsam in den Betriebsalltag hineinwachsen, sich bei Problemen in den Gruppenraum zurückziehen, Hilfe beim Gruppenleiter erbitten oder in die *Auffanggruppe* im internen Bereich der Reha-Werkstatt zurückkehren, um später erneut Arbeitsversuche im Betrieb zu machen.

Mit dem *VW AUDI Vertriebszentrum Rhein Main* schließen wir jährlich eine Leistungsvereinbarung für die Gesamtgruppe ab. Erfahrungsgemäß gleichen sich Leistungsschwankungen, Zugänge und Abgänge mittelfristig aus. *Messer Cutting & Welding* garantieren wir eine durchschnittliche monatliche Stundenleistung der Gesamtgruppe.

Um weitere Trainingsschritte, oder Schritte auf den allgemeinen Arbeitsmarkt zu realisieren, verlassen wir in der Regel die Trainingsbetriebe und organisieren Praktika im jeweils gewünschten Berufsfeld. Knapp 20 % unserer Klientel gelangen auf diesem Weg auf den allgemeinen Arbeitsmarkt (nach durchschnittlichen 30 Monaten der Teilnahme). Insgesamt gelingt das in hessischen Reha-Werkstätten nur bei ca. 2 % (Quelle: Befragung von LAA und LWV Hessen).

Thesen zur beruflichen Rehabilitation im Betriebsalltag

Zwei Drittel unserer Klientel leiden an Erkrankungen aus dem schizophrenen Formenkreis. Dieser Personengruppe gelten folgende Thesen. Es ist eine sehr heterogene Gruppe hinsichtlich Krankheitsbild, Zusatzhandikaps, Ausbildung, Berufserfahrung, Lebensverhältnisse.

1. These: Die Probleme der beruflichen Eingliederung können und müssen zu einem großen Teil am betrieblichen Arbeitsplatz selbst bearbeitet werden. Dafür nenne ich Gründe:

a) Betriebliche Arbeitsplätze bieten einen Zugang zur beruflichen Realität und damit auch eine Teilhabe an der gesellschaftlichen Normalität, nachhaltiger als es die simulierte Erwerbstätigkeit in der beschützten Werkstatt vermag (Image, Rechtsstatus, Löhne, soziale Welt usw.).

b) Psychische Probleme äußern und entwickeln sich situationsabhängig. Das Problemmaterial der Rehabilitation kann z.B. innerhalb der beschützten Werkstatt ein anderes sein als am realen Arbeitsplatz.

c) Die beteiligten Akteure haben eine je eigene Definitionsmacht. Man kann beim Eintritt in einen Betrieb nicht präzise voraussagen, was von welchen Akteuren als problematisch empfunden wird und wie ein Problem für jeweilige Akteure zu entschärfen wäre.

d) Es ist oft nicht möglich, den Erfolg betrieblicher Arbeitsversuche im Einzelfall zu prognostizieren. Mitunter finden sich Eingliederungsarrangements auch für schwerer behinderte Rehabilitanden, die intensiv betreut und kontrolliert werden müssen.

e) Jeder normale Betrieb erbringt Integrationsleistungen sowohl bei der Einarbeitung neuer Mitarbeiter als auch in der alltäglichen Kooperation. Diese Leistung können wir in modifizierter Form für die berufliche Rehabilitation nutzen (siehe 3. These).

2. These: Die psychische Erkrankung wird am Arbeitsplatz nicht direkt zum Problem, sondern in der Gestalt beruflicher Probleme. Psychiatrische Symptome, wie sie in Akutphasen auftreten, lassen sich im Betriebsalltag nicht bearbeiten. Krisen müssen in Krankheitszeiten übersetzt werden. Unsere Betreuung und professionelle Problemlösungshilfe sind entschieden nicht-therapeutisch.

Um berufliche Eingliederungsprobleme und die Wirkungsmechanismen innerbetrieblicher Rehabilitation genauer erfassen zu können, möchte ich objektive, subjektive und soziale Problemdimensionen voneinander unterscheiden: Erhöhte Ausfallzeiten und eine schwankende Leistungsfähigkeit, wie sie für unsere Klientel typisch sind, betreffen den objektiven, den materiellen Arbeitsprozess. Zur subjektiven Ebene gehört vor allem die Teilnahmemotivation und die Motivation konkreten Verhaltens, die inadäquat werden können. Auf der sozialen Ebene (Verhaltensregeln) sind es die Arbeitstugenden, an denen unsere Klienten typischerweise scheitern und die Probleme in der direkten Interaktion mit Kollegen am Arbeitsplatz.

3. These: Die soziale Interaktion am Arbeitsplatz ist nicht nur ein Problem. Sie ist der eigentliche Motor der Rehabilitation im Betriebsalltag. Die Arbeit ist zwar geprägt von »sachlichen« Beziehungen, aber nie vollständig versachlicht. Die Mitarbeiter müssen sozial integriert sein, um ihr Handeln im Betriebsalltag koordinieren zu können. Die Funktionsfähigkeit des Betriebes erfordert ständig informelle Koordinationsleistungen. Auch Integrationsprobleme unserer Klientel werden z. T. auf der informellen Ebene abgefangen und bearbeitet. Der Berufsalltag wirkt als beständiger Sozialisierungsstrom. Die Arbeitnehmerrolle wird alltäglich gelebt. Anforderungen werden alltäglich geltend gemacht oder zurückgenommen. Kooperationsprobleme werden alltäglich bereinigt. Die distanzierten Sozialbeziehungen eines Betriebes scheinen ein geeignetes Trainingsfeld zu sein. Der Gruppenleiter muss dieses Trainingsfeld pflegen, unterstützen und entlasten. Kurz, wir betreiben berufliche Rehabilitation wesentlich mit Mitteln der Sozialintegration.

4. These: Wirksam ist die Rehabilitation im Betriebsalltag nur für Kranke, denen es gelingt, an der informellen Handlungskoordination teilzunehmen, die also ein Minimum an Beziehungsfähigkeit mitbringen. Rehabilitanden, die fremd bleiben, die Beziehungen alltäglich am »Nullpunkt« neu beginnen, scheitern. Sie machen insgesamt keine Fortschritte und müssen letztlich wieder aus dem Betrieb herausgenommen werden. Das betrifft vor allem Menschen, die schwerer erkrankt sind, die eine umfassende Negativsymptomatik entwickeln und die dauerhaft im internen Bereich unserer Reha-Werkstatt untergebracht werden. (Dieser interne Bereich ist ansonsten das Sammelbecken der Mehrfachbehinderten, d.h. der Menschen, die ein geistiges Zusatzhandikap haben).

5. These: Im Betrieb kann nicht nur erfolgreiche Rehabilitation geleistet werden. Betriebliche Integration ist auch bedarfsgerecht (sie wird von der Mehrheit unserer Klienten vorgezogen) und effizient (investive Kosten der Werkstatt werden eingespart). Die Einbeziehung chronisch psychisch kranker Menschen kann unter geeigneten Bedingungen eine Bereicherung des Arbeitslebens sein. Es gibt sozial-integrative Ressourcen, die auf ihre Nutzung warten. Wir erfahren immer wieder ein großes Maß an Aufnahmebereitschaft und Akzeptanz.

Das Berner Job Coach Projekt

Holger Hoffmann

Zusammenfassung

Um chronisch psychisch Kranke am Arbeitsprozess teilhaben zu lassen, wurde eine breite Palette von geschützten Arbeitsangeboten geschaffen: Der so genannte zweite oder besondere Arbeitsmarkt. Arbeitet ein psychisch Kranker erst einmal auf dem besonderen Arbeitsmarkt, sind die Chancen jedoch klein, dass er je eine Stelle auf dem allgemeinen Arbeitsmarkt erhält. Umfassende Untersuchungen zeigen auf, dass bisherige Integrationsprogramme nur einer kleinen Zahl von psychisch Behinderten den dauerhaften Wiedereinstieg in den allgemeinen Arbeitsmarkt ermöglichen. Die Zahl der auf kompetitiven oder beschützten Arbeitsplätzen des allgemeinen Arbeitsmarkts langfristig integrierten psychisch Kranken und Behinderten ließe sich deutlich erhöhen, wenn das aus den USA stammende Supported Employment auf europäische Verhältnisse adaptiert würde. Mit dem Berner Job Coach Projekt soll ein solcher Versuch unternommen werden. Auf einen weiteren Ausbau des besonderen Arbeitsmarktes könnte dadurch möglicherweise verzichtet werden.

Der besondere Arbeitsmarkt – Eine Alternative zur Arbeitslosigkeit

Arbeitslosigkeit ist bei Menschen mit chronischen psychischen Störungen ein zentrales Problem. So leidet in der Bundesrepublik Deutschland rund jeder sechste arbeitslose schwer Behinderte unter einer psychischen Erkrankung [21]. Dabei steht außer Frage, dass psychisch Kranke in gleichem Maße am Arbeitsleben teilhaben möchten, wie andere Menschen auch. Ein Großteil der chronisch psychisch Kranken ist jedoch von seiner Leistungsfähigkeit und gesundheitlichen Stabilität her nicht in der Lage, unmittelbar eine Tätigkeit auf dem allgemeinen Arbeitsmarkt aufzunehmen. Auch ist heute allgemein anerkannt, dass psychisch Kranke von allen Bevölkerungsgruppen am schlechtesten in einen modernen Wirtschaftsbetrieb integrierbar sind [13]. Auf Grund der Unberechenbarkeit ihres zukünftigen Verhaltens unterscheiden sie sich deutlich von körperlich und geistig Behinderten und entsprechen am wenigsten dem Idealbild eines stets kalkulierbaren und an alle Bedingungen anpassungsfähigen modernen Arbeitnehmers. Um psychisch Kranke dennoch am allgemeinen Arbeitsprozess teilhaben zu lassen, wurde in den letzten beiden Jahrzehnten eine breite Palette von geschützten Arbeitsangeboten geschaffen, die den so genannten zweiten oder besonderen Arbeitsmarkt bilden. Seit der Gründung von Werkstätten für behinderte Menschen (WfbM), zunächst für geistig, später auch für psychisch Behinderte, ist ein stetiger Trend weg von ausgrenzenden und stigmatisierenden Institutionen hin zur beruflichen und sozialen Integration zu beobachten. Ein wichtiger Schritt in diese Richtung wurde in den letzten Jahren mit der Schaffung von Zuverdienstprojekten, Selbsthilfe-, Sozial- oder Integrationsbetrieben gemacht. Hier nähern sich die Arbeitsbedingungen immer mehr denjenigen des allgemeinen Arbeitsmarktes an. Die Selbsthilfe-, Sozial- resp. Integrationsbetriebe stellen ein wichtiges Angebot des besonderen Arbeitsmarktes dar; dies dank ihres Doppelcharakters von realitätsnaher Arbeitsanforderung und gleichwohl beschützender Atmosphäre, die Rücksicht auf die individuellen Besonderheiten und Bedürfnisse der psychisch Behinderten nimmt. Diesen Betrieben gemeinsam ist eine tarifliche oder tariflich orientierte, zur finanziellen Unabhängigkeit von Sozialhilfe führende Entlohnung. Damit folgen sie zwar den wirtschaftlichen Spielregeln, benötigen aber staatliche Subventionen, um die Minderleistung der Arbeitnehmer auszugleichen. In der Bundesrepublik Deutschland werden personenbezogene Subventionen jedoch oft nur befristet gewährt [19]. Eine dauerhafte Subventionierung der Betriebe ließe sich also nur erreichen, wenn auch die psychisch behinderten Mitarbeiter entsprechend befristet beschäftigt würden. Dies steht jedoch nicht im Einklang mit dem Wunsch nach Dauerarbeitsverhältnissen auf dem allgemeinen Arbeitsmarkt.

Hat ein psychisch Behinderter jedoch erst einmal einen geschützten Arbeitsplatz auf dem besonderen Arbeitsmarkt (und dies gilt nicht nur für die ausgelagerte Arbeitstherapie und Werkstätten für behinderte Menschen, sondern auch für die Zuverdienst- und Selbsthilfebetriebe), ist dies für sie in den meisten Fällen die »Endstation der Rehabilitation«, wie dies Eikelmann & Reker treffend formuliert haben [18]. Sie hatten zuvor 264 in einer Werkstatt für behinderte Menschen beschäftige psychisch kranke Patienten über ihre Zukunftserwartung befragt, bezüglich ihres Arbeitsplatzes in einem Jahr. 17 % erwarteten einen Arbeitsplatz auf dem freien Markt. Bei der Nachuntersuchung ein Jahr später zeigte sich, dass lediglich sechs Patienten = 2,3 % auf einen solchen Arbeitsplatz hatten rehabilitiert werden können [18]. In einer weiteren Untersuchung zeigten sie, dass von 471 in ambulanter Arbeitstherapie, WfbM oder Selbsthilfefirmen beschäftigten psychisch Behinderten nach drei Jahren lediglich 50 (= 10,7 %) in einem Arbeitsverhältnis auf dem allgemeinen Arbeitsmarkt arbeiteten [31; S. 267].

»Der Rand stützt die Norm« – Ein Plädoyer gegen die Ausgrenzung

Meiner bisherigen Argumentation kann mit guten Gründen hinzugefügt werden, dass Betriebe des besonderen Arbeitsmarktes aber eine Notwendigkeit darstellen. Ohne sie wären noch mehr psychisch Kranke und Behinderte arbeitslos. Der besondere Arbeitsmarkt fördert aber nicht, wie ursprünglich erhofft, die berufliche Wiedereingliederung in den allgemeinen Arbeitsmarkt, sondern behindert diese möglicherweise aus zum Teil lobenswerten Motiven. Es stellt sich somit die Frage, ob der besondere Arbeitsmarkt weiter ausgebaut werden soll oder ob nicht Anstrengungen zu unternehmen sind, Menschen mit psychischen Behinderungen vermehrt in den allgemeinen Arbeitsmarkt zu integrieren? Zudem kann angeführt werden, dass sich das Modell der Selbsthilfe-, Sozial- resp. Integrationsbetriebe mit wenigen Ausnahmen bewährt hat, dass das in den letzten 20 Jahren Erreichte eine deutliche Verbesserung bedeutet und dass es daneben schließlich noch zahlreiche- von mir bisher noch nicht erwähnte – Integrationsprojekte gibt, mit dem klaren Ziel der Integration auf den allgemeinen Arbeitsmarkt. Bevor ich auf diese Integrationsprojekte ausführlicher eingehe, möchte ich anhand der von mir bereits in einem anderen Kontext dargestellten Metapher des Sandhaufens [22] illustrieren, warum mir so sehr an einer Integration psychisch Kranker in den allgemeinen Arbeitsmarkt gelegen ist.

Psychisch Kranke stellen nach wie vor eine Randgruppe der Gesellschaft dar. Der Sandhaufen repräsentiert in dieser Metapher eine »normalverteilte« Gesellschaft, in dem jedes Sandkorn einem Menschen entspricht. Hier ist klar, wer zur Norm und wer zum Rand gehört.

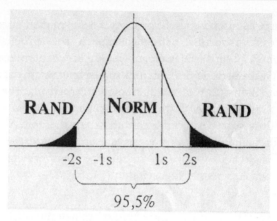

Abb. 1: Der Sandhaufen als Beispiel einer normalverteilten Gesellschaft – Der Rand stützt die Norm (Quelle: Hoffmann 1996)

Gräbt man nun den Rand ab, indem man diese Menschen ausgrenzt (im vorliegenden Fall aus dem allgemeinen Arbeitsmarkt), was passiert dann mit dem Sandhaufen? Der Sand rutscht nach, und andere, bisher zur Norm zählende Menschen werden neu randständig. Die Folgerung daraus ist: »Keine Norm ohne Rand« oder »Der Rand stützt die Norm«. Jede Gesellschaft (und entsprechend jedes Unternehmen) braucht demzufolge ihre Randgruppen; also nicht nur randständige Menschen profitieren von der Integration, sondern der ganze Betrieb (eine typische »win-win-situation«). Unsere Aufgabe ist es deshalb, eine Ausgrenzung, indem wir sie aus dem allgemeinen Arbeitsmarkt herausnehmen, wann immer möglich zu verhindern und nicht durch den weiteren Ausbau des besonderen Arbeitsmarktes zu fördern, auch wenn letzteres der einfachere, da komplexitätsreduzierende Weg wäre. Dazu kommt, dass der allgemeine Arbeitsmarkt mit Abstand das differenzierteste Arbeitsplatzangebot hat. Es lassen sich hier wesentlich mehr Behinderte in Arbeitsverhältnisse integrieren, die ihren Neigungen und Fähigkeiten besser entsprechen, als dies auf einem besonderen Arbeitsmarkt je möglich wäre. Arbeitsplätze auf dem allgemeinen Arbeitsmarkt, die den Vorstellungen und Qualifikationen psychisch Kranker und Behinderter entsprechen, seien sie nun kompetitiv oder beschützt, erhöhen nicht nur deren Zufriedenheit sondern tragen dazu bei, wie Becker et al.

[5] gezeigt haben, dass das Arbeitsverhältnis längerdauernd ist. Die Akzeptanz schwer behinderter Menschen als Arbeitnehmer und Arbeitskollegen in Betrieben des allgemeinen Arbeitsmarktes bedarf jedoch eines Wandels der Grundhaltungen gegenüber geistig und psychisch Behinderten. Normalität ist dann erreicht, wenn Behinderung keine Rolle mehr spielt.

Der bewährte Wiedereingliederungsansatz: Erst Trainieren – dann Platzieren

Arbeitstrainingszentren (ATZ), berufliche Trainingszentren (BTZ), Berufsförderungskurse (BFK) und Rehabilitationseinrichtungen für psychisch Kranke (RPK) sind im deutschsprachigen Raum die wesentlichen Angebote von Rehabilitationsmaßnahmen zur beruflichen Wiedereingliederung in den allgemeinen Arbeitsmarkt. Ihnen gemeinsam ist das klar definierte Ziel der Wiedereingliederung einer ausgewählten Gruppe von psychisch Behinderten innerhalb einer befristeten Zeit. Zur Erreichung dieses Zieles werden neben Arbeitstraining in Betrieben der freien Wirtschaft, deren Dauer zwischen einigen Tagen und bis zu einem Jahr variieren kann, spezifische Kurse oder therapeutische Gruppen angeboten.

Das von uns 1991 in Bern entwickelte »*PASS*-Programm zur beruflichen Wiedereingliederung psychisch Kranker in die freie Wirtschaft« [24], ist auf Grund ähnlicher Ansätze mit den BTZ und RPK vergleichbar. Die Wiedereingliederunsergebnisse dieses zeitlich auf maximal 18 Monate befristeten Programms sollen deshalb exemplarisch kurz dargestellt werden.

Da die räumlichen und personellen Kapazitäten des *PASS*-Programms und in zunehmendem Maße die finanziellen des Kostenträgers begrenzt sind und die Betreuer auch nicht bei allen Beteiligten unrealistische Hoffnungen aufkommen lassen wollen, muss von Anfang an unter den zum Programm Angemeldeten stark selektiert werden. Dies zeigt sich, wie in Abbildung 2 dargestellt, bereits bei der Aufnahme in die *»Schnupper- und Abklärungsphase«*.

Gerade 44 % der Rehabilitanden erfüllten die oben dargestellten Minimalvoraussetzungen. Nach Ablauf der zwei Wochen und nach der Auswertung aller Informationen und Tests haben wir uns bei einem Drittel der Rehabilitanden entschieden, sie nicht ins *PASS*-Programm aufzunehmen. Die häufigsten Gründe für das Scheitern

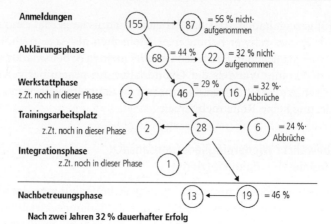

Abb. 2: Verlauf des *PASS*-Programms während der ersten fünf Jahre (Quelle: Hoffmann & Kupper 1997)

waren ungenügende Arbeitsleistung, Überforderung und ausgeprägte Negativsymptomatik.

Die ins Programm Aufgenommenen machten in der Regel nicht die von ihnen erwarteten Rehabilitationsfortschritte, sondern gerieten nach einiger Zeit oft in eine Krise, was bei 36 % der Teilnehmer noch vor Ablauf der ersten sechs Monate zum Abbruch führte [25]. Da am »*Trainingsarbeitsplatz*« die Anforderungen und der dadurch hervorgerufene Stress gegenüber der »*Werkstattphase*« nochmals ansteigen, kommt es auch in dieser Phase zu Krisen, die nicht aufgefangen werden können, und in deren Folge zum Abbruch des Programms. Dennoch ist es trotz der hohen Anforderungen an die Rehabilitanden, ein sehr erfreuliches Ergebnis, dass 32 % der definitiv ins *PASS*-Programm aufgenommenen Rehabilitanden auch noch über ein halbes Jahr nach Beendigung des Programms eine Festanstellung auf dem allgemeinen Arbeitsmarkt hatten.

Diese Ergebnisse werfen einige Fragen auf:
1. *Wie ist die Integrationsrate im internationalen Vergleich zu bewerten?* Sofern man den Ausgangspunkt und die Zielvorgabe gleich definiert, liegen die Raten bei unter 30 % [23].
2. *Wie dauerhaft ist dieser Erfolg?* Fehlt eine nachhaltige Betreuung am Arbeitsplatz in der freien Wirtschaft – was bisher die Regel

ist – kommt es bereits im ersten halben Jahr bei rund einem Viertel der Eingegliederten zum Stellenverlust [23].
3. *Ließe sich der Selektionseffekt verringern?* Mit den bisherigen Angeboten kaum und wenn, verbunden mit stark ansteigenden Kosten. Die oben dargestellten Resultate widerspiegeln jedoch auch, dass Integration in den allgemeinen Arbeitsmarkt für viele psychisch Kranke unter den heutigen Arbeits- und Betreuungsbedingungen ein zu hoch gestecktes Ziel darstellt.
4. *Was geschieht mit den Abbrechern?* Ihnen steht nur ausnahmsweise die Möglichkeit eines erneuten Versuches offen. Es bleibt also nur, ihnen einen geeigneten Arbeitsplatz auf dem sekundären Arbeitsmarkt zu suchen.
5. *Mittels welcher Angebote ließe sich allenfalls die Wiedereingliederungsrate erhöhen?* Durch

- vermehrte Vermittlung von Trainingsarbeitsplätzen oder Arbeitspraktika auf dem allgemeinen Arbeitsmarkt;
- gute Entlohnung der Rehabilitanden während des ganzen Programms und vor allem an den Trainingsarbeitsplätzen und während der Arbeitspraktika [6];
- Angebot eines umfassenden Dienstleistungspakets, inklusiv Übernahme der Lohnkosten bis zur Festanstellung und der »Rücknahmegarantie« des behinderten Arbeitnehmer bei unüberwindbaren Schwierigkeiten. Letztere erscheint mir von besonderer Bedeutung, reduziert sie doch auf beiden Seiten die Angst vor einem Misserfolg und erhöht so die Bereitschaft der Betriebe, Arbeitsplätze für psychisch Behinderte zur Verfügung zu stellen;
- kontinuierliche und zeitlich nicht befristete Nachbetreuung am Arbeitsplatz [34]. Diesem Aspekt wird oftmals zu wenig Bedeutung beigemessen, da es auf Seiten des Programms meist an personellen Ressourcen mangelt, der Kostenträger diese Leistung nicht entgilt, der Arbeitgeber die Notwendigkeit dafür unterschätzt, ebenso wie der Behinderte, der froh ist, endlich ein Leben ohne ständige Betreuung durch die Psychiarie führen zu können. Letzteres führt nicht selten zum Absetzen der Medikation und unter dem erhöhten Arbeitsstress zu einem erneuten Auftreten einer akuten Symptomatik. Bond et al. weisen auf mehrere Studien hin, die zeigen, dass der Integrationserfolg wesentlich besser ist, wenn die Nachbetreuung durch einen ge-

meindepsychiatrischen Dienst erfolgt [11]; Reker et al., dass eine Begleitung durch einen psychosozialen Fachdienst zu einem signifikant längerem Arbeitsverhältnis auf dem allgemeinen Arbeitsmarkt führt [31]. Nach drei Jahren waren noch 58 % der von einem psychosozialen Fachdienst begleiteten Behinderten in einem Arbeitsverhältnis auf dem allgemeinen Arbeitsmarkt.

Die in meinen bisherigen Ausführungen skizzierte und für mich nicht befriedigende Situation der beruflichen Wiedereingliederung psychisch behinderter Menschen ließ mich nach einem Wiedereingliederungsprogramm suchen, in dem sich möglichst viele der Antworten auf oben gestellte Fragen in der Praxis umsetzen lassen. Bei meiner Suche bin ich auf das Modell des *Supported Employment* gestoßen.

Supported Employment – ein Paradigmawechsel hin zu »Erst Platzieren -dann Trainieren«

Supported Employment wurde 1987 per Gesetz (disability act) in den USA eingeführt und kam zunächst bei geistig Behinderten zum Einsatz, dann aber in zunehmendem Maße auch bei psychisch Behinderten. Das Konzept des *Supported Employment* [4, 11, 8] basiert auf folgenden Prinzipien:
- Grundsätzlich gilt das Paradigma:»Erst Platzieren, dann Trainieren« anstatt wie bisher »Erst Trainieren, dann Platzieren«.
- Kompetitive Arbeit, d.h. die behinderten Arbeitnehmer arbeiten mindestens 20 Stunden pro Woche unter Wettbewerbsbedingungen des allgemeinen Arbeitsmarktes als Vollzeit- oder Teilzeitarbeitskraft;
- sie erhalten dafür zumindest den gesetzlich vorgeschriebenen Mindestlohn;
- der Arbeitsort ist in einem Betrieb des allgemeinen Arbeitsmarktes, in welchem die Mehrheit der Arbeitnehmer nicht behindert ist;
- das Arbeitsverhältnis ist zeitlich unbefristet und
- die behinderten Arbeitnehmer werden an ihrem Arbeitsplatz langfristig durch einen Job Coach begleitet. Die zentralen Aufgaben des Job Coachs sind:
- Akquisition geeigneter Arbeitsplätze, wobei die Anstellung des

- Behinderten nach privatwirtschaftlichen Grundsätzen erfolgt und nicht als Akt der Wohlfahrt;
- Erarbeitung und Durchführung eines behindertenspezifischen Plans in Zusammenarbeit mit dem Betrieb, dem Behinderten und seinem unmittelbaren Umfeld und
- Heranziehung sonstiger Betreuungssysteme, sofern diese noch nicht involviert sind, mit dem Ziel, dem Behinderten den Arbeitsplatz auf Dauer zu sichern.

König & Schalock [27] betonen, dass der Integrationserfolg stark von den Bemühungen des Job Coachs abhängt. Der Job Coach sollte mindestens alle zwei Wochen Kontakt mit dem Behinderten und dessen Vorgesetzten haben. Das andere Extrem kann aber auch bedeuten, dass der Job Coach an der Seite des psychisch Behinderten dessen Produktionsleistung stellvertretend erbringt. Ein Job Coach kann gemäß Becker & Drake [4] bis zu 25 behinderte Arbeitnehmer betreuen.

Innerhalb des *Supported Employment* gibt es wiederum verschiedene Organisationsformen:

- Die Einzelvermittlung: Ein behinderter Arbeitnehmer wird entsprechend seiner Fähigkeiten und Interessen an einen geeigneten Betrieb vermittelt und dort vom Job Coach begleitet.
- Die »Enklaven«: Hier wird eine Gruppe von ca. sechs bis acht Behinderten unter Anleitung des Job Coach in einer speziellen Untereinheit des Betriebes eingesetzt.
- Das mobile Arbeitsteam: Unter Anleitung eines Job Coach wird eine feste Gruppe von Behinderten zu einem zeitlich befristeten Arbeitseinsatz an Betriebe des allgemeinen Arbeitsmarktes »vermietet«.

Mittlerweile gibt es in den USA eine ganze Reihe von Untersuchungen zum *Supported Employment* [20, 10, 35, 16, 30, 17]. Sie alle belegen die Überlegenheit dieses Rehabilitationsmodells gegenüber den bisher bekannten. Die Integrationsrate lag bei einer unselektierten Stichprobe meist über 30 % [11, 23]. Sowohl in den USA als auch in Europa konnte gezeigt werden, dass das Kosten-Nutzen-Verhältnis von *Supported Employment*-Programmen gegenüber herkömmlichen geschützten Arbeitsplätzen nach einer Anlaufzeit von rund drei Jahren deutlich zugunsten des *Supported Employment* ausfällt [36, 29, 32, 2]. In den USA waren 1995 bereits 90.000 Behinderte mittels *Supported Employment* in der freien Wirtschaft beschäftigt [28].

Bond überprüfte eine der zentralen Grundideen des *Supported Employment* »Erst Platzieren – dann Trainieren« in zwei Untersuchungen und fand beide Male, dass das sofortige Platzieren die besseren Wiedereingliederungsergebnisse zeitigt [9, 10], nicht zuletzt weil die Behinderten stärker motiviert sind. Ein vorangehendes Arbeitstraining dagegen, welches in den Vereinigten Staaten ebenso wie die Arbeit in einem »Transitional Employment«-Programm nicht entlohnt wird, reduziert laut Bond die Erwartungen der Rehabilitanden. In diesen Ergebnissen zeigt sich deutlich die Bedeutung der Motivation und dass eine gute Entlohnung bereits während des Rehabilitationprogramms einen positiven Einfluss auf diese haben kann. Der Erfolg der Strategie des sofortigen Platzierens muss aber auch unter dem Aspekt der sozial- und arbeitsmarktpolitischen Situation der USA gesehen werden, die sich deutlich von der in Europa unterscheidet. So ist in den Vereinigten Staaten der Sozialstaat weniger ausgeprägt und der gesetzliche Mindeststundenlohn eines Arbeitnehmers betrug 1997 5,15 US $, ohne Anspruch auf Sozial- und Krankenkassenleistungen. Auch unterscheiden sich die Anstellungsbedingungen, das allgemeine Ausbildungsniveau und das Angebot an unqualifizierten Arbeitsplätzen auf dem allgemeinen Arbeitsmarkt in den USA deutlich von der Situation zumindest im deutschsprachigen Europa. Unter diesen Gesichtspunkten ist auch besser zu verstehen, dass die mittlere Verweildauer auf einer Stelle auf dem allgemeinen Arbeitsmarkt lediglich sechs Monate betrug, dass 80–90 % eine unqualifizierte Arbeit ausübten und mehr als die Hälfte der beruflich Eingegliederten weniger als 20 Wochenstunden arbeitete, um nicht ihre Rentenansprüche zu verlieren [7]. Des Weiteren scheinen die finanziellen Anreize wie Steuererleichterungen oder Subventionen für die Arbeitgeber, die einen Arbeitsplatz für einen Behinderten zur Verfügung stellen, in den USA attraktiver zu sein.

Lässt sich *Supported Employment* auf europäische Verhältnisse übertragen?

Supported Employment-Programme gibt es mittlerweile auch in Europa, so in Großbritannien, Italien [27], Österreich [1] und in der BRD. Erste positive Erfahrungen bei Menschen mit geistiger Behinderung konnten in den Projekten »Hamburger Arbeitsassistenz« [12] und »Unterstützte Beschäftigung« des Landschaftsverbandes Westfalen-Lippe [2] gemacht werden.

Zahlreiche Unterschiede zwischen den USA und dem deutschsprachigen Europa machen eine 1:1-Adaptation des *Supported Employment* auf die Verhältnisse der Bundesrepublik, Österreichs oder der Schweiz schwierig. Dies muss auch nicht unbedingt das Ziel sein. Aber eine gewisse Neuorientierung, Flexibilisierung, Überdenken der bisherigen Lohn- und Renten- und Subventionspolitik könnte die Zugangsschwelle zum allgemeinen Arbeitsmarkt deutlich senken. In Deutschland wird der notwendige Strukturwandel hin zu einer außertariflichen Entlohnung bisher vor allem durch die Gewerkschaften behindert. In der Schweiz ist es dagegen möglich, mit dem Arbeitgeber im individuellen Fall auszuhandeln, dass er einen psychisch Behinderten mit einer Arbeitsleistung von z.B. 60 % vollzeitig anstellt und ihm aber lediglich einen seiner Leistung entsprechenden Lohn zahlt, und der behinderte Arbeitnehmer von der Invalidenversicherung seine Minderleistung durch eine Teilrente partiell entschädigt bekommt. In solchen flexiblen Entlohnungsmodellen liegt meiner Meinung nach eine Chance auch in Europa Integrationsprogramme nach dem *Supported Employment*-Modell zum Erfolg zu verhelfen, v.a. dann, wenn die Betriebe, die psychisch Behinderte beschäftigen, zusätzlich eine finanzielle Kompensation erhalten als Ausgleich der verminderten Leistungsfähigkeit und als wichtigen Anreiz, weitere psychisch Behinderte zu beschäftigen.

Seyfried propagiert in diesem Zusammenhang ein gesetzlich verankertes Instrument zum Ausgleich der Minderleistung, damit die finanziell unterstützte Beschäftigung auf dem allgemeinen Arbeitsmarkt eine echte Alternative zu einer Beschäftigung in geschützten Einrichtungen werden könnte [33]. Die finanziell unterstützte Beschäftigung auf dem allgemeinen Arbeitsmarkt wäre nicht nur eine logische Ergänzung, sondern durchaus auch aus Sparüberlegungen eine Alternative zu den hoch subventionierten geschützten Arbeitsplätzen. Er erwähnt in diesem Zusammenhang die bereits in den 80er-Jahren in Dänemark geschaffene 40/60-Regelung, bei der der Arbeitgeber 60 % der Lohnkosten trägt, während die restlichen 40 % von der öffentlichen Hand übernommen werden. Der Behinderte ist regulärer Arbeitnehmer und erhält vom Arbeitgeber seinen vollen Lohn. Die Leistungsfähigkeit wird jährlich überprüft und das Verhältnis zwischen selbst erwirtschaftetem Lohn und staatlichem Zuschuss neu festgelegt. So lange allerdings – wie z.B. in der Bundesrepublik Deutschland meist üblich – die Kompensation von Leistungsdefiziten an einen geschützten Arbeitsplatz verknüpft ist, bleibt der Behinderte an diese Institution gefesselt.»Denn finanziell abgesichert ist nicht etwa der Behinderte, sondern die Werkstatt. Wenn die öffentliche Ausgleichszahlung dagegen direkt mit der individuellen Leistungsfähigkeit des Behinderten verbunden wäre, könnte er diese Zahlung im Falle des Wechsels auf den allgemeinen Arbeitsmarkt ›mitnehmen‹ und in das dortige Beschäftigungsverhältnis einbringen. Erst so könnte auch der Behinderte seine Arbeitskraft frei verkaufen und der würde vermutlich genügend Käufer finden, wenn er den Betrag, den allein sein Platz in einer geschützten Werkstatt kostet, als Subvention bzw. Grundgehalt in ein reguläres Arbeitsverhältnis einbrächte«.[2]

Auch wenn sich *Supported Employment*-Programme im deutschsprachigen Raum in reiner oder modifizierter Form vermehrt durchsetzen und die nötige staatliche Unterstützung erhalten sollten, heißt dies noch lange nicht, dass eine kompetitive Arbeitsstelle auf dem allgemeinen Arbeitsmarkt für alle psychisch Kranke und Behinderte ein realistisches Ziel darstellt. Die in Abbildung 2 dargestellten Verlaufsergebnisse des *PASS*-Programms zeigen deutlich, dass eine kompetitive Vollzeitarbeitsstelle nicht wenige von ihnen überfordert. Für sie sollte zukünftig ein beschützter Arbeitsplatz auf dem allgemeinen Arbeitsmarkt im Sinne der Enklavenvariante des *Supported Employments* oder eines begleiteten Nischenarbeitsplatzes als stressärmere Alternative zum kompetitiven Arbeitsplatz zur Verfügung stehen. *Supported Employment*-Projekte sollen deshalb keinen Ersatz

---

[2] Zit. Seyfried, E.: Von stationärer Arbeitstherapie zur beruflichen Integration psychisch Kranker. In: Borsi G.M. (Hrsg.) Arbeitswelt und Arbeitshandeln in der Psychiatrie – Perspektiven für die Zukunft. Hogrefe, Göttingen, Bern, Toronto, Seattle 1992, S. 182

darstellen, sondern eine Ergänzung der bestehenden Angebote des sekundären Arbeitsmarktes.

Wir dürfen dabei aber nicht vergessen, dass in allen *Supported Employment*-Projekten die meisten Behinderten auf unqualifizierten, wenig anspruchsvollen Arbeitsplätzen beschäftigt werden. Diese Arbeitsplätze sind bei den ständig fortschreitenden Rationalisierungsbemühungen der Betriebe jedoch die ersten, die abgebaut werden. Zudem werden es zukünftige *Supported Employment*-Projekte umso schwieriger haben, je höher die örtliche Arbeitslosenquote ist.

Das Job Coach-Projekt

Ein wichtiger Grund, warum die *Supported Employment*-Idee in der Schweiz noch keine weite Verbreitung gefunden hat, beruht auf dem vorherrschenden Rehabilitationsverständnis, auf dem die Gesetzgebung der schweizerischen Invalidenversicherung (IV) und die Finanzierungsmodalitäten des Bundesamts für Sozialversicherung (BSV) basieren. In der Regel wird davon ausgegangen, dass eine Eingliederung in den allgemeinen Arbeitsmarkt durch geeignete Abklärungen und Wiedereingliederungsmaßnahmen vorbereitet und unterstützt werden kann. Nach Abschluss der Wiedereingliederungsmaßnahme muss der Behinderte seine Arbeitssituation selbstständig bewältigen. Benötigt er dauerhafte Unterstützung, ist diese in der Regel nur an einem Arbeitsplatz in einer geschützten Werkstatt (im Sinne der Gesetzgebung der Invalidenversicherung) möglich. Die Unterstützung ist also an eine Institution des besonderen Arbeitsmarktes gebunden. Mit der seit 2001 gültigen Gesetzesänderung zur Finanzierung dezentral in die freie Wirtschaft ausgelagerter geschützter Arbeitsplätze (Art. 100 Abs. 1 Bst. a) wurde jedoch vom BSV eine Grundlage geschaffen, welche die Einführung des zeitlich nicht befristeten S*upported Employments* in der Schweiz ermöglicht.

Das Konzept des Berner *Job Coach*-Projekts lehnt sich an das Modell des *Individual Placement and Support System* in New Hampshire an, welches das zurzeit am besten evaluierte *Supported Employment*-Modell ist [4, 16, 8, 14, 17]. Die Trägerschaft des im Spätsommer 2002 startenden *Job Coach*-Projekts wird die Universitätsklinik für Sozial- und Gemeindepsychiatrie Bern übernehmen, in enger Kooperation mit den Psychiatrischen Diensten Thun und der IV-Stelle Bern[3]. Die Universitätsklinik für Sozial- und Gemeindepsychiatrie ist auch federführend bei dem weiter unten dargestellten Forschungsprojekt. Die Schalt- und Koordinationsstellen des *Job Coach*-Projekts werden die beiden Integrationsfachstellen in Bern und Thun sein.

Organisatorisch soll das *Job Coach*-Projekt gemäß Art. 100 Abs. 1 Bst. a IVV als eine virtuelle, dezentrale geschützte Werkstatt geführt werden, die Teil einer bestehenden geschützten Werkstatt ist, den *Werkstätten + Ateliers* der Universitätsklinik für Sozial- und Gemeindepsychiatrie Bern (mit aktuell 110 Plätzen). Dabei werden die Behinderten nicht vom Arbeitgeber, sondern vom *Job Coach*-Projekt angestellt und entlohnt werden. Dies entspricht dem Betriebskonzept eines Personalvermittlungsunternehmens mit besonderen Aufgaben, wie es bereits von Weig [37] unter der Bezeichnung »Gemeinnützige Arbeitnehmerüberlassung« beschrieben wurde.

Das *Job Coach-Projekt* wird von einer vollamtlichen Koordinatorin geleitet. Ihre Aufgabe wird es sein, Betriebe in der Region dafür zu gewinnen, individuell maßgeschneiderte Arbeitsplätze für die Teilnehmer des *Job Coach-Projekts* zur Verfügung zu stellen und die entsprechenden Arbeitsverträge mit dem *Job Coach-Projekt* abzuschließen. Sie ist Vorgesetzte der Job Coachs und Kontakt- und Informationsstelle gegenüber Betrieben, Berufsberatern der IV-Stelle, den geschützten Werkstätten und beruflichen Wiedereingliederungseinrichtungen, den Therapeuten und psychiatrischen Institutionen sowie gegenüber Behörden und der Öffentlichkeit.

Die Job Coachs haben keinen festen Arbeitsplatz, sondern sind mobil und ausgerüstet mit einem Natel und einem Notebook. Sie betreuen bis zu 20 Behinderte an ihren Arbeitsplätzen und arbeiten eng mit den direkten Vorgesetzten in den Betrieben und den psychiatrischen Langzeitbetreuern (sozialpsychiatrischen Ambulatorien, niedergelassenen Psychiatern) zusammen. Dies beinhaltet eine individuell angepasste, verbindliche und regelmäßige Kontaktaufnahme (inkl. Teilnahme an Rapporten und Fallbesprechungen) zur Erhaltung, Prävention und Krisenintervention am Arbeitsplatz, und

---

3 Die IV-Stelle ist die kantonale Zweigstelle der schweizerischen Invalidenversicherung, zuständig für alle behinderungsbedingten Renten und beruflichen Wiedereingliederungsmaßnahmen

nötigenfalls sind die Job Coachs für kurzfristigen Ersatz am Arbeitsplatz besorgt.

Anreize für die Arbeitgeber

Aufgrund unserer Erfahrungen im *PASS*-Programm soll den Betrieben ein umfassendes Dienstleistungspaket angeboten werden. Dieses umfasst eine vorgängige Information über Stärken und Schwächen des Behinderten, nötigenfalls Schulung der Vorgesetzten und der näheren Mitarbeitern über Krankheitsbild, Symptome und den Umgang damit; Anleitung beim Ausfüllen der Assessmentinstrumente, regelmäßige telefonische und persönliche Kontakte durch den Job Coach und der »Rücknahmegarantie« des Behinderten bei unüberwindbaren Schwierigkeiten, d.h. der Job Coach nimmt den betreffenden Behinderten vorübergehend zurück in eine Werkstatt der *Werkstätten & Ateliers*, sucht für ihn einen neuen Arbeitsplatz und ist um eine Ersatzperson am bisherigen Arbeitsplatz bemüht. Eine solche Rücknahmegarantie erscheint uns von besonderer Bedeutung, reduziert sie doch auf beiden Seiten die Angst vor einem Misserfolg und erhöht so die Bereitschaft der Betriebe, Arbeitsplätze für psychisch Behinderte zur Verfügung zu stellen.

Ein weiterer grundlegender Anreiz des *Job Coach*-Projekts soll die Entlastung des Arbeitgebers von personaladministrativen und betreuerischen Aufgaben durch das Personalvermittlungsmodell bilden. Die beratenden, betreuenden und administrativen Dienstleistungen der Job Coachs und der Koordinatorin sollen wesentlich zur Bereitschaft von Arbeitgebern beitragen, Arbeitsplätze anzubieten.

Grundsätzlich soll der Behinderte einen seinen Leistungen entsprechenden Lohn erhalten. Dieser kann bei geringer Leistung entsprechend niedrig ausfallen. Dieser entspricht in der Regel einem Zuverdienst zu einer vollen oder Teil-Rente. Eine der Hauptaufgaben der Mitarbeitern des *Job Coach*-Projekts besteht darin, zusammen mit dem Behinderten und dem Arbeitgeber eine leistungsbezogene Entlohnung auszuhandeln. Von einem Lohn, der den effektiven Leistungen entspricht, erwarten wir größere Bereitschaft von Arbeitgebern, aber auch von Mitarbeitern, einen Behindertenarbeitsplatz mitzutragen. Da es dabei meist um außertarifliche Löhne geht, sollte je nach Gegebenheit die Zusammenarbeit mit Arbeitnehmerorganisationen gepflegt werden.

Trotz Leistungslohn und Unterstützung durch die Job Coachs und die Koordinatorin entstehen auch dem Arbeitgeber behinderungsbedingte Mehrkosten (Betreuung, Produktivitätsausfall, Infrastrukturmehrkosten usw.). Wir beabsichtigen deshalb, dass die Arbeitgeber je Platz durch eine behinderungsgradabhängige Reduktion der Behindertenlohnkosten von diesen Mehrkosten entlastet werden. Die Reduktion resp. der behinderungsbedingte Beitrag soll die Lohnkosten grundsätzlich nicht überschreiten.

Die Finanzierung

Im Gegensatz zu beruflichen Wiedereingliederungsmaßnahmen soll die Finanzierung zeitlich nicht befristet sein. Behindertenarbeitsplätze in Betrieben des allgemeinen Arbeitsmarktes sollen nicht mehr Betriebsbeiträge erfordern als durchschnittliche Behindertenarbeitsplätze in geschützten Werkstätten. Innerhalb dieses maximalen Kostenrahmens gewährt ein Globalbudget, verknüpft mit einem Leistungsauftrag und entsprechendem Controlling, dem Projekt unternehmerischen Spielraum. Insbesondere soll das Budget für das *Job Coach*-Projekt behinderungsgradabhängige finanzielle Entlastungen der Arbeitgeber erlauben.

Die Beitragsregelung soll die Entrichtung von Leistungslöhnen und eine insgesamt sorgfältige Kostenbewirtschaftung fördern. Pro Behindertenarbeitsplatz wird ein maximaler jährlicher Betriebsbeitrag des Bundesamts für Sozialversicherung (BSV) bestimmt, der nicht über dem durchschnittlichen Betriebsbeitrag einer geschützten Werkstatt liegt. Dieser Betriebsbeitrag steht zur Verfügung zur Bestreitung der behinderungsbedingten Projektkosten. Zusammen mit Zahlungen der Arbeitgeber für die Behindertenlöhne sollen die gesamten Projektkosten bestritten werden (die Projekt- und die Behindertenlöhne sowie die übrigen Kosten).

Das Projekt strebt keine Baubeiträge an, da nur unwesentliche Einrichtungskosten anfallen. Als Anreiz, die Kosten tief zu halten, soll das *Job Coach*-Projekt die Möglichkeit erhalten, bei Unterschreitung des Beitragsmaximums einen Anteil der Minderkosten als Reserve zur Deckung von allfälligen Defiziten zurückzubehalten. Mit dieser Beitragsregelung sollte das *Job Coach*-Projekt nach einer Anlaufphase bei 50 betreuten Arbeitsplätzen eine ausgeglichene Rechnung erbringen. Mit dem vorliegenden Modell dürften die Kosten pro Behindertenplatz und Jahr das Beitragsmaximum voraussichtlich sogar unterschreiten.

Für das BSV sollte das *Job Coach*-Projekt im Vergleich zu einer Beschäftigung des Behinderten in einer herkömmlichen geschützten Werkstatt kostenneutral sein. Längerfristig kann aufgrund der in der Literatur berichteten Forschungsergebnisse [11] davon ausgegangen werden, dass sich bei einer erfolgreichen Etablierung des *Job Coach*-Projekts die vom BSV zu erbringenden Rentenleistungen sogar verringern werden, da volle Renten in Teilrenten umgewandelt werden können.

Die Lohnkostenbeiträge können nicht als Hauptanreiz oder als Investitionsbeitrag für Arbeitgeber zur Schaffung von Behindertenarbeitsplätzen verstanden werden, dazu sind sie zu niedrig; sie lassen aber beim Arbeitgeber weniger das Gefühl aufkommen, er lege finanziell drauf und tragen zu größerer Kooperation bei, wie bisherige Forschungsergebnisse zeigen. Ein anderes – auf den ersten Blick einfacheres – Modell, nach dem an alle Arbeitgeber, die Plätze anbieten, ein Pauschalbetrag von z.B. SF 500.- pro Monat gezahlt wird, erachten wir als unbefriedigend, da sie den individuellen Behinderungsgrad nicht berücksichtigt und zu sehr dem Gießkannenprinzip entspricht.

Wir erachten es als wichtig, dass keine Zahlungen an Arbeitgeber erfolgen, sondern der Beitrag via Reduktion der Arbeitgeberlohnkosten entsprechend dem Behinderungsgrad erfolgt. Damit gehen wir davon aus, dass ein Arbeitsplatz im Rahmen *des Job Coach*-Projekts den Arbeitgeber mithilfe des Dienstleistungspakets und der personellen, administrativen und finanziellen Entlastung durch die Integrationsfachstelle keine Mehrkosten verursachen sollte, die den Lohnkostenanteil des Arbeitgebers übersteigen. Wir sind uns durchaus bewusst, dass die Mehrkosten für einen Behinderten dem Arbeitgeber u.U. Mehrkosten verursachen, die weit höher sind als der über die Lohnkosten mögliche Beitrag. Auch der Beitrag an die geschützten Werkstätten übersteigt oft das Gehalt des Behinderten um ein Mehrfaches. Mit der vergleichsweise zurückhaltenden Beitragsgewährung im *Job Coach*-Projekt nehmen wir in Kauf, dass Behinderte, welche überdurchschnittliche Mehrkosten verursachen, weniger Chancen haben auf einen solchen Arbeitsplatz. Möglicherweise sind solche Behinderte aber in traditionellen geschützten Werkstätten auch besser aufgehoben.

Trotz aller Leistungen der Integrationsfachstelle wird dem Arbeitgeber tendenziell eine größere finanzielle Verantwortung übertragen, als es bei den Behindertenwerkstätten der Fall ist (weil hier effektive Nettozahlungen an die Betriebe erfolgen, die den Lohn oft um ein Mehrfaches übersteigen).

Die Begleitforschung

Die vom Schweizerischen Nationalfonds (SNF) und vom Bundesamt für Sozialversicherung (BSV) geförderte Begleitforschung des *Job Coach*-Projekts hat das Design einer prospektiven kontrollierten Studie über drei Jahre mit einer 1-Jahres-Nachuntersuchung. Eine Verlängerung des Forschungsprojektes um weitere zwei Jahre mit einer 2-Jahres-Nachuntersuchung ist geplant.

Bei den Teilnehmern handelt es sich um Personen mit einer psychischen Behinderung deren Ziel eine berufliche Wiedereingliederung auf den allgemeinen Arbeitsmarkt ist und für die von der IV-Stelle Bern eine berufliche Wiedereingliederungsmaßnahme angezeigt erscheint. Sie werden am Ende einer 14-tägigen Abklärungsphase nach dem Zufallsprinzip entweder der *Job Coach*-Projektgruppe oder der Kontrollgruppe zugeteilt. Letztere durchläuft wie bisher traditionelle Wiedereingliederungsprogramme wie das *PASS*-Programm oder den *BFK* Thun, beim Antritt einer Stelle in der freien Wirtschaft erhalten sie jedoch keine Begleitung durch einen Job Coach. Die Teilnehmer des *Job Coach*-Projekts beginnen zunächst in einer Werkstatt der *Werkstätten + Ateliers*, sollen aber so rasch wie möglich – spätesten nach drei Monaten – an einen Arbeitsplatz auf dem allgemeinen Arbeitsmarkt vermittelt und dort durch einen Job Coach begleitet werden.

Gemäß bisheriger Erfahrungen werden jährlich ca. 20 psychisch Behinderte im *PASS*-Programm und 30 im *BFK* Thun aufgenommen. Es wird davon ausgegangen, dass in jeder der beiden Gruppen pro Jahr 20 Patienten aufgenommen werden können, d.h. wir rechnen nach drei Jahren, bei einer Drop out-Rate von 25 %, mit einer Gesamtstichprobe von 90 Personen. Der Anteil der weiblichen Teilnehmer wird rund 40 % sein und das Alter wird sich zwischen 20 und 50 Jahren bewegen. Die meisten werden über eine Ausbildung verfügen, aber seit Monaten arbeitslos sein. Ungefähr 60 % der Teilnehmern werden ICD-10 Diagnosen von Schizophrenie oder schizo-affektiven Störungen aufweisen, rund 20 % eine affektive Störung und die restlichen 20 % andere Diagnosen, meistens Persönlichkeitsstörungen. Geistige Retardierung, schwere organische Gehirnstörungen und schwerwiegender Substanzmissbrauch sind Ausschlusskriterien.

In der Studie sollen die folgenden Hypothesen überprüft werden:

1. Die Integrationsrate in der freien Wirtschaft ist bei den Teilnehmern des *Job Coach*-Projekts dank des Supports durch den Job Coach bei der Nachuntersuchung höher als bei der Kontrollgruppe.
2. Der Integrationserfolg hängt nicht nur von den Bedingungen des *Job Coach*-Projekts ab, sondern auch von einer Reihe von individuellen Erfolgsprädiktoren. Die Ergebnisse müssen deshalb entsprechend kontrolliert werden.
3. Die Lebensqualität der Behinderten wird bei der Nachuntersuchung höher sein als bei Eintritt, wobei die der Teilnehmern des *Job Coach*-Projekts jener der Kontrollgruppe besser sein wird.
4. Die Zufriedenheit der Vorgesetzten der Teilnehmern des *Job Coach*-Projekts wird bei der Nachuntersuchung bezüglich Arbeitsleistung, Sozialverhalten und Krankheitsverlauf höher sein als bei den Vorgesetzten der Kontrollgruppenteilnehmern.
5. Sowohl die vom BSV zu erbringenden Gesamtkosten als auch die Rentenleistungen werden am Ende der Untersuchung bei den Teilnehmern des *Job Coach*-Projekts aufgrund der besseren und nachhaltigeren Integration und geringeren Rückfallrate geringer sein als bei der Kontrollgruppe. Das Kosten-Nutzen-Verhältnis wird somit besser sein.
6. Ein kompetitiver durch einen Job Coach begleiteter dezentral ausgelagerter Arbeitsplatz des *Job Coach*-Projekts wird dem BSV nicht höhere Kosten verursachen als ein geschützter Arbeitsplatz in einer bestehenden geschützten Werkstatt.

Schlussfolgerungen

Der Wunsch psychisch Kranker und Behinderter, lieber auf dem allgemeinem Arbeitsmarkt zu arbeiten, ist für jedermann nachvollziehbar. Trotz eines mittlerweile gut ausgebauten besonderen Arbeitsmarktes, der zwar eine Alternative zur Arbeitslosigkeit aber nur bedingt zu einer Stelle auf dem allgemeinen Arbeitsmarkt darstellt, bestehen im Bereich der beruflichen Integration psychisch Kranker in den allgemeinen Arbeitsmarkt im deutschsprachigen Raum immer noch große Defizite. Arbeitet ein psychisch Kranker erst einmal auf einer Stelle auf dem besonderen Arbeitsmarkt, sind die Chancen klein, dass er je eine auf dem allgemeinen Arbeitsmarkt erhält. Er bleibt in der Folge ausgegrenzt, was nicht nur für ihn zum Nachteil ist, sondern auch für die nichtbehinderte und damit normbildende Arbeitswelt. Die Betriebe des allgemeinen Arbeitsmarktes dürfen nicht aus ihrer sozialen Verantwortung psychisch Behinderten gegenüber entlassen werden. Der besondere Arbeitsmarkt sollte deshalb so lange nicht weiter ausgebaut werden, bis sich der Weg über begleitete Integrationsprogramme mit kompetitiven und beschützten Arbeitsplätzen auf dem allgemeinen Arbeitsmarkt als nicht gangbar erwiesen hat. Die Erfahrungen in den USA lassen Letzteres eher unwahrscheinlich erscheinen, sofern es gelingt die *Supported Employment*-Idee und deren Finanzierung an europäische Verhältnisse zu adaptieren.

Würde man alle psychisch Kranken und Behinderten systematisch anhand der Erfolgsprädiktoren bezüglich ihrer Chancen auf einen kompetitiven Arbeitsplatz auf dem allgemeinen Arbeitsmarkt überprüfen, käme man höchstwahrscheinlich zum Ergebnis, dass dies nur für einen geringen Teil von ihnen ein realistisches Ziel darstellt. Zu argumentieren, sie könnten deshalb nur auf dem besonderen Arbeitsmarkt beschäftigt werden, erscheint mir heutzutage mangels Alternativen zwar zutreffend, jedoch zu voreilig. Mithilfe von *Supported Employment*-Projekten ließe sich jedoch die Zahl an durch Job Coachs längerfristig begleiteten kompetitiven oder beschützten Arbeitsplätzen auf dem allgemeinen Arbeitsmarkt, ungeachtet der unterschiedlichen Situation im Vergleich zu den USA, drastisch erhöhen.

Ziel des *Job Coach*-Projekts ist die berufliche Integration psychisch behinderter Menschen auf den allgemeinen Arbeitsmarkt, mittels des an Schweizer Verhältnisse adaptierten *Supported Employment*-Modells. Dieses Vorhaben ist deshalb von großer Bedeutung, da psychisch Behinderte, zahlenmäßig die größte Gruppe unter den Behinderten darstellen und gleichzeitig die bisher am stärksten stigmatisierte und auch im Berufsleben am meisten ausgegrenzte. Es hat sich gezeigt, dass der Erfolg der beruflichen Integration dann am dauerhaftesten ist, wenn eine langfristige, integrierte Betreuung durch den Job Coach gemeinsam mit einem gemeindepsychiatrischen Team erfolgt. Zusammenfassend lassen sich die Vorteile des *Job Coach*-Projekts wie folgt darstellen:

- Arbeitsplätze auf dem allgemeinen Arbeitsmarkt sind sozial integrierender als solche des besonderen Arbeitsmarktes.
- Der allgemeine Arbeitsmarkt hat mit Abstand das differenzierteste Arbeitsplatzangebot. Es lassen sich hier wesentlich mehr Behinderte in Arbeitsplätze integrieren, die ihren Neigungen und Fähigkeiten besser entsprechen, als dies auf einem besonderen Arbeitsmarkt je möglich wäre.
- Bisherige Integrationserfolge des *Supported Employment* sind nachhaltiger als mithilfe bisheriger Wiedereingliederungsprogramme.
- Der Verdienst ist für die Behinderten besser und
- die Kosten für den Träger sind geringer.

Das *Job Coach*-Projekt nützt also nicht nur vielen Behinderten und stellt eine echte Alternative zu einem Arbeitsplatz in einer geschützten Werkstatt dar, sondern ist auch zum Vorteil der Arbeitgeber und des Steuerzahlers.

Die Finanzierung des *Job Coach*-Projekts als geschützter Werkstatt mit dezentral in die freie Wirtschaft ausgelagerten Arbeitsplätzen sollte eine solche langfristige Betreuung unter der bestehenden Gesetzgebung möglich machen. Damit kann ein innovatives und für die Schweiz richtungsweisendes Wiedereingliederungsmodell realisiert werden. Gleichzeitig können den Arbeitgebern genügend Anreize – zusammen mit einem umfassenden Dienstleistungspaket – geboten werden, um sie für eine Mitwirkung am *Job Coach*-Projekt zu gewinnen. Sollte es sich bestätigen, dass das *Job Coach*-Projekt für das BSV kostenneutral im Vergleich zu bestehenden geschützten Werkstätten ist, wäre dies für die Zukunft des *Supported Employments* in der Schweiz von entscheidender Bedeutung. Dieses äußerst praxisrelevante Pilotprojekt ist eine konsequente Weiterentwicklung der bestehenden beruflichen Rehabilitationseinrichtungen und lässt sich somit als Ergänzung gut in das bestehende Angebot integrieren.

Neben der praktischen Bedeutung ist das *Job Coach*-Projekt auch unter wissenschaftlichen Aspekten von hoher Relevanz. So ist es unseres Wissens die erste umfassende Untersuchung von *Supported Employment* außerhalb der Vereinigten Staaten. Der Erfolg dieses Pilotprojektes wird in einer kontrollierten Studie mittels einer Reihe von Instrumenten untersucht, unter Berücksichtigung verschiedener auf den Erfolg einwirkender Variablen und der Einschätzung aller am Pilotprojekt beteiligten Personen. Dadurch sollte es möglich sein, ein differenziertes Bild zu gewinnen über den Einfluss der einzelnen für den Erfolg maßgebenden Faktoren. Wichtig erscheint uns dabei, Auskunft zu erhalten, ob sich die Wiedereingliederungsrate verbessern lässt und ob sich die Lebensqualität für die Behinderten erhöht und somit der Nutzen den damit verbundenen Aufwand und die daraus resultierenden Kosten rechtfertigt.

Literatur

1. BADELT, C., ÖSTERLE, A.: Supported Employment – Erfahrungen mit einem östereichischen Modell zur beruflichen und sozialen Integration behinderter Menschen. In: BADELT, C. (Hg.): Geschützte Arbeit. Böhlau Verlag, Wien 1992, S. 79–136
2. BARLSEN, J., BUNGART, J., HOHMEIER, J., MAIR, H.: Monetäre Kosten-Nutzen-Analyse von Fachdiensten zur Integration von Menschen mit geistiger Beeinträchtigung auf dem allgemeinen Arbeitsmarkt. In: LANDSCHAFTSVERBAND WESTFALEN-LIPPE, HAUPTFÜRSORGESTELLE (Hg.): Argument-Sonderbände zum Schwerbehindertenrecht Nr. 3, 1997
3. BECKER, D.R., DRAKE, R.E.: A Working Life: The Individual Placement and Support (IPS) Programm. New Hampshire – Dartmouth Psychiatric Research Center, Concord 1993
4. Becker, D.R., Drake, R.E.: Individual placement and support: A community mental health center approach to vocational rehabilitation. Community Mental Health Journal 30, 1994, S. 193–206
5. BECKER, D.R., DRAKE, R.E., FARABAUGH, A., BOND, G.R.: Job preferences of clients with severe psychiatric diosrders participating in supported employment programs. Psychiatric Services 47, 1996, S. 1223–1226
6. BELL, M.D., LYSAKER, P.H.: Clinical benefits of paid work activity in schizophrenia: 1-year followup. Schizophrenia Bulletin 23, 1997, S. 317–328
7. BOND, G.R.: Outcomes from supported employment programs for people with severe mental illness. Presentation at the World Association for Psychosocial Rehabilitation World Congress, Rotterdam, The Netherlands, April 1996

8. BOND, G.R.: Principles of the individual placement and support model: empirical support. Psychiatric Rebabilitation Journal 22, 1998, S. 11–23
9. BOND, G.R., DINCIN, J.: Accelerating entry into transitional employment in a psychosocial rehabilitation agency. Rehabilitation Psychology 31, 1986, S. 143–155
10. BOND, G.R., DIETZEN, L.L., McGREW, J.H., MILLER, L.D.: Accelerating entry into supperted employment for persons with severe psychiatric disabilities. Rehabilitation Psychology 40, 1995, S. 75–93
11. BOND, G.R., DRAKE, R.E., MUESER, K.T., BECKER, D.R. : An update on supported employment for people with severe mental illness. Psychiatric Services 48, 1997, S. 335–346
12. CIOLEK, A. »Erst platzieren – dann qualifizieren« – Erfahrung mit unterstützter Beschäftigung von Menschen mit geistiger Behinderung auf dem ersten Arbeitsmarkt. Hamburger Arbeitsassistenz. In: DÖRNER K. (Hg.) Jeder Mensch will notwendig sein. Verlag Jakob von Hoddis, Gürtersloh 1995, S. 176–182
13. COOK, J.A., WRIGHT, E.R. Medical sociology and the study of severe mental illness: Reflections on past accomplishments and directions for future research. Journal of Health and Social Behavior 36, 1995, S. 95–114
14. DRAKE, R.E.: A brief history of the individual placement and support model. Psychiatric Rehabilitation Journal 22, 1998, S. 3–7
15. DRAKE, R.E, BECKER, D.R., XIE, H., ANTHONY W.A.: Barriers in the brokered model of supported employment for persons with psychiatric disabilities. Vocational Rehabilitation 5, 1995, S. 141–149
16. DRAKE, R.E., McHugo, G.J., BECKER, D.R., ANTHONY, W.A., CLARK, R.E.: The New Hampshire study of supported employment for people with severe mental illness. Journal of Consulting and Clinical Psychology 64, 1996, S. 391–399
17. DRAKE, R.E., McHugo, G.J., BEBOUT, R.R., BECKER, D.R., HARRIS, M., BOND, G.R., QUIMBY, E.: A randomized clinical trail of supported employment for inner-city patients with severe mental disorders. Archives of General Psychiatry 56, 1999, S. 627–633
18. EIKELMANN, B., REKER, T.: Rehabilitation psychisch Behinderter in den Werkstätten für Behinderte? Fakten, Ergebnisse, Empfehlungen. Krankenhauspsychiatrie 5 1994, S. 66–70
19. EWERT, P.: Der zweite Arbeitsmarkt schafft Arbeit auch für psychisch Kranke und Behinderte. In: DÖRNER K. (Hg.) Jeder Mensch will notwendig sein. Verlag Jakob van Hoddis, Gütersloh 1995, S. 37–44
20. FABIAN, E.: Longitudinal outcomes in supported employment: A survival analysis. Rehabilitation Psychology 37, 1992, S. 23–35
21. HENNIGES, H.: Arbeitsmarktsituation und Merkmale von arbeitslosen schwer Behinderten, Beiträge zur Arbeitsmarkt- und Berufsforschung, Band 207, Nürnberg 1997

22. HOFFMANN, H.: Schnittstellen der Gemeindepsychiatrie. Krankenhauspsychiatrie 7, 1996, S. 110–116
23. HOFFMANN, H.: Berufliche Integration in den allgemeinen Arbeitsmarkt – Ein realistisches Ziel für chronisch psychisch Kranke? Psychiatrische Praxis 26, 1999, S. 211–217
24. HOFFMANN, H., KUPPER, Z.: SS – das Rehabilitationsprogramm der Sozialpsychiatrischen Universitätsklinik Bern. Sozialpsychiatrische Informationen 1/93, 1993, S. 36–42
25. HOFFMANN, H., KUPPER, Z.: Patient dynamics in early stages of vocational rehabilitation -A pilot study. Comprehensive Psychiatry 37, 1996, S. 216–221
26. HOFFMANN, H., KUPPER, Z.: PASS – Ein integratives Programm zur beruflichen Wiedereingliederung chronisch psychisch Kranker. In: DITTMAR, V., KLEIN, H.E., SCHÖN, D. (Hg.) Die Behandlung schizophrener Menschen – Integrative Therapiemodelle und ihre Wirksamkeit. S. Roderer Verlag, Regensburg, 1997, S. 65–88
27. KÖNIG, A., SCHALOCK, R.L.: »Begleitete Arbeit«: Chancengleichheit für schwerstbehinderte Männer und Frauen. Rehabilitation 32, 1993, S. 55–64
28. MARRONE, J., BALZELL, A., GOLD, M.: Employment supports for people with mental illness. Psychiatric Services 46, 1995, S. 707–712
29. MCCAUGHRIN, W.B., ELLIS, W.K., RUSCH, F.R., HEAL, L.W.: Cost-effectiveness of supported employment. Mental Retardation 31, 1993, S. 41–48
30. McHugo, G.J., DRAKE, R.E., BECKER, D.R.: The duration of supported employment effects. Psychiatric Rehabilitation Journal 22, 1998, S. 55–61
31. REKER, T., EIKELMANN, B., HAGENBROCK, M., INHESTER, M.L., SOGGEBERG, C., SPANGENBERG, J., WETHKAMP, B.: Begleitende Hilfen im Arbeitsleben für psychisch Kranke und Behinderte. Forschungsbericht 257, Sozialforschung. Bundesministerium für Arbeit und Sozialordnung, Bonn 1996
32. ROGERS, E.S., SCIARAPPA, K., MACDONALD-WILSON, K., DANLEY, K.: A benefit-cost analysis of a supported employment model for persons with psychiatric disabilities. Evaluation and Program Planning 18, 1995, S. 105–115
33. SEYFRIED, E.: Von stationärer Arbeitstherapie zur beruflichen Integration psychisch Kranker. In: BORSI G.M. (Hrsg.) Arbeitswelt und Arbeitshandeln in der Psychiatrie – Perspektiven für die Zukunft. Hogrefe, Göttingen, Bern, Toronto, Seattle 1992
34. SEYFRIED, E.: Conditions de succès de l'inssertion des handikapés dans la vie professionelle. CEDEFOP, Berlin 1992
35. SHAFER, M.S., HUANG, H.-W.: The utilization of survival analyses to evaluate supported employment services. Journal of Vocational Rehabilitation 5, 1995, S. 103–113.

36. WEHMAN, P., HILL, M.L.: Competitive employment for persons with mental retardation: A benefit-cost analysis of outcomes. In: KIERNAN W.E. (ed.): Economics, Industry and Disability: a look ahead. Paul H. Brookes, Baltimore 1989
37. WEIG, W.: Gemeinnützige Arbeitnehmerüberlassung: Ein neuer Weg zur Eingliederung psychisch behinderter Menschen in das Arbeitsleben? Psychiatrische Praxis 18, 1991, S. 99–104.

Integrationsprobleme aus Sicht eines Angehörigen
Jürgen Gütschow

Arbeit

Jeder Mensch möchte in der Gesellschaft anerkannt und integriert sein. Jeder möchte Erfolge erleben und sich bestätigt fühlen. Einen wesentlichen Beitrag dazu bietet die tägliche Arbeit, die ggf. die Wertschätzung liefert und ihm signalisiert, notwendig zu sein. Die Arbeit möchte ich aber nicht nur in einer Beschäftigung sehen, sondern in einer verantwortungsvollen Tätigkeit, die dem jeweiligen Rehabilitationsprozess des Erkrankten und seinem Leistungsstand entspricht und zielgerichtet gefördert werden kann. Das setzt voraus, dass wir dem Menschen Zutrauen in seine Zukunft geben.

Der Weg zu Sinn machender Arbeit für Menschen mit psychischen Beeinträchtigungen ist sehr schwierig und wird bisher nach meiner Kenntnis wenig beschritten: Die Werkstätten für behinderte Menschen sollten vorwiegend eine Zwischenstation sein, zur Vorbereitung der Rehabilitanden auf eine Tätigkeit in einem Betrieb. Um diesen Zweck zu erfüllen, ist die Zusammenarbeit zwischen Werkstätten und Betrieben auszubauen und finanziell zu unterstützen, denn Lohn für Arbeit ist aktivierender und Ressourcen schonender als für überwiegend tagesstrukturierende Beschäftigung. Psychisch Kranke fordern zu Recht einen Arbeitsplatz, der ihrer Ausbildung und ihren Fähigkeiten entspricht.

Rehabilitation

Die Schnittstelle zwischen guter Akutbehandlung in den Kliniken und anschließender Rehabilitation (medizinisch und beruflich) ist nicht befriedigend. Es verstreicht zu viel Zeit bis eine Basisversorgung in den Bereichen Wohnen, Tagesstrukturierung, Arbeit und Freizeit erreicht wird. Der Erkrankte erhält nach der Entlassung aus der Klinik nicht unmittelbar alle erforderlichen Hilfen von den zuständigen Diensten. Die Hilfen beziehen sich oft nur auf die Überweisung zum niedergelassenen Nervenarzt/Psychiater und auf den Wohnbereich *und nicht* auf die berufliche Rehabilitation.

Besonders nach der Ersterkrankung ist die berufliche Rehabilitation von besonderer Bedeutung. Sie kann einerseits dem Betroffenen helfen seine Krankheit schneller zu überwinden und sich in die Gesellschaft zu integrieren, andererseits können erhebliche Kosten zu Lasten des Staates und der Sozialversicherung eingespart werden. Ohne berufliche Integration fühlt sich der Betroffene allein gelassen, sieht sich einer ihn ablehnenden Gesellschaft oder wenigstens weit verbreiteten Gleichgültigkeit gegenüber, die außer einem allgemein gehaltenen Mitleid wenig bereit hält. Sein Leben erscheint ihm sinnlos. Er kann sich der stets wiederkehrenden Gedanken an die Krankheitsursache nicht erwehren, sodass ein erneuter Klinikaufenthalt gleichsam vorprogrammiert ist. Es fehlt die Zukunftsorientierung, Negativaussichten dominieren. Hoffungen, die mit Ausbildungshilfen, Bewerbungsempfehlungen usw. verbunden sind, zerfließen infolge fehlender Arbeitsmöglichkeiten.

Integration

Der Betroffene fällt nicht selten in eine tiefe Depression mit möglicherweise der schlimmen Folge der Zwangseinweisung in eine Psychiatrische Klinik. Um dieses zu vermeiden, sollte der Integrationsfachdienst mit seinen finanziellen Möglichkeiten für jeden Betroffen wirksam werden können, unabhängig vom Schwerbehindertenausweis, wie dies auch Deusch fordert[1].

Obwohl dem Behinderten vonseiten des Arztes der Status eines Schwerbehinderten angeboten wird, lehnen viele Menschen mit einer psychischen Beeinträchtigung diesen Status ab. Für sie ist die Annahme des Behindertenausweises gleichbedeutend mit einem endgültigen »Aus«. Die schützende und sichernde Funktion des Behindertenstatus' können sie nicht sehen. Psychisch beeinträchtigte Menschen wollen keine Sonderstellungen gegenüber Behinderten einnehmen, dieses sei den Integrationsämtern gesagt, sie wollen keine Sondervergünstigungen, doch hinsichtlich der Integration in das Arbeitsleben müssen m.E. für sie andere Wege als die üblichen gegangen werden.

Die Wirklichkeit sieht gegenwärtig anders aus: Bemühungen von Verbänden und Organisationen, so z.B. die des Projektes »Das Fünfte

---

1 vgl. den Beitrag von Beule/Deusch in diesem Band.

Rad« im Bauwesen in Köpenick, über Kooperationsarbeiten neue Wege der Integration in Arbeit und Beruf zu gehen, scheiterten einerseits an dem im Hochbau herrschenden Termindruck, andererseits an fehlenden geeigneten Bauaufträgen in Abstimmung mit der öffentlichen Hand. Hier ergibt sich die Frage: Könnten nicht Behinderte Behinderten helfen, selbst dann, wenn kleinere ästhetische Arbeitsmängel auftreten oder längere Bearbeitungszeiten zu verzeichnen sind? Könnte es nicht sein, dass für andere Betroffene eine Ermutigung ausgeht, auch du könntest es schaffen und brauchst keine Angst zu haben, dass man dich beiseite stellt, weil du es sowieso nicht schaffst?

Eigene Erfahrungen

Mein Sohn erhielt vor einem Jahr einen geförderten Arbeitsplatz bei einem Architekten als Bauzeichner. Er ist sehr motiviert, das Arbeitsergebnis steht bei ihm im Vordergrund. Stellt er damit eine Konkurrenz für den gesunden Bürger dar. Bei weitem nicht, denn welcher private Auftraggeber ist bereit, einen psychisch Behinderten einzustellen? Langsam stellt sich bei meinem Sohn Stolz ein: »Ich werde es schaffen.«

Bis hierhin war es ein weiter und schwieriger Weg. Zunächst verlief das Leben meines Sohnes normal. Er erreichte den Diplom-Abschluss im Fachgebiet Hochbau, doch dann erkrankte er 1998 an einer endogenen Psychose. In der Klinik wurde ihm ins Gesicht gesagt, dass er ein Invalide sei. Ihm wurde die Berentung angeboten. Er lehnte ab. Eine berufsbegleitende Maßnahme erhielt er nicht. Nach der Entlassung bemühte er sich selbst um Arbeit als Bauzeichner. Zwei Arbeitsversuche folgten. Sein Selbstvertrauen sank, er wurde schwermütig und wurde zwangseingewiesen. Nach mehreren Monaten wurde er entlassen. Eine Berentung lehnte er ab. Er wollte wieder eine berufliche Eingliederung erreichen. Einen Behindertenausweis erhielt er zwar, doch da sich der Behindertenstatus bei der Berufssuche hinderlich erwies, lief er von einem Psychologen zum anderen, bis er endlich den Behindertenausweis los wurde. Ihm gelang es ein Studium an der Staatlichen Technikerschule Berlin aufzunehmen, um einen Anschluss an den aktuellen Wissensstand zu erreichen. Eine finanzielle Förderung durch das Arbeitsamt wurde über Jahre zunächst mit der Begründung abgelehnt, dass er bereits eine Hochschulausbildung in der DDR abgeschlossen hätte. Das Technikerstudium beendete er mit dem Ergebnis sehr gut bis gut. Eine Arbeit bzw. berufsbegleitende Maßnahmen erhielt er nicht. Mit großer Anstrengung und erneuter Annahme des Behindertenausweises erhielt er vor einem Jahr dank des Integrationsfachdienstes seine Stellung als Bauzeichner.

Dieser Beitrag möge dokumentieren, welche Leistungen psychisch Erkrankte vollbringen können, wie schwierig, aber auch erfolgreich, der Weg des Aufrichtens ist. Wie viele Jahre durch fehlende Integrationshilfen vergingen und welche enormen Behandlungskosten, durch bessere und zeitigere Hilfe hätten vermieden werden können. In diesem Sinne wünsche ich, dass von der Tagung das Signal ausgeht: »Wir dürfen den Behinderten zutrauen, Leistung zu erbringen, und Ihnen werden angemessene Arbeitsplätze bereit gestellt.«

Rückblick auf das Symposium »Erst Platzieren dann Rehabilitieren« und auf die Tagung

Im Rückblick ergeben sich für mich einige positive, aber auch weniger gute Eindrücke und Schlussfolgerungen. Zunächst sei der AKTION PSYCHISCH KRANKE und vielen Referenten gedankt. Die im Symposium vorgestellten Forschungsergebnisse zeigen die Möglichkeit psychisch Behinderter auf, insbesondere welche Ergebnisse durch die frühzeitige Förderung der Teilhabe am Arbeitsleben erreichbar sind. Doch dürfen wir nicht stehen bleiben, sondern müssen die Ergebnisse kritischer betrachten.

Aus meiner Sicht ergibt sich aus dem Vergleich der Ergebnisse des PASS–Programms mit den Forschungsergebnissen zu »Supported Employment«, dass wesentlich mehr erreicht werden kann. Durch rechzeitige Betreuung in der Klinik hinsichtlich der Teilhabe am Arbeitsleben, der Hebung des Selbstwertgefühls, des Zutrauens und der Überzeugung im Leben für den Mitmenschen dienlich zu sein und durch seine Arbeit den anderen Menschen gleichgestellt zu sein, dürfte eine weit größere Integration erreichbar sein. Dieses beweist auch der Weg der individuellen Platzierung gegenüber den allgemeinen Einrichtungen. Hierzu bedarf es aber auch der verantwortungsvollen Einstellung der Entscheidungsträger und da gibt es doch leider noch viele Oberflächlichkeiten wie aus einigen Referaten heraus zu hören war. Die Beträge waren gut gemeint, zeigten aber, dass einigen Referenten mit den spezifischen Bedürfnissen psychisch Erkrankter und ihrer Lebenssituation nicht ausreichend vertraut sind:

- Der Vertreter der Gewerkschaft, selbst Behinderter, empfahl sehr die Annahme des Behindertenstatus, übersah dabei aber völlig, dass ein großer Unterschied zwischen einem körperlich und einem psychisch Behinderten besteht.
- Die Vertreterin einer Partei gab auf Anfrage zu verstehen, dass für psychisch Erkrankte alles getan werde, unabhängig von der Annahme eines Behindertenausweises durch den Erkrankten.
- Der Vertreter einer Krankenkasse zählte in seinem Diskussionsbeitrag im Rahmen eines der Symposien eine Unmenge von Behinderungen auf und forderte die psychisch Erkrankten auf, keine Sonderleistungen zu erbitten. Ihm wurde widersprochen. Die psychisch Erkrankten wollen keinen Sonderstatus, doch sei es gestattet, dass die Besonderheiten der Erkrankung bei der Beurteilung des Sachverhaltes beachtet werden.

Die Beiträge zeigten, wie weit entfernt die Öffentlichkeit von den Bedürfnissen der psychisch Betroffenen noch ist. Zur Verringerung dieser Distanz und zum Verständnis für einander hat die Tagung aber dennoch erheblich beigetragen.

Barrieren überwinden auf dem allgemeinen Arbeitsmarkt

Arbeitnehmer mit psychischer Behinderung im Betrieb

Hans-Gerd Bude

Psychisch behinderte Menschen im Betrieb werden immer noch als Sonderlinge betrachtet. Auf der einen Seite scheinen sie sich nicht öffnen zu wollen, auf der anderen Seite würden ihnen daraus hier und da Nachteile entstehen. Sie haben schlicht und einfach Angst. In der Familie ist es schon nicht einfach und in der Öffentlichkeit fehlt es immer noch an Aufklärung. Im Berufsleben steigt in den letzten Jahren die Zahl der psychisch kranken Menschen, durch Arbeitsverdichtung, höhere Anforderungen und Leistungsdruck.

Arbeitgeber nehmen gegenüber schwerbehinderten Menschen häufig eine ablehnende Haltung ein. Schwerbehinderte Arbeitnehmer sind öfter krank, bringen weniger Leistung und bekommen auch noch fünf Tage mehr Urlaub.

Wenn das Umfeld stimmt, bringt ein schwerbehinderter Mensch seine Leistung wie jeder andere auch. Die meisten Arbeitgeber gehen jedoch davon aus, dass sie einen schwerbehinderten Arbeitnehmer nach der Einstellung nicht mehr los werden. Hat z.B. ein schwerbehinderter Arbeitnehmer sehr viele Fehltage im Jahr, kann das durchaus zu einer Kündigung führen. Er genießt zwar den besonderen Kündigungsschutz, d.h., dass das Integrationsamt der Kündigung zustimmen muss, dies ist in den letzten Jahren aber meist der Fall gewesen.

Bei Vorstellungsgesprächen sollte ein Bewerber mit einer Schwerbehinderung auf alle Fälle wahrheitsgemäß antworten, wenn er nach der Schwerbehinderung gefragt wird, sonst kann noch innerhalb und auch nach der Probezeit gekündigt werden. Bei Einstellungsgesprächen kann die Schwerbehinderten-Vertrauensperson hinzugezogen werden. Es liegt natürlich auch in deren Interesse, dass schwerbehinderte Arbeitnehmer einen Arbeitsplatz bekommen.

Aktion 50.000 Arbeitsplätze

Die meisten Arbeitgeber wissen gar nicht was sich dahinter verbirgt, dass sie auf diese Weise Arbeitnehmer fast zum Nulltarif bekommen. Sie informieren sich aber auch nicht bei dem zuständigen Arbeitsamt. Anfragen an das Arbeitsamt nach arbeitslosen schwerbehinderten Arbeitnehmern verlaufen ergebnislos. Das geht nicht nur mir so, sondern auch anderen Kollegen aus anderen Betrieben und gilt nicht nur für den Raum Köln, sondern für die gesamte Bundesrepublik. Demnach dürfte es eigentlich keine arbeitslosen schwerbehinderten Arbeitnehmer geben. Deshalb ist für mich die »Aktion 50.000« (50.000 Schwerbehinderte Menschen in Arbeit zu bringen) eine Mogelpackung. Einige schwerbehinderte Arbeitnehmer werden berentet und das wars.

Schwerbehinderten-Vertrauenspersonen im Betrieb

Ich habe vor ca. drei Jahren erstmalig Kontakt zu einem psychisch beeinträchtigten Menschen bekommen. Aber auch nur weil eine behandelnde Ärztin mich angerufen hatte. Bei einem anderen Kollegen hatte der Werksarzt mich informiert. Seit dieser Zeit besuche ich diese Kollegen öfter an ihrem Arbeitsplatz. Wenn ich frage, ob ich störe, ob sie sich belästigt fühlen oder es ihnen unangenehm ist wegen der Kollegen, so antworten sie immer mit »Nein«. Bei diesen Besuchen reden wir über alles Mögliche, aber nicht über ihre Krankheit. Ich biete ihnen auch an, die Unterhaltung in meinem Büro unter vier Augen zu führen. Ich habe bei einem Kollegen dafür gesorgt, das er keine Wechselschicht mehr machen muss. Er hatte Probleme am Tage zu schlafen.

Ich versuche meist schwerbehinderten Menschen zu einem Arbeitsplatz zu verhelfen, indem ich ihnen empfehle, ein Praktikum zu absolvieren. Das hat Vorteile sowohl für den Arbeitnehmer wie für den Arbeitgeber; keiner von beiden geht ein Risiko ein. Auf diese Weise habe ich schon einigen schwerbehinderten Menschen zu einem Arbeitsplatz verholfen.

In Köln haben wir einen Arbeitskreis der Schwerbehinderten-Vertrauenspersonen innerhalb der IG Metall. Wir treffen uns jeden letzten Freitag im Monat. Darüber hinaus haben wir im Februar und im November eine Wochenschulung. Darin werden diverse Themen behandelt, zum Beispiel die EU-Rente, das SGB IX (im besonderen der Teil II zum Schwerbehindertenrecht), Gerichtsurteile und vieles mehr. Dazu laden wir Referenten ein von Integrationsamt, Integrationsfachdiensten, vom Ärztlichen Dienst der Ford Werke in Köln, vom Arbeitsamt oder anderen Organisationen. Wir besuchen auch verschiedene Institutionen wie zum Beispiel Werkstätten für behinderte Menschen (WfbM). Schriftliches Material für unsere Tätigkeit beziehen wir von der IG Metall in Frankfurt, über den VdK und andere.

In diesem Arbeitskreis haben wir eine Integrationsvereinbarung (nach SGB IX) erarbeitet, wonach sich die Betriebe richten können. Bei der Firma Linde haben wir eine Integrationsvereinbarung für den gesamten Konzern erarbeitet und zur Unterschrift gebracht (siehe Anhang). Wir werden sehen was uns diese Vereinbarungen bringen.

Anhang: Integrationsvereinbarung

Zwischen der ... vertreten durch den Vorstand als Konzernleitung und
1. der Gesamtschwerbehindertenvertretung der ...
    der Gesamtschwerbehindertenvertretung
2. der Schwerbehindertenvertretung der ...
3. der Schwerbehindertenvertretung der ...
zu 1) bis 4) jeweils vertreten durch die Vertrauensperson,
5. dem Konzernbetriebsrat vertreten durch den Vorsitzenden,
wird die nachfolgende Integrationsvereinbarung abgeschlossen:

Präambel

Im Gesetz zur Rehabilitation und Teilhabe behinderter Menschen (SGB IX) kommt das Anliegen des Gesetzgebers sinnfällig zum Ausdruck, schwerbehinderten und ihnen gleichgestellten Arbeitnehmern vor allem durch Eingliederung in den Arbeitsprozess die Teilnahme am gesellschaftlichen Leben zu erleichtern. Dem dient insbesondere auch die Bestimmung (§ 83) über den Abschluss einer Integrationsvereinbarung. Mit der nachfolgenden Regelung soll der gesetzliche Grundgedanke konkretisiert werden, die Integration behinderter Menschen in allen betrieblichen Prozessen zu fördern und auszubauen.

I. Allgemeine Bestimmungen
§ 1 Geltungsbereich

Diese Vereinbarung gilt
1. räumlich für alle Betriebe und Betriebsteile des Konzerns,
2. persönlich für alle behinderten (Schwerbehinderten und gleichgestellten) Arbeitnehmer,

§ 2 Rahmenvereinbarung

Diese Vereinbarung ist grundsätzlich als Rahmenvereinbarung zu verstehen. Auf ihrer Grundlage können mit den Schwerbehindertenvertretungen bzw. Betriebsräten ergänzende Vereinbarungen abgeschlossen werden, sofern spezielle betriebliche Aspekte eine Ergänzung erforderlich machen.

II. Maßnahmen zur Integration
§ 3 Personalplanung

1. Die Beteiligten sind sich darüber einig, dass der Arbeitgeber alle Möglichkeiten ausschöpft, um eine Beschäftigung behinderter Menschen im jeweils gesetzlichen Umfang zu erreichen. Dabei sind behinderte Frauen besonders zu berücksichtigen.
2. Bei der Besetzung freier Arbeitsplätze ist vom Arbeitgeber zu prüfen, ob eine Besetzung mit Behinderten in Betracht kommt.
   Bei dieser Prüfung ist die jeweilige Schwerbehindertenvertretung zu beteiligen und der örtliche Betriebsrat zu hören. Gegebenenfalls ist das Arbeitsamt einzuschalten.
3. Im Falle interner und/oder externer Stellenausschreibungen sind nachfragenden Behinderten die Anforderungen der Tätigkeit unter Berücksichtigung der individuellen Behinderung zu erläutern. Bei der Besetzung von Arbeitsplätzen, die für Behinderte geeignet sind, haben diese bei sonst gleichen fachlichen und persönlichen Voraussetzungen Vorrang vor anderen Bewerbern. Entsprechendes gilt bei der Besetzung von Ausbildungsplätzen.
4. Bei Rationalisierungsmaßnahmen hat der Arbeitgeber vorrangig die Umsetzung Behinderter auf einen geeigneten Arbeitsplatz innerhalb des Betriebes zu veranlassen. Soweit technisch möglich und wirtschaftlich zumutbar sind arbeitsplatzgestaltende Maßnahmen durchzuführen.
5. Die von der Bundesanstalt für Arbeit gewährten Geldleistungen zur Förderung der Einstellung und Beschäftigung Schwerbehinderter sind zu beachten und nach Möglichkeit zu beanspruchen. Etwaige Fördermittel der zuständigen Fachministerien auf Länderebene sind ebenfalls auszunutzen. Bei der Beurteilung der wirtschaftlichen Zumutbarkeit nach dieser Vereinbarung sind diese Fördermöglichketten zu berücksichtigen.

§ 4 Arbeitsplatz und Arbeitsumgebung

1. Soweit technisch möglich und wirtschaftlich zumutbar sind bei Einrichtung und Ausstattung der Arbeitsplätze der Behinderten behindertengerechte Vorkehrungen zu treffen. Der technische Berater des Integrationsamtes kann in die Gestaltung einbezogen werden.
2. Unter den gleichen Voraussetzungen ist bei der Planung von Neubauten und großen Um- oder Erweiterungsbauten auf die Barrierefreiheit entsprechend den allgemein anerkannten Regeln der Technik oder anderer anforderungsgerechter Lösungen zu achten.
   Der konkrete Gestaltungsbedarf wird rechtzeitig ermittelt, so dass die Einrichtung bzw. Umrüstung entsprechender Arbeitsplätze gezielt erfolgen kann.
   Die Integrationskommission (vgl. § 10) wird in die Planung rechtzeitig einbezogen.
3. Im Rahmen der begleitenden Hilfe im Arbeits- und Berufsleben ist von dem jeweils zuständigen Integrationsamt die Gewährung von Investitionshilfen zur Schaffung und Gestaltung behindertengerechter Arbeitsplätze abzufragen und nach Möglichkeit in Anspruch zu nehmen.

§ 5 Arbeitszeit

1. Die Organisation der Arbeitszeit soll sich unter Wahrung der betrieblichen Erfordernisse an den gesundheitlichen Bedürfnissen der behinderten Arbeitnehmer orientieren.
2. Auf Verlangen sind Behinderte von zusätzlichen zeitlichen Belastungen (z B. Mehrarbeit, Rufbereitschaft) freizustellen.
3. Sofern die Erfüllung für den Arbeitgeber nicht unzumutbar und nicht mit unverhältnismäßigen Aufwendungen verbunden ist, haben Behinderte einen Anspruch auf Teilzeitbeschäftigung, wenn die kürzere Arbeitszeit wegen Art oder Schwere der Behinderung notwendig ist.

Arbeitnehmer mit psychischer Behinderung im Betrieb

§ 6 Qualifizierung

1. Behinderte Arbeitnehmer sind so zu beschäftigen, dass sie ihre Fähigkeiten und Kenntnisse im Rahmen der betrieblichen Möglichkeiten voll verwerten und weiterentwickeln können.
2. Sie sind zur Förderung ihres beruflichen Fortkommens bei geeigneten innerbetrieblichen Maßnahmen der beruflichen Bildung bevorzugt zu berücksichtigen.
   Die Teilnahme an außerbetrieblichen Maßnahmen ist in zumutbarem Umfang organisatorisch zu erleichtern.

§ 7 Prävention

1. Treten Schwierigkeiten bei der Beschäftigung behinderter Arbeitnehmer auf, die zu einer Gefährdung des Arbeitsverhältnisses führen können, ist der Arbeitgeber verpflichtet, die Schwerbehindertenvertretung und den Betriebsrat einzubeziehen, um eine gemeinsame Lösung herbeizuführen.
   Das Integrationsamt ist einzuschalten. Dessen finanzielle Unterstützungsmöglichkeiten sind zu nutzen.
2. Mit Zustimmung des behinderten Arbeitnehmers schaltet der Arbeitgeber die Schwerbehindertenvertretung auch dann ein, wenn eine ununterbrochene Arbeitsunfähigkeit van mehr als 3 Monaten vorliegt oder das Arbeitsverhältnis aus gesundheitlichen Gründen gefährdet ist.

§ 8 Rehabilitation

Bei beruflichen Rehabilitationsmaßnahmen sind die jeweiligen gesetzlichen und/oder betrieblichen Regelungen über die stufenweise Wiedereingliederung zu berücksichtigen. Weitergehende gesetzliche Verpflichtungen bleiben unberührt.

Betriebliche Durchführung
§ 9 Unterrichtung

1. Im Rahmen der Besetzung freier Arbeitsplätze erhält die Schwerbehindertenvertretung
   - Kopien interner und externer Stellenauseschreibungen, sofern eine Information über Intranet nicht möglich ist,
   - Kopien der Anfragen an das Arbeitsamt sowie dessen Rückmeldungen, und, sofern es der Behinderte nicht ausdrücklich ablehnt,
   - unmittelbar nach Eingang eine Unterrichtung über vorliegende Bewerbungen behinderter Menschen,
   - Kopien der Absagen an behinderte Bewerber.
2. Die Schwerbehindertenvertretungen erhalten jeweils für ihren Zuständigkeitsbereich und zeitgleich eine Kopie der jährlich gegenüber dem Arbeitsamt abzugebenden Schwerbehindertenanzeige sowie des Verzeichnisses der beschäftigten Schwerbehinderten, Gleichgestellten und sonstigen anrechnungsfähigen Personen. Die jeweilige Gesamtschwerbehindertenvertretung erhält Kopien der Anzeigen und Verzeichnisse für sämtliche Betriebe. Über Austritte von Behinderten wird die zuständige Schwerbehindertenvertretung vierteljährlich unterrichtet

§ 10 Integrationskommission

1. Auf betrieblicher Ebene wird jeweils eine Integrationskornmission gebildet, welche aus der Vertrauensperson der Schwerbehinderton und dem stellvertretenden Mitglied sowie jeweils eines Beauftragten des Betriebsrats und des Arbeitgebers besteht.
   Im Bedarfsfall können sachkundige Personen (z. B. Betriebsarzt, Fachkraft für Arbeitssicherheit, Vertreter des Integrationsamtes) hinzugezogen werden.
2. Die Integrationskommission überprüft die Einhaltung dieser Vereinbarung, wirkt bei den Integrationsmaßnahmen mit und beeinflusst deren Umsetzung.

Im Falle von Meinungsverschiedenheiten bei der Anwendung dieser Ver-einbarung unterbreitet sie Vorschläge zur Schlichtung.
3. Die Integrationskommission tritt bei Bedarf, mindestens halbjährlich zusammen. Organisation und Leitung obliegen der Schwerbehindertenvertretung.

IV. Schlussbestimmungen
§ 11 Inkrafttreten

1. Diese Vereinbarung tritt mit ihrer Unterzeichnung in Kraft.
2. Soweit in Gesetzen, Tarifverträgen oder Betriebsvereinbarungen für behinderte Menschen günstigere Regelungen getroffen sind, gehen sie dieser Vereinbarung vor.

§ 12 Überprüfung

Sollte sich während der Laufzeit aus der praktischen Handhabung oder wegen einer Veränderung der gesetzlichen Regelungen das Erfordernis ergeben, diese Vereinbarung zu ändern oder zu ergänzen, werden die Beteiligten eine entsprechende Anpassung vornehmen.

§ 13 Geltungsdauer

Die Vereinbarung gilt für den Zeitraum von vier Jahren. Sie verlängert sich jeweils um ein Jahr, wenn sie nicht mit einer Frist von 6 Monaten gekündigt wird.
Rechtzeitig vor Beendigung der Laufzeit nehmen die Beteiligten Verhandlungen über die Fortschreibung der Vereinbarung auf.

_____   _____
(Vorstand)   (Gesamtschwerbehindertenvertretung der

_____   _____
(Gesamtschwerbehinderten-   (Schwerbehindertenvertretung
vertretung der

_____   _____
(Schwerbehindertenvertretung   (   )

Protokollnotizen zur Integrationsvereinbarung
Es besteht Einvernehmen, dass
1. Die Interessen behinderter Arbeitnehmer in den Betrieben, für die eine Schwerbehindertenvertretung nicht besteht, von der Gesamtschwerbehindertenvertretung wahrgenommen werden.
2. zu den Versammlungen der Vertrauenspersonen in der AG die Vertrauenspersonen der Konzernunternehmen hinzugezogen werden.

Voraussetzungen für die Integration von Arbeitnehmern mit psychischen Behinderungen

Hubert Kirchner

Arbeit ist Sinn und Identität stiftendes Element unserer gesellschaftlichen Realität. Es gibt verschiedene Orte an denen Arbeit stattfinden kann; bekannt sind der erste, zweite und dritte Arbeitsmarkt. Der erste Arbeitsmarkt und die (Re-)Integration psychisch behinderter Frauen und Männer dort sollen hier das Thema sein.

Rehabilitation aus der Psychiatrischen Klinik heraus

Die Psychiatrischen Kliniken sind nach wie vor in ihrer Arbeit medizinisch therapeutisch geprägt. Die sozialen Bezüge aus denen die psychisch Kranken stammen werden zwar berücksichtigt, Schwerpunkte sind aber die Bereiche Wohnen, sozialpsychiatrische Betreuung und Begleitung sowie Freizeit. Der Bereich Arbeit fristet nach wie vor ein stiefmütterliches Dasein. Nicht zuletzt die verkürzten Verweildauern tragen dazu bei, dass im stationären Bereich Arbeitstherapie nur noch für relativ wenige Patienten stattfindet. Berufliche Rehabilitation wird in den ambulanten Bereich verlagert. Im ambulanten Bereich tätig sind die Integrationsfachdienste, die inzwischen flächendeckend in unterschiedlichster Ausprägung existieren.

Auf Grund der langjährigen Erfahrung in der beruflichen Integration von Frauen und Männern mit psychischen Behinderungen hat sich für den Träger des Integrationsfachdienstes, die Arkade-Pauline 13 in Bodensee, Oberschwaben, folgender Leistungsansatz entwickelt:

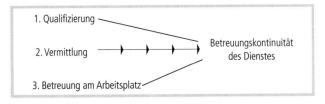

Abb. 1: Leistungsansatz

Neben der Vermittlungstätigkeit und der eventuell nachgehenden Betreuung und Begleitung hat es sich als unabdingbar erwiesen, für verschiedene Klienten die *Qualifizierung* vorzuschalten.

Nach der Anmeldung im Bereich Qualifizierung wird entschieden, welcher individuelle Qualifizierungsbedarf besteht, der erfüllt werden muss bevor der Versuch der Integration auf den allgemeinen Arbeitsmarkt gestartet werden kann. Der Bereich Qualifizierung bietet verschiedene Module an. Das geht von sozialem Kompetenztraining über das Bewerbungstraining bis zum Lernpraktikum, welches völlig unkompliziert einen Einblick in das anvisierte Berufsfeld, beispielsweise in einem Handwerksbetrieb, ermöglichen soll. Es kann aber auch ein anderes Mal nur die Hilfe beim Erlernen der theoretischen Inhalte zur Prüfungsvorbereitung zum Führerschein sein. Mithilfe eines PC-Programms können sämtliche Prüfungsfragen mit dem Klienten intensiv bearbeitet werden.

Nach dieser Qualifizierungsphase kommt die Klientin/der Klient zum Vermittler des Integrationsfachdienstes. Die Übergabe findet quasi im eigenen Hause statt, sofern – und hier gilt es zunächst eine Zugangsbarriere zu überwinden – der psychisch Behinderte einen Schwerbehindertenausweis hat. Der Integrationsfachdienst baut Kontakte zu Betrieben auf, vermittelt nach vorheriger Beratung und Abklärung in Bezug auf individuelle Fähigkeiten und Leistungsvermögen an Betriebe, klärt Zuschussmöglichkeiten von Integrationsamt und Arbeitsamt für Arbeitgeber ab und begleitet die vermittelten Personen weiterhin um Arbeitsverhältnisse auch langfristig zu erhalten. Nach ca. einem halben Jahr ist jedoch Schluss mit der Nachbetreuung durch den Integrationsfachdienst. Es sei denn, dass sie notwendig erscheint, dann findet eine Übergabe an den Psychosozialen Dienst statt.

Wichtig an der gesamten Betreuungsleistung ist: Sie kommt quasi aus einer Hand und kann im Integrationsprozess lückenlos angeboten werden. Die Mitarbeiter, die Arbeitsplätze für Frauen und Männer mit psychischen Behinderungen erschließen, die Mitarbeiter, die qualifizieren und die Mitarbeiter, die sich auf die Erhaltung bestehender Arbeitsverhältnisse konzentrieren arbeiten in einem Dienst, oft sogar in Bürogemeinschaft. Es findet eine gemeinsame Außenvertretung statt, interne Kommunikationswege sind kurz und insbesondere der informelle Austausch untereinander wird für alle gewinnbringend genutzt.

Voraussetzungen für die Integration von Arbeitnehmern mit psychischen Behinderungen

Voraussetzung für eine Integration auf den allgemeinen Arbeitsmarkt ist natürlich zuallererst das Interesse eines Betriebes einen Mitarbeiter mit einer psychischen Behinderung einzustellen. Hier gilt es Barrieren abzubauen.

Die Welt der Psychiatrie ist für Betriebe fremd. Hier gilt es Berührungsängste abzubauen, Firmeninhaber müssen über die psychische Behinderung im Einzelfall informiert werden, nur so können Verunsicherungen beseitigt werden. Weiter müssen Firmeninhaber überzeugt werden von der Leistungsfähigkeit des einzelnen Behinderten in (langen) Phasen der Stabilität, sie müssen darüber aufgeklärt werden, dass der Schwerbehindertenausweis nicht automatisch die Unkündbarkeit bedeutet, nicht zuletzt müssen die Betriebe über Fördermöglichkeiten seitens des Arbeitsamtes und des Integrationsamtes informiert werden.

Insbesondere finanzielle Unterstützungsleistungen geben den Ausschlag für die Einstellung psychisch behinderter Frauen und Männer. Und gerade in wirtschaftlich schlechteren Zeiten sind die Chancen der Vermittlung auf dem allgemeinen Arbeitsmarkt nicht schlechter, sondern sie erscheinen eher besser im Vergleich zu denen von Arbeitslosen mit gleicher Qualifikation, die keine entsprechende finanzielle Förderung mitbringen. Eine befriedigende finanzielle Förderung erhalten aber nur psychisch Behinderte, die auch einen Schwerbehindertenausweis haben. Im Auftrag von Arbeitsamt und Integrationsamt können momentan auch nur psychisch Behinderte mit Schwerbehindertenausweis betreut werden. Dies bedeutet in der Praxis, dass im Moment psychisch behinderte Frauen und Männer ohne Schwerbehindertenstatus gegenüber Menschen mit anderen Behinderungen mit Schwerbehindertenstatus benachteiligt sind, sie also einen erschwerteren Zugang zur Arbeitswelt des allgemeinen Arbeitsmarkt haben. Es bleibt zu hoffen, dass die gegenwärtig stattfindenden Verhandlungen mit den Auftraggebern der Integrationsfachdienste, im Sinne des SGB IX auch für Rehabilitanden ohne Schwerbehindertenausweis erfolgreich sein werden.

Fazit

Eine gute Möglichkeit psychisch behinderte Frauen und Männer auf den allgemeinen Arbeitsmarkt zu vermitteln, ist die Einschaltung von Integrationsfachdiensten mit ihrem individuellen ambulanten Konzept (von der Qualifizierung über die Vermittlung zur Betreuung am Arbeitsplatz), die mit einem finanziellen Unterstützungspaket für die Arbeitgeber ausgestattet sind.

Integrationsfirmen – Ein Weg zur Überwindung von Barrieren auf dem allgemeinen Arbeitsmarkt

Anton Senner

Vor zwei Wochen feierten wir am 1. Mai wie jedes Jahr in Deutschland, den Tag der Arbeit. Für diejenigen, die im Arbeitsleben stehen ist es ein Feiertag oder besser gesagt ein freier Tag, den sie – so hoffe ich – entsprechend genossen haben. Für diejenigen, die ohne Arbeit sind – es aber gerne anders möchten, ist es ein Tag wie jeder andere auch, vielleicht ein wenig bitterer, da sie deutlich an ihre frustrierende Situation erinnert werden. Um diese Menschen geht es hier auf der Tagung.

Und dann gibt es Menschen, die stöhnen beim Blick in den Kalender: Ein Tag weniger Arbeit, ein Tag weniger Zeit, um Projekte zu Ende bringen zu können, ein Tag Verlust, um Liefertermine einhalten zu können (z.B. auch in der Ablieferung von Redemanuskripten wie diesem hier). Das macht häufig Druck, Stress, macht nervös. In den USA, so war kürzlich in den Medien zu erfahren, lebt ein Viertel der Bevölkerung unter permanentem Schlafmangel wegen Überforderung im Arbeitsleben. Tendenz steigend.

Am 1. Mai nun habe ich mir in unserer Hauspostille, dem HAMBURGER ABENDBLATT, einmal angeschaut, was die Redaktion zum Thema »Arbeit« zu bieten hatte. Ergebnis: Zwei Artikel. Eine fast schon winzig kleine Meldung im Wirtschaftsteil: In der Bauindustrie sind in den ersten beiden Monaten in diesem Jahr 83.000 Arbeitsplätze weggefallen. Das muss man sich erst einmal klar machen. 83.000 Arbeitsplätze weniger in gerade mal 60 Tagen! Eine kleine Meldung am Rande. Der Hauptartikel mit großem Foto und Grafik ging übrigens um die angeblich nicht begreifbar schlechte Stimmung an der Börse und darum, »worauf Anleger jetzt achten sollten«.

Im Lokalteil dann endlich mal ein positiver Bericht, auch mit Foto, mittlere Artikellänge. Der Präsident des Hamburger Arbeitsamtes berichtet »begeistert« (so die Formulierung), dass drei arbeitslose Techniker, Durchschnittsalter 29 Jahre, im Anschluss an eine Umschulungsmaßnahme eine Anstellung als Kapitäne in der Alsterdampfschifffahrt gefunden hatten. Drei Arbeitsplätze neu, 83.000 Arbeitsplätze weg. Eine Bilanz am 1. Mai 2002.

Sie werden sich vielleicht fragen, warum ich Ihnen das alles erzähle. Es geht mir um eine Einstimmung auf die Wirklichkeit des ersten Arbeitsmarktes. Massiver Stellenabbau auf der einen Seite, Arbeitszeitverlängerung und Arbeitsverdichtung auf der anderen. Gerade in den Klein- und Mittelbetrieben, in denen einzig tatsächlich noch neue Arbeitsstellen entstehen, sind die tariflich vereinbarten Arbeitszeiten oft nur Makulatur, vor allem wenn es um die qualifizierteren Tätigkeiten geht.

Und die seit Jahren anhaltende Reallohnsenkung wirkt sich auf die Arbeitswirklichkeit von gering qualifizierten und entlohnten Menschen dahingehend aus, das zur Sicherung des Lebensunterhalts zunehmend Nebenjobs eingegangen werden (müssen). Das bedeutet: Ein gleiches Quantum an Arbeit verteilt sich auf immer weniger Arbeitskräfte.

Die im Wettbewerb sich etablierenden Rahmenbedingungen der Arbeit gelten natürlich auch für Integrationsfirmen, für die ich hier heute stehe. Integrationsfirmen sind Teil des Allgemeinen Arbeitsmarktes. Sie erzielen ihre wesentlichen Erlöse aus der wirtschaftlichen Tätigkeit. Sie sind Unternehmen, die sich im Markt behaupten müssen und wollen.

Eine Illusion der Reha-Welt, der ich immer wieder begegne, muss ich gleich vorne weg demontieren: Die den Firmen zufließenden öffentlichen Mittel sind nicht so beschaffen, dass sie die Etablierung eines schonenden, weitgehend spannungsfreien Arbeitsraumes gestatten würde. Die Notwendigkeit zur Erbringung von Leistung gilt für jeden, sie gilt für den Betrieb gegenüber dem Kunden, sie gilt für die unternehmensinternen Abteilungen wie beispielsweise Verwaltung, Produktion, Lager und sie gilt für jeden einzelnen Beschäftigten. Alle werden an ihrer Leistung gemessen und bewertet. Darin unterschiedet sich die Integrationsfirma um keinen Deut von einem privatwirtschaftlichen Mitbewerber.

Dieses Primat der Leistungserbringung wirkt sich nun natürlich auch auf die Bedingungen und Möglichkeiten der beruflichen Integration von Menschen mit psychischen Erkrankungen und Behinderungen aus. Darauf möchte nun ich im Folgenden eingehen.

Das Profil der Beschäftigten

Integrationsunternehmen sind in vielen Branchen und Marktsegmenten tätig, insofern halten sie im Hinblick auf das *Qualifikationsprofil* die unterschiedlichsten beruflichen Tätigkeitsfelder vor. Das Spektrum reicht von klassisch industriellen Tätigkeiten wie der Metallbearbeitung, Elektrotechnik und Kunststoffbearbeitung über das Handwerk (Maler, Elektroinstallation, Bäckerei), den Handel (Einzelhandel, Versandhandel, Internethandel), die Landwirtschaft (Viehzucht, Gemüseanbau), die Gastronomie (Hotels, Kantinen, Restaurants) bis hin zu modernen Mediendienstleistungen (Grafik und Design, Website-Erstellung).

In all diesen Branchen werden die entsprechenden beruflichen Qualifikationen nachgefragt und eingesetzt. Es gibt grundsätzlich keine Restriktionen hinsichtlich der Höhe des Qualifikationsniveaus, allerdings ist es die Regel, dass die leitenden und die Verantwortung tragenden Positionen von nichtbehinderten Mitarbeitern ausgeführt werden. Psychisch erkrankte Menschen in der Funktion von Arbeitsgruppenleitern wie auch (hoch-)qualifizierte Mitarbeiter in Spezialgebieten (z.B. Programmierer, Techniker) finden in einigen Integrationsunternehmen jedoch durchaus angemessene Tätigkeiten.

Die Tatsache, dass höher qualifizierte Beschäftigte in Integrationsfirmen unterrepräsentiert sind, ist Indiz dafür, dass zum einen diese Berufsgruppen – die Integrationsfachdienste werden dies bestätigen – leichteren Zugang zum Allgemeinen Arbeitsmarkt finden und zum Zweiten kommt hier die Philosophie der Unternehmensträger und der verantwortlichen Manager zum Tragen, die den leistungsschwachen und eher aussichtslos Arbeitsuchenden eine Chance geben wollen.

Im Hinblick auf das *Leistungsprofil* der Beschäftigten gibt es, neben einigen wenigen Untersuchungen, zahlreiche Einschätzungen sowohl seitens der Firmenbetreiber als auch der Integrationsämter, in den Verfahren zur Feststellung des Minderleistungsausgleichs nach § 27 SchwbAV. Diese stellen durchschnittliche Leistungsstandards in Größenordnungen von etwa 30 % bis 70 % der üblichen Leistungsfähigkeit nichtbehinderter Menschen fest. Dies sagt sehr viel darüber aus, für welchen Personenkreis die Integrationsfirma der passende Ort der Arbeit ist:

Menschen mit einer Leistungsfähigkeit, die langfristig unter

30 % bis 40 % liegt, sind aus wirtschaftlichen Gründen nicht in einem Integrationsunternehmen zu integrieren. Am anderen Ende der Skala können für psychisch behinderte Menschen mit einem Leistungsvermögen oberhalb von etwa 70 % des üblichen Niveaus andere Formen der Hilfen (z.B. Integrationsfachdienste) passendere Instrumente der beruflichen Eingliederung bereithalten.

Exkurs zum Thema Zuverdienst

Eine große Gruppe der Menschen mit psychischen Beeinträchtigungen und Behinderungen benötigen ein Angebot, dass ihrer schwankenden und zeitlich geringen Belastungsfähigkeit entspricht. Schätzungen in der psychiatrischen Fachwelt gehen davon aus, dass dies für 30 % bis 50 % der Klientel zutrifft. Diesen Personen ist der Zugang zu Leistungen der beruflichen Rehabilitation versperrt. Daran hat leider auch das SGB IX nichts geändert, im Gegenteil sind hier die Fördermöglichkeiten auf Maßnahmen mit einem Mindestumfang von über 15 Wochenstunden festgelegt worden.

Zuverdienstangebote in Integrationsfirmen existieren seit Anfang der 80er-Jahre. Sie haben an vielen Orten und in vielen Regionen Deutschlands ihre bedeutende Stellung und ihre Potenziale in der beruflichen Eingliederung außerhalb des traditionellen Rehabilitationssystems erfolgreich dokumentieren können. Viele Integrationsfirmen hielten und halten auch heute noch entsprechende Arbeitsplätze vor, allerdings eher mit fallender Tendenz, da es hierfür keinen angemessenen Finanzierungsrahmen (mehr) gibt und oftmals nur marginale oder zeitlich befristete Förderinstrumente (z.B. Mittel aus EU-Projekten, Stiftungen, Kommunen) mit jeweils sehr unsicheren Perspektiven genutzt werden können.

Die Etablierung einer entsprechenden Angebotsform von stundenweiser Beschäftigung (mit ergänzendem Zuverdienst zu primären Quellen der Existenzsicherung) scheint dringend geboten, wenn man die Zugangsbarrieren zum Arbeitsmarkt für eine wirklich großen Personenkreis beseitigen will.

Personalentwicklung

Untersuchungen des Arbeitsamtes und der F.A.F GmbH haben hinsichtlich der Eingangsvoraussetzungen der in Integrationsbetrieben beschäftigten Mitarbeiter zwei Dinge deutlich gemacht: Erstens ist die der Anstellung vorausgehende Zeit der Arbeitslosigkeit doppelt so lange wie bei nichtbehinderten Arbeitslosen. Zweitens verfügt nur etwa ein Viertel der behinderten Beschäftigten bei Einstellung über eine der Tätigkeit entsprechende berufliche Bildung.

Das heißt: Die Firmen erbringen eine beträchtliche betriebliche Qualifizierungsleistung, um ihre Mitarbeiter für die beruflichen Anforderungen fit zu machen. Eine gute Personalentwicklung ist ein wesentlicher, wenn nicht sogar der entscheidende Faktor für die Existenzfähigkeit des Unternehmens. Die in der Regel degressiven Lohnkostenzuschüsse erzwingen regelrecht eine Steigerung der Produktivität, die im Wesentlichen nur über eine Entwicklung der Personalressourcen zu erreichen ist. Dies gilt für die überwiegende Mehrheit der Firmen, die bei relativ eingeschränkter maschineller Ausstattung ihre Wertschöpfung vor allem über die Arbeitskraft der Mitarbeiter realisieren müssen.

Die Integrationsfirmen, die überwiegend Menschen mit psychischer Behinderung beschäftigen, sind in der Regel fest in die Netzwerke und Systeme des psychiatrischen Hilfesystems eingebunden. Häufig werden sie von Gesellschaftern betrieben, die auch Träger von anderen Formen der ambulanten oder stationären sozialpsychiatrischen Versorgung sind. Dies hat den Effekt, dass die Auswahlverfahren zur Personaleinstellung nicht, wie auf dem Markt üblich, allein nach den Kriterien der optimalen Arbeitskraftverwertbarkeit erfolgen, sondern vielmehr nach Gesichtspunkten wie Entwicklungsfähigkeit, Rehabilitationsfähigkeit, aber auch – und das ist ganz bedeutend – nach der Möglichkeit des Einwerbens von Förderleistungen Dritter, wie Lohnkostenzuschüsse, Zuwendungen aus arbeitsmarktpolitischen Programmen etc.

Dies hat unter ökonomischer Betrachtungsweise das Ergebnis, das mit einer Mitarbeiterstruktur gearbeitet werden muss, die weit von einer optimalen Ausprägung entfernt ist. Unter rehabilitativen Aspekten bedeutet dies umgekehrt im positiven Sinne, dass vielen Menschen Chancen auf einen Arbeitsplatz eröffnet werden, die ihnen unter üblichen Bedingungen verschlossen blieben.

Vor diesem Hintergrund ist davon auszugehen, dass jede Integrationsfirma, die die ersten drei Jahre ihrer Existenz gemeistert hat, eine Methode gefunden hat, mit der sie ihre Mitarbeiter offensichtlich erfolgreich weiterbilden und fördern kann. Und dies auf den beiden zentralen Ebenen, zum Einen der fachlichen Qualifizierung, der beruflichen Bildung und zum Zweiten der quantitativen Leistungsfähigkeit, also hinsichtlich der so genannten primären Arbeitstugenden, der Leistungsbereitschaft.

Vermittlung

Integrationsfirmen beschäftigen Menschen, die sich – zumindest zum Zeitpunkt des Abschlusses des Arbeitsvertrages – in einer Lebenssituation oder –phase befinden, in der sie nicht den Anforderungen eines Arbeitsverhältnisses auf dem freien Arbeitsmarkt gerecht werden könnten. Im SGB IX ist das dahingehend operationalisiert worden, dass nur solche besonders hilfebedürftige Personen in Integrationsprojekten gefördert werden können, die *nicht* durch einen Integrationsfachdienst angemessen zu begleiten sind. Dies sei hier erwähnt, um die nicht einfache Ausgangslage deutlich zu machen. Trotzdem erzielen diese Firmen beachtliche Erfolge in der beruflichen Integration, die letztlich auch zu der gesetzlichen Verankerung geführt haben.

Obwohl sie auf die Generierung langfristig stabiler Arbeitsverhältnisse angelegt sind, wird an Integrationsfirmen immer wieder die Erwartung herangetragen, ihre Potenziale hinsichtlich einer Vermittlungstätigkeit in den nicht-gemeinnützigen Teil des ersten Arbeitsmarktes hinein stärker einzusetzen und auszubauen. Die Frage, ob Integrationsprojekte die Funktion einer entsprechenden arbeitsmarktpolitischen Transfergesellschaft erfüllen können, ist mit einem klaren *Jein* zu beantworten: *Nein*, weil sie einen stabilen qualifizierten Mitarbeiterkern brauchen, um existenzfähig zu bleiben. Hier ist die Situation nicht mit derjenigen in der WfbM gleichzusetzen, da letztgenannte beim Verlust ihrer Leistungsträger nicht ihrer wirtschaftlichen Existenz beraubt wird. *Ja*, weil sie in der Praxis – in den jeweiligen Branchenvergleichen – eine beträchtliche Fluktuationsrate aufzuweisen haben, die für einen großen Teil der ausscheidenden Mitarbeiter mit einer Weiterentwicklung und Verbesserung der beruflichen Situation einhergehen. Verschiedene Untersuchungen zeigen, dass ein Drittel bis ein Viertel der ausgeschiedenen Mitarbeiter in andere sozialversicherungspflichtige Arbeitsverhältnisse gewechselt ist, zwischen 7 % und 8 % nahmen an beruflichen Qualifizierungs- oder Bildungsmaßnahmen teil.

In vielen Regionen und Städten beteiligen sich Integrationsfirmen an der Durchführung von arbeitsmarktpolitischen Programmen. Hier werden in der Regel in zeitlich befristeten Arbeitsverhältnissen psychisch kranke Menschen in das Arbeitsleben (wieder) eingeführt und auf eine Tätigkeit in einer anderen Firma mit weniger geschützter Arbeitsumgebung vorbereitet. In diesen Aktivitäten erhält die Zielorientierung der Vorbereitung auf und die Vermittlung in ein entsprechendes Arbeitsverhältnis einen wesentlich höheren Stellenwert. Dieses Instrument ist ausbaubar, allerdings immer unter der Beachtung einer sinnvollen Balance zwischen primärer Produktions- und sekundärer Rehabilitationsorientierung.

Resümee: Barriereüberwindung auf dem Allgemeinen Arbeitsmarkt

Integrationsfirmen beschäftigen in nennenswertem Umfang Menschen mit psychischer Behinderung in sozialversicherungspflichtigen Arbeitsverhältnissen. Sie

- garantieren den Beschäftigten die Erzielung eines unterhaltssichernden und der individuellen Leistung entsprechenden Einkommens,
- halten ein breites Spektrum an Arbeit vor hinsichtlich des zeitlichen Umfangs der Beschäftigung (stundenweise bis Vollzeitbeschäftigung),
- bieten eine breite Palette an Berufs- und Tätigkeitsfeldern (einfache gewerbliche Anlerntätigkeit bis zu qualifizierter Berufstätigkeit mit Personalverantwortung),
- erbringen ihre Leistungen – dem Normalitätsprinzip folgend – im betrieblichen Kontext,
- investieren viel Energie in die Qualifizierung und Entwicklung der beschäftigten Mitarbeiter, nach dem Prinzip »erst platzieren, dann rehabilitieren« und
- leisten einen Beitrag zur Vermittlung von schwerbehinderten Menschen in nicht-gemeinnützige Betriebe des Allgemeinen Arbeitsmarktes.

Die Integrationsfirmen haben mit der gesetzlichen Verankerung im SGB IX eine wichtige rechtliche Grundlage erhalten. Sie benötigen zur Absicherung und Entfaltung ihrer Integrationspotenziale einen adäquaten Ausgleich der individuellen behinderungsbedingten Minderleistungen ihrer Mitarbeiter (Minderleistungsausgleich und Betreuungsaufwand) und eine angemessene Erstattung der Aufwendungen, die Ihnen daraus entstehen, dass sie zu einem vergleichsweise sehr hohen Anteil Menschen mit Behinderungen beschäftigen (erhöhter Verwaltungs-, Kontroll-, Versicherungs-, Planungs-, Sachkostenaufwand). Um wettbewerbsfähig werden und bleiben zu können, benötigen Sie den Zugang zur Förderung von Investitions- und – ganz wesentlich – auch von Modernisierungskosten. Die Bereitstellung dieser Hilfen sollte flexibel und in einem möglichst einfachen Verwaltungsverfahren organisiert werden.

Alleine in diesem und dem nächsten Jahr werden voraussichtlich 30 bis 50 neue Integrationsfirmen entstehen. Damit erbringen diese Betriebe einen relevanten und wachsenden Beitrag zum Abbau der Arbeitslosigkeit von Menschen mit psychischer Erkrankung und Behinderung.

Drohendes Abseits – chronisch psychisch kranke Menschen und berufliche Rehabilitation

Hans-Ludwig Siemen

Es besteht die Gefahr, dass chronisch psychisch kranke Menschen weiterhin überwiegend von der Teilhabe am Arbeitsleben ausgeschlossen bleiben. Die Psychiatriereform der vergangenen 25 Jahre hat sich darauf konzentriert, für die weniger beeinträchtigten Menschen, die noch die Chance einer vollständigen Integration besitzen, ein Netz an Rehabilitationseinrichtungen zu schaffen. Chronisch psychisch kranke Menschen fielen durch dieses Netz [6]. Auch im Zwischenbericht der AKTION PSYCHISCH KRANKE sind die Tendenzen, sich auf die weniger beeinträchtigten psychisch kranken Menschen zu beschränken, erkennbar. Dort heißt es: »Leistungen zur Teilhabe am Arbeitsleben sind vorrangig auf den Erhalt von bzw. die Integration in sozialversicherungspflichtige Arbeitsverhältnisse auf dem allgemeinen Arbeitsmarkt gerichtet. (...) Beschützende Beschäftigungsverhältnisse auf dem besonderen Arbeitsmarkt kommen nur ausnahmsweise in Betracht.«[1]

Die Realität des psychiatrischen Versorgungssystems weist auf eine andere Problemlage hin: Allein in Bayern leben mindestens 6.000 chronisch psychisch kranke Menschen in Heimen. [2] Dort können sie allenfalls an der heimeigenen Arbeits- oder Beschäftigungstherapie teilnehmen. Demgegenüber gibt es für psychisch kranke Menschen nur 1.900 Plätze in betreuten Wohngemeinschaften oder im betreuten Einzelwohnen, ca. 800 Arbeitsplätze in Werkstätten für psychisch behinderte Menschen und ca. 600 Arbeitsplätze in Integrationsfirmen[2]. Nicht beziffert werden kann die Zahl der chronisch psychisch kranken Menschen, die bei ihren Angehörigen leben und arbeitslos sind. Tatsächlich lebt das alte Anstaltsparadigma fort: Psychisch kranke Menschen, die schwer beeinträchtigt sind, werden ausgegrenzt – nun nicht mehr in Großanstalten, sondern in weit entfernt liegende Heime, in denen sie kaum noch auffallen[3].

---

1   vgl. Aktion Psychisch Kranke, 2002, S. 14 f.
2   vgl. Siemen, 2002a, S. 31
3   vgl. Kunze, 2001, S. 118

Es ist die Ausnahme, dass chronisch psychisch kranke Menschen am Arbeitsleben teilhaben. Für die überwiegende Zahl gilt, dass sie auf die Funktion des Wohnens reduziert sind. Will man die Rehabilitation psychisch kranker Menschen verbessern, dann sollte man sich auch darauf konzentrieren, für chronisch psychisch kranke Menschen Möglichkeiten der Teilhabe am Arbeitsleben zu eröffnen. Grundsätzlich steht jede beruflich Rehabilitation psychisch kranker Menschen vor zwei gravierenden Problemen:

1. Eine große Zahl von psychisch kranken Menschen hat kaum eine Chance, jemals (wieder) auf dem allgemeinen Arbeitsmarkt einen Arbeitsplatz zu finden. Viele von ihnen werden im Zuge ihrer Erkrankung aus unserer Leistungs- und Aufstiegsgesellschaft herauskatapultiert, können ihre Schulbildung nicht abschließen, ihre Berufsausbildung nicht beenden oder verlieren ihren Arbeitsplatz. Sie werden ausgegrenzt, weil sie den Anforderungen in der normalen Arbeitswelt nicht genügen können, keinen lückenlosen Lebenslauf aufweisen, ihr Leistungsvermögen und ihre sozialen und kommunikativen Fähigkeiten nicht ausreichen, um im normalen Arbeitsleben bestehen zu können. Außerdem müssen sie mit Millionen psychisch gesunden, aber arbeitslosen Menschen um freie Arbeitsplätze konkurrieren. Psychisch kranke Menschen, nicht alle, aber die meisten, sind, bevor sie in irgendwelche Rehabilitationseinrichtungen kommen, schon mal gescheitert und zwar weil die Arbeitswelt unerbittlich alle leistungsgeminderten Menschen aussortiert.
2. Lassen sich psychisch kranke Menschen auf eine berufliche Rehabilitationsmaßnahme ein, dann besteht für sie die große Gefahr erneut zu scheitern. So schafften es 1997 nur 21 % aller RPK-Absolventen, nach Abschluss der Rehabilitationsmaßnahme auf dem allgemeinen Arbeitsmarkt vermittelbar zu sein[4]. Berufliche Rehabilitationsmaßnahmen dienen immer auch der Ausgrenzung. Dies ist keine moralische Anklage, sondern eine nüchterne Feststellung. Denn warum sollten in der Psychiatrie andere Gesetzmäßigkeiten gelten, als in der normalen Gesellschaft, in der schon spätestens in der Grundschule nach Leistung selektiert wird?

---

4   vgl. Bundesarbeitsgemeinschaft Rehabilitation 2000, S. 48

Psychiatrie kann nicht besser sein, als die Gesellschaft, in der sie angesiedelt ist. Aber: Problematisch finde ich, dass im Bereich der beruflichen Rehabilitation das Prinzip des »Alles oder Nichts« vorherrscht: Entweder schafft man die Integration auf den allgemein Arbeitsmarkt oder aber man wird völlig aus der Arbeitswelt ausgemustert, darf nur noch wohnen, seinen Tag künstlich strukturieren und seine Freizeit gestalten, die ohne Arbeitszeit keine Freizeit mehr ist. Gegenüber diesem Prinzip des »Alles oder Nichts« plädiere ich für das Prinzip des »Sowohl als Auch«: Für jeden psychisch kranken Menschen muss es die Möglichkeit geben, dass er in irgendeiner Weise an der Arbeitswelt teilhaben kann, sei es in einer Werkstatt, in einer Tagesstätte oder im Zuverdienst. Wir müssen das Prinzip außer Kraft setzen, dass psychisch kranke Menschen sich trainieren, therapieren und rehabilitieren müssen, bevor sie vielleicht irgendwann wieder arbeiten dürfen. Vielmehr sollten wir das Ziel verfolgen, dass jeder psychisch kranke Mensch zu aller erst einen Arbeitsplatz, wo auch immer, bekommt, der sowohl ausreichend sicher ist, der ihm oder ihr auch dann erhalten bleibt, wenn es ihm oder ihr schlechter geht, er oder sie mal in die Klinik muss, der aber auch die Chance bietet, sich weiterzuentwickeln, sich etwas näher an die normale Arbeitswelt heranzubewegen, der also langfristig viele Möglichkeiten des Aufstiegs zulässt.

Integriertes Konzept: Integrationsfirma, Zuverdienst und Werkstatt für psychisch behinderte Menschen

Vor sechzehn Jahren gründeten Mitarbeiter des Bezirkskrankenhauses Erlangen den »Verein zur Wiedereingliederung psychisch kranker Menschen – Die Wabe e.V.«, der gegenwärtig ca. 150 psychisch kranke Menschen in seinen verschiedenen Arbeits- und Wohnprojekten betreut und begleitet. Als erstes Projekt wurde vor 15 Jahre eine Integrationsfirma ins Leben gerufen, die mittlerweile zu einer der größten in der Bundesrepublik geworden ist. 50 psychisch kranke Menschen arbeiten in den Bereichen Elektronik und Bürodienstleistungen, erhalten angenäherten Tariflohn und erwirtschaften einen Umsatz von ca. 1,4 Mio. Euro pro Jahr. Zusätzlich haben wir vor ca. zehn Jahren die ersten Zuverdienstarbeitsplätze eingerichtet, von denen wir jetzt 14 im Rahmen der geringfügigen Beschäftigung (325 Euro-Regelung) anbieten können. Schon wenige Jahre nach Gründung der Integrationsfirma war klar, dass in dieser nur relativ leistungsstarke Menschen arbeiten können, da anders der nötige Umsatz nicht zu erwirtschaften ist. Um auch schwerer beeinträchtigten Menschen die Chance zu geben, an der Arbeitswelt teilzuhaben, haben wir uns entschlossen, noch eine Werkstatt für psychisch behinderte Menschen aufzubauen. Beide Einrichtungen, die Werkstatt mit 60 Arbeitsplätzen und die Integrationsfirma sind in einem Gebäude untergebracht. In der Werkstatt werden, wie in der Integrationsfirma, Elektronikarbeiten ausgeführt, darüber hinaus aber auch Montage- und Verpackungsarbeiten mit unterschiedlichem Schwierigkeitsgrad. Mit der engen Kombination von Werkstatt und Integrationsfirma wollten wir folgende Ziele erreichen:

- Die Werkstatt sollte für diejenigen, die es wollten und konnten, ein Rehabilitationseinrichtung sein, die in einem langfristig angelegtem Prozess die Chance zum Überwechseln in eine Integrationsfirma bietet. So ist es im Laufe der vergangenen sechs Jahre 18 Mitarbeiterinnen und Mitarbeitern aus der Werkstatt gelungen, einen Arbeitsplatz in unserer oder einer anderen Integrationsfirma zu finden. Dies ist ihnen deshalb gelungen, weil ein solcher Arbeitsplatz nicht als irgendwann vielleicht erreichbare Alternative im unspezifischen Raum stand, sondern weil diese Alternative sinnlich zu erfahren, konkret zu begreifen war und den Betroffenen im Einzelnen klar war, was sie unternehmen mussten, um diese Alternative zu ergreifen.
- Zweitens sollten die Arbeiten in der Werkstatt so vielfältig, so differenziert und so anspruchsvoll sein, dass sie sich – grundsätzlich gesehen – nicht von denen in Integrationsbetrieben unterscheiden –, wobei natürlich die Anforderungen an Ausdauer, Konzentration, Schnelligkeit u.a. geringer sein müssen. Denn nach unserer Erfahrung ist die Stufung der Arbeitsangebote nicht immer sinnvoll. Es ist ein Irrtum zu meinen, dass man wie auf einer Treppe erst monotone und einfach strukturierte Arbeiten verrichten muss, um sich dann immer weiter steigern zu können. Sinnvoll ist vielmehr ein Arbeitsangebot, das sich auf die individuellen Stärken und Schwächen der Betroffenen einlässt. Ich denke dabei an einen Mitarbeiter aus unserem Integrationsbetrieb, der bei den sehr einfach strukturierten Tätigkeiten in der klinischen Arbeitstherapie große Probleme hatte, aber in unserer Firma fast als einziger in der Lage ist, unseren Bestü-

ckungsautomaten eigenständig und fehlerfrei zu programmieren. Zwar sind bei uns die Integrationsfirma und die Werkstatt räumlich voneinander getrennt, es arbeiten aber Mitarbeiter aus der Firma in den Räumen der Werkstatt und umgekehrt Werkstattmitarbeiter in der Firma. Seit November letzten Jahres führen Firmen- und Werkstattmitarbeiter gemeinsam einen Auftrag in einer fremden, ganz normalen Firma des ersten Arbeitsmarktes aus. Auf diese Weise ist es jedem Einzelnen möglich, ganz konkret zu sehen und zu erfahren, was ihn in seiner Leistungsfähigkeit von einem Firmenmitarbeiter unterscheidet und für sich zu entscheiden, ob er oder sie sich auf den anstrengenden, schwierigen und steinigen Weg machen will, einen Arbeitsplatz in der Integrationsfirma zu erhalten.

- Drittens verfolgen wir in unserer Werkstatt ein integratives Betreuungskonzept. Das heißt bei uns gibt es den klassischen sozialen oder psychologischen Dienst nicht. Für jede Arbeitsgruppe in unserer Werkstatt sind sowohl ein Arbeitsanleiter als auch eine Sozialarbeiterin oder ein Sozialpädagoge zuständig. Damit findet die Betreuung nicht in irgendeinem Beratungszimmer statt, sondern vor Ort, in der Arbeitssituation, geradezu beiläufig. Auf diese Weise können die Arbeitsanleiter pädagogische und psychologische Aspekte besser in ihre Arbeit integrieren und die Sozialarbeiterinnen und Sozialpädagogen lernen die Betroffenen in ihrer Arbeitswelt kennen, können eine gleichberechtigtere Beziehung knüpfen und zusammen mit den Betroffenen deren Fähigkeiten und Fertigkeiten einschätzen und fördern.

Wenn die Werkstatt für psychisch behinderte Menschen eng mit einem Integrationsbetrieb und Zuverdienstarbeitsplätzen verwoben wird, dann kann ihr Charakter als »Einbahnstraße« oder »Sackgasse« des besonderen Arbeitsmarktes aufgehoben werden. Nach unseren Erfahrungen können auch schwer beeinträchtigte Menschen am Arbeitsleben teilhaben, wenn man es ihnen zutraut und sie entsprechend begleitet. Arbeit ist in unserer Gesellschaft der zentrale Ort der Teilhabe am sozialen Austausch. Viele der von uns betreuten Menschen sind so früh erkrankt, dass sie noch nie die Erfahrung der Integration in den sozialen Austausch- und Arbeitsprozess machen konnten. Wenn wir sie am Arbeitsprozess teilhaben lassen, dann geben wir ihnen auch die Chance, sich in der gesellschaftlichen Realität als erwachsene und selbstständige Menschen begreifen zu können. Zudem bietet die Teilhabe am Arbeitsleben gerade den Menschen, die in der zwischenmenschlichen Kommunikation unter erheblichen Einschränkungen leiden, neue Entwicklungsmöglichkeiten: Sie nehmen an produktiver Arbeit teil, erleben sich auf andere, »gesunde« Weise und können positive Erfahrungen sammeln[5].

Barrieren auf dem besonderen Arbeitsmarkt

Soweit sind wir recht zufrieden. Es gibt allerdings ein paar Aspekte, die wir bei der Weiterentwicklung unserer Arbeit in den Blick nehmen wollen und die auf grundlegende Probleme des besonderen Arbeitsmarktes hinweisen:

1. Keine unserer Mitarbeiterinnen und Mitarbeiter in der Werkstatt hat sich je träumen lassen, in einer Werkstatt arbeiten zu müssen. Alle hatten sie andere Pläne, wollten anderes werden, wollten einen vollwertigen Beruf ergreifen, ausreichend Geld verdienen, selbstständig ihr Leben einrichten. In einer Werkstatt arbeiten zu müssen ist eine Kränkung, deren eigentliche Ursache nicht bei den Betroffenen liegt, sondern in der leistungsorientierten Arbeitswelt. Der Einzelne erlebt die Arbeit in einer Werkstatt auch als Versagen, als Unzulänglichkeit, als Zerstörung seiner oder ihrer Lebensträume. Und diese Trauer und diese Kränkung müssen wir gemeinsam mit den Betroffenen bearbeiten, durcharbeiten, anschauen und Wege aus dieser Trauer und Kränkung finden. Das ist schmerzhaft und anstrengend und fordert von den Professionellen ein hohes Maß an Einfühlungsvermögen und Auseinandersetzungsbereitschaft. Ich habe oft den Verdacht, dass, wenn sich Professionelle vehement gegen Werkstätten als Endstation oder Abschiebebahnhöfe aussprechen, sie sich vor dieser Art der Auseinandersetzung drücken wollen. Denn man fühlt sich als Professioneller selbstverständlich besser, wenn man in einer RPK, einem Integrationsbetrieb oder in einem Sozialpsychiatrischen Dienst die Wege nach oben, in die normale Arbeitswelt, in den Aufstieg weisen kann.
2. Viele unserer Mitarbeiterinnen und Mitarbeiter in der Werkstatt

---

5   vgl. Feuling 1991, S. 125 f.

hat man im wahrsten Sinne des Wortes aufgegeben. Einige haben schon mehrere gescheiterte Versuche in Rehabilitations- und Übergangseinrichtungen durchlitten. Und für die meisten gibt es keine guten therapeutischen Angebote außerhalb der Arbeit. In einer psychischen Krise, die einen stationären Aufenthalt erfordert, kommen sie zumeist auf eine Station, die nur wenig Ärzte und Psychologen hat. Auch die ambulanten Angebote sind dürftig, therapeutische Gruppen und intensive Einzeltherapie wird für die »fitten«, die noch nicht gescheiterten Patienten und Klienten angeboten. Dabei bräuchten gerade Menschen mit sehr beeinträchtigenden psychischen Störungen ein besonders gutes und differenziertes psychotherapeutisches Angebot.

3. Wir haben häufig mit einer großen Ignoranz gegenüber der Arbeitswelt zu kämpfen, die bei den Professionellen in den Kliniken und im ambulant-komplementären Bereich virulent ist. Nach dem Prinzip des »Alles oder Nichts« werden die Anforderungen der Arbeitswelt nur mehr als überfordernde Zumutung erlebt. Wenn eine unserer Mitarbeiterinnen sich nicht richtig gut fühlt, wird ganz schnell die Ursache in der Arbeit gesucht: Diese sei zu anstrengend, sie müsse ihre Arbeitszeit reduzieren, um mehr Zeit für sich zu haben oder die Arbeit würde zu viel Konzentration erfordern, die sie für ihr Privatleben brauche. Zumeist erweisen sich diese vermeintlichen Ursachen als die falschen. Denn zur Arbeit zu gehen, sich in ein vorgegebenes System einzufügen, pünktlich, sorgfältig und genau zu sein, sich selbst, die eigene Kraft zu spüren, das tut nicht nur gesunden Menschen, sondern auch und gerade psychisch kranken Menschen gut. Nur: An der Arbeit teilzuhaben, arbeiten zu gehen, ist anstrengend und viele der schwer beeinträchtigten Menschen brauchen Hilfe, um diesen Weg gehen zu können. Und deshalb halte ich es für sinnvoll, dass die Wohnbetreuer oder die Erzieher aus dem Wohnheim zusammen mit ihren »Bewohnerinnen und Bewohnern« zur Arbeit gehen, sie dort begleiten und ihnen helfen, an der Arbeitswelt teilzuhaben. Natürlich nur so lange, bis sie diesen Weg allein gehen können.

4. Es besteht immer wieder die Gefahr, dass man aus einem wohlmeinenden Impuls heraus versucht ist, die Arbeitsbedingungen zu verwässern, z.B. es mit der Verbindlichkeit nicht so genau zu nehmen: Wer arbeiten will, kann arbeiten, wer nicht arbeiten will,

bleibt halt weg. Oder: Wenn jemand nur zwei Stunden arbeiten will, dann arbeitet sie eben nur zwei Stunden. Aber das hat mit Arbeit nur noch wenig zu tun. Arbeit unterliegt immer bestimmten Sachgesetzen, die von außen gesetzt sind und nicht freihändig verändert werden können. Dies ist auch das Geheimnis der Arbeit: Wir nehmen durch sie an einem großen Ganzen teil, sind ein Teil des sozialen Austausches, schaffen einen Wert. Arbeit ist etwas Ernstes, weil es um Qualität und um Geld geht, etwas Ernstes, weil man auch in einer Werkstatt oder einer Firma durch die eigene Arbeit dazu beiträgt, dass das Unternehmen konkurrenzfähig bleibt, sich am Markt behaupten kann. Werden die Sachgesetze der Arbeit – sei es in Arbeitstherapien, in Tagesstätten oder im Zuverdienst – so beliebig, dass letztlich jeder tun kann, was er will, dann haben diese Arbeitsangebote mit Arbeit nichts mehr zu tun.

5. Ein großes Problem ist die unterschiedliche Einkommenssituation in unserer Werkstatt. Einige können mit ihrer Rente und dem Verdienst aus der Werkstatt recht gut leben, haben teilweise sogar ein größeres monatliches Einkommen als die Mitarbeiter in unserem Integrationsbetrieb. Andere wiederum, die krank geworden sind, bevor sie Rentenansprüche erwerben konnten, müssen von der Sozialhilfe leben, auf die dann auch noch ihr Werkstatteinkommen angerechnet wird. Wenn sie gleichzeitig in einem Wohnheim leben, dann verfügen sie immer noch über einen Geldbetrag von weit über 100 Euro. Besonders schwierig ist es für diejenigen, die in einer eigenen Wohnung oder einer Wohngemeinschaft leben und neben der Sozialhilfe nur einen Teil ihres Werkstatteinkommens behalten dürfen. Für diese lohnt sich das Arbeiten finanziell kaum. Um diese finanzielle Ungleichbehandlung aufzuheben, ist eine Grundsicherung nötig, die auch den Namen verdient und die deutlich höher ist als im Grundsicherungsgesetz vorgesehen und die in eigenen Wohnungen lebenden Menschen nicht schlechter stellt, als die, die in Wohnheimen leben.

6. Obwohl Werkstatt und Integrationsfirma von einem Verein getragen werden und obwohl beide in einem Gebäude angesiedelt sind und wir auf eine enge Verzahnung großen Wert legen, sind es doch zwei Institutionen geworden, die beide ihr eigenständiges Regelwerk entwickelt haben und sich öfter gegeneinander

abgrenzen. Dieser Institutionscharakter spiegelt die Gegebenheiten in unserem Sozialversicherungssystem. Sowohl für die Werkstatt als auch für die Integrationsfirma besteht ein differenziertes bürokratisches Regelwerk, das bestimmt, wer wann und wie, durch Vorlage welcher Gutachten in den Genuss der Bewilligung der Förderung eines Arbeitsplatzes in der Werkstatt oder im Integrationsbetrieb kommt. Dieses starre Regelwerk stellt große Hürden auf und verhindert flexible Übergänge zwischen der Werkstatt und der Firma.

Letztlich werden wir nur dann eine bedarfsorientiertes und personenzentriertes Versorgungssystem aufbauen können, wenn der besondere Arbeitsmarkt deutlich ausgebaut wird und dieser sich darauf konzentriert, für schwer beeinträchtigte Menschen Möglichkeiten zur Teilhabe am Arbeitsleben zu bieten. Ziel muss es dabei sein, einerseits einen sicheren Arbeitsplatz zur Verfügung zu stellen, der sehr individuell, entsprechend dem tatsächlichen Hilfebedarf und den persönlichen Wünschen ausgestaltet ist. Auf der Basis dieser sicheren Arbeitsplätze sollten Ausbildungs-, Weiterbildungs- und Rehabilitationsangebote aufgebaut werden, die langfristig angelegt, die Chance zur beruflichen Weiterentwicklung bieten. Werkstätten für psychisch behinderte Menschen können hierzu genutzt werden, wenn man sie entsprechend gestaltet und eng mit anderen Arbeitsprojekten verknüpft. Sicherlich sind viele Werkstätten nicht geeignet, psychisch kranken Menschen gute Bedingungen für die Teilhabe am Arbeitsleben zu gewähren: Sie sind noch zu sehr auf die Bedürfnisse geistig behinderter Menschen ausgerichtet, zu groß dimensioniert, zu unflexibel und bieten nicht ausreichend abwechslungsreiche und anspruchsvolle Arbeiten an und verfügen über zu wenig Übergänge auf den allgemeinen Arbeitsmarkt. Dies können wir ändern. Ich plädiere dafür, die nicht immer gerechtfertigten Vorurteile gegenüber Werkstätten hintanzustellen und die Institution Werkstatt kreativ so zu verändern, dass sie den Bedürfnissen psychisch kranker Menschen entspricht. Nur wenn es gelingt, ein differenziertes Arbeitsangebot auch für chronisch psychisch kranke Menschen aufzubauen, kann der unselige Kreislauf, in dessen Folge sie als Bewohner in irgendwelchen Heimen ohne Rehabilitationschance landen, durchbrochen werden.

Literatur

1. AKTION PSYCHISCH KRANKE: Bestandsaufnahme zur Rehabilitation psychisch Kranker, Zwischenbericht zum 31. März 2002, Bonn 2002
2. BAYERISCHES LANDESAMT FÜR STATISTIK UND DATENVERARBEITUNG: Heime und betreute Wohnformen für volljährige Menschen mit Behinderung in Bayern, Statistische Berichte, Stand 1. Juli 2000, München 2000
3. BUNDESARBEITSGEMEINSCHAFT FÜR REHABILITATION: Rehabilitation psychisch Kranker und Behinderter – RPK-Bestandsaufnahme, Frankfurt/M. 2000
4. FEULING, M. u.a.: Trennen und Verbinden. Arbeiten, in: BECKER, S., (Hg.): Psychose und Grenze, Zur endlichen und unendlichen Sozialarbeit mit psychotischen Kindern, Jugendlichen, jungen Erwachsenen und ihren Familien, Tübingen 1991
5. KUNZE, H.: Der Entwicklungshorizont der Psychiatrie-Enquete, Ziele – Kompromisse – zukünftige Aufgaben, in: AKTION PSYCHISCH KRANKE e.V., 25 Jahre Psychiatrie-Enquete, Band 1, Bonn 2001, S. 103–127
6. SIEMEN, H.-L.: Gemeindepsychiatrischer Verbund in der Stadt Nürnberg, Abschlussbericht der wissenschaftlichen Begleitforschung im Auftrag des Bayerischen Staatsministeriums für Arbeit und Sozialordnung, Familie und Frauen, Nürnberg 2002
7. SIEMEN, H.-L.: Die chronisch psychisch Kranken im »Abseits der Psychiatriereform«, in: Kersting, Franz-Werner, Psychiatriereform als Gesellschaftsreform (erscheint im Herbst 2002)

Innovationen in den Einrichtungen zur beruflichen Rehabilitation

Einführung

Knut Lehmann

Die mit der Psychiatriereform inzwischen weitgehend gelungene Klinifizierung der stationären psychiatrischen Versorgung mit entsprechend kürzeren Verweildauern hat die Möglichkeiten der Kliniken, rehabilitative Arbeit durch und in der Klinik zu leisten, praktisch verschwinden lassen. Dennoch ist der rehabilitative Bedarf der aus den Kliniken Entlassenen nicht geringer geworden. Ohne anschließende, mehr oder weniger langfristige rehabilitative Hilfen bliebe die Reform unvollständig. Antwort auf die Klinifizierung kann nur der bedarfsgerechte Ausbau rehabilitativer Angebote außerhalb der Kliniken sein. Dazu gehört regelmäßig auch der Ausbau gemeindenaher beruflicher Rehabilitationsangebote.

Eine der wichtigsten Fragen für die Weiterentwicklung der regionalen beruflichen Rehabilitationsangebote ist die nach dem möglichen Beitrag der bestehenden beruflichen Rehabilitationseinrichtungen, der Berufsbildungswerke (BBW), Berufsförderungswerke (BFW), beruflichen Trainingszentren (BTZ), Rehabilitationseinrichtungen für psychisch Kranke (RPK) und Werkstätten für behinderte Menschen (WfbM).

Von den RPK und den BFW abgesehen sind die Rehabilitationseinrichtungen begrenzt in die regionale Versorgung eingebunden, obwohl sich inzwischen alle Einrichtungen für den Personenkreis der psychisch Kranken/Behinderten geöffnet haben. Sie sind deswegen nur begrenzt eingebunden, weil sie eher hochschwellige Ausbildungs- und Qualifikationsangebote organisieren, die nur von Teilgruppen genutzt werden können. Dies gilt in der Regel auch für die Rehabilitationsabklärungen, die in diesen Einrichtungen durchgeführt werden. Für den Personenkreis der schwer und chronisch psychisch Behinderten, der im Mittelpunkt der konzeptionellen Überlegungen des BMA-Projektes zur Rehabilitation psychisch

Kranker steht, sind die vorhandenen Angebote nicht nutzbar bzw. bieten keine adäquaten Hilfen.

Die Gründe für den begrenzten Beitrag zur regionalen Rehabilitation liegen im Auftrag, der Arbeitsweise, der Organisationsform und dem Angebot dieser Einrichtungen. Die strukturellen Grenzen werden in den nachfolgenden Beiträgen deutlich benannt. Für die Entwicklung regionaler beruflicher Rehabilitation ist daraus die Konsequenz abzuleiten, dass es zusätzlicher Angebote und klarer Verfahrensregelungen bedarf, um auch den schwer beeinträchtigten Personen differenzierte Möglichkeiten personenorientiert anbieten zu können. Die bestehenden Einrichtungen leisten in diesem Zusammenhang nur einen begrenzten, wenn auch wichtigen Beitrag, der insbesondere in dem nachfolgenden Beitrag von Herrn Bernhardt über die Berufsbildungswerke beispielhaft beschrieben wird.

Bei den Rehabilitationseinrichtungen für psychisch Kranke bietet die »Empfehlungsvereinbarung« im Prinzip eine gute fachliche und leistungsrechtliche Grundlage, um personenzentriert gemeindenahe berufliche Rehabilitation zu organisieren. Durch die Einbeziehung der Krankenversicherung in die Angebotsfinanzierung ist eine frühzeitige Berücksichtigung beruflicher Rehabilitation im Rahmen des Rehabilitationsprozesses möglich, die regionale Ausrichtung ist konzeptionell sicher gestellt und eine institutionell bedingte Notwendigkeit der Selektion ist nicht gegeben. Dennoch verweisen die Einrichtungen selbstkritisch auf Probleme, die einem flächendeckenden Einsatz der RPK und einer zielgenauen Weiterentwicklung ihrer Arbeit im Wege stehen. Zu diesen Hemmnissen gehören insbesondere die geringe Platzzahl, die zu starke stationäre Orientierung in der Organisation, aber auch die unzulänglichen Möglichkeiten evaluativer Versorgungsforschung.

Ohne Zweifel leisten auch die WfbM, insbesondere in der spezialisierten Angebotsform, einen wesentlichen Beitrag für eine regionale berufliche Rehabilitation des hier in Rede stehenden Personenkreises. Sie bieten rund 24.000 psychisch Behinderten einen dauerhaften Arbeitsplatz und sind im Prinzip gemeindenah und niedrigschwellig organisiert. Viele Werkstätten sind in den gemeindepsychiatrischen Verbünden und regionalen Arbeitsgemeinschaften aktiv und bereit, verbindliche Kooperationen einzugehen, um individuell bedarfsgerecht steuern zu können.

Innovationen in den Einrichtungen zur beruflichen Rehabilitation – Einleitung

Die zunehmende Zahl der in den WfbM beschäftigten psychisch Behinderten, die langen Verweildauern und die geringen Vermittlungsquoten auf dem ersten Arbeitsmarkt sind auch Reaktionen auf Bedürfnisse von psychisch behinderten Menschen, die nicht unbedingt an ungünstigen Arbeitsplätzen auf dem allgemeinen Arbeitsmarkt arbeiten wollen und die sich durch die zunehmend unsicheren und befristeten Arbeitsplätze und Arbeitsverträge beeinträchtigt fühlen. Hinzu kommen die Anforderungen des allgemeinen Arbeitsmarktes, die die Chancen der Beschäftigung für diesen Personenkreis beeinträchtigen. Nischenarbeitsplätze werden seltener und sind entsprechend schwieriger zu finden.

Wie bei den RPK gibt es aber Handlungsbedarf. Die Flexibilität des WfbM-Angebotes, das immer noch streng einrichtungsbezogen ist, könnte vergrößert werden. Die Akzeptanz der Einrichtung WfbM bei den Betroffenen ist noch unzulänglich. Der Fachausschuss könnte und sollte unter Einbeziehung entsprechenden Sachverstandes die Frage im Einzelfall genauer prüfen, ob die WfbM das einzig mögliche oder optimale Angebot darstellt. Die Vermittlung in Tätigkeiten außerhalb der WfbM kann intensiviert werden und die mit dem SGB IX eingeführte Möglichkeit des persönlichen Budgets ist, notfalls in Modellversuchen, zu »entdecken« und für flexible Angebotsakquisition und -steuerung zu nutzen.

Der Beitrag der Berufsbildungswerke zur Entwicklung der beruflichen Rehabilitation und Teilhabe junger Menschen mit psychischen Behinderungen – Möglichkeiten, Grenzen und Entwicklungsbedarf

Jürgen Bernhardt

Vorbemerkung

Ich möchte Ihnen in meinem Vortrag über die in Berufsbildungswerken in den letzten Jahren – im Rahmen ihrer Öffnung – entwickelten und weiter in Entwicklung befindlichen Angebote und Möglichkeiten für junge Menschen mit psychischen Behinderungen berichten – über Innovationen, die den Betroffenen neue Perspektiven in ihrer Lebensplanung eröffnen.

Berufsbildungswerke (BBW)

Berufsbildungswerke sind Kompetenzzentren mit dem Auftrag der Bundesanstalt für Arbeit und des BMA, berufliche Bildung und soziale Integration also Teilhabe an dieser Gesellschaft für junge Menschen mit verschiedenen Formen von Behinderungen zu realisieren. Daran sind Ausbilder, Erzieher, Psychologen, Ärzte, Sozialpädagogen und weiteres Fachpersonal beteiligt. Will man ein derart hochwertiges, fachkompetentes und möglichst weitgestreutes berufliches Angebot schaffen, muss eine Mindestgröße gewährleistet sein. Dies ist u.a. ein Grund, weshalb BBW nicht per se gemeindenah konzipiert sind, sondern sowohl aus der Region als auch überregional aufnehmen.

In den vergangenen 20 Jahren haben sich diese Einrichtungen zunehmend auch erfolgreich dem Personenkreis der von psychischen Behinderungen betroffen ist, geöffnet und mit der damit verbundenen konzeptionellen Anpassung eine beachtliche Innovation geleistet. Vor diesem Prozess gab es keine nennenswerten Angebote für die Betroffenen. Nach neueren Umfragen befanden sich 2000/2001 etwa 1400 junge Menschen mit psychischen Behinderungen in 24 von 50 Einrichtungen der Netzplanung der BRD [1]. Die Tendenz ist steigend.

Wir müssen uns in der Diskussion, die hier geführt wird, stets bewusst sein, dass dieses Angebot nur für ein Segment der betroffenen Klientel sinnvoll sein kann. Es geht um die Teilmenge der jungen Menschen ohne Ausbildung, die möglichst folgende Voraussetzungen mitbringen sollten:

- Feststellung einer psychischen Behinderung durch die Fachdienste des Arbeitsamts,
- kognitive/intellektuelle und motorische Grundvoraussetzungen für die Anforderungen einer Berufsausbildung,
- Motivation zur Mitwirkung,
- Neigung zu dem Berufsfeld,
- Bereitschaft/Fähigkeit zu Mobilität und Flexibilität,
- Einsicht in die Erkrankung und hierdurch bedingte Erfordernisse (z.B. Lebensführung, Compliance). Hieraus sollte sich dann insbesondere gesundheitliche Stabilität ergeben.

Möglichkeiten

Berufsbildungswerke sind für alle behinderten jungen Menschen, die o.g. grundsätzliche Voraussetzungen für eine berufliche Förderung mitbringen, offen. Das heißt es kommen keine Eingangskriterien, wie z.B. bei der Vergabe von Lehrstellen in der freien Wirtschaft, zur Anwendung. Wer eine Behinderung aufweist, hat damit bei Eignung und Neigung einen Rechtsanspruch auf Rehabilitation in einer solchen Einrichtung. An Berufsbildungswerken werden somit Menschen beruflich gefördert, die in den meisten Fällen in der freien Wirtschaft keine Aussichten hätten. Die BBW haben sich mit dem Öffnungsprozess natürlich auch konzeptionell auf die neue Klientel und ihre besonderen Bedürfnisse und Anforderungen eingerichtet. Auf einige Aspekte möchte ich im Folgenden eingehen.

Die Einrichtungen bieten eine gründliche Arbeitsdiagnostik und Beratung – bei Bedarf auch Weitervermittlung an andere Angebote. Nach einer Ausbildung sind Integrationsberatung für Betriebe und Integrationshilfen für den Absolventen Standard. Berufsbildungswerke arbeiten ganzheitlich klientenzentriert. Bei der Entwicklung ihrer fachlichen Konzeption und Spezialisierung haben sie eine Vielzahl an individuell differenzierbaren Förderangeboten entwickelt, die aus oben genannten Zeitgründen hier nicht detailliert vorgestellt, die aber nachgelesen werden können. Die Maßnahmen werden gemeinsam mit dem Teilnehmenden geplant, vereinbart und im Verlauf grundsätzlich flexibel, an den individuellen Bedarf angepasst (Rehabilitationsverlaufsplanung). Berufsbildungswerke bieten da, wo eine Trennung/Loslösung von Elternhaus oder dauerhaft betreuenden Einrichtungen, sinnvoll/erforderlich scheint, eine gute Möglichkeit, dies kontrolliert zu bewerkstelligen. Alte, problematische, festgefahrenen Strukturen können mit dieser räumlichen Distanzierung aufgelöst und neu gestaltet werden – neue Entwicklungschancen entstehen. Dies betrifft insbesondere auch so genannte »krankmachende« familiäre Konstellationen. Die Rehabilitanden werden an ihrer Rehabilitationsplanung, dem Prozess und den sie betreffenden Abläufen im Berufsbildungswerk zunehmend intensiv beteiligt und werden so auch in die Verantwortung für sich selbst geführt.

Die besonderen Bedingungen und Möglichkeiten von BBW sind auch darauf ausgerichtet, dem Rehabilitanden zusätzlich zu den in den Prüfungsordnungen geforderten Ausbildungsinhalten, Wissen und Kompetenzen als Zusatzqualifikationen zu vermitteln, die in einer regulären Ausbildung so nicht angeboten werden müssen und die in der Berufspraxis einen zusätzlichen wesentlichen Nachteilsausgleich darstellen können. Viele junge Menschen mit psychischen Störungen haben in ihren gewohnten Strukturen noch keine ausreichenden Strategien zum Arrangement mit ihrer Erkrankung, deren Auswirkungen und Notwendigkeiten, Compliance, Möglichkeiten der Verhinderung von Rezidiven, insgesamt dem Leben und dem Umgang mit der Behinderung entwickelt. Das BBW bietet häufig erstmals eine umfassende, ganzheitliche Hilfe zur Findung, Entwicklung und Ordnung innerpersoneller Strategien und Strukturen. Berufsbildungswerke fördern mit ihrem Konzept die psychosozialen Kompetenzen, Eigenständigkeit, Flexibilität und Mobilität des Rehabilitanden. Ziel ist nicht der lebenslang an institutionelle Hilfe gebundene abhängige behinderte, sondern der möglichst eigenständige Mensch, der seine beeinträchtigenden Bedingungen möglichst weitgehend zu kontrollieren und mit dem verbleibenden Einschränkungen möglichst gut umzugehen weiß.

Die BBW praktizieren auch Kooperation mit regionalen Versorgungsstrukturen. Für diese stellen sie ein ideales, weil kompetentes und vor Ort erreichbares Angebot dar. So können über kurze Wege Rehaplanung erstellt, unkompliziert Praktika vereinbart, fließende Übergänge organisiert werden. Voraussetzung ist natürlich, dass auch bei den potenziellen Kooperationspartnern ein Interesse an Zusammenarbeit besteht.

Weitere wesentliche Förderaspekte sind:
- Die Erfahrung neuer positiver sozialer Bezüge im BBW sowie des Fortkommens und von Leistungsfähigkeit.
- Das Einüben sozialer Kompetenzen in sowohl individuell angebotenem als auch gruppenbezogenem Sozialtraining, wie auch dem Training von Mobilität und Verselbstständigung.
- Die Möglichkeit der Anpassung der Prüfungsmodalitäten an die Erfordernisse des Rehabilitanden.

Wichtige entwickelte Strategien sind weiterhin:
- Angebot von Entlastungsmöglichkeiten bei Krisen, und dabei
- Fortführung der Ausbildung solange vertretbar unter gleichzeitigen Stabilisierungsbemühungen,
- Gewährleistung von Kontinuität bei erforderlichen Klinikaufenthalten,
- Kontakt und Beratung mit Behandlern zur Rückführung und Vermeidung von Ausbildungsabbrüchen bei/nach Rezidiven.

Diese scheinen mir in vielen Fällen unabdingbar für einen Erfolg der Rehabilitation, jedoch außerinstitutionell kaum realisierbar.

Grenzen

Grenzen ergeben sich aus dem oben Gesagten:
- Die eingangs genannten grundlegenden Voraussetzungen für eine berufliche Rehabilitationsmaßnahme müssen gewährleistet sein.
- Menschen, die nicht in der Lage oder bereit sind, sich auf eine solche Maßnahme einzulassen, können nicht gezwungen werden sich daran zu beteiligen. Im ungünstigsten Fall kann hier – wie auch bei anderen Fehlplatzierungen – eine Schädigung resultieren. Dies versuchen wir durch gründliche Diagnostik und Beratung zu vermeiden.
- Die oft unberechenbaren Krankheitsverläufe können erfahrungsgemäß einen kontinuierlichen Rehabilitationsverlauf gefährden und unter Umständen bei gravierender Verschlechte-

rung des Gesundheitszustandes zu einem Abbruch einer mit viel Hoffnung begonnenen Rehabilitationsmaßnahme führen.

Grenzen setzen auch Einrichtungen, Fachleute, Angehörige, die nicht bereit sind, sich zu informieren, zu kooperieren, auf überkommenen Prinzipien beharren oder Betroffene aus anderen Gründen nicht zu einer solchen Rehabilitation hin kommen lassen. Sie entziehen ihnen damit Entwicklungsmöglichkeiten und bahnen deren Lebensweg nach eigenem Gutdünken.

Im Einzelfall muss auch geprüft werden, ob der Berufswunsch eines Menschen realistisch und mit den störungsbedingten Einschränkungen vereinbar ist. Hier können verschiedene Interessenssphären tangiert sein (Beispiele: psychotische Störung mit Suizidalität« Berufswunsch Apothekenhelferin oder eine gewünschte kaufmännische Ausbildung« manische Erkrankung ...).

Entwicklungsbedarf

Ich hatte eingangs darauf hingewiesen, dass das Angebot der Berufsbildungswerke für ein bestimmtes Segment der Klientel sinnvoll und hilfreich ist. Wir können festhalten, dass nach unserer Beobachtung in diesem Bereich gegenwärtig kein zusätzlicher Bedarf an Plätzen oder Institutionen besteht. Auf eventuell entstehenden Mehrbedarf werden die BBW auch in Zukunft eingehen können.

Allerdings benötigen wir eine Klärung, verbindliche Beschreibung und Festlegung der vorhandenen Strukturen – das System der Versorgung der verschiedenen Segmente (damit meine ich verschiedene Gruppen von Menschen mit unterschiedlicher Ausprägung einer psychischen Behinderung und daraus resultierendem jeweilig erforderlichem Bedarf) muss verbindlich vernetzt und genutzt werden. Dass vorhandene Angebote und funktionierende Systeme beliebig boykottiert, infrage gestellt und unterlaufen werden, ist kontraproduktiv. Parallel zu dieser Optimierung der Vernetzung ist eine Verbesserung des Informationsstandes bei Fachkräften über die Voraussetzungen, Möglichkeiten und Grenzen unseres Rehabilitationssystems dringend erforderlich. Dies betrifft insbesondere auch Psychiatrische Kliniken und niedergelassenen Facharztpraxen.

Die hauptsächliche Zielrichtung der beruflichen Rehabilitation in BBW ist eine Ausbildung und die Einmündung in den ersten

Arbeitsmarkt sowie ein möglichst eigenständiges und eigenverantwortliches Leben, das nur bei Bedarf betreut werden sollte. Um dies zu ermöglichen, müssen wir den Betroffenen endlich Kompetenzen wie Mobilität, Flexibilität, Entwicklung sozialer Kompetenzen zubilligen, statt immer wieder zu versuchen, diese – wie auch immer begründet – zu bevormunden und dauerhaft institutionell zu binden. Die Klientel, von der ich spreche und die in unseren Berufsbildungswerken gefördert wird, kann sehr wohl ihre Wünsche und Bedürfnisse äußern und entscheiden, ob, wo und unter welchen Bedingungen sie ihre berufliche und soziale Eingliederung erreichen will.

Ich komme zum Abschluss meiner Ausführungen auf ein Zitat im Vortrag von Niels Pörksen zurück: Eine junge Frau mit psychischer Behinderung schildert, dass sie sich nur wünsche, morgens aufstehen, zur Arbeit gehen und am Monatsende dafür ein Gehalt beziehen zu können, von dem sie leben könne. Das versuchen Berufsbildungswerke jungen Menschen mit Behinderungen zu vermitteln!

Literatur

1. BUNDESMINISTERIUM FÜR ARBEIT UND SOZIALORDNUNG (Hg.): Berufsbildungswerke, Bonn 2002

Innovationen in Beruflichen Trainingszentren

Henning Hallwachs

Nachdem ich für die Tagung »Teilhabe am Arbeitsleben – Arbeit und Beschäftigung für Menschen mit psychischen Beeinträchtigungen« meinen Vortrag geschrieben hatte, erreichte mich per elektronischer Post ein Zwischenbericht der APK mit dem Titel: »Bestandsaufnahme zur Rehabilitation psychisch Kranker« [2], auf dessen Kritik ich mich im Folgenden beschränken möchte.

Er entspricht mit seinen Behauptungen zum Teil wortwörtlich der Projektskizze der AKTION PSYCHISCH KRANKE, die der Bundesminister für Arbeit und Sozialordnung im Februar 2000 an einen offensichtlich handverlesenen Kreis von Fachleuten verschickt hatte [1]. Skizze und Bericht provozieren fast Zeile für Zeile Nachfragen und oft auch Einwände. Da sie den Rahmen dieses Beitrages sprengen würden, beschränke ich mich auf einige, mir besonders wichtige Anmerkungen.

Das Projekt verspricht »... ein Gesamtbild der vorhandenen Angebote einschließlich deren Struktur und Arbeitsweise ...«[1], stellt dann aber fest, dass »... eine detaillierte Bestandsaufnahme des gesamten Rehabilitationsgeschehens in der Bundesrepublik im Rahmen dieses Projektes weder leistbar noch sinnvoll ...«[2] ist, um sich schließlich auf Exemplarisches »... in ausgewählten Regionen ...«[3], in denen es kein einziges BTZ gibt, zu beschränken, ohne allerdings irgendeinen Hinweis auf Auswahlkriterien, z.B. Repräsentativität, zu geben; vielleicht finden die sich in den im Zwischenbericht erwähnten, mir noch nicht zugänglichen Anhängen A und B. Endlich beschränkt sich das Projekt »... auf Personen mit eher schweren und chronisch verlaufenden psychischen Erkrankungen«[4]. So eingegrenzt zitiert der Bericht Thesen oder Hypothesen der Skizze als sei auch ohne Erhebung durch Wiederholung zu belegen, was seit der Enquete zur Lage der Psychiatrie für diesen Personenkreis ohnehin immer wieder gefordert wurde und wird. Auch wenn ich diese For-

---

1 Projektskizze, S. 2, Zwischenbericht, S. 3
2 Zwischenbericht, a.a.O., S. 4
3 ebenda
4 a.a.O., S. 6

derungen nachvollziehen kann und zum Teil für berechtigt halte, muss ich feststellen, dass nicht nur »schwer und chronisch psychisch Erkrankte« psychisch behindert oder – im Zwischenbericht synonym verwendet – psychisch beeinträchtigt[5] sind. Die Sichtweise des Zwischenberichtes scheint mir in mehrfacher Hinsicht problematisch:

- Unzählige Menschen sind z.b. durch Angst- oder Zwangssymptome (Neurosen) oder psychotisches Erleben (z.B. sozialverträglich verarbeitetes und beherrschtes Stimmenhören) psychisch beeinträchtigt bis behindert, von Persönlichkeitsstörungen mit ihrem »ganz normalen« oder »nicht mehr ganz so normalen« Beeinträchtigungen der Person und ihrer Mitmenschen (z.B. Arbeitskollegen) ganz zu schweigen. Sie haben auch ohne berufliche Rehabilitation, ohne psychosoziale Begleitung, mit oder ohne ärztliche Behandlung, ganz auf sich allein gestellt oder Dank familiärer, freundschaftlicher und kollegialer Unterstützung Teil am Arbeitsleben.
- Ein Teil von denen, die Teilhabe aus eigener Kraft nicht schaffen, benötigen Maßnahmen der beruflichen Rehabilitation und steigern damit nachweislich und nachhaltig ihre Vermittlungschancen (s. diverse Evaluationsberichte der Bundesarbeitsgemeinschaften der Einrichtungen der beruflichen Rehabilitation; Eingliederungsquoten zwischen 40 und 80 % über mehrere Jahre). Das Angebot ist – bis auf das der RPK – nichts bzw. erst einmal nichts für akut psychisch erkrankte Menschen. Es taugt auch nichts für Personen, die infolge ihrer psychischen Erkrankungen so behindert sind, dass ihnen die direkte Vorbereitung auf und die Anforderungen des allgemeinen Arbeitsmarktes noch nicht zugemutet werden können. Sie brauchen, wie der Zwischenbericht richtig feststellt, niederschwellige Angebote sowie Arbeitsbedingungen und -anforderungen, die erheblich unter denen des allgemeinen Arbeitsmarktes angesiedelt sind.
- Die, auf die sich der Zwischenbericht beschränkt, sind möglicherweise eher krank als behindert oder häufiger und länger krank als »nicht krank«[6] und demnach nicht vermittelbar, von

---

5   siehe Fußnote, a.a.O., S. 6
6   Im Zwischenbericht heißt es dazu auf Seite 6: »Kennzeichnend für die besonderen Bedürfnisse von Menschen mit psychischen Beeinträchtigungen ist ..., dass es auch während der Rehabilitationsmaßnahme nahezu *regelhaft*

Arbeitsanforderungen zu verschonen (gelber Schein). Sie sind medizinisch und (noch) nicht beruflich zu rehabilitieren. Sie haben trotzdem selbstverständlich einen Anspruch auf Beschäftigung, auf Lebensqualität und -sinn. Wenn das (bislang) u. a. über auskömmliche Zuverdienste (noch) nicht zu realisieren ist, ist das doch den Einrichtungen der beruflichen Rehabilitation nicht vorzuwerfen, die die gesetzlichen Chancen (inkl. Arbeitsrecht) für einen Teil der psychisch behinderten Menschen nutzen.

»Die vor Ort tätigen Rehabilitationseinrichtungen ... orientieren sich nicht primär an den Bedürfnissen der Rehabilitanden ...«[7]. Woher weiß das der Zwischenbericht? Eine »Bestandsaufnahme« müsste Ross und Reiter nennen können. »Dieser ›als einrichtungsbezogene Organisation‹ bezeichnete Ansatz ...«[8] – wer hat den Ansatz so bezeichnet und warum, mit welcher Absicht?

Der Zwischenbericht fragt auf Seite 22: »Welche Unterstützung und Förderung braucht der Mensch mit psychischer Beeinträchtigung (*als wenn es* den *gäbe*) aktuell, um
- seine Arbeitsfähigkeit zu erproben, zu erhalten oder wieder zu erlangen,
- seine beruflichen Neigungen zu entdecken und seine Fähigkeiten weiter zu entwickeln,
- einen seinen Neigungen und Fähigkeiten entsprechenden Zugang zu Arbeit und Beschäftigung zu erhalten und zu sichern.«

(Hervorhebung vom Autor) zum Auftreten akuter Krankheitssymptome unterschiedlicher Dauer kommt.« Diese allgemeine Aussage trifft sicher nicht auf alle WHO-klassifizierten psychischen Erkrankungen zu. Auch wenn man sich wie der Zwischenbericht auf eher »chronisch verlaufende psychische Erkrankungen« beschränkt, ist die Behauptung problematisch. Sie erinnert fatal an das Urteil »einmal schizophren – immer schizophren«, bedient bekannte Vorurteile und Ängste und scheint nach empirischen Untersuchungen fragwürdig zu sein, da auch nach langen und wiederholten psychotischen Erkrankungen eine – zugegeben kleiner werdende Chance – besteht, dass die letzte Erkrankung tatsächlich die letzte war.

7 a.a.O., 8
8 ebenda

Diese Fragen und Fragen nach der Struktur- und Prozessqualität stellte sich jede Einrichtung der beruflichen Rehabilitation, bevor sie psychisch oder anders behinderte Menschen aufnahm. Entsprechend ihren Erfahrungen und den der APK zugänglichen Evaluationsberichten (Prozessqualität) stellten und stellen sie sich diese Fragen ständig, um ihre Maßnahmen personenorientiert zu optimieren.

»Herkömmliche Maßnahmen, wie z.B. Förderlehrgänge mit festgelegten Teilnahmevoraussetzungen, festgelegter Teilnehmerzahl und definierter Dauer erfüllen diese Voraussetzungen (Personenorientierung) nicht«[9]. Pro domo, pro BTZ Hamburg gesprochen: Das ist falsch. Ich stelle richtig, dass wir den Maßnahmekatalog der Berufs- und der Rehabilitationsberatung von drei über sechs bis zu zwölf Monaten (mit individueller Verkürzung oder Verlängerung), in viermonatiger Modulform und als individuelle Einzelvereinbarung nutzen, um mit den Teilnehmern das Instrument auszuwählen, was für sie aktuell sinnvoll erscheint, klärend und Erfolg versprechend ist. Unterstellt wird uns Gegenteiliges[10]. Wird ein zwölfmonatiger Förderlehrgang gewählt, so fängt der Teilnehmer wie alle anderen in anderen Maßnahmen (Feststellungsmaßnahmen, TIP, Umschulungsvorbereitung, Anpassungsmaßnahmen, Anlernung) allein oder mit zwei bis drei, selten mehr Kollegen im Eingangstraining an. Zusammen mit dem Ergotherapeuten und den übrigen Mitgliedern des multiprofessionellen Teams klärt er für sich entsprechend seinen beruflichen Vorerfahrungen und Neigungen Schritt für Schritt den einzuschlagenden, gangbaren Integrationsweg und das ihm mögliche Integrationsziel.

Wir benutzen sozusagen ein als Bus, ein für Gruppen konstruiertes Vehikel, um *eine* Person von A nach B, eine andere von A nach C und eine dritte von X nach Y zu begleiten und kommen wegstreckenbedingt im letztgenannten Fall statt in Y in Z an. In unseren Förderlehrgängen ist nicht das drin, was das Maßnahmeetikett gewöhnlich verspricht. Und das macht der Zwischenbericht den Einrichtungen, also auch dem BTZ Hamburg, als »zentrales Strukturproblem« zum Vorwurf[11].

---

9   a.a.O., S. 22
10 a.a.O., S. 21
11 a.a.O., S. 8

Abschließend gebe ich zu bedenken, ob der im Zwischenbericht geforderte radikale personenbezogene Ansatz nicht Gefahr läuft, das Kind mit dem Bade auszuschütten. Bei aller Individualität sind soziale Lernziele und Gruppendynamik nicht zu vernachlässigen. Die »kontinuierliche begleitende Unterstützung«[12] ersetzt die Gruppe nicht.

Im Sinne der Emanzipation psychisch behinderter Menschen ist außerdem eher zu wünschen, dass sie sich an verschiedene Bezugspersonen gewöhnen, dass sie lernen, sich ein Netz aufzubauen, um z.B. bei Urlaub der einen sie begleitenden Person nicht plötzlich im Regen zu stehen. Offensichtlich unterscheiden sich Leitlinien der Psychiatrie und der komplementären Begleitung psychisch *kranker* Menschen von denen der beruflichen Rehabilitation psychisch *behinderter* Menschen, wie bereits am »Prüfkriterium« Wohnortnähe beispielhaft dargelegt wurde. Dieses Prüfkriterium ist offensichtlich eine der Leitlinien, die nach dem Zwischenbericht zwar erst »… erarbeitet werden sollen«[13], aber – wie andere Prinzipien und Leitlinien wohl auch – von vornherein bereits feststanden.

Fazit: Der Zwischenbericht »… beschränkt sich auf Personen mit eher schweren und chronisch verlaufenden psychischen Erkrankungen«[14], wiederholt bekannte, zum Teil nachvollziehbare – auch für andere Menschen mit gravierenden Behinderungsauswirkungen geltende – Forderungen, ohne sie durch (neue) Fakten oder Erkenntnisse zu untermauern. Er polemisiert gegen Einrichtungen der beruflichen Rehabilitation. Schweigt sich über deren Rehabilitationserfolge mit psychisch behinderten Menschen aus. Stattdessen wirft er ihnen eine einseitig negativ diskutierte Selektion, Selbstbedienung und einen krassen Egoismus zulasten und auf Kosten der Rehabilitanden vor.

PS: Der im Zwischenbericht beschriebene Fall des Herrn M.[15] läuft mir nach. Er ist ein Opfer seiner Bedingungen und Wünsche auf der einen und der wohnortnahen Möglichkeiten auf der anderen Seite. Er kann sich nicht, wir können ihm nicht helfen. Ersteres können wir nach der Denkweise des Zwischenberichtes nicht von

---

12 a.a.O., S. 23
13 a.a.O., S. 3
14 a.a.O., S. 8
15 a.a.O., S. 7 f.

ihm erwarten (warum eigentlich nicht?). Letzteres gibt die Infrastruktur vor Ort nicht her. Also ändern wir sie für Herrn M.. Und weil uns das nicht oder nicht schnell genug gelingt, fühlen wir uns schuldig.

Um nicht im Mitleid mit Herrn M. und Selbstmitleid mit uns zu versinken, stelle ich den zwar nicht völlig authentischen, aber nur mäßig konstruierten Fall von Herrn N. zur Diskussion. Herr N., habilitierter Kardiologe, hat sich vor Jahren »grün-« und »zurück-zur-Natur-bewegt« in einem Dorf in der Nordheide niedergelassen, geheiratet, ein Haus gekauft. Dort lebte er etwas isoliert und trotz der täglichen 76 km zum Arbeitsplatz in Hamburg zufrieden. Dann erkrankte er, bei seiner Biografie nicht unwahrscheinlich, an einer Depression mit psychotischen Symptomen. Nach den ersten Krankenhausaufenthalten wurde ihm gekündigt, nach weiteren verließ ihn seine Frau. Seine sozialen Kontakte, seine wenigen Freunde – die in der Stadt, auf dem Land hatte er nie welche – hat er längst verloren. Jetzt wohnt er in der Einliegerwohnung seines verkauften Eigenheims. Er möchte möglichst wieder in seinem, zumindest aber in einem medizinischen Beruf arbeiten.

Wenn seine berufliche Rehabilitation *wohnortnah sein muss* und seine *Selbstbestimmung das Maß aller Entscheidungen* ist, baut ihm die Solidargemeinschaft zwischen Wilstedt und Tostedt südwestlich von Buchholz ein Klinikum, in dem er dann behinderungsbedingt zwar nicht mehr Oberarzt, nicht einmal mehr Assistenzarzt, sondern »nur noch« Pfleger sein kann. So integriert kann er täglich den – falls man das bei einem Klinikum sagen darf – Stallgeruch genießen, muss allerdings stündlich die durch die Behinderungsauswirkungen bedingte Degradierung ertragen. Vielleicht findet er so mit Kombilohn oder Minderleistungsausgleich (noch eine Kränkung; welcher Begriff könnte diskriminierender sein als »Minderleistungsausgleich«?) sein Auskommen. Die örtliche Alternative, angelernter Landwirtschaftsgehilfe, bliebe ihm allerdings erspart.

Literatur

1. AKTION PSYCHISCH KRANKE: Projektskizze unveröff. Ms., Bonn 2000
2. AKTION PSYCHISCH KRANKE: Zwischenbericht ... unveröff. Ms., Bonn 2002

Die Werkstatt für behinderte Menschen

Wilfried Hautop

In der Bundesrepublik gibt es mehr als 600 Werkstätten für behinderte Menschen (mit 950 Zweigwerkstätten) mit etwa 200.000 Plätzen. Viele dieser Einrichtungen zwischen Sozialbürokratie mit den Kostenträgern, Rehabilitationshandeln für die Kunden und einem produktiven Wirtschaftshandeln für dennoch immer wieder beklagte geringe Entgelte sind bereits in einem Qualitätsmanagementsystem gem. DIN EN ISO 9001:2000 für die Produktion und Rehabilitation zertifiziert. Werkstätten haben somit eine anerkannte doppelte Kundenorientierung: Einerseits die Menschen mit stärkeren Behinderungen als MitarbeiterInnen und Kunden der beruflich-rehabilitativen Leistung und andererseits die verschiedenen Auftraggeber oder Endverbraucher als Kunden der Lohnfertigungs-, Auftrags-Eigenfertigungs- und Dienstleistungsangebote.

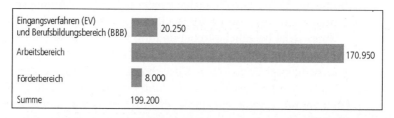

Abb. 1: Übersicht über Werkstattplätze zum 1.1.2001 (BAG:WfB-Mitglieder)

Aufgabe der Werkstätten ist die Eingliederung von Menschen in das Arbeitsleben, die wegen Art und Schwere der Behinderung nicht, noch nicht oder noch nicht wieder auf dem allgemeinen Arbeitsmarkt beschäftigt werden können. Werkstätten sollen berufliche Bildung, Beschäftigung, angemessenes Entgelt bieten und die Leistungsfähigkeit erhalten, entwickeln, erhöhen, die Persönlichkeit weiterentwickeln und den Übergang auf den allgemeinen Arbeitsmarkt fördern.

Beschäftigte der Werkstätten sind umfassend sozialversichert, erhalten ein Durchschnittsentgelt von etwa 335 DM/170 Euro (inkl. 25 Euro Arbeitsförderungsgeld des Rehabilitationsträgers) und haben eine Beschäftigungszeit zwischen mindestens 19 und 38 Stunden einschließlich der Arbeitspausen und Begleitmaßnahmen. Als sozialrechtlich teilstationäre Einrichtungen und wegen des vollen Beitrages zur Sozialversicherung bedürfen geringere Beschäftigungszeiten (z.B. 30, 25 oder 20 Stunden) eines begründeten Antrages.

Die Werkstätten bieten mehr als 24.000 psychisch kranken/behinderten Menschen einen besonderen Arbeitsplatz. Sie sind damit im arbeitsrehabilitativen Bereich der größte Anbieter, auch für diese Zielgruppe. Gleichfalls stehen sie in einem weiten Netz fast in jeder Stadt und in jedem Landkreis zur Verfügung. Sehr oft sind sie bereits in regionalen Arbeitsgemeinschaften mit anderen Leistungsträgern wie Wohnanbietern, Sozialpsychiatrischen Diensten oder auch Diensten der Klinik vernetzt. In Städten, wie z.B. Berlin, Hamburg, Frankfurt, Stuttgart oder Bremen gibt es verbindliche Steuerungen und eine besonders enge Zusammenarbeit zwischen medizinischer und beruflicher Rehabilitation sowie sozialen Diensten.

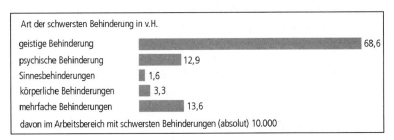

Abb. 2: Anteil der Werkstattbeschäftigten mit bestimmten Behinderungen zum 31.12.1999

Das Werkstättensystem bietet gerade chronisch psychisch erkrankten Menschen ein relativ verlässliches und kontinuierliches Angebot infolge einer relativ gesicherten Finanzierung über die Kostensätze der Rehabilitationsträger. Eine private Zuzahlung zu Werkstattkosten ist seit 2001 ausgeschlossen, dennoch kann das Einkommen von Beschäftigten auf Sozialhilfeleistungen (in der Hilfe zum Lebensunterhalt) angerechnet werden.

Aus der Erfahrung der WERKSTATT BREMEN mit ersten Vermittlungsprojekten zum allgemeinen Arbeitsmarkt bereits seit 1991 und einem seit 1993 initiierten Vermittlungsdienst als »Enthospitalisierung aus der Werkstatt« (vor den Projekten in Bayern und Niedersachsen, vor Gründungen des Psychosozialen Fachdienstes oder des Integrationsfachdienstes) haben wir unsere eigene Auffassung zur Integration von eher chronisch psychisch kranken Menschen in den allgemeinen Arbeitsmarkt. Die lässt sich hier kurz dahingehend kennzeichnen:

- Psychisch Kranke Menschen wollen nicht unbedingt an ungünstige Arbeitsplätze und möglicherweise krankheitsverursachende rigide Rahmenbedingungen im allgemeinen Arbeitsmarkt zurück.
- Ex- und Hopp-Arbeitsplätze, unsichere befristete Jobs mit Jahresverträgen, auch Geringfügigkeitsbeschäftigungen sind nicht stabilitätsfördernd für diesen Personenkreis und können oft nicht als erfolgreiche Vermittlung angesehen werden. Bemerkungen wie: »Auch die Arbeitslosigkeit gehört zur Normalisierung«, halten wir in diesem Zusammenhang für zynisch.
- Die Anforderungen und Toleranzen des allgemeinen Arbeitsmarktes haben sich in den letzten Jahren weiterhin verschärft, Nischen sind immer schwieriger zu finden. Gleichwohl müssen sie ständig gesucht werden.

Wir stehen damit in unserer Werkstatt in Bremen zu der Vermittlungsquote von 0,8 bis 1 Prozent und versuchen mit Mühen, diese Vermittlungen solide und qualifikationsfördernd zu organisieren. Gleichzeitig differenzieren wir aber auch in unserer Werkstatt. Es gibt neben der Beschäftigung im Berufsbildungsbereich und Arbeitsbereich (mit Lohnfertigungen, Eigenfertigung und Dienstleistung) Angebote in größeren Kern- oder Hauptwerkstätten, in differenzierten sozialintegrativen Kleinwerkstätten, in etwa zehn Außenarbeitsgruppen in regulären Betrieben, auf einigen individuellen Einzelplätzen und in betrieblichen Vermittlungspraktika.

Die gelegentliche Kritik aus den Kernbereichen der Psychiatrie an den Werkstätten sollte zu einer verstärkten Zusammenarbeit mit dem Bereich der beruflichen Rehabilitation führen. Werkstattleute sagen, dass regulärer tariflicher Lohn in Werkstätten nicht zu erwirschaften sei und besonders nicht bei gleichzeitig hoher Anforderung auf unberechenbare Rücksichtnahmen in Arbeitszeitumfang und Flexibilität der Klienten. MitarbeiterInnen der Psychiatrie betonen, dass Werkstattarbeit nicht nur monotone Serienfertigung sein darf

Die Werkstatt für behinderte Menschen (WfbM)

und die Menschen eine andere Ansprache als die überwiegend geistig behinderten Beschäftigten brauchen. Es wäre zu wünschen, dass die Fachleute der Psychiatrie akzeptierend auf die Werkstätten zugehen und den Organisatoren der Arbeit eine Unterstützung oder Assistenz im Umgang mit der Zielgruppe psychisch kranker Menschen zusichern. Zu fordern ist eine gemeinsame vernetzte Bewältigung der Probleme zugunsten einer notwendigen Angebotssicherung. Vor diesem Hintergrund fördert leider manche ungerechtfertigte Kritik lediglich die Sparpolitik der Kostenträger. Es gibt keinen Grund für die eher chronisch erkrankten Menschen bestehende Einrichtungen abzubauen, wir werden keine neuen bekommen und auch nicht finanzieren können. Wir können aber optimieren, wir brauchen ein örtliches Klima gegenseitiger Akzeptanz als Basis zukünftiger verstärkter notwendiger Zusammenarbeit.

Ich glaube, dass Werkstätten zur Arbeits- und Berufsförderung, übrigens ein viel besserer Name als Werkstatt für Behinderte oder neuerdings Werkstatt für behinderte Menschen, in Zukunft ein komplexeres und damit individuelleres Angebot vorhalten müssen. Die Ressourcen der Werkstätten können besser genutzt werden. In Bremen sind wir stolz darauf, neben dem Berufsbildungsbereich und flexiblen Arbeitsbereich auch einen Förderlehrgang (F2/F3 des Arbeitsamtes) für psychisch kranke Menschen anbieten zu können. Der Werkstattträger betreibt auch eine Integrationsabteilung (Integrationsprojekt gem. SGB IX). Wir planen zurzeit, selbst Förderplätze oder einfache Zuverdienstbeschäftigungen an den Werkstätten für behinderte Menschen anzugliedern und fragen uns, warum die Arbeitstherapie räumlich nur am Krankenhaus oder der Tagesklinik anzutreffen ist. Vorstellbar ist auch, dass einfache Ausbildungen, sogenannte Helfer-Ausbildungen an den Werkstätten angeboten werden. Wir müssen mehr versuchen das Rechtsverhältnis (der Arbeitstherapie, der Werkstatt, der Ausbildung) zum Menschen kommen zu lassen und nicht immer die Menschen zu verschiedenen Institutionen zu schicken. Zumindest gilt das aus meiner Sicht für die Zielgruppe der länger bzw. chronisch erkrankten Menschen.

Mit einer Nutzung der Werkstattressourcen, die sehr dezentralisiert in der Bundesrepublik vorhanden sind, die über spezifische Erfahrungen in der Organisation von Arbeit für Menschen mit Einschränkungen verfügen, können mehr flexible Lösungen als in der Vergangenheit organisiert werden. Die jetzige streng einrichtungs-

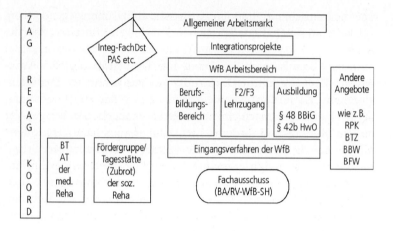

Abb. 3: Die WfbM im System der beruflichen Rehabilitation[1]

bezogene Organisation ist für die betroffenen Menschen nicht immer günstig und beinhaltet leider oft noch hohe Zugangsschwellen.

Wir brauchen nicht immer neue Einrichtungen. Wenn wir denn z.B. in Bremen ein neues Regionalzentrum für psychisch Kranke fordern, meinen wir nicht ein neues Haus mit Werkstätten, Schulungsräumen und Betten unter einem Dach. Das wirklich wichtige Element an einem solchen Regionalzentrum ist doch lediglich die Individualität für den Nutzer und die verbindliche Zusammenarbeit zwischen medizinischer und beruflicher Rehabilitation. Somit würde uns eine »virtuelle RPK«, ohne neue Räume, aber mit verbindlicher Zusammenarbeit und einem personenzentrierten Hilfesystem vermutlich völlig ausreichen. Ansätze bestehen bereits durch

---

1   Erläuterungen zu Abb.3: BA = Bundesanstalt für Arbeit; ; BbiG = Berufsbildungsgesetz; BBW = Berufsbildungswerk; BFW = Berufsförderungswerk; BTZ = Berufliches Trainingszentrum; F2/F3-Lehrgang = Förderlehrgänge der Bundesanstalt für Arbeit sind berufsvorbereitende Bildungsmaßnahmen um junge Behinderte gezielt auf eine Berufsausbildung oder eine berufliche Tätigkeit vorzubereiten. Die Differenzierung in F1-, F2-, F3-Lehrgänge ist bezogen auf unterschiedliche Förderbedarfe verschiedener Zielgruppen; ; HwO = Handwerksordnung; RPK = Rehabilitationseinrichtung für psychisch Kranke; RV = Rentenversicherungsträger; SH = (örtlicher) Sozialhilfeträger

den gesetzlich geregelten Fachausschuss an den Werkstätten, dessen Aufgabenstellung durch das SGB IX seit 2001 noch erweitert wurde.

Zusammenfassend: Mit den Werkstätten für behinderte Menschen (besser: Werkstätten für Arbeits- und Berufsförderung) besteht eine netzwerkorientierte bzw. wohnortnahe in der Regel gut ausgestattete Angebotsstruktur. Insbesondere für eher chronisch psychisch kranke Menschen gibt es Stufungen der Beruflichen Bildung, Arbeit und Beschäftigung, die noch weitergehend um andere Angebote, wie z.B. Integrationsprojekte, Förderlehrgänge, Fördergruppen mit Zuverdienstbeschäftigungen etc. ergänzt werden sollten. Durch eine verstärkte Zuwendung und Unterstützung der MitarbeiterInnen der »Kernpsychiatrie« könnten Werkstätten weiter für psychisch kranke Menschen erschlossen werden. Möglicherweise müssen gegenseitige Vorurteile der Einrichtungen weiter abgebaut und die realen Integrationsmöglichkeiten des allgemeinen Arbeitsmarktes nicht überschätzt werden.

Innovationen in den Berufsförderungswerken

Rainer Marien

Ich möchte von den aktuellen Entwicklungen in der Ausbildung von Menschen mit psychischen Vorerkrankungen in den Berufsförderungswerken (BFW) berichten.

Als Vorbemerkung möchte ich kurz darauf hinweisen, dass wir auf eine angemessen differenzierte Betrachtung achten sollten: Beispielsweise bestehen zwischen einem jungen Mann, der während eines Studiums erstmals an einer Psychose erkrankt ist und keinen Berufsabschluss erreicht hat, und einer 39-jährigen Altenpflegerin, die nach zwanzig Jahren Berufserfahrung diesen Beruf nicht mehr ausüben kann, natürlich beträchtliche Unterschiede. So wie sich die konkreten Probleme etwa eines Hörbehinderten von denen eines Sehbehinderten oder eines Rollstuhlfahrers als körperbehinderten Menschen unterscheiden, gilt dies auch für die praktischen Implikationen, die aus unterschiedlichen »psychischen Behinderungen« folgen.

Zunächst möchte ich einen kurzen Abriss des allgemeinen Selbstverständnisses der Berufsförderungswerke und deren Entwicklung geben. Dann werde ich den Beginn und die Entwicklung der Rehabilitation von Menschen mit psychischen Vorerkrankungen in den Berufsförderungswerken ab Mitte der 80er-Jahre des vorigen Jahrhunderts skizzieren, um dann von da aus die aktuellen Entwicklungen und Trends in den letzten Jahren aufzulisten.

Selbstverständnis der Berufsförderungswerke

Die BFW wurden in Zeiten wirtschaftlicher Prosperität Ende der 60er-/Anfang der 70-Jahre des vorigen Jahrhunderts gegründet, um denjenigen Mitbürgerinnen und Mitbürgern die Chance auf eine angemessen berufliche Re-Integration zu ermöglichen, die durch eine – meist erworbene – Behinderung einer Erwerbstätigkeit im erlernten Beruf nicht mehr nachgehen konnten.

Zu Zeiten vor den beträchtlichen Umwälzungen und Verbesserungen in der psychiatrischen Versorgung in der Folgezeit war hierbei zunächst an Körperbehinderungen gedacht worden. Die sozialpsychiatrischen Reformen steckten ja damals noch in ihren Anfängen – bestärkt dann durch die erschreckende Bestandsaufnahme der Psychiatrie-Enquete-Kommission 1975. So war denn auch der »Herr Mustermann« der BFW Maurer gewesen und nach einem Bandscheibenvorfall berufsunfähig geworden.

Das Konzept einer »stationären« beruflichen Rehabilitation in dafür eigens geschaffenen Institutionen bewährte sich und es entstand ein flächendeckendes System mit heute insgesamt 27 Einrichtungen im gesamten Bundesgebiet, davon sind sechs in den neuen Bundesländern nach der Wiedervereinigung – oft unter tatkräftiger Unterstützung aus den schon vorhandenen BFW – neu geschaffen worden. Hinzu kommt noch eine Präsenz an etwa ebenso vielen Dependancen.

Neben der Ausbildung in über 100 Berufen mit jeweils allgemein anerkanntem Abschluss – z.B. vor der Industrie- und Handelskammer – ist dabei das Kernkonzept die multiprofessionell-interdisziplinäre Zusammenarbeit von DozentInnen und AusbilderInnen (in der Regel mit einer »normalen« beruflichen Sozialisation) mit dem sogenannten Fachdienst, nämlich rehabilitationserfahrenen ÄrztInnen, PsychologInnen und SozialpädagogInnen. Diesen Punkt möchte ich besonders betonen, denn ich denke, ein derartiger fachlicher Austausch und eine solche Zusammenarbeit sind eine besondere Chance, der Komplexität vieler Rehabilitationsprobleme am ehesten gerecht zu werden, die ansonsten kaum zu finden ist.

Nachdem zunächst – zu Zeiten einer relativ unproblematischen Arbeitsmarktlage – der Auftrag der BFW »nur« die berufliche Rehabilitation in Form einer abgeschlossenen Ausbildung war, sind seit einigen Jahren die Anforderungen insoweit erweitert worden, als auch die spätere konkrete Vermittlung auf einen Arbeitsplatz mit allen Kräften schon während der Ausbildungsphase angestrebt werden soll, nachgewiesen durch entsprechende Erfolgsbelege auf Grund von Nachbefragungen. Dementsprechend sind mittlerweile Bewerbungstraining und eine Einstellung auf die konkreten Anforderungen des jeweiligen zukünftigen beruflichen Umfeldes von vornherein Gegenstand jeder Ausbildung in einem BFW.

Menschen mit psychischen Vorerkrankungen in den Berufsförderungswerken

Nach dieser – aus Zeitgründen nur skizzenhaften – Darstellung der BFW im Allgemeinen jetzt kurz etwas zu der Geschichte der Aufnahme von Menschen mit psychischen Vorerkrankungen in den BFW.

Nachdem primär die Auffassung vorgeherrscht hatte, dass die BFW für diesen Personenkreis wohl nicht so geeignet seien, diese andererseits aber de facto unter somatischen »Hauptdiagnosen« quasi in die BFW »hineingeschmuggelt« worden waren, fiel Mitte/Ende der 80er-Jahre die Entscheidung für die offizielle Öffnung für diesen Personenkreis.

Wenn ich es richtig sehe, hinkte hier quasi die berufliche Rehabilitation hinter der Öffnung der Gesellschaft und den zunächst mehr sozial-rehabilitativen Bemühungen hinterher (wobei, wie wir heute morgen gehört haben, dieser Zustand teilweise noch immer zu beklagen ist).

Mittlerweile stellen TeilnehmerInnen mit psychiatrischen Hauptdiagnosen einen wesentlichen Anteil in der Klientel der BFW dar, Tendenz in den letzten Jahren steigend. Hier kurz eine Aufstellung über die Aufnahmediagnosen im BFW Hamburg aus dem Jahr 2001.

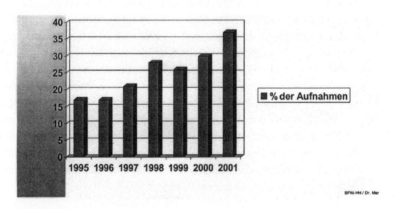

Abb. 1: Anteil von TeilnehmerInnen mit psychiatrischer Haupt- oder Nebendiagnose

Verbunden mit der Öffnung für den Personenkreis war die Einstellung von PsychiaterInnen bzw. die Schaffung von Kooperationen mit Konsiliar-PsychiaterInnen, eine Schulung der MitarbeiterInnen für den Umgang mit den »neuen« Behinderungsbildern sowie die Bereitstellung von Kriseninterventionsmöglichkeiten und -Know-How. Dieser Prozess der Öffnung setzte sich bis etwa Mitte der 90er-Jahre fort, so dass nunmehr alle BFW psychisch vorerkrankte Menschen offiziell aufnehmen.

Dabei werden mit Ausnahme von speziellen Rehabilitationsvorbereitungstrainings- und besonderen Berufsfindungsmaßnahmen keine Sondermaßnahmen durchgeführt; vielmehr sind die BFW Einrichtungen, in denen Menschen mit psychischen Beeinträchtigungen im Sinne des Normalisierungskonzeptes sich bereits in weitgehend alltagstypischen Lern- und Arbeitssituationen bewegen bzw. in diese hineinwachsen, dies eben zusammen mit Menschen, die keine psychische Erkrankung haben oder hatten. In diesem Sinne helfen die Berufsförderungswerke, den »Brückenschlag in die normale Welt« zu bewältigen.

Für einen nicht unerheblichen Teil der TeilnehmerInnen liegt ihre Ausbildungsstätte BFW im Pendelbereich, in Hamburg z.Zt. beispielsweise für fast 50 %. Für die RehabilandInnen, die unter der Woche in einem Internat wohnen ist vorübergehend eine nicht am Wohnort angesiedelte Lebenssituation zu bewältigen. Für die einen ist dies eine Belastung, für andere wieder ein willkommener Schritt in eine neue Umgebung mit neuen Chancen.

Nur für einen kleinen Teil potenzieller TeilnehmerInnen stellt dies ein ernsthaftes Problem dar; denn die Bewährung in neuen sozialen Kontexten als Ausdruck der Fähigkeit zum Transfer stellt in der heutigen Berufswelt eine zunehmend wichtigere Schlüsselqualifikation dar, die es zu fördern und kultivieren gilt. Anders herum: Wer die teilweise Ablösung aus dem gewohnten sozialen Umfeld – denn um mehr handelt es sich nicht, weil die TeilnehmerInnen am Wochenende in der Regel in ihr gewohntes Umfeld zurückkehren – nicht bewältigt, tut sich in der Regel auch in der Sozialisation im neuen Beruf und am Arbeitsplatz sehr schwer. Rein pragmatisch ist es natürlich so, dass eine Ausbildung auf dem Niveau von anerkannten Ausbildungsberufen verbunden mit den Fachdienstressourcen nur in Form einer Zentrenbildung möglich ist.

Entwicklungstrends

Nun – aus Zeitgründen wiederum in aller Kürze und mehr stichwortartig – zu neueren Entwicklungen in den BFW:

- *RehaAssessment ®* ist die – mittlerweile geschützte- Bezeichnung für das differenzierte, ressourcenorientierte, multiprofessionelle Diagnostikangebot der BFW zur Abklärung am Beginn einer Rehabilitation und erweitert und ergänzt die *klassische Berufsfindungsmaßnahme* in Form einzelner Module, die ggf. auch in freier, sinnvoller Kombination durchgeführt werden können. Gerade für den besprochen Personenkreis ist es besonders wichtig, durch ein individualisiertes, teilnehmerorientiertes Vorgehen mit praktischen Erfahrungsanteilen berufliche Fehlentscheidungen und die evtl. später daraus resultierenden Misserfolge nach Möglichkeit zu vermeiden. Wir alle wissen, dass diese Menschen allzu oft durch Fehl- und Rückschläge schon genug vorbelastet sind.
- *Rehabilitations-Vorbereitungs-Trainings (RVT)* dienen der Vorbereitung auf den Einstieg in die »normale Ausbildungs- und Arbeitswelt«, vor allem durch psycho-soziales Kompetenztraining; es hat sich gezeigt, dass von solchen gezielten Förderlehrgängen viele psychisch Vorerkrankte deutlich profitieren, was, wie ich denke, auch unmittelbar einleuchtet. Das RVT ergänzt ggf. den klassischen Rehabilitationsvorbereitungslehrgang, der ja schwerpunktmäßig der Auffrischung und Ergänzung der schulischen Kenntnisse dient und einer Ausbildung vorausgeht.
- Als nächstes zum *Prinzip der »handlungsorientierten Ausbildung«* als dem mittlerweile durchgängig angestrebten Organisationsprinzip aller Ausbildungsgänge. In Stichworten geht es ja vor allem darum, weg vom »Einzelfach-Frontalunterricht« durch einzelne DozentInnen hin zu einer fächerintegrierenden Ausbildung durch ein kleines Team mit stetem Praxisbezug zu gelangen. Dies beinhaltet die Möglichkeit im Rahmen der ohnehin stärker individualisierten Lernarrangements auf den Einzelnen mit seinen Schwierigkeiten besonders einzugehen. Andererseits wird dabei die in der heutigen Arbeitswelt zunehmend abgeforderte Teamfähigkeit erprobt und trainiert.
- *Berufliche Integrationsmaßnahmen* zur Eingliederung in den Arbeitsmarkt mit der vorhandenen (Aus-)Bildung unterstützen die

Integration auch psychisch Vorerkrankter mit individuellen Ansätzen durch gezielte Aufschulung, Verbesserung der psychosozialen Kompetenzen, Bewerbungstraining sowie vor allem durch -ggf. wiederholte- Praktika mit dem Ziel der Übernahme durch den Arbeitgeber. Diese Maßnahme ist auch eine Möglichkeit, wenn ein begrenztes Begabungs- und Bildungsniveau besteht.

- *Betriebliche Rehabilitation* ermöglicht eine Ausbildung im dualen System (Betrieb/ Berufsschule) mit Fachdienstbegleitung durch ein BFW. In geeigneten Fällen wird hierdurch die Möglichkeit einer wohnortnahen Rehabilitation unter Normalbedingungen geschaffen.

Innovationen in den Einrichtungen der beruflichen Rehabilitation aus Sicht der Rehabilitationseinrichtungen für psychisch Kranke und Behinderte (RPK)

Wolfgang Weig

Vorbemerkungen

Die Frage, was sich in der beruflichen Rehabilitation getan hat und wohin die zukünftige Entwicklung gehen sollte, bedarf einiger Vorbemerkungen. Wir haben gelernt, Hilfen personenbezogen zu denken. Dem steht die Erkenntnis gegenüber, dass für eine erfolgreiche Umsetzung von Hilfsangeboten ein institutioneller Rahmen unverzichtbar ist, schon um Organisation und Finanzierung zu sichern, den Mitarbeitern einen Rahmen zu geben und die Hilfen angemessen zu präsentieren. Auf den ersten Blick kommt die Lösung dieser Aufgabe der Quadratur des Kreises nah. Gefordert ist nicht die Deinstitutionalisierung, die schnell zu einer Zerschlagung des Vorhandenen mit Verlust von Ressourcen führen kann, sondern die maximale Flexibilisierung des Angebotes hin zu einer »virtuellen Einrichtung«.

Die Lösung dieses Problems ist für den Bereich der (medizinischen und beruflichen) Rehabilitation in der gegenwärtigen psychiatrischen Entwicklung besonders bedeutsam, denn hier spielt die Musik. Die von der Psychiatrie-Enquete gewollte und inzwischen weitgehend gelungene Klinifizierung der stationären psychiatrischen Versorgungseinrichtungen mit immer kürzerer Verweildauer lässt es nicht mehr zu, rehabilitative Ansätze dort in der Klinik zu platzieren. Andererseits hat sich die Hoffnung, eine Integration in normale Lebensverhältnisse ohne besondere Hilfen und Vorbereitungen auch für psychisch kranke Menschen zu erreichen, zumindest für einen Teil der Betroffenen und gerade den harten Kern als illusorisch erwiesen. Die Antwort professioneller psychiatrisch-psychotherapeutischer Hilfesysteme auf diese Situation kann eigentlich nur der bedarfsgerechte Ausbau rehabilitativer Angebote sein mit dem Ziel, durch Verbesserung der Krankheitsbewältigung und Vorbereitung der beruflichen Integration die Lücke zwischen Akutbehandlung und Ankommen in der Alltagswelt zu schließen.

Innovationen in den Einrichtungen der beruflichen Rehabilitation aus der Sicht der Rehabilitationseinrichtungen (RPK)

Die Empfehlungsvereinbarung RPK bietet eine gute konzeptionelle und sozialrechtliche Grundlage um den Anspruch einzulösen. In der Landschaft der gegliederten Sozialleistungen in Deutschland nahezu einzigartig überwindet diese Vereinbarung die Kästchen und beteiligt in sehr flexibler Weise unterschiedliche Kostenträger (Rentenversicherung, Krankenversicherung, Arbeitsverwaltung) an einer einheitlichen Maßnahme der medizinischen, beruflichen und begleitenden psychosozialen Rehabilitation. Sie ermöglicht dabei einen Rehabilitationsprozess in personeller und konzeptioneller Kontinuität. Die Empfehlungsvereinbarung trägt dem gesetzlichen Auftrag Rechnung, die besonderen Belange psychisch Kranker zu berücksichtigen. Die Verzahnung der medizinischen und beruflichen Rehabilitation relativiert auch das Problem der frühzeitigen Festlegung bezüglich der Prognose, da eine zunächst begonnene medizinische Rehabilitation in Richtung der Hilfen zur Teilnahme am Berufsleben fortgeführt werden kann. Freilich lässt die Empfehlungsvereinbarung RPK in ihrer gegenwärtigen Form einige Wünsche offen, ist hinsichtlich der organisatorischen Anforderungen relativ starr und ermöglicht offiziell nicht teilstationäre und ambulante Rehabilitationsangebote. Bei kluger Umsetzung, im Einvernehmen mit allen Beteiligten, bietet sie allerdings jetzt schon viele Optionen. Das niedersächsische Umsetzungsmodell der flexiblen und kooperativen RPK-Einrichtungen lässt die Chancen erkennen. Eine Anpassung der Empfehlungsvereinbarung auf Bundesebene steht auf der Tagesordnung.

Schließlich erfordert der Blick auf die Entwicklung der psychiatrischen Rehabilitation die Relativierung einiger in der Sozialpsychiatrie allgemein anerkannter Grundsätze:

- Eines dieser Prinzipien ist die Gemeindenähe. Auch RPK-Einrichtungen fühlen sich überwiegend dem Grundsatz der Gemeinde- und Lebensweltnähe verpflichtet. Es erweist sich aber als nicht sinnvoll, dies so zu verstehen, als sollten alle denkbaren Angebote in jeder Kommune vorhanden sein. Bei der Umsetzung zeigen sich auch deutliche Unterschiede zwischen Ballungsräumen und den größeren Flächen mit ländlich- kleinstädtischer Siedlungsstruktur. Der Abgleich der Forderung nach Gemeindenähe mit dem Erfordernis notwendiger Strukturqualität der Rehabilitation einschließlich der erforderlichen Differenzierung des Angebots führt zum Kompromiss einer angemessenen Regionalisierung. Die Einzugsgebiete für Rehabilitationseinrichtungen müssen überschaubar und von den Teilnehmern zumutbar erreichbar sein, die Einrichtungen müssen in die regionale sozialpsychiatrische und allgemeine Infrastruktur gut vernetzt werden.

- Als wenig sinnvoll erweist sich auch die Forderung, Rehabilitationsangebote für alle von psychischer Krankheit Betroffenen vorzuhalten. Die Erfahrung der Rehabilitationseinrichtungen zeigt, dass nur ein Teil der von psychischer Krankheit uns seelischer Behinderung Betroffenen gezielte intensive und zeitlich abgrenzbare Rehabilitationsmaßnahmen, wie es in der Rehabilitationsgesetzgebung und in den fachlichen Konzepten vorgesehen sind, benötigt. Andere Menschen kommen auch ohne solche Rehabilitationsmaßnahmen mithilfe abgestufter flexibler Integrationshilfen im Alltag an, andere werden mit einer gezielten Rehabilitationsmaßnahme zu einem bestimmten Zeitpunkt überfordert. Die Gefahr von Resignation und Verzweiflung ist aus der Begleitforschung in solchen Fällen bekannt. Zwar ist die Teilhabe am Arbeitsplatz oder hilfsweise an einer sinnvollen Beschäftigung ein wichtiges Thema, doch ist nicht für alle Betroffenen zu jeder Zeit der Zugang zum Erwerbsleben im engeren Sinn gewünscht und realistisch; jenseits solcher Überlegungen ist allerdings unbestreitbar, dass das Rehabilitationssystem für psychisch Kranke in der Bundesrepublik Deutschland derzeit Lücken hat und auch unter Zugrundelegung realistischer Erwartungen dringend ein weiterer Ausbau erforderlich ist.

Innovationen in den RPK-Einrichtungen – die kooperative RPK auf dem Weg zur virtuellen Institution

Die niedersächsischen RPK-Einrichtungen konnten dank verständnisvoller Kooperation der zuständigen Kosten- und Leistungsträger, insbesondere der LVA Hannover, ein Modell entwickeln und erproben, das die Empfehlungsvereinbarung RPK weiterentwickelt und Lösungsansätze für die in den Vorbemerkungen genannten Probleme anbietet. Das Rehabilitationszentrum am Hesselkamp in Osnabrück konnte als niedersächsische Modelleinrichtung in der Zeit der Erprobungsphase die ersten Schritte auf diesem Weg gehen, andere Einrichtungen in diesem Lande haben je nach den örtlichen Erfor-

Innovationen in den Einrichtungen der beruflichen Rehabilitation aus der Sicht der Rehabilitationseinrichtungen (RPK)

dernissen andere Akzente gesetzt, beispielsweise die ausschließlich teilstationär/ambulant arbeitenden Einrichtungen in den Ballungsräumen des Landes (Hannover, Wunstorf).

In Kürze lässt sich das kooperative RPK-Modell wie folgt beschreiben: Die Institution besteht im Wesentlichen aus einem multiprofessionellen, in der psychiatrischen Rehabilitation erfahrenen Team. Menschen, die für die psychiatrische Rehabilitation in Frage kommen, finden, wenn sie aus eigenem Antrieb oder durch Vermittlung behandelnder Ärzte und Kliniken, Beratungsstellen und Fachdienste der Kostenträger dort hinvermittelt werden, zunächst ein Beratungsangebot, das ihnen auch im Falle einer fehlenden Indikation zur Reha-Maßnahme nach dem RPK-Modell mit Ratschlägen und Weitervermittlung zu helfen versucht. Wird dagegen die Indikation zu einer Rehabilitationsmaßnahme gestellt, kann durch einen eingespielten kurzen Draht zu den Kosten- und Leistungsträgern rasch die Zusage erfolgen.

Während der Rehabilitationsmaßnahme stehen dann umfassende Situationsabklärung mit Darstellung von Ressourcen und Defiziten, eigenen Wünschen und deren Realisierbarkeit und die daraus sich ableitende flexibel fortgeschriebene Rehabilitationsplanung im Vordergrund. Die Mitglieder des Rehabilitationsteams begleiten den Rehabilitationsteilnehmer in einer Beziehungskontinuität auf dem weiteren Weg und akquirieren verschiedene Hilfen in der Region im Bereich der beruflichen Rehabilitation und ihrer Vorbereitung etwa zur Arbeitsdiagnostik und Belastungserprobung, zur beruflichen Bildung und Wiedereingliederung durch Nutzung von Ressourcen in klinisch psychiatrischen Einrichtungen (Arbeitsdiagnostik), Institutionen der beruflichen Bildung und von Arbeitsplätzen im gesamten Spektrum des Arbeitsmarktes. Gerade hierin liegt ein großer Vorteil, in dem entsprechend den persönlichen Bedürfnissen alle denkbaren Arbeitsplätze für Praktikum, Belastungserprobung und Eingliederung genutzt werden können. Von den Mitgliedern des Rehabilitationsteams erfordert dies gute Kenntnisse der regionalen Verhältnisse, kommunikative Fertigkeiten und Einfallsreichtum.

Durch diese »kooperative« Struktur entstehen vielfältige Beziehungen in die Region, die zum Abbau der Stigmatisierung und zur Vorbereitung konkreter beruflicher Wiedereingliederung genutzt werden können. Die RPK nähert sich dabei einer virtuellen Einrichtung. Es besteht keine fest gefügte Institution. Das »Gebäude RPK«

enthält nur die Büros der Teammitglieder, Räume für Besprechungen und Gruppen. Wohnen können Rehabilitationsteilnehmer in von der Einrichtung vorgehaltenen Wohngemeinschaften (stationäre RPK) oder in freigewählten anderen Wohnformen einschließlich der eigenen Wohnung und von dort aus die Rehabilitationsangebote aufsuchen (teilstationäre RPK). Die Bedingungen dieses Settings lassen sich je nach den Bedürfnissen und Fortschritten flexibel variieren.

Konzeptionell folgt die Arbeit, die hier skizziert wird, dem Bewältigungsparadigma: Ausgehend von Erkenntnissen der psychologischen Forschung zur Bewältigung chronischer Krankheiten wird mit den Teilnehmern die aktive Überwindung von Krankheitsfolgen und die davon bestimmte Lebensbewältigung im Allgemeinen und bezogen auf besondere Schwerpunkte, insbesondere auf die Berufstätigkeit, erarbeitet. Das Konzept wurde ursprünglich vor allem für Menschen, die an Schizophrenie und verwandten Störungen leiden, entwickelt. Inzwischen sind auch in größerer Zahl Menschen mit anderen Störungen, insbesondere schweren affektiven Störungen, Persönlichkeitsstörungen und chronifizierten Neurosen aufgetaucht, für die Modifikationen des Programms erforderlich wurden. Eine besondere Rolle spielt in letzter Zeit auch die Gruppe der Menschen mit »Doppeldiagnosen«, bei denen eine psychische Störung im engeren Sinne sich mit einer Substanzabhängigkeit verbindet. Hier führte die Kooperation von RPK-Einrichtungen mit Einrichtungen der Rehabilitation für Suchkranke zu innovativen und durch die Synergie günstigen Angeboten. Kooperative RPK-Einrichtungen sind eng in die sozialpsychiatrischen Verbünde der jeweiligen Stadt oder des Landkreises integriert.

Das beschriebene System hat sich bewährt. Es ermöglicht schon jetzt personenbezogene Hilfen. Die Evaluationsforschung zeigt, dass die Rehabilitation erfolgreich ist. Besonders erfreulich ist daran, dass Rehabilitationserfolge bis zu fünf Jahren nach Abschluss der Maßnahme nicht nur stabil bleiben, sondern sich tendenziell sogar weiter verbessern. Im Übrigen entsprechen die Rehabilitationsergebnisse in den kooperativen RPK-Einrichtungen den Ergebnissen, wie sie aus der internationalen Rehabilitationsforschung bekannt sind. Durch die relativ geringen Aufwände und festen Strukturen, die vorgehalten werden müssen und die Nutzung von Synergieeffekten ist das Modell auch kostengünstig. In Niedersachsen bestehende Plä-

Innovationen in den Einrichtungen der beruflichen Rehabilitation aus der Sicht der Rehabilitationseinrichtungen (RPK)

ne zu einer flächendeckenden Umsetzung, sind bereits weitgehend verwirklicht worden.

Trotz dieser positiven Bilanz sind Probleme unübersehbar: Die psychiatrische Rehabilitationsforschung ist defizitär, daher sind die Voraussetzungen erfolgreicher Rehabilitation empirisch nicht hinreichend überprüft. Die bundesweite Umsetzung des bewährten Modells flexibler kooperativer Rehabilitation ist blockiert durch die mangelnde Bereitschaft, die Empfehlungsvereinbarung RPK fortzuschreiben, und die – aus fachlicher und volkswirtschaftlicher Sicht unverständliche – Weigerung einiger Kosten- und Leistungsträger, an der Weiterentwicklung des Angebots mitzuwirken. So wird etwa die für eine psychiatrische Rehabilitation notwendige Dauer der Maßnahme, die nach unserer Erfahrung im Allgemeinen zwischen sechs Monaten und zwei Jahren beträgt, gelegentlich immer wieder infrage gestellt und es werden die aus der somatischen Rehabilitation abgeleiteten, in unserem Zusammenhang grotesken »Drei-Wochen-Maßnahmedauern« angeboten.

Eine in Deutschland weltweit einzigartige überdimensionierte psychosomatische Rehabilitation entzieht dem Ausbau der psychiatrischen Rehabilitation Ressourcen. Die Rehabilitation Suchtkranker folgt weiterhin einem Modell, das regionale Vernetzung und sozialpsychiatrische Ausrichtung erschwert. Neue und zunächst viel versprechende Entwicklungen im Bereich der Rehabilitation wie etwa die Einrichtung von Integrationsfachdiensten werden nicht hinreichend mit dem psychiatrischen Rehabilitationssystem verzahnt, sodass eher eine Verschlechterung der gegenwärtigen Integrationsbemühungen droht.

Vergleicht man das beschriebene System mit den für angemessene beruflicher Rehabilitation aufgestellten Qualitätsmerkmalen, so ergibt sich Folgendes:

- Der Aspekt der Wohnortnähe wurde diskutiert, zu fordern ist eine flächendeckende Ausbreitung psychiatrischer Hilfen zur Rehabilitation, sodass im Allgemeinen die Erreichbarkeit innerhalb einer Stunde mit öffentlichen Verkehrsmitteln möglich wird.
- Eine flexible Gestaltung der Rehabilitation und der anschließenden Integration unter Berücksichtigung diskontinuierlich verlaufender Prozesse ist in dem beschriebenen Modell weitgehend möglich. Dies kann auch durch eine Unterbrechung und spätere Wiederaufnahme der Rehabilitationsmaßnahme geschehen.

- Leistungsgrenzen überschreitende Hilfen sowie eine Leistungsträger und -erbringer übergreifende Rehabilitationsplanung und -gestaltung ist nach der Empfehlungsvereinbarung RPK grundsätzlich möglich.
- Die Nachhaltigkeit der Rehabilitationsbemühungen ist nach den vorliegenden Katamnesen im Allgemeinen gut. Die Einrichtungen leisten teilweise unbezahlt auch Nachbetreuung.
- Die Einbindung in regionale Kooperationsstrukturen ist für nach dem beschriebenen Modell arbeitende Rehabilitations-Einrichtungen unverzichtbar und auch gegeben.
- Insgesamt ergeben die Innovationen im Bereich der RPK-Einrichtungen einen gangbaren Weg, der zur Nachahmung empfohlen werden kann. Sicherlich sind daneben je nach den örtlichen Gegebenheiten auch andere Wege der Entwicklung und Vernetzung denkbar.

Literatur

1. BUNDESARBEITSGEMEINSCHAFT FÜR REHABILITATION (Hrsg.): Rehabilitation psychisch Kranker und Behinderter – RPK-Bestandsaufnahme, Frankfurt am Main 2000

Anforderungen an Rehabilitation und Integration

Leitlinien für Rehabilitation und Integration

Heinrich Kunze, Julia Pohl

Erfolge der Psychiatrie-Reform

In den letzten 20 Jahren wurde eine Vielzahl von psychiatrischen und psychosozialen Hilfen in den Versorgungsregionen geschaffen, die es ermöglicht haben, dass Menschen mit chronisch rezidivierenden psychischen Erkrankungen weitgehend selbstständig in dem von ihnen selbst gewählten sozialen Umfeld leben können. Ambulante und teilstationäre Behandlung, Betreutes Wohnen, Kontakt- und Beratungsstellen, Tagesstätten usw. sind mehr oder weniger flächendeckend realisiert, die stationären Behandlungszeiten wurden extrem verkürzt – also insofern eine erfolgreiche Reform. Aber wie sieht es aus mit der Teilhabe am Arbeitsleben?

Exkurs zur Bedeutung von Arbeit

Arbeit, bzw. etwas weiter gefasst, sinnvolle Tätigkeit ist ein wesentlicher Faktor für die psychische Gesundheit. Aus der Alltagserfahrung wie aus der Forschung ist bekannt, dass Untätigkeit eine Fülle von Problemen hervorruft und unter Umständen einen erheblichen Betreuungsbedarf erzeugt. Shepherd, ein englischer Psychologe und Schüler von Bennett, wies 1984 darauf hin, dass es keine andere einzelne Aktivität gebe, so reich und komplex in ihrer psychologischen, sozialen und materiellen Bedeutung wie Arbeit und arbeitsähnliche Tätigkeiten. Folgende wichtige Funktionen führt er auf:
- Ein Gefühl von persönlichem Erfolg und persönlicher Sicherheit durch die gelungene Bewältigung von äußeren Anforderungen und die Erfüllung der Erwartungen anderer;
- Eine Möglichkeit, sich in normalen sozialen Rollen (nicht in der Patientenrolle) zu engagieren und somit der chronischen Krankenrolle entgegenzuwirken;
- Ein leicht identifizierbares Kriterium für Genesung;
- Ein Gefühl für sozialen Status und Identität;
- Soziale Kontakte und Unterstützung;
- Ein Mittel zur Tagesstrukturierung;

- Finanzielle Belohnung¹.

Diese Erkenntnisse sind nicht neu. Wir wollen gar nicht so weit zurückgreifen und Hermann Simon bemühen, der bereits in den Zwanzigerjahren die positiven Auswirkungen der Arbeit für Psychiatrie-Patienten (wieder) entdeckte. Wir möchten aber betonen, dass sich in den psychiatrischen Kliniken seit der Psychiatrie-Enquête die Arbeitstherapien zu einem sehr wichtigen Instrument der Vorbereitung auf die berufliche Rehabilitation entwickelt hatten.

Arbeits- und rehabilitationsvorbereitende Maßnahmen sowie intensive berufsbezogene Diagnostik und individuelle Rehabilitationsplanung können auf Grund der immer kürzer werdenden Behandlungszeiten nicht mehr in großem Umfang angeboten werden. Sie wurden aber im Zuge der Psychiatrie-Reform auch nicht außerhalb der Kliniken ersetzt. Genau genommen ist damit in dem Bereich »Teilhabe am Arbeitsleben« ein Teil des ohnehin nicht ausreichenden Hilfsangebotes verloren gegangen. Es wurden auch praktisch keine neuen Angebote entwickelt.

Von den Patienten im arbeitsfähigen Alter, die ambulant, tagesklinisch oder stationär in unserer Psychiatrischen Klinik behandelt werden, sind nur noch etwa 20 % im ersten Arbeitsmarkt integriert, bei dem Klientel der Sozialpsychiatrischen Beratungsstelle des Landkreises sowie der Stadt Kassel sind es weniger als 10 %. Aber wie kann das passieren, wenn doch seit Jahrzehnten bekannt ist, dass Arbeitslosigkeit und Passivität fatale Auswirkungen auf die psychische Gesundheit und das Allgemeinbefinden haben und dies besonders bei Menschen mit psychischen Erkrankungen?

»Teilhabe am Arbeitsleben« kann nicht von der Psychiatrie allein entwickelt werden

Die Verkürzung des Arbeitsbereiches liegt sicher nicht an der Nachlässigkeit oder mangelndem Überblick der »Reformer«, sondern ganz einfach daran, dass die Psychiatrie und das psychosoziale Netzwerk den Lebensbereich »Teilhabe am Arbeitsleben« nicht allein aus sich heraus realisieren konnten und können.

---

1 vgl. SHEPHERD 1984, S. 124 und Bundesminister für Jugend, Familie, Frauen und Gesundheit 1988, in 3. Kap. C 8

Die Psychiatriereform kann natürlich nur dort greifen, wo die zuständigen Leistungsträger und Leistungserbringer Einfluss haben, d.h. bei den psychiatrischen und psychosozialen Hilfsangeboten. Auf dieser Ebene wurde das Thema »Arbeit« auch berücksichtigt:
- Die Anzahl der Plätze in Werkstätten für psychisch Behinderte wurden ausgeweitet;
- Die Anzahl von Rehabilitationseinrichtungen für psychisch Kranke – insgesamt viel zu gering! – wurde etwas erhöht;
- Im weitesten Sinne zählt auch der Auf- und Ausbau von Integrationsfirmen dazu, da diese in der Regel von psychosozialer Seite aus initiiert wurden.

Aus der psychiatrischen Versorgung heraus wurden zwar einige Arbeitsangebote entwickelt, aber die psychisch kranken Menschen bleiben weitgehend unter sich und erreichen nicht Arbeit in der Normalität. Der einzige praktische Schritt in diese Richtung ist bislang das Angebot der berufsbegleitenden Dienste. Damit ist zumindest die relativ kleine Anzahl von psychisch Kranken versorgt, die über einen Arbeitsplatz verfügen. Einzelnen psychisch Kranken hilft der Integrationsfachdienst.

Was ist aber mit der großen Anzahl von psychisch Kranken, die weder in den Behindertenwerkstätten noch auf dem allgemeinen Arbeitsmarkt den richtigen Platz finden? Will man auch diesen psychisch Kranken die »Teilhabe am Arbeitsleben« ermöglichen, dann geht es nicht nur um die erforderlichen psychosozialen Hilfen, sondern in aller erster Linie um die Bereitstellung von entsprechenden Arbeitsplätzen und Arbeitsbedingungen. Dies kann aber nicht allein in der Hand der Psychiatrie-Reformer liegen, sie brauchen dafür die Mitarbeit der Politik, der Arbeitgeber, der Gewerkschaften, der Arbeitsverwaltung usw. Eine Verknüpfung von Psychiatrie und Arbeitswelt setzt voraus, dass beide Seiten auf einander zugehen, um gemeinsame Lösungen für die Probleme psychisch kranker Menschen zu finden.

Anforderungen an ein Hilfesystem »Teilhabe am Arbeitsleben«

Genau so wie in den Lebensbereichen »Wohnen« und »Soziale Kontakte« muss auch in dem Bereich »Teilhabe am Arbeitsleben«
- der Begriff »Behinderung« umfassender definiert werden,

- der Perspektivwechsel von der institutionszentrierten zur personenzentrierten Hilfe, von der Angebotsorientierung zur Bedarfsorientierung vollzogen werden,
- das Normalisierungsprinzip Vorrang haben, d.h. weniger institutionsgebundene, mehr betriebliche Förderung,
- eine individuelle Förderplanung verfolgt werden, anstatt eine Zuweisung von Personen zu vorhandenen Plätzen/Maßnahmen,
- eine Flexibilisierung der Förderangebote angestrebt werden,
- der Zugang zu den Hilfs- und Förderangeboten für alle gewährleistet sein,
- die Verantwortung für die regionale Planung und Steuerung der Hilfsangebote verbindlich festgelegt sein.

Neue Sichtweise der Behinderung: Eine Person ist nicht behindert, sie wird behindert

Der Begriff »Behinderung« muss in vollem Umfang in seiner Doppeldeutigkeit verstanden werden. Die traditionelle Sichtweise von Behinderungen geht davon aus: Eine Person ist behindert, d.h. sie ist auf Grund von körperlichen, geistigen oder psychischen Störungen in ihrer Handlungsfähigkeit eingeschränkt. Daraus ergibt sich, dass die Ursache z.B. für geringe Eingliederungschancen auf dem Arbeitsmarkt in der Person selbst liegt. Um ihre Chancen zu verbessern, muss die Person selbst sich ändern.

Die zweite Bedeutung von Behinderung ist – und sie wird bislang noch viel zu wenig beachtet –, dass die Person behindert wird, weil die Rahmenbedingungen eine Integration auf dem Arbeitsmarkt nicht zu lassen. Hieraus folgt, dass die Bedingungen verändert werden müssen, um den Zugang zum Arbeitsleben zu ermöglichen. Behinderung ist also keine (konstante) Eigenschaft einer Person, sondern ein dynamischer Prozess, das Ergebnis der Interaktion zwischen einer Person (mit Fähigkeiten und Fähigkeitsstörungen) und ihrem sozialen Umfeld. Diesem Verständnis von Behinderung liegt das Konzept der Krankheitsfolgen zu Grunde, das von der WHO vor ca. zwei Jahrzehnten entwickelt wurde (vgl. ICIDH und jetzt ICF).

Die allgemeinen Handlungsnormen des Sozialrechts wurden 2001 im neuen SGB IX fortentwickelt. Sie gehen von dem oben beschriebenen dynamischen Konzept von Behinderung aus. Der umfassende Begriff ist jetzt Selbstbestimmung und gleichberechtigte Teilhabe. In Bezug auf Ausbildung und Arbeit geht es nicht nur um die Eingliederung im ersten Arbeitsmarkt mit voller Wochenarbeitszeit, sondern generell um »Teilhabe am Arbeitsleben entsprechend den Neigungen und Fähigkeiten«[2], d.h. die Hilfen müssen passend sein zur hilfebedürftigen Person (mit ggf. beeinträchtigten Fähigkeiten) und nicht umgekehrt – dies ist auch zu sehen im Kontext der veränderten Anforderungen in der Arbeitswelt: Flexibilisierung der Arbeitszeiten, Teilarbeitszeit bis hin zu Zuverdienstarbeitsplätzen.

Von der Angebotsorientierung zur Bedarfsorientierung

Angebotsorientierung heißt: Auf der Grundlage allgemeiner Kenntnisse von den Auswirkungen psychischer Störungen im Arbeitsprozess werden Beratungs-, Betreuungs- und Förderangebote entwickelt und dann dazu die passenden Klienten ausgewählt.

Bedarfsorientierung heißt: Ausgangspunkt ist die Versorgungsverpflichtung für die betroffenen Personen in einer Region, z.B. Stadt oder Kreis. Es wird mit dem Betroffenen gemeinsam festgestellt, welche Förderung er braucht, um am Arbeitsleben teilhaben zu können, und dann wird eine für ihn passende Maßnahme gesucht oder, falls eine solche nicht vorhanden ist, eine individuelle Lösung erarbeitet. Bei der Beschäftigungsförderung für Arbeitslose durch das Arbeitsamt und die Sozialhilfe zeichnet sich ein Perspektivwechsel ab, der genau in diese Richtung geht und sich mit dem Schlagwort »Fördern und Fordern« kennzeichnen lässt.

Die Bertelsmann-Stiftung hat gerade zusammen mit der Bundesanstalt für Arbeit und den kommunalen Dachverbänden ein Handbuch herausgegeben [1]. Darin werden neue Eingliederungsstrategien in der Beschäftigungsförderung vorgestellt, bei denen als mögliches Eingliederungshindernis auch eine psychische oder Suchterkrankung in den Blick genommen wird. Insofern finden hier auch psychiatriespezifische Belange Berücksichtigung in der allgemeinen Beschäftigungsförderung.

Allgemein wird in dem Handbuch angestrebt, dass Maßnahmen und Einrichtungen zur Berufsförderung nicht mehr unabhängig davon finanziert werden, ob sie den Neigungen und Fähigkeiten der

---

2   vgl. § 4 Abs. 3 SGB IX

Arbeitslosen entsprechen und zu Qualifizierungen führen, für die auf dem regionalen Arbeitsmarkt Bedarf besteht. Das neue Konzept geht vielmehr einerseits von den in der Region vorhandenen Personen aus, andererseits von den Möglichkeiten und Grenzen des regionalen Arbeitsmarktes. Beide Seiten sollen auf einander zu geführt werden.

Aus der Aggregierung der individuellen Hilfebedarfe von Personen in einer Region sollen die regionalen Förderangebote geplant werden. Damit ist die zielorientierte Steuerung auf der Einzelfallebene sowie die bedarfsorientierte Angebotssteuerung auf der regionalen Ebene als Aufgabe thematisiert. Dieser Perspektivwechsel im Bereich der Arbeitsförderung und Sozialhilfe entspricht dem in der psychiatrischen Versorgung, beide gilt es zusammenzuführen, um die Teilhabe am Arbeitsleben bei Menschen mit psychischen Beeinträchtigungen grundlegend zu verbessern.

Von der Rehabilitation in Sondereinrichtungen zur Rehabilitation im betrieblichen Umfeld

Leistungen zur Teilhabe am Arbeitsleben für Menschen mit psychischen Beeinträchtigungen werden (mit Ausnahme der begleitenden Hilfe im Arbeitsleben) gegenwärtig weithin in bzw. durch spezielle Rehabilitationseinrichtungen und in überbetrieblichen Maßnahmen erbracht und nur in Ausnahmefällen in Betrieben. Obwohl in mehreren Versuchen und Modellen positive Erfahrungen mit der betrieblichen Rehabilitation auch in Deutschland gemacht worden sind, wird dieser Weg insgesamt nur vereinzelt weiter beschritten.

Einen besonders anschaulichen Anstoß, die Rehabilitation im betrieblichen Umfeld nachhaltig zu stärken, geben die Ergebnisse einer in den USA von Drake et al. durchgeführten kontrollierten Studie, bei der die Effektivität von zwei unterschiedlichen Ansätzen in der beruflichen Rehabilitation von Personen mit schweren psychischen Störungen untersucht wurden [3]: Einerseits der Weg der individuellen Platzierung und Unterstützung durch eine Fachkraft (employment specialist) auf dem allgemeinen Arbeitsmarkt, andererseits die Förderung in Rehabilitationseinrichtungen. Als wichtigstes Ergebnis der Studie wird festgehalten, dass bezüglich des Ziels der Integration in den allgemeinen Arbeitsmarkt (competitive employment) der Ansatz der individuellen Platzierung und Unterstützung wesentlich erfolgreicher war als der herkömmlich »gestufte« Weg in und durch Rehabilitationseinrichtungen:

Rehabilitationsansatz	Erreichte Integration in	
	Allgemeinen Arbeitsmarkt	Beschützte Beschäftigung
Betrieblich mit Unterstützung: erst platzieren, dann trainieren	61 %	9 %
Durch Rehabilitationseinrichtungen: erst trainieren, dann in Betrieb platzieren	11 %	71 %

Abb. 1: Vergleich der Rehabilitationsansätze

Der Weg der individuellen betrieblichen Platzierung und Unterstützung dort entspricht dem Normalisierungsprinzip und den Prinzipien unserer sozialrechtlichen Regelungen, nach denen »allgemeine« – hier insbesondere betriebliche – Maßnahmen Vorrang vor denen in speziellen Einrichtungen haben.

Hier stellt sich aber häufig das Problem, dass die im Einzelfall erforderliche spezielle Handlungskompetenz von Fachkräften vorwiegend in speziellen Einrichtungen zu finden und hier »institutionell« abgesichert ist. Es sind Struktur-/Organisationskonzepte zu entwickeln, wie die derzeit unter dem Dach einer Einrichtung gebündelte Kompetenz personen- und bedarfsorientiert »laufen lernen« kann (unterstützte Erprobung, Qualifizierung, Beschäftigung).

Voraussetzung dafür sind Anreize und Rahmenbedingungen für eine verstärkte Zuwendung zur betrieblichen Rehabilitation (platziert rehabilitieren) und Beschäftigung sowie damit einhergehend zur Entwicklung von Kooperationsstrukturen zwischen Rehabilitationseinrichtungen und Bildungsträgern sowie Betrieben zu schaffen. In diesem Zusammenhang ist insbesondere zu prüfen, wie die Finanzierung von funktionalen Leistungen zur Teilhabe gestaltet werden könnte, z.B. über eine Differenzierung nach Kostenarten für

- »Betreuungsaufwand« (Personalkosten Fach- und Anleitungspersonal),
- Ausstattung der Trainings-/Qualifizierungsplätze (technische und sachliche Ausstattung),
- Investitionsbetrag/Mieten für Übungs-/Schulungsräume,
- sonstige Infrastruktur (z.B. Kantine, Hausmeister).

Zielperspektive sollte eine Finanzierung von funktionalen, an bestimmte qualitative Standards gebundene Hilfen sein, die aber nicht zwangsläufig an bestimmte institutionelle Formen der Leistungserbringung gebunden ist.

Vom Standardangebot zur individuellen Förderplanung

Individuelle Ziele

Das herkömmliche Angebot für Rehabilitation und Eingliederung ist gewachsen gemäß jahrzehntelangen Investitionsplänen des Bundes und der Länder für Einrichtungen sowie nach sozialrechtlich verankerten Maßnahmepaketen. Und die Personen, die einigermaßen zu diesen Angeboten passen, werden in diese Programme integriert. Aber die Durchführung von Maßnahmen ist kein Ziel! Das allgemeine Ziel nach SGB IX ist die Teilnahme am Arbeitsleben, möglichst auf dem ersten Arbeitsmarkt.

Aber auch Menschen, die dies Ziel nicht (sogleich) erreichen können, haben Anspruch auf Förderung. Nur müssen die Ziele dann anders definiert werden. Dabei sollte die ganze Bandbreite von möglichen Zielen im Blick sein (Abb. 2). Der jeweils erreichte Stand kann dann – auch nach langer Zeit der Stabilisierung – Ausgangsbasis dafür sein, ein neues Ziel anzustreben. Denn der wechselnde Verlauf der psychischen Beeinträchtigungen kann auch positive Entwicklungen im längeren Verlauf über Jahre zeigen. Eine solche abschnittsweise Fortschreibung der individuellen Ziele geht davon aus, dass es nicht bessere und schlechtere oder höhere und geringere Ziele gibt, sondern dass in Bezug auf die Möglichkeiten und Grenzen von konkreten Personen in ihrer (Arbeits-)Region die aktuell realisierbaren Ziele angestrebt werden. Das kann bei dem einen der tariflich entlohnte Arbeitsplatz sein, bei dem anderen eine Zuverdienstmöglichkeit oder eine ehrenamtliche Tätigkeit.

Individuelle Planung

Für das psychiatrische Hilfesystem wurde die personenzentrierte Hilfeplanung (IBRP) entwickelt, die sich zunächst schwerpunktmäßig auf die Bewältigung des Alltagslebens im Wohnbereich Lebensfeld bezogen hat [5]. Diese Hilfeplanung beinhaltet – auf

Selbstständig	Allgemeiner Arbeitsmarkt normales Arbeitsverh.	Besonderer Arbeitsmarkt Werkstatt für behind. Menschen	Rehabilitative Beschäftigung	Dritter Sektor Hauswirtschaftliche Versorgung
(einschließlich selbstständige Beschäftigung, z.B. bildnerisches Gestalten)	◆ unbefristet ◆ befristet ◆ in Integrationsbetrieben ◆ geringfügige Beschäftigung (325,- Euro-Regelung)	◆ allgemein ◆ ggf. Differenzierung für psychisch Behinderte ◆ ausgelagerter Arbeitsplatz	◆ Arbeitsgelegenheiten ◆ **Zuverdienst** ◆ Tagesstrukturierende Tätigkeit	von Familienangehörigen ◆ mit Betreuung von Kindern ◆ mit Betreuung pflegebedürftiger Angehöriger (SGB XI) **Ehrenamtliche Tätigkeit** **Tauschbörse/ Gegenseitige Hilfe**

Abb. 2: Hierarchie von Zielen der Rehabilitation und Eingliederung in Arbeit und Beschäftigung

Grundlage einer sorgfältigen Diagnostik – eine umfassende Beschreibung der aktuellen Fähigkeiten und Fähigkeitsstörungen des Betroffenen, und darauf aufbauend die Festlegung der erforderlichen Hilfen. Eine Differenzierung dieser Hilfeplanung für die Teilhabe am Arbeitsleben steht noch aus.

Möglicherweise hat uns hier die Bertelsmann-Stiftung einen Teil der Arbeit abgenommen, denn das oben genannte Handbuch konzipiert einen Eingliederungsplan, der der personenzentrierten Hilfeplanung sehr nahe kommt:

»Kernpunkt einer effektiven Eingliederung ist eine überlegte und koordinierte Vorgehensweise, i.e. der Eingliederungsplan. Dieser Plan basiert auf dem Prinzip Fördern und Fordern: Eigenverantwortung und Eigeninitiative sind ebenso wichtig wie der Einsatz passgenauer und effektiver Eingliederungsinstrumente«.[3]

Die Eingliederung soll
- bedarfsgerecht, d. h. den individuellen Fähigkeiten und Neigungen entsprechend
- wirksam, auch in schwierigen Fällen
- nachhaltig
- effizient und wirtschaftlich zu gestalten
- und bürgernah sein.

---

3   zit. Bertelsmann-Stiftung, a.a.O., S. .....

Die Einzelfallorientierung steht ganz oben an. Zur Feststellung der Ressourcen und Bedarfe gehört notwendigerweise auch die Selbsteinschätzung des Arbeitslosen. Erst im Abgleich der objektiven und subjektiven Sicht wird das Bild vollständig. Differenzen zwischen Betreuer und Arbeitslosen müssen verhandelt werden. Die Absprachen im Laufe des Eingliederungsprozesses sollen Klarheit und Transparenz hinsichtlich der Rechte, Pflichten und möglichen Konsequenzen gewährleisten. Dies alles soll im Verhältnis zwischen Betreuer und Arbeitslosen jederzeit auf gleicher Augenhöhe besprochen, verhandelt und vereinbart werden (bis hin zur schriftlichen Fixierung der Leistungen einerseits und der Mitwirkungspflichten andererseits im Eingliederungskontrakt).

Der Eingliederungsprozess soll beginnen mit der berufsbezogenen Diagnostik (Stärken- und Schwächenermittlung) des Arbeitslosen, die mindestens folgende Punkte umfasst:
- Qualifikationen;
- Berufliche Erfahrungen und deren Dauer;
- Motivation, Erscheinungsbild;
- räumliche und zeitliche Mobilität ;
- physische und psychische Ausgangslage.

Dieser Diagnoseprozess erfolgt ggf. handlungsorientiert in Verbindung mit Praktika, Probearbeit usw.

In einer zweiten Phase werden die individuelle Ausgangslage (inkl. der Wünsche und Ziele) mit der Nachfrage des regionalen Arbeitsmarktes in Zusammenhang gebracht. Daraus folgt dann der individuelle zielorientierte Eingliederungsplan als Grundlage für eine zielgerichtete Fallsteuerung. Er ist das Medium, mit dem der Verlauf des Prozesses immer wieder partnerschaftlich zwischen Fallverantwortlichem und Arbeitslosem reflektiert und in Bezug auf die Zielerreichung überprüft wird. Bei Personen mit komplexem Hilfebedarf wird nach dem Assessment ein Casemanager/Fallberater festgelegt, der zuständig ist bis zur nachhaltigen Eingliederung.

Die Anforderungen an den Casemanager sind vielfältig: »Teacher, Preacher, Friend, Cop« oder zu Deutsch wörtlich: Lehrer, Pfarrer, Freund, Polizist. Dies erfordert Qualifizierungen als Interviewer, Moderator, Beobachter, Berater, Gutachter. Wenn diese Form der Eingliederungsplanung bei den Arbeits- und Sozialämtern tatsächlich in die Praxis umgesetzt wird, dann haben wir eine sehr gute gemeinsame Grundlage für die Hilfeplanung für psychisch beeinträchtigte Menschen.

Individuelle Hilfen

Eine individuelle Förderplanung läuft natürlich ins Leere, wenn sie nicht in eine individuell angepasste Förderungspraxis mündet. Die Realisierung des personenzentrierten Ansatzes setzt die Gewährleistung der erforderlichen Hilfefunktionen in der Region voraus, wobei die Frage, wo und durch wen diese Hilfen angeboten werden, sekundär ist.

Für die Betroffenen sollen folgende Basisfunktionen in ihrer Wohnregion erreichbar sein:
- arbeitsweltbezogene Beratung und Bewältigungsunterstützung, Coaching;
- personenbezogene Hilfe (Dienstleistungen) zur Erlangung/Sicherung eines Arbeits-/Beschäftigungsverhältnisses; Begleitung, Moderation am Arbeitsplatz;
- personenbezogenen Hilfen/Dienstleistungen zur (Wieder-)Erlangung von Arbeitsfähigkeiten; vorbereitende Hilfen/Training für Arbeitstätigkeit oder berufliche Qualifizierung;
- Qualifizierung (einschließlich: Training on the job), Ausbildung, Fortbildung;
- Bereitstellung von Arbeits- und Beschäftigungsmöglichkeiten (einschließlich niederschwellige Arbeits-/Beschäftigungsangebote), sowohl für längerfristige Tätigkeit wie auch als »Überbrückungshilfe«, z.B. im Vorfeld oder im Anschluss an Qualifizierungsmaßnahme.

Diese funktional definierten Hilfen sind in jeder Region zu organisieren und können in den verschiedenen institutionellen Formen von verschiedenen Leistungsanbietern angeboten werden. Die Frage nach dem Spektrum von Arbeitsfeldern (vgl. Abb. 2), worauf hin rehabilitiert wird, verschärft sich immer mehr, angesichts der Tatsache, dass immer weniger Menschen mit chronisch rezidivierenden, psychischen und Suchterkrankungen noch im ersten Arbeitsmarkt einen Platz finden. Allgemeine Entwicklungen zur Flexibilisierung der Arbeitszeit inkl. unbezahlter Urlaub und Teilzeit können diesen Trend etwas zurückdrängen.

Der zweite Arbeitsmarkt expandiert, bisher hauptsächlich in gesonderten Institutionen, insbesondere Werkstätten für behinderte Menschen (WfbM). Die Leitlinie muss sein: Mehr Arbeitsplätze des zweiten Arbeitsmarktes integriert in Betriebe (Coaching/Beratung für den Betrieb sowie Lohnsubventionierung für Minderleistungsausgleich oder Bündelung des Niedriglohns mit Leistungen zur Grundsicherung). Der dritte Sektor sind ehrenamtliche Arbeiten, nicht nur für Personen, die aus Altersgründen aus dem Arbeitsleben ausgeschieden sind, sondern auch vor allem für diejenigen, die im arbeitsfähigen Alter keinen Platz im ersten oder zweiten Arbeitsmarkt haben. Hier geht es um Aufgaben, die ehrenamtlich, ggf. unterstützt durch Aufwandsentschädigung mit sozialer Wertschätzung verknüpft sind und deren Bereitstellung ggf. organisatorisch unterstützt wird.

Flexible Entlohnungssysteme und existenzsicherndes Einkommen

Die unzulängliche Motivationsförderung der üblichen Arbeitsbelohnungen ist seit langem bekannt. Deshalb müssen die Voraussetzungen dafür geschaffen werden, dass die Arbeit auch zu einem existenzsichernden Einkommen führt. Der Minderleistungsausgleich an Arbeitgeber, bisher nur im Schwerbehindertenrecht vorgesehen, soll auch bei einer Einstiegsphase ohne SB-Anerkennung möglich sein, wenn die (Weiter-)Beschäftigung eines psychisch beeinträchtigen Arbeitnehmers mit wirtschaftlichen Nachteilen für den Arbeitgeber verbunden ist. Durch eine fachärztliche Überprüfung dieser Voraussetzungen, insbesondere bei Verlängerungen, kann einem Missbrauch vorgebeugt werden.

Der Grundsatz »Subvention vor Sozialhilfe« sollte auch für Menschen mit einer psychischen Beeinträchtigung gelten, die auf Grund einer erheblich eingeschränkten Leistungsfähigkeit nur einer Teilzeitbeschäftigung – ggf. nur stundenweise – nachgehen oder auf dem besonderen Arbeitsmarkt tätig sind. Möglichkeiten der Bündelung der Auszahlung von Leistungsentgelt und weiteren Leistungen (z.B. Hilfe zum Lebensunterhalt, ab 2003 Leistungen der bedarfsorientierten sozialen Grundsicherung, (Teil-)Rente wegen verminderter Erwerbsfähigkeit) sollten geprüft werden. Schließlich kommen auch die Kombilohnregelungen infrage, die Anreize zur Aufnahme einer Beschäftigung im Niedriglohnsektor für Langzeitarbeitslose schaffen sollen.

Regionale Angebotsplanung und -steuerung

Regionales Verbundsystem

In Anbetracht der gegenwärtig bestehenden erheblichen regionalen Unterschiede in der Entwicklung und Verfügbarkeit von Hilfen und dem weit verbreiteten Nebeneinander von Angeboten ist
- einerseits analog zum Aufbau gemeindepsychiatrischer Verbünde auch für die Hilfen zur Teilhabe am Arbeitsleben die Entwicklung von Verbundsystem zu fördern und zu fordern und
- andererseits strukturell wie auch im Einzelfall die ggf. erforderliche Verknüpfung von psychiatrischen Hilfen und Leistungen zur Teilhabe am Arbeitsleben zu gewährleisten.

Zur wohnortnahen Vorhaltung und bedarfsgerechten Ausgestaltung der vorstehend beschriebenen elementaren Hilfen und Leistungen zur Teilhabe am Arbeitsleben einschließlich der Förderung von Arbeits- und Beschäftigungsangeboten sind verbindliche
- Strukturen zur Koordination und Steuerung auf regionaler Ebene, in denen sich die jeweiligen Leistungsanbieter und Leistungsträger (Reha-Träger) zu einer gemeinsam getragenen Leistungsverpflichtung insbesondere für den Personenkreis der Menschen mit psychischen Beeinträchtigungen aus der Region zusammenfinden und
- Qualitätsstandards für die Hilfeangebote (Einrichtungen und Dienste) und die Leistungserbringung zu entwickeln und umzusetzen.

Die Wahrnehmung der regionalen Koordinations- und Steuerungsfunktion erfordert die Entwicklung und Implementation von Instrumenten und Verfahren zur Bedarfsermittlung und -planung, verknüpft mit einer regelmäßigen Berichterstattung. Diese Aufgabe könnte durch ein Gremium wahrgenommen werden, das der regionalen Hilfeplankonferenz im Bereich Hilfen zur Selbstversorgung im Wohnbereich entspricht. Hier finden sich die Leistungsträger und Leistungserbringer zusammen, um in besonders problematischen Einzelfällen gemeinsam eine Lösung zu erarbeiten und anhand festgestellter individueller Bedarfe die notwendigen Hilfefunktionen bereitzustellen. Der regionale Gesamtbedarf in Bezug auf diese Funktionen ergibt sich aus der Aggregierung der individuellen Bedarfe und nicht aus der Projektion von Messzahlen auf die Bevölkerung [1]. So wird die Versorgungsverpflichtung gemeinsam wahrgenommen und auch überwacht. Dieser Prozess der Weiterentwicklung und Umgestaltung, hin zu einer personenzentrierten Organisation im Bereich der Hilfen zur Teilhabe am Arbeitsleben, sollte in ausgewählten Regionen systematisch unterstützt, begleitet und evaluiert werden, um aus den in diesen Referenzregionen gewonnenen Erfahrungen und Erkenntnissen Anregungen und Orientierungen für eine systematische Umsetzung zu erhalten[4].

Kooperation zwischen dem psychiatrischen und dem allgemeinen Hilfesystem

Personen mit Problemen bei der Teilhabe am Arbeitsleben müssen dort frühzeitig abgeholt werden, wo ihre Probleme sichtbar werden. Wenn die Probleme im psychiatrischen Hilfesystem erkannt werden, muss eine qualifizierte Zusammenarbeit mit den Hilfen zur Teilhabe am Arbeitsleben gewährleistet sein. Wenn die Probleme bei der Inanspruchnahme von Hilfen der Arbeitsverwaltung, der Sozialhilfe und bei allgemeinen sozialen Diensten sichtbar werden, muss eine qualifizierte Zusammenarbeit mit dem psychiatrischen Hilfesystem gewährleistet sein.

Berücksichtigung von Arbeitsperspektiven im psychiatrischen Hilfesystem

Bei Therapeuten und z.B. Krankenkassen ist die Meinung verbreitet, dass die Befassung mit Arbeitsproblemen nicht zur Krankenbehandlung, sondern ausschließlich zur Rehabilitation gehöre. Dies ist jedoch falsch. Auch in der psychiatrischen Diagnostik und Behandlung müssen evtl. Folgen der Erkrankung für die Teilhabe am Arbeitsleben systematisch berücksichtigt werden. Dies kann erfolgen durch Kontakte mit dem Betrieb (Vorgesetzte, Kollegen, Personalabteilung, Betriebsarzt, Betriebsrat) einschließlich von therapeutisch eingesetzten Belastungserprobungen am eigenen Arbeitsplatz im Rahmen der gestuften Wiedereingliederung[5] oder im Rahmen be-

---

4 vgl. Bertelsmann-Stiftung, a.a.O., S. 182
5 vgl. § 74 SGB V und § 28 SGB IX

trieblicher Praktika. Zur psychiatrischen Behandlung gehört eben nicht nur das diagnostische und therapeutische Gespräch über Arbeitsprobleme, sondern ggf. auch die handlungsorientierte Diagnostik und Erprobung. Bei aktuellen Problemen, z.B. drohendem Verlust des Arbeitsplatzes und ggf. der Sozialversicherung, muss eine sofortige Krisenintervention erfolgen.

Berücksichtigung des psychiatrischen Hilfebedarfs bei der Inanspruchnahme von allgemeinen Hilfen

Es gibt auch viele Menschen mit schwereren psychischen Störungen, die keinen Kontakt zum psychiatrischen Hilfesystem haben. Bei ihnen führen die Folgeprobleme im Arbeitsleben zur Inanspruchnahme entsprechender Hilfesysteme, vor allem der Arbeitsverwaltung und der Sozialhilfe. In dem oben erwähnten Handbuch der Bertelsmannstiftung werden fünf Strategiegruppen benannt:

A benötigen Suchhilfen, z.B. Vermittlungsvorschläge;
B leichter Unterstützungsbedarf, z.B. Bewerbungstraining;
C Bedarf an Qualifizierung und Weiterbildung;
D Arbeitslose mit komplexem Hilfebedarf benötigen mehrere, aufeinander abgestimmt Maßnahmen;
E Arbeitslose mit massiven Vermittlungshemmnissen ohne gegenwärtige Eingliederungschancen. Für diese Menschen geht es in erster Linie um die Sicherung ihrer Grundbedürfnisse.

In der Gruppe D und E finden sich häufig Personen, bei denen psychische und Suchterkrankungen zu dem komplexen Hilfebedarf maßgeblich beitragen. Hier stellt sich oft das Problem, dass die Abklärung und Realisierung des psychiatrischen Hilfebedarfs Voraussetzung für weitere Hilfen zur Teilhabe am Arbeitsleben sind.

Die Kooperation zwischen den beiden Bereichen wird in vielen Regionen bisher noch sehr »ungelenk« praktiziert. Hier liegt ein lohnendes Aufgabenfeld brach, zielorientierte Kooperationsprozesse zu vereinbaren und die dafür notwendigen Strukturen in der Region zu schaffen. Das wirft – wie bei der Aufgabenverteilung und Kooperation zwischen Allgemeinmedizin und Psychiatrie – die Frage auf, die je einzeln zu klären ist: Ist das Arbeitsamt/Sozialamt federführend zuständig, mit Konsultation von Seiten der Psychiatrie oder umgekehrt?

Zusammenfassung und Ausblick

Wir haben bei dieser Tagung viel gehört über unzureichende Arbeitsmöglichkeiten für Menschen mit psychischen Erkrankungen. Wir möchten aber die Aufmerksamkeit lenken auf die konstruktiven Perspektiven, die es zu nutzen gilt. Das Bundesarbeitsministerium hat diesen Problembereich aufgegriffen und das Projekt bei der AKTION PSYCHISCH KRANKE in Auftrag gegeben. Das lange erwartete, endlich verabschiedete SGB IX ist noch mit einer Reihe von Unklarheiten behaftet, doch entscheidend sind die mit diesem Gesetz verbundenen Perspektiven und Zielsetzungen, die in einem kontinuierlichen Prozess im Sinne »lernender Gesetzgebung«, der Evaluation der Umsetzung des Gesetzes vorangetrieben werden. Das Gesetz greift auf und verstärkt den Perspektivwechsel von schematischen paketartigen Hilfeangeboten hin zur Individualisierung, unter Berücksichtigung des konkreten Lebenskontextes der betroffenen Personen.

Damit tragen Ansätze ihre Früchte, die die WHO erstmals 1980 mit dem Konzept der Krankheit und der Krankheitsfolgen formuliert hat [4]. Dies wird auch deutlich z.B. in dem Handbuch der Bertelsmann-Stiftung, dessen Konzeption mit der des personenzentrierten Ansatzes in der Psychiatrie konvergiert. Das Problem Arbeit für Menschen mit psychischen Erkrankungen ist nicht mehr eine Sache der Psychiatrie alleine, sondern die Politik, die Arbeitsverwaltung und die Sozialhilfeträger müssen dieses zentrale gesellschaftliche Problem aufgreifen. Damit eröffnet sich die Perspektive, in diesem in der Psychiatriereform bisher unterentwickelten Lebensbereich zu besseren Lösungen zu kommen.

Literatur

1. BERTELSMANN-STIFTUNG, BUNDESANSTALT FÜR ARBEIT, DEUTSCHER LANDKREISTAG, DEUTSCHER STÄDTETAG, DEUTSCHER STÄDTE- UND GEMEINDEBUND (Hg): Handbuch Beratung und Integration. Verlag Bertelsmann-Stiftung, Gütersloh 2002
2. BUNDESMINISTER FÜR JUGEND, FAMILIE, FRAUEN UND GESUNDHEIT (Hg): Empfehlungen der Expertenkommission der Bundesregierung zur Reform im psychiatrischen und psychotherapeutisch/psychosomatischen Bereich, Bonn 1988
3. DRAKE, R.E., MCHUGO, G.J., BEBOUT, R.R. et al: A Randomized

Clinical Trial of Supported Employment für Inner-City-Patients With Severe Mental Disorders. Arch Gen Psychiatry 56, 1999 S. 627–633
4. MATTHESIUS, R.G., JOCHHEIM, K.A., BAROLIN, G.S., HEINZ, C. (Hg.): ICIDH – Internationale Klassifikation der Schädigungen, Fähigkeitsstörungen und Beeinträchtigungen. Ulstein, Mosby, Berlin Wiesbaden 1995
5. KAUDER, V., AKTION PSYCHISCH KRANKE (Hg). Personenzentrierte Hilfen in der psychiatrischen Versorgung. Psychiatrie-Verlag, Bonn 1997
6. SHEPHERD, G.: International Care and Rehabilitation. Longman, London and New York 1984

Vermittlung chronisch psychisch Kranker in Arbeit

Karin Gelfort

Mein Name ist Karin Gelfort. Ich bin Ergotherapeutin. Ein Teil meiner Aufgaben besteht in der Vermittlung chronisch psychisch kranker Menschen in Arbeit. Über die Bedeutung der Teilhabe an gesellschaftlicher Arbeit – insbesondere für diesen Personenkreis – ist viel geforscht, geschrieben und veröffentlicht worden. Deshalb will ich an dieser Stelle nicht näher darauf eingehen. Im Folgenden möchte ich Ihnen schildern, wie wir diesen Wunsch nach Arbeit hier umsetzen.

Der Bezirk

Mein Arbeitsplatz befindet sich in Berlin, im Bezirk Mitte. Seit der Bezirksfusion im letzten Jahr besteht dieser aus drei ehemaligen Bezirken, zwei West- und einem Ostbezirk. Einer der ehemaligen Westbezirke heißt Wedding und ist der Ort, an dem ich tätig bin. Es ist ein relativ typischer (westlicher) Innenstadtbezirk mit ca. 160.000 Einwohnern. Ca. 17 % der Bevölkerung leben von Sozialhilfe. Im Zusammenhang damit gibt es verstärkt Programme im Rahmen von »Hilfe zur Arbeit«. Ein Teil davon erreicht den Personenkreis der chronisch psychisch kranken Menschen. Einige können davon längerfristig profitieren. Für viele ist es eine Überforderung.

Wir nutzen den Bereich insbesondere im Rahmen der »Gemeinnützigen zusätzlichen Arbeit«. Hier handelt es sich um Hilfstätigkeiten im Umfang von vierzig bis sechzig Stunden im Monat. Die Stunde wird mit 1,53 Euro zuzüglich zur Sozialhilfe belohnt. Einige chronisch psychisch kranke Menschen haben hier die für sie passende Nische gefunden: Sie arbeiten im Gartenbauamt mit, helfen dem Schulhausmeister oder machen in der Geschäftsstelle eines gemeinnützigen Vereins die Kopierarbeiten. Im Bezirksamt sind wir auf Mitarbeiter gestoßen, die verstanden haben, dass dieser Bereich Möglichkeiten bietet, in unterschiedliche Arbeitsorte reinzuschnuppern und eventuell Leistungsfähigkeit zu erproben.

Der Zuverdienst

Viele der chronisch psychisch Kranken sind angewiesen auf die Existenz so genannter Zuverdienstfirmen, häufig in der Nähe der eigenen Wohnung. Hier kann man die Arbeitszeit frei vereinbaren sowie entsprechend den eigenen Möglichkeiten arbeiten. Wir haben im Wedding eine Firma, die Aufträge für Industriebetriebe der Region im Bereich Konfektionierung, Sortierung und Versand durchführt, eine Reinigungsfirma, die in den Geschäftsstellen, Tageszentren, Heimen des Bezirks putzt und einen Botendienst, der bezirksinterne Post der Vereine und des Bezirksamts zu Fuß oder per Fahrrad austrägt. Insgesamt handelt es sich um 30 bis 35 Plätze.

Diese Plätze teilen wir uns mit dem ganzen Bezirk Mitte. Im ehemaligen Ostbezirk gibt es einen Renovierungs- sowie einen weiteren Reinigungsbetrieb und seit kurzem einen Naturkostladen. Im ehemaligen anderen Westbezirk gibt es einen Zuverdienstbereich, der den Kaffeeausschank in der KBS, einen weiteren Botendienst und unterschiedliche im dortigen Tageszentrum und dessen Nähe anfallende Aufgaben erledigt.

Zuverdienstfirmen sind Teil der gemeindepsychiatrischen Pflichtversorgung, sie werden durch bezirkliche Zuwendungen finanziert. Diese Mittel haben wir im Wedding gemäß Psychiatrieentwicklungsplan komplett in die Finanzierung der Anleitungsstellen gegeben, um ein Höchstmaß an Plätzen zu erreichen. Nachteil davon ist, dass die Miet-, Energie- und sonstigen Kosten durch die Arbeitsleistung der Zuverdiener erbracht werden müssen, sodass der finanzielle Zuverdienst relativ gering und der Kampf um Rentabilität dieser Firmen streckenweise sehr hoch ist. Die Beschäftigten verdienen sich etwas zu Sozialhilfe und/oder Rente hinzu.

Die Vergabe der Plätze

In den Zuverdienstfirmen gibt es keine Wartelisten mehr. Wer einen Platz braucht, bekommt ihn vermittelt über die Steuerungsrunde, so heißt bei uns die Hilfeplankonferenz. Dort werden neben Wohn- und Tagesstättenplätzen seit ca. eineinhalb Jahren auch die Zuverdienstplätze vergeben. Dieses Gremium ist mit allen in der Region wichtigen Diensten besetzt: Vertretern der Klinik, des Sozialpsychiatrischen Dienstes, der Wohnträger, der Kontakt- und Beratungsstelle, der

Tagesstätte, sowie Vertretern des Zuverdienstes. Letztere bemühen sich, auch in über den Zuverdienstbereich hinausgehenden Fragen bezüglich Arbeit, Ausbildung, Förderangeboten möglichst aktuell informiert zu sein. Die Vorstellung in der Steuerungsrunde orientiert sich an folgenden Grundsätzen:

- Die Pläne, die dort vorgestellt werden, sind die Wünsche des Betroffenen, zumindest war er an der Planung beteiligt. Er ist einverstanden, dass sein Anliegen in diesem Gremium vorgestellt wird.
- Wir orientieren uns wohnortnah (außer der Betroffene wünscht ausdrücklich etwas anderes).
- Wir legen fest, wer, wo, wie für welche Hilfen zuständig ist.
- Für den laufenden Prozess der Hilfeleistung benennen wir eine koordinierende Bezugsperson.

Die Vorstellung der Wünsche des Betroffenen in diesem Gremium erfolgt meist nicht durch ihn selbst, sondern durch einen Mitarbeiter seines Vertrauens bzw. durch denjenigen, der den Rehabilitationsplan mit ihm erarbeitet hat. Das kann der Mitarbeiter im Sozialpsychiatrischen Dienst (SpD) sein, der den Betroffenen schon lange kennt, der Wohnbetreuer, in Einzelfällen auch der gesetzliche Betreuer, so er nah genug ist. Häufig gibt es Vorstellungen im Rahmen eines Klinikaufenthalts. Hier entstehen oft veränderte Planungen, Lebensentwürfe, weil die vorangegangenen fehlgeschlagen sind.

Mitunter kommen wir innerhalb der Steuerungsrunde zu anderen Schlussfolgerungen. Grund hierfür ist häufig, dass im Vorfeld nach wie vor schwerpunktmäßig an Wohn»lösungen« gedacht wird. Und wenn der Mensch Kontakt braucht, na, dann suchen wir einen Platz in einer Wohngemeinschaft oder einem Heim. Die Frage, was chronisch kranke Menschen den Tag über tun, gewinnt erst langsam an Bedeutung.

Auch psychisch kranke Menschen wollen häufig eher allein in eigener Wohnung wohnen und am Tag zur Arbeit gehen. Sie wollen außerhalb der Rolle des Kranken, des Patienten bedeutsam sein. Arbeit ist eine gute Möglichkeit, um mit Menschen in Kontakt zu kommen, auch und gerade, wenn man die Kunst der Unterhaltung nicht so gut beherrscht. Vor lauter Betreuungswünschen wird dies oft vergessen, und vielen Betroffenen auch nicht mehr oder noch nicht zugetraut. Die Steuerungsrunde mit ihren gemeinsam erarbeiteten Absprachen und klaren Verantwortlichkeiten bietet den Boden, auf dem man Menschen etwas zutrauen kann.

Ganz konkret

- Ein Mitarbeiter des SpD stellt einen Klienten vor. Dieser möchte gerne in der Gastronomie arbeiten, wo er früher schon tätig war, kann jedoch seine Leistungsfähigkeit nicht mehr einschätzen. Wir verabreden ein Praktikum im Küchenbereich der Tagesstätte. Im Nachgespräch wird deutlich, dass noch viel »übrig« ist von den alten Fähigkeiten, jedoch Angst vor Überforderung den Arbeitsalltag trübt. Wir kennen ein gemeinnütziges Nachbarschaftscafé gleich um die Ecke, das gerade Hilfe in der Küche braucht. Gemeinsam mit ihm machen wir einen Termin und klären die Finanzierung über »Gemeinnützige zusätzliche Arbeit« beim Bezirksamt. Der Mitarbeiter des SpD bleibt die koordinierende Bezugsperson und bespricht das Thema Arbeit in seinen regelmäßigen Kontakten mit dem Klienten.
- Der Arzt aus der Klinik befürchtet, dass sein Patient nach der Entlassung den Zuverdienstplatz, den er bis zur Aufnahme hatte, verlieren wird. Dieser kann nicht mit anderen in einem Raum arbeiten, er ist dauernd abgelenkt, angestrengt, fängt dann Streit an. Dort hat er es recht lange ausgehalten und möchte gerne bleiben. Die Steuerungsrunde rät, nicht aufzugeben. Firma, Klient und Arzt sollen überlegen, was möglich ist. Ergebnis ist, dass er, wenn die anderen weg sind, das Putzen übernimmt. Wer für ihn und die Firma Ansprechpartner sein soll, muss noch geklärt werden.
- Die Wohnbetreuerin ist ratlos. Ihre Klientin traut sich nicht mehr in die Zuverdienstfirma. Sie kann nicht mithalten bei den aktuellen Aufträgen, fühlt sich nutzlos, aber der Platz ist ihr wichtig. Auch hier geht es eher um Unterstützung beim Verhandeln. Sie übernimmt die Kaffeekasse, kauft den Kaffee und alles was dazu gehört, kocht ihn auch und sammelt das Geld ein. Ihre Zeiten muss sie dafür reduzieren, aber jetzt kommt sie wieder gerne. Die Wohnbetreuerin verabredet ein monatliches Dreiergespräch.
- Der Mitarbeiter der Kontakt- und Beratungsstelle stellt einen Besucher vor. Dieser hatte in Begleitung seines damaligen Wohnbetreuers in einem Beratungsdienst das Versprechen für einen

Trainingsarbeitsplatz bekommen. Voraussetzung war, dass er einen Computer-Kurs absolviert. Die Wohnbetreuung lief aus. Der Besucher erzählt in der Kontakt- und Beratungsstelle (KBS) eher beiläufig von seinem erfolgreich absolvierten Kurs und dem Ärger über den nicht erhaltenen Platz. Den Beratungsdienst gibt es inzwischen nicht mehr. Von irgendwelchen Versprechen will niemand mehr etwas wissen. Die in der Steuerungsrunde vertretenen Vereine überlegen, ob sie nicht in ihrem Verwaltungsbereich einen Arbeitsplatz »basteln« können.

Den Wunsch in der Region nach einer ständig aktualisierten Liste über die freien Kapazitäten im Zuverdienstbereich verbinden wir mit dem Wunsch des Besuchers nach einem PC-Arbeitsplatz. Er kommt ins Tageszentrum, wenn er es schafft, werktäglich für zwei Stunden, erstellt, pflegt und verschickt diese Liste, kopiert und übernimmt den Telefondienst. Bezugspersonen sind der Mitarbeiter der KBS und der Mitarbeiter im SpD, der ihn schon lange kennt.

- Die Vereine dieser Region haben verabredet, die Post, die wir innerbezirklich verschicken, nicht mehr mit Briefmarken versehen in den Briefkasten zu werfen. Wir reservieren sie einem Botendienst, der für das gleiche Geld diese Post persönlich zu Fuß oder per Fahrrad befördert. Insbesondere Menschen, die es in geschlossenen Räumen nicht gut aushalten und in Bewegung sein müssen, brauchen ein solches Angebot. Die koordinierende Bezugsperson »unseres ersten Boten« sorgt dafür, dass er trotz krankheitsbedingter Unterbrechungen seine drei Stunden, die er freitags arbeitet, behält.

Das Denken in Konzeptpaketen ist vorbei, aber dennoch weit verbreitet. Da wir es eher selten mit den »passenden« Menschen zu tun haben, müssen wir die Konzepte den Klienten anpassen. Es entstehen trägerübergreifende Hilfeplanungen, deren Absprachen und Zuständigkeiten klar definiert und leistbar sein müssen. Und wir brauchen eine koordinierende Bezugsperson, einen Coach.

Die koordinierende Bezugsperson

Sie ist ganz wichtig für das Gelingen der Übung. Sie ist »am nächsten dran«, hat den Überblick, weiß, was wichtig, was unwichtig ist. Der Eintritt in eine wie auch immer geartete Arbeitnehmerrolle, ist für Menschen, die sich lange ausschließlich in der Patientenrolle bewegt haben, häufig mit Schwierigkeiten verbunden:

- Oft fehlt nach langer Arbeitslosigkeit das Gefühl für die eigene Leistungsfähigkeit.
- Immer gibt es an den Orten der Arbeit Menschen, die man nicht mag. Wie kann man trotzdem mit ihnen zusammenarbeiten?
- Jede Arbeit hat auch unangenehme Seiten. Wie gelingt es, trotzdem dabeizubleiben?
- Die alten Kollegen kennen sich lange und verstehen sich ohne Worte. Werde ich meinen Platz dort finden? Was kann ich tun, wenn ich mich ausgeschlossen fühle?

Konflikte, die wir alle aus dem Arbeitsleben kennen. Gut ist, wenn hier jemand außerhalb der Arbeit zur Seite steht, der überlegen und verhandeln hilft, wenn man es selbst nicht kann oder der einen aus dem Bett schmeißt, damit man nicht schon wieder zu spät kommt.

Die Bezugsperson schützt auch den Anleiter im Zuverdienst davor, Betreuer zu werden, (»da sich sonst niemand kümmert«). Seine originäre Aufgabe, nämlich Arbeit vorzuhalten, den Arbeitsprozess so zu gestalten, dass jeder – egal wie viel oder wie wenig er kann – die für ihn passende Aufgabe zu erledigen vermag, kurz gesagt für ein optimales Arbeitsklima zu sorgen, ist nur zu erfüllen, wenn er sich auf die Bezugsperson verlassen kann.

Die Bezugsperson muss Begleiter sein. Sie muss schauen, ob der Weg noch stimmt, ob ein Platz in einer Werkstatt für Behinderte nicht doch besser wäre oder ob das mit der Arbeit 'ne schöne Idee war, aber eigentlich der Tischtennisclub oder der Kirchenchor geeigneter wäre. Manche Angebote sind austauschbar. Es gilt, den für den psychisch kranken Menschen richtigen Weg und Ort gemeinsam mit ihm zu finden. Manchmal gibt es ihn noch nicht und man muss ihn erfinden.

Die Pannen

Natürlich klappt das nicht immer alles so wunderbar.
- Träger halten sich nicht an Absprachen. Koordinierende Bezugspersonen sind plötzlich nicht mehr zuständig, es gibt keine Nachfolge und keiner merkt es.
- Die Planung ist oberflächlich gemacht worden, um schnell noch den freien Zuverdienstplatz zu bekommen, eigentlich geht es um etwas ganz anderes.
- Ein Mitarbeiter, der den Betroffenen nicht kennt, hat vorgestellt und irgendwie ist alles ganz schräg eingefädelt worden.
- Der Oberarzt der Station ist sowieso nicht der Meinung, dass er sich an Beschlüsse der Steuerungsrunde zu halten hätte und favorisiert ein wunderschön gelegenes Heim in Brandenburg ...

Manches davon kann man regeln, anderes macht ratlos oder wütend. Ich tröste mich damit, zu sagen: »Wir üben noch.«

Integration psychisch kranker Menschen in Arbeit

Rainer Radloff

Vorbemerkung

Als Geschäftsführer einer Management- und Steuerungsgesellschaft für kommunale Arbeitsmarktpolitik mit 70 Mitarbeitern bin ich Experte für Integrations- und Beratungsprozesse von Sozialhilfebeziehern, wobei die Integration von psychisch Beeinträchtigten mit medizinischer Indikation in den Arbeitsmarkt von uns nicht betrieben wird. Hier soll explizit das Thema der Integration von psychisch Beeinträchtigten unter dem Fokus unserer Erfahrung zur optimalen Gestaltung und Steuerung eines Integrationsprozesses sowie die notwendige Beratungsplanung aufgenommen werden. Meine Hoffnung bei der Behandlung eines Themas, für das ich kein ausgewiesener Spezialist bin, liegt im gegenseitigen Lerneffekt dieser Veranstaltung.

Im Folgenden werde ich dazu einige Thesen präsentieren, die die gegenwärtige Praxis der kommunalen Arbeitsmarktpolitik und Verzahnungen mit dem Thema aus meiner Sicht stärker hinterfragt. Die ersten beiden Thesen fassen die Entwicklung der kommunalen Arbeitmarktpolitik bis heute kurz zusammen. Die daraus resultierende kontinuierliche Erarbeitung und Verbesserung von differenzierten Eingliederungsstrategien, werden trotz ihres komplexen Inhalts in den Thesen 3–5 kurz skizziert. Die letzten fünf Thesen beschäftigen sich mit der Verzahnung dieser Entwicklung von Beratungsprozessen und mit unserem bisherigen Umgang mit der Gruppe der psychisch Beeinträchtigten in der bisherigen Praxis.

1. Die kommunale Arbeitsmarktpolitik hat inzwischen ihre eigene Geschichte. Sie hat sich von einer eher von Trägern bestimmten angebotsorientierten zu einer personenbezogenen nachfrageorientierten Arbeitsmarktpolitik gewandelt. Früher bestimmten häufig Beschäftigungs- und Qualifizierungsträger auf Grund ihrer vorgehaltenen Kapazitäten die Angebote, heute hat sich ein Paradigmenwechsel ergeben, sodass eher vom Einzelfall aus der individuelle Integrationsweg das wahrgenommene Angebot bestimmt.

2. Dies hat vielerlei Implikationen. So war die erste kommunale Gegenwehr gegen die Auswirkungen von Massenarbeitslosigkeit von Sozialhilfeempfängern geprägt dadurch, das über die Schaffung von sozialversicherungspflichtigen Arbeit – statt Sozialhilfe – Stellen dem Arbeitsamt die Arbeitslosen wieder übereignet wurden. Ein nachhaltiges Integrationsziel war damit nicht verbunden und wurde infolgedessen auch nicht erreicht. Nach dieser ersten Phase setzten die Kommunen mehr auf Qualifizierung und nun schließlich auf differenzierte Eingliederungsstrategien, die adäquate Angebote für jeden Sozialhilfebezieher darstellen.

3. Wie in Abbildung 1 dargestellt, besteht diese Eingliederungsstrategie aus differenzierten Prozessen. In einer individuellen Arbeitsmarktanalyse werden die Kenntnisse, das Verhalten, die Erfahrungen und Wünsche des Arbeitssuchenden mit den aktuellen Arbeitsmarktanforderungen abgeglichen. Dabei soll auch die psychische und somatische Situation einbezogen werden, um eine Prozessprognose zu machen, die die Integrationsschritte und die einzusetzenden Instrumente bestimmt. Sollten Beratungsgespräche keine ausreichende Basis bieten, sind ressourcenorientierte Assessmentverfahren und Orientierungsseminare weitere Verfahren zur Klärung der Situation und Perspektive. Die Prozessprognose bietet auch die Grundlage auf Seiten der Berater für den Abschluss eines Eingliederungskontraktes mit dem Klienten.

4. Dieser Eingliederungskontrakt unterscheidet sich je nach Eingliederungsstrategie
   - in einem *Arbeitssuchvertrag*, bei der Strategie
   A: Hier sind nur Suchhilfen zu bieten, ggf. ein Bewerbungstraining, da die Personen voll arbeitsmarktfähig sind.
   - in einem *Berufswegeplan*, bei den Strategien
   B: Dabei werden Maßnahmen beschrieben, die leichten Unterstützungsbedarf bieten, wie weitere Orientierungs- und Stabilisierungsmaßnahmen sowie finanzielle Beihilfen für Menschen, die nur geringe Vermittlungshemmnisse haben.
   C: Hier fehlen den Arbeitslosen Qualifikationen für die Erfordernisse des Arbeitsmarktes und diese müssen durch Weiterbildungsmaßnahmen in Unternehmen oder bei Bildungsträgern durchgeführt werden.
   - in einem *Integrationsplan* für die Strategien

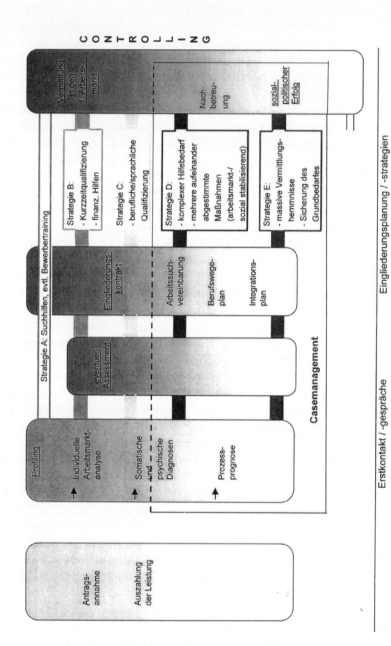

Abb. 1: Prozessablauf von Beratungs- und Eingliederungsstrategien

D: Personen mit komplexem Hilfebedarf, die mehrere aufeinander bezogene arbeitsmarktorientierte und psycho-soziale Unterstützungen bedürfen, um in einem längeren Prozess an den Arbeitsmarkt herangeführt werden.

E: Personen, für die nur soziale Unterstützungen zur Sicherung ihres Grundbedarfes und zur Stabilisierung ihrer Lebensführung im Vordergrund stehen, damit sie die ersten Schritte für eine Basis der (Re-)Integration in Gesellschaft und Arbeit machen können.

Für die letzten beiden Strategien ist ein Casemanagement zur Steuerung des Prozesses angebracht.[1]

5. Unter dem Thema »Fördern und Fordern« wird neben den beschriebenen Angeboten auch die Bereitschaft zur Mitarbeit vorausgesetzt. Dies hat viele Konsequenzen, da eine Ablehnung von Angeboten zur Kürzung und Streichung der Sozialhilfe führen kann.

6. Häufig läuft – auch in Bielefeld – die Zielgruppe der Sozialhilfebezieher mit medizinisch attestierten psychisch Beeinträchtigungen parallel zu unseren Instrumenten und wird (in dem von uns ausgeführten Auftrag) nicht berücksichtigt. Konfrontiert sind wir aber mit vielen Personen in Grenzbereichen oder mit Personen, die noch kein eigenes Bewusstsein über ihre psychische Beeinträchtigung haben.

7. Deutlich ist, dass in den Arbeitsmarktberatungen psychische Beeinträchtigung ein tabuisiertes Thema ist. Dies ist auf verschiedene Ursachen zurückzuführen: Es gibt eine Unkenntnis der Arbeitsmarktberater über psychische Störungen und dem adäquaten Umgang damit und es gibt noch kein klares Instrumentarium oder eindeutiges Hilfeverfahren, wie man bei den unterschiedlichen Eingliederungsstrategien adäquate Unterstützungen für psychisch Beeinträchtigte einsetzen kann.

Aus der Sichtweise der psychisch beeinträchtigen Klienten gibt es mehrere Gründe, das Thema zu tabuisieren:

- Viele sind von dem Verhalten der »Ämter« bereits abgeschreckt und haben auf Grund ihrer schlechten Erfahrungen kein Interesse mehr, dort ihre Situation zu schildern.
- Häufig gibt es aber auch kein eigenes Bewusstsein über psychische Beeinträchtigungen und deshalb noch keine Bedarf und
- darüber hinaus können, wenn psychische Beeinträchtigungen im

Bewusstsein der Personen sind, Schamprozesse eine Offenlegung verhindern.
8. Zurzeit weisen zwei Indikatoren auf psychische Beeinträchtigungen hin, wenn sie vorher tabuisiert wurden und vom Berater nicht in dem Prozess aufgedeckt wurden.
- Widerstand gegenüber den Angeboten. Dies kann zu erheblichen Konsequenzen führen, wenn bei den Beratern nicht der Widerstand auch als Analysefaktor für den Beratungsprozess genutzt wird, sondern nur sozialhilferechtlich mit Kürzungen gearbeitet wird.
- Abbruch während einer Maßnahme. Auch dieser kann zu sozialhilferechtlichen Maßnahmen führen und hat die Misserfolgserlebnisse erhöht.
9. Deshalb müssen bei einer Prozessplanung innerhalb der Arbeitsmarktberatung psychische Störungen mit berücksichtigt werden. Während des Arbeitsmarktberatungsprozesses ist deutlich zu markieren, wo arbeitsmarktpolitische Beratungen Grenzen haben und therapeutische bzw. medizinische Versorgung einsetzen muss. Das bedeutet auch, dass ein Hilfesystem für psychisch Beeinträchtigte ein Casemanagement-Verfahren unabhängig von der gewählten Eingliederungsstrategie voraussetzt.
10. Insgesamt wird deutlich bei allen Ausführungen, dass die getrennten Hilfesysteme mehr miteinander verzahnt und kooperativ tätig werden müssen, um die gesellschaftliche und ökonomische Teilhabe von psychisch Beeinträchtigten zu realisieren.

Literatur

1. BERTELSMANN-STIFTUNG, BUNDESANSTALT FÜR ARBEIT, DEUTSCHER LANDKREISTAG, DEUTSCHER STÄDTETAG, DEUTSCHER STÄDTE- UND GEMEINDEBUND (Hg): Handbuch Beratung und Integration. Verlag Bertelsmann-Stiftung, Gütersloh 2002

Betreuung statt Arbeit? Der mühsame Weg zur Teilhabe am Arbeitsleben

Wolfgang Rust

Vorbemerkung

Im Mittelpunkt der Bemühungen der AKTION PSYCHISCH KRANKE und unserer Arbeit steht eine relativ kleine Zahl von psychisch kranken Menschen mit einem chronischen, von häufigen Rückschlägen und vielfältigen lebenspraktischen und sozialen Einschränkungen gekennzeichneten Krankheitsverlauf. Nach dem bisherigen Verlauf der Tagung ist festzustellen, dass trotz vieler Bekenntnisse zu niedrigschwellig zugänglichen Arbeitsmöglichkeiten die Aufmerksamkeit in vielen Beiträgen sich auf die Menschen konzentrierte, die dichter am ersten Arbeitsmarkt sind. Daher möchte ich besonderen Bezug nehmen auf jene psychisch kranken Menschen, die im Zusammenhang mit ihrer Erkrankung so vielschichtigen Lebensrisiken unterliegen, dass sie längerfristiger fachlicher Unterstützung bedürfen

Die in vielen Veröffentlichungen und zuletzt wieder im Zwischenbericht des Projektes »Bestandsaufnahme zur Rehabilitation« beklagten Defizite bei der Teilhabe am Arbeitsprozess [1] bringen uns zu folgender Zielsetzung:

- Wir sehen die Identität stiftenden, bei psychisch erkrankten Menschen therapeutischen Aspekte von Arbeit als erwiesen an.
- Jeder erkrankte Mensch hat einen Anspruch darauf, dass ihm entsprechend den verfügbaren Kenntnissen und therapeutischen Methoden geholfen wird.
- Also hat jeder psychisch kranke Mensch einen Anspruch auf Arbeit.
- Diesem Anspruch im Sinne einer *Versorgungsverpflichtung* gerecht zu werden ist die Aufgabe wohnortnaher, regionaler Verbundsysteme.

Ich möchte mit den folgenden Ausführungen, ausgehend vom komplexen System der Teilhabe am Arbeitsleben, Kritik an einer mangelhaften konzeptionellen Integration in die Hilfeplanung und Leistungserbringung vortragen und Vorschläge zu einer institutionellen Flexibilisierung der Arbeitsangebote für eine verbesserte funktionale Organisation der Hilfen benennen. Orientiert sind die Überlegungen an dem Teil der psychisch erkrankten Menschen, die eine intensive Betreuung in vielen Lebensbereichen haben, aber im Bereich Arbeit in großer Zahl nicht integriert werden konnten.

Totale Zersplitterung statt totaler Institution?

Die Formulierung »Teilhabe am Arbeitsleben« ersetzt im SGB IX den früher üblichen Begriff »berufliche Rehabilitation«. Selbst wenn der Rehabilitationsbegriff fachlich in einem umfassenden Sinne verwendet werden und damit von engen leistungsrechtlichen Zuordnungen gelöst werden konnte, signalisiert »Teilhabe« unter funktionalen Gesichtspunkten besser die Verknüpfung von Weg und Ziel.

Der durch die Tätigkeit und das publizistische Geschick der AKTION PSYCHISCH KRANKE begrifflich neu gefasste und konzeptionell geordnete Paradigmenwechsel vom einrichtungs- zum personenzentrierten Ansatz muss im bisher am stärksten zersplitterten Bereich der Förderung von Teilhabe, nämlich der Teilhabe am Arbeitsleben, in besonderer Weise zu Veränderungen führen. Bisher, so wird im Bericht der Kommission zur Personalbemessung im komplementären Bereich festgestellt, kann die Bildung von »maßnahmehomogenen Kästchen« als Versuch verstanden werden, für die Mitarbeiter/-innen von Einrichtungen und für die Kostenträger die Komplexität zu reduzieren.

Bezogen auf die psychisch kranken Menschen mit besonders ausgeprägten krankheitsbedingten Einschränkungen und mit langfristigem Krankheitsverlauf ersetzt diese Spezialisierung durch Vervielfältigung von Zuständigkeiten und Abgrenzungen die klassische maßnahmehomogene (besser: maßnahmediffuse) Versorgung in einer Einrichtung – dem Langzeitkrankenhaus oder Dauerwohnheim.

- Im klassischen Ein-Milieu-Setting fehlten bei der dort üblichen Art und Weise zur Komplexitätsreduktion Ansätze zum Offenhalten von Möglichkeiten, sowohl im zeitlichen und räumlichen Nahbereich wie auch am Horizont.
- Im System gegliederter Zuständigkeiten wird die an der individuellen Biografie ansetzende Integration von Komplexitätsreduktion und gleichzeitiger Erhaltung und Realisierung von

Möglichkeiten verfehlt. Möglichkeiten gibt es viele, die personenbezogene, biografisch sinnhafte Integration wird zum Problem.

Die Forderung impliziert ein radikales Überdenken von Einrichtungszuschnitten auch im Bereich Teilhabe am Arbeitsleben

Hoher Aufwand garantiert keine erfolgreiche Eingliederung

Testgruppe für das Funktionieren eines derart anspruchsvollen Systems sind die psychisch erkrankten Menschen, die von »normaler Arbeit« am weitesten entfernt sind – idealtypisch:
- Menschen, die auf Grund ihres Alters die Möglichkeiten eines vielfach gegliederten Systems der beruflichen Rehabilitation noch gar nicht vorfanden, bevor Arbeit aus ihrem Leben, beiläufig während der Psychiatriereform, verschwunden ist;
- Menschen, die auf Grund eines frühen Krankheitsbeginns arbeitsbezogene Fähigkeiten noch kaum aufgebaut haben und nun vor der Aufgabe stehen, mehrere identitätsbildende und zur Gesundung und Reifung gehörende Aspekte ihres Lebens gleichzeitig in Angriff zu nehmen.

Beispiele dafür, wie ein gut ausgestattetes Betreuungssystem und ein differenziertes System zur Teilhabe am Arbeitsleben nicht zusammen kommen.

Betreute psychisch kranke Menschen

In Bremen erhalten rund 530 psychisch kranke Menschen Hilfen im Rahmen des Betreuten Wohnens (eigene Wohnung, Wohngruppe, Wohnheim). Der durchschnittliche Personalschlüssel dieser Angebote liegt bei 1:4,16.

Förderung der Teilhabe am Arbeitsleben

Die Angebote zur Teilhabe am Arbeitsleben umfassen
- stationäre und teilstationäre Arbeitstherapie am psychiatrischen Krankenhaus;
- arbeitstherapeutische Tagesklinik;
- differenzierte Programme der Werkstatt für behinderte Men-

schen im Bereich Arbeitstraining und Dauerarbeitsplätze, z.B. in regionalen Kleinwerkstätten und ausgelagerten Arbeitsplätzen in Betrieben;
- ambulanten beruflicher Reha-Dienst für die Organisation betriebsnaher Rehabilitation;
- ergotherapeutische Werkstätten in freier Trägerschaft;
- Integrationsbetriebe;
- berufliches Trainingszentrum;
- Berufsbildungswerk;
- Beschäftigungsplätze in Tagesstätten;
- Projekte und Einzelarbeitsplätze mit niedrigschwelligen Beschäftigungsmöglichkeiten;

Daneben gibt es einen Integrationsfachdienst, einen Psychosozialen Fachdienst sowie die Beratung des Sozialhilfeträgers und des Arbeitsamtes.

Betreute psychisch kranke Menschen in Arbeit

Bei jährlichen Erhebungen zur Beschäftigungssituation der betreuten Menschen zeigt sich (mit geringen Schwankungen nach oben und unten sowie zwischen den Regionen), dass rund 60 % von ihnen ohne jede Beschäftigung leben.

Das heißt: Ein personell gut ausgestattetes System der »Basisversorgung« und ein differenziertes System von Möglichkeiten zur Teilhabe am Arbeitsleben erreichen es nicht, dass für einen großen Teil der am schwersten betroffenen psychisch Kranken Arbeit Bestandteil der Tagesstruktur ist und als therapeutische Möglichkeit genutzt werden kann.

Mögliche Gründe für fehlende Teilhabe am Arbeitsleben

Hierzu einige grundsätzlich denkbare und einige eher erfahrungsgestützte Einstiegshypothesen, aus der Sicht eines Leistungserbringers mit umfangreicher Versorgungsverpflichtung:
- Die betroffenen Menschen sind zu krank, um zu arbeiten.
- Angebot und Zahl der Arbeitsplätze reichen nicht aus. Insbesondere im Bereich der Werkstatt für behinderte Menschen behindern Mindestanforderungen an Wirtschaftlichkeit und unzureichende Flexibilität die Aufnahme vieler Betroffener.

- Das Leistungsrecht ist unübersichtlich zersplittert.
- Die besondere Schwere der Erkrankung und eine Eigendynamik der Basisversorgung (medizinische Fürsorge, lebenspraktische Bewältigung) führen zu Betreuungskonzepten und Ressourcenaufteilungen, bei denen die Funktion »Teilhabe am Arbeitsleben« unterentwickelt ist.
- Das für Menschen mit schweren Krankheitsverläufen aus therapeutischen Gründen sinnvolle und für die Verknüpfung von Leistungen notwendige Bezugstherapeutensystem führt bei mutmaßlicher Allzuständigkeit zu einem Verlust an Spezialisierung – die Entwicklung der Klienten wird zum Spiegelbild des eigenen Qualifikationsprofiles.
- Die besondere Komplexität des Gesamtsystems zur Teilhabe am Arbeitsleben (bei gleichzeitiger maßnahmehomogener »Kästchenbildung«) fördert diese Beschränkung – für Arbeit sind »Andere« zuständig, und zwar potenziell ganz viele: Für Beratung, Arbeitstherapie, Arbeitstraining, WfbM-Platz, Integration ins Erwerbsleben. Den Überblick zu behalten über alle Angebote und die jeweils gültigen Zugangsmodalitäten ist schwierig und in der Regel Qualifikationsmerkmal von »Reha-Spezialisten«, seltener z.B. von »Wohnbetreuern«, denen aber wiederum traditionell eine wichtige Rolle im Casemanagement zukommt.

Der aktuell vorgelegte Zwischenbericht des Projektes »Bestandsaufnahme zur Rehabilitation psychisch Kranker« kommt nach seinen bisherigen Ermittlungen zu dem Ergebnis:

»Im Rahmen der Regionalerhebungen wurde deutlich, dass – regional unterschiedlich ausgeprägt – bei den Mitarbeitern psychiatrischer Einrichtungen und Dienste die Auseinandersetzung mit der Arbeits- und Beschäftigungssituation der Patienten bzw. Klienten vernachlässigt wird, obwohl diese Aufgabe teilweise ausdrücklich mit zu ihrem Auftrag gehört.«[1]

Die Erfahrungen in Bremen sind also offenbar nicht einzigartig, gleichwohl stellt die starke Diskrepanz zwischen der Intensität der betreuenden Hilfen und der Arbeitssituation vieler psychisch kranker Menschen sich als eine besondere Herausforderung dar.

---

1   vgl. Aktion Psychisch Kranke, Zwischenbericht ..., 2002, S. 17

Impulse des Gesetzgebers – aufgegriffen?

Wir können bei all dem natürlich auch über eine leistungsrechtliche Zersplitterung oder administrative Hemmnisse klagen. Was aber machen wir aus den wenigen Impulsen zur Veränderung? Betrachten wir das kurz anhand der Einführung des IBRP, der Veränderungen des § 93 BSHG, der Einführung des SGB IX und der Einführung der Soziotherapie in das SGB V.

Wie schnell gewohnte Strukturen auch Innovationsimpulse spurlos absorbieren können, zeigt sich am Schicksal des IBRP und der Umsetzung des §93 BSHG.

- Aufbauend auf der »Philosophie« des einrichtungsübergreifenden Ansatzes könnten die IBRP-Planungsinstrumente genutzt werden, um eine Art Ausschreibungstext für die Vergabe von Dienstleistungen an Versorgungseinrichtungen oder -dienste zu formulieren. Im Einzelfall wäre dann zu entscheiden, welcher Anbieter welche Leistung in welchem Umfang (also zu welchem Preis) im Rahmen eines Komplexleistungspaketes zu erbringen hat, und welche Leistungsträger sich an der Finanzierung zu beteiligen haben.
Tatsächlich ist es so, dass man sich seit der Einführung vielerorts stillschweigend aber wirksam darauf verständigt hat, den IBRP als inhaltlichen Teil der Stellungnahme für eine sozialhilfefinanzierte Maßnahme der Wohnbetreuung zu nutzen. Wenn Herr Mecklenburg in seinem Beitrag die Weiterentwicklung zum »IBRP plus Arbeit« anregt, ergibt sich das aus dieser bisherigen Beschränkung.

- Die Umsetzung des § 93 BSHG, mit dem zentralen Gesichtspunkt einer bedarfsgerechten Hilfebemessung, hätte Anlass sein können, um die vorhandene Einrichtungsstruktur in Richtung auf komplexleistungsorientierte Verbundsysteme unter Einschluss aller funktional notwendigen Arbeitsangebote zu problematisieren. Herausgekommen ist, mühselig genug, weil an Bestandsinteressen von stationären Großeinrichtungen anknüpfend, ein Verfahren der Begutachtung und Verpreisung für unterschiedliche Hilfebedarfsgruppen – im Rahmen der jeweiligen Einrichtung. Der Auftrag lautet nicht, Einrichtungsstrukturen kritisch zu überprüfen, sondern den vorhandenen Einrichtungen budgetneutral in eine neue Finanzierungssystematik zu helfen

- Die Erfahrung, dass Vielfalt bei Leistungserbringern und Leistungsträgern nicht zwangsläufig eine personenzentrierte Optimierung der Rehabilitation mit sich bringt, sondern, im Gegenteil auch Abgrenzungs-, Verzögerungs- und Vermeidungsstrategien zulasten der Betroffenen herausfordert, hat den Gesetzgeber zur Schaffung des SGB IX veranlasst. Erste Informationen zu den Auswirkungen lassen den Eindruck aufkommen, dass der Sozialhilfeträger die Vorzüge leistungsrechtlicher Gliederung erkannt hat, indem er seine Nachrangigkeit neu entdeckt hat.

  Die Grundforderungen des SGB IX nach Teilhabe sicher zu stellen, ist die Aufgabe der neu eingerichteten Service-Stellen. Es wäre zu prüfen, in welcher Weise man die Funktion der Service-Stellen für psychisch kranke Menschen beleben kann, etwa indem die gebündelte Kompetenz des psychiatrischen Versorgungssystems von den Service-Stellen systematisch genutzt wird.

- »Eine Ebene tiefer«, nämlich im Rahmen der Leistungsgesetze, die die Zuständigkeit der Krankenkassen regeln, ist offenbar gleichfalls der Eindruck entstanden, dass es bei der Rehabilitation psychisch kranker Menschen nicht so sehr um den Aufbau und die weitere Differenzierung von Angeboten und Einrichtungen geht, sondern vor allem um deren patienten-/klientenbezogene Erschließung und Vernetzung. Die Leistung heißt Soziotherapie. Die Leistungserbringer verfügen über begrenzte Zeitkontingente, könnten also der Versuchung widerstehen, zu Vieles selber zu machen, wären bei ihrer Arbeit auf erfolgreiche Vernetzung angewiesen.

  Im Projekt-Zwischenbericht wird unter dem Stichwort »Barrierefreier Zugang zu Rehabilitationsleistungen« für psychisch kranke Menschen »eine persönliche Assistenz durch eine Bezugsperson, die die Umsetzung der Hilfeplanung als ‚Lotse' koordinierend begleitet« gefordert. Dies entspricht der Zielsetzung von Soziotherapie. Dem Gesetzgeber fehlte der Mut, diese Funktion im SGB V exponiert zu etablieren. Bekanntlich erscheint Soziotherapie als § 37a im »Umfeld« der ambulanten Krankenpflege, mit der von dort bekannten Zielsetzung, Krankenhausaufenthalte zu verkürzen oder zu vermeiden.

  Da es bisher noch kaum Umsetzungen von Soziotherapie gibt, bleibt vielleicht noch die Möglichkeit einer kreativen Interpretation: Krankenhausaufenthalte vermeiden kann man auch durch geglückte Bemühungen um Teilhabe am Arbeitsleben. Und möglicherweise können sich die Krankenkassen auch gut auf das Wirken von Soziotherapeuten einlassen, die Klienten aus ihrer Zuständigkeit in die Zuständigkeit der vorrangigen Träger der Teilhabe am Arbeitsleben »lotsen«...

In jedem Fall muss die Forderung sein, hier nachzuholen, was vielleicht im sozialhilfefinanzierten Betreuungssystem zu kurz gekommen ist, nämlich Kompetenz in der Frage der Teilhabe am Arbeitsleben maßgeblich in die soziotherapeutischen Dienste einzubinden.

Ein Hindernis: Die starre Zuordnung von »Maßnahmeart« und Arbeitsplatz

Wir haben zuletzt einige nicht optimal genutzte und einige noch offene Optionen zur systematischen Einbeziehung des Funktionsbereiches »Teilhabe am Arbeitsleben« in eine integrierte Behandlungs- und Rehabilitationsplanung betrachtet. Im Weiteren müssen wir uns mit den Hindernissen auf Seiten der Leistungserbringer, hier speziell der mit dem Thema Arbeit befassten, beschäftigen. Zurück also noch einmal zu den »maßnahmehomogenen Kästchen«.

Ein Blick auf das (vermutlich noch nicht vollständige) Sortiment an Maßnahmen und Arbeitsstätten zeigt, dass kein weiterer Differenzierungsbedarf besteht. Schon jetzt hat manche konzeptionelle Unterscheidung in diesem Feld mehr etwas mit »leistungsrechtlicher Lyrik« als mit personenbezogener Zweckmäßigkeit zu tun. Das Augenvermerk ist verstärkt darauf zu richten, die exklusive Zuordnung von Maßnahmeart und Arbeitsstätte tendenziell zu überwinden, zu Gunsten eines Modells, bei dem der Klient und der Arbeitsplatz, also der Betrieb, im Mittelpunkt stehen.

Normal arbeitsfähigen Menschen räumen wir selbstverständlich ein, dass Vertrautheit im Sinne der Zugehörigkeit zu einem Unternehmen, die Tätigkeit in einer Arbeitsstätte und geringe Fluktuation im Kollegenkreis wichtig sind. Bei psychisch kranken Menschen sieht das anders aus. Ihnen wird der Wechsel zwischen Maßnahmearten zugemutet, die »Versetzung« an einen anderen Arbeitsplatz als »Belohnung« für erfolgreiche Rehabilitation oder als »Bestrafung« für nicht erreichte Ziele: Arbeitsplatzverlust als besondere Form des Bewährungsaufstiegs!

Die betroffenen Menschen interessiert in der Regel aber gar nicht, was sie gerade machen, sondern dass sie schaffen, was sie sich vorgenommen haben und dass sie nicht in drei Monaten den Arbeitsplatz wechseln müssen, weil sie ein bestimmtes Niveau erreicht oder nicht erreicht haben. Über lange Phasen der Arbeitstätigkeit psychisch kranker Menschen leiten sich arbeitsbezogene Fähigkeiten wie Vertrautheit, Sicherheit, Wissen um kollegiale Akzeptanz aus der Zugehörigkeit zu einem Betrieb ab. Daraus folgt, dass Person und Arbeitsstätte in den Mittelpunkt zu rücken, zu stabilen Faktoren zu erklären sind und die Maßnahmearten in Bewegung zu bringen. Die bisher maßnahmebezogen vorgehaltene Kompetenz muss, wie es im Projektbericht heißt, »laufen lernen«.

Die Kommission zur Personalbemessung hat für den Behandlungs- und Rehabilitationsprozess gefordert, sich am Lebensmittelpunkt zu orientieren, die Wohnung in den Mittelpunkt zu stellen, Leistungen, die bisher bestimmten Leistungstypen oder Einrichtungen exklusiv zugeordnet wurden, zu »ambulantisieren«.

Maßnahmehomogene Einrichtungen haben bisher die Entwicklung behindert, indem sie nicht verhindert haben, dass so viele psychisch kranke Menschen nicht arbeiten. Es müssen vermehrt Wege gefunden werden, an einem Arbeitsort Tätigkeiten mit unterschiedlicher leistungsrechtlicher Zuordnung bzw. Finanzierung und unterschiedlichen Anforderungen zu ermöglichen.

Funktionelle Ergotherapie, niedrigschwelliger Förderplatz, Arbeitstherapie, Arbeitstraining, WfbM-Platz, unbefristetes Arbeitsverhältnis, Sozialhilfe-Prämienarbeit, BSHG-19-Stelle unter einem Dach vorzuhalten ist möglich und organisierbar.

Der aus taktischen oder inhaltlichen Gründen notwendige Respekt vor der jeweiligen Besonderheit insbesondere der im engeren Sinne rehabilitativen Maßnahmen (Arbeitstherapie, Arbeitstraining) oder der gesetzlich eng definierten Maßnahmen (WfbM) gebietet es, die vorgeschriebenen Voraussetzungen in diesem Setting zu erfüllen. Weil auch an einem solchen multifunktionalen Ort vielleicht nicht jedem gerecht zu werden ist (weil ein Betrieb nicht alle Branchen abdecken kann), gebietet die gedachte Versorgungsverpflichtung, dass sich für eine überschaubare Region Verbundsysteme für die Teilhabe am Arbeitsleben bilden, die insgesamt ein nach derzeitigem Erfahrungsstand ausreichendes Angebot an Tätigkeitsfeldern (Branchen) und Tätigkeiten (Maßnahmen) bereitstellen.

Keine neuen Einrichtungen

Der erste Schritt zur Infragestellung alter Einrichtungen ist immer, bei wachsendem oder verändertem Bedarf keine neuen Einrichtungen zu schaffen. Verknüpft mit dem vorherigen Gedanken »maßnahmeheterogener« Arbeitsstätten ergibt sich also die Forderung:

Solange wie möglich Impulse unterdrücken, bei Feststellen eines bestimmten Bedarfes neue Einrichtungen zu gründen. Wenn also z.b. die klinische Arbeitstherapie zur Feststellung kommt, dass das »Basteln« an Fahrrädern einigen ihrer Klienten Spaß machen könnte, kann sie selber eine entsprechende Erweiterung ihres Branchenmixes vornehmen – oder sie kooperiert mit der örtlichen Werkstatt für behinderte Menschen, die eine Fahrradwerkstatt hat, oder mit einem normalen Gewerbebetrieb und schafft dort auch Plätze, die als Arbeitstherapie organisiert und finanziert werden können.

Ich komme auf das Bremer Beispiel zurück. Viele Menschen mit intensiver Betreuung arbeiten nicht! Natürlich wurden Überlegungen angestellt, wie man hier Abhilfe schaffen könnte und natürlich wurde zunächst darüber nachgedacht, etwas Zusätzliches zu schaffen. Es kristallisierte sich heraus, unterstützt durch eine Befragung der Klienten, dass für viele ein Einstieg in Arbeit zu anderen Bedingungen möglich ist, als sie von der Werkstatt für behinderte Menschen gefordert werden.

Bei der Suche nach finanzierungsfähigen Maßnahmearten kam man auf das (sozialhilfefinanzierte) Konzept so genannter Förderplätze. Bei den Überlegungen zur Umsetzung wurde der Versuchung widerstanden, einem Träger, z.B. der WfbM den Auftrag zu geben, eine Einrichtung für Förderplätze zu schaffen. Stattdessen erklärten sich alle beteiligten Träger bereit, im Rahmen bereits bestehender Projekte im Arbeitsbereich solche niedrigschwelligen Arbeitsmöglichkeiten anzusiedeln. Wegen des unstrittig besonderen Betreuungs- und Anleitungsbedarfes für diesen Personenkreis wurde im Rahmen eines Beschlussvorschlages an die politischen Entscheidungsträger eine bestimmte Zahl zusätzlicher Stellen und Sachmittel beantragt.

Umstrukturierung, nicht (nur) Ausbau

Die Stadt Bremen hat dem mit Hinweis auf die Finanzlage nicht zugestimmt und einen Vorschlag unterbreitet, der zunächst mal zum Standardrepertoire von Leistungsträgern gehört, bei selbstkritischer Betrachtung der Leistungserbringer aber konzeptionelle Schubkraft bekommen könnte: Wenn etwas Neues notwendig ist, so die Botschaft, ist das nur kostenneutral zu finanzieren, also durch Umschichtung bisher anders verteilter Ressourcen. Jetzt kann man sagen: Dann geht es eben nicht. Oder man prüft etwas genauer, was man bisher mit dem Geld und dem Personal gemacht hat.

Damit sind wir wieder bei den vorherigen Anmerkungen zur »Wertigkeit« von Arbeit in Betreuungskonzepten und in Behandlungs- und Rehabilitationsplänen – erinnert sei an den bekannt gewordenen Satz von Klaus Dörner: »Aus leeren Kassen Kapital schlagen!«

Die Forderung wäre, dass mindestens dort, wo die Personalschlüssel für Betreuungsleistungen gut sind und wo demzufolge für eine bestimmte Versorgungsregion erhebliche Ressourcen entstehen, dem Heranführen an Arbeit mehr Zeit als bisher gewidmet wird. Dies kann im Sinne einer intensiven Begleitung zu vorhandenen Arbeitsmöglichkeiten geschehen, sodass die begrenzten Möglichkeiten zum Auffangen leistungsschwächerer Mitarbeiter/-innen verbessert werden. Denkbar ist auch, dass aus dem vorhandenen Personalpool für die Organisation von Arbeit Mitarbeiter genommen werden, die auf Grund von Qualifikation und Neigung für eine solche Aufgabe geeignet wären.

Am einfachsten ist das vermutlich dort, wo ein Träger für mehrere Bereiche zuständig ist – beispielsweise als Betreiber einer Tagesstätte mit schlechter Personalausstattung für größere Anstrengungen im Arbeitsbereich und eines Betreuten Wohnens mit guten Personalschlüsseln und vielen Klienten ohne Arbeit.

Literatur

1. AKTION PSYCHISCH KRANKE: Projekt »Bestandsaufnahme zur Rehabilitation psychisch Kranker« im Auftrag des Bundesministeriums für Arbeit und Sozialordnung – Zwischenbericht zum 31. März 2002, unveröff. Ms., Bonn 2002

Kommunale und regionale Koordination und Steuerung

Zentrale Aspekte der regionalen Koordination und Steuerung

Knut Lehmann

Die Weiterentwicklung der regionalen Kooperation und Koordination in der beruflichen Rehabilitation erfordert – so wie ich es sehe – die Beantwortung folgender fünf Fragen:
1. Welche fachlichen Standards sind zu beachten?
2. Anknüpfend u.a. an die durchgeführten Regionalerhebungen stellt sich die Frage, wie die primär und komplementär versorgenden Leistungsanbieter veranlasst werden können, die Frage der beruflichen Rehabilitation für jeden ihrer Klienten zu beantworten?
3. Welche regionalen Angebote und Maßnahmen sind erforderlich und welchen Beitrag leisten die bestehenden Einrichtungen und Anbieter der beruflichen Rehabilitation dazu?
4. Wie kann die Kooperation und Koordination zwischen den primär und komplementär versorgenden Einrichtungen und Diensten mit den Anbietern der beruflichen Rehabilitation weiterentwickelt werden?
5. Hat das SGB IX die erforderlichen Veränderungen der sozialrechtlichen Rahmenbedingungen – endlich – geschaffen?

Zur ersten Frage kann ich mich kurz fassen. Die in den Tagungsunterlagen enthaltenen Leitlinien zur beruflichen Rehabilitation und die auf der Tagung gehaltenen Vorträge[1] beschreiben einen fachlich angemessenen Standard.

Zur zweiten Frage: Weder bei den primär[2] noch bei den komple-

---

1 z.B. Pörksen, Kunze/Pohl, Mecklenburg/Haerlin
2 Krankenhäuser, Tageskliniken, Institutsambulanzen, niedergelassene Nervenärzte

mentär psychiatrisch versorgenden Einrichtungen, (aber auch nicht bei anderen Einrichtungen und Diensten, die sozial schwierige Personengruppen vor Ort betreuen[3]), gehört die Frage nach den bisherigen beruflichen Erfahrungen wie die nach den beruflichen Wünschen der Klienten zum Standard. Und dort wo sie gestellt wird, wird sie nicht überall so präzise und zielführend formuliert, wie es nötig und fachlich notwendig ist. Die Regionalerhebungen, aber auch vielfältige Erfahrungen in diesem Bereich und die epidemiologischen Daten zur Situation der psychisch Behinderten in der beruflichen Rehabilitation belegen dies[4].

Wenn also die im 4. Behindertenbericht und im SGB IX formulierten fachlichen Prinzipien der Rehabilitation und des Vorranges der Teilhabe durchgesetzt werden sollen[5], so stellt sich die Frage, auf welche Weise? Die Antwort ist im Prinzip einfach, die Durchsetzung deutlich schwieriger. Es bedarf vertraglicher Regelungen und landesgesetzlicher Vorgaben, unter Berücksichtigung der europäischen Rechtsentwicklung im Leistungserbringungsrecht, wie fachliche Standards verbindlich durchgesetzt werden können. Dennoch: Die Möglichkeit dazu bieten die Vereinbarungen, die die Leistungsträger mit den Leistungsanbietern im Rahmen der primären und komplementären Versorgung abschließen. Ziel muss es sein, Leistungs- und Finanzierungsvereinbarungen abzuschließen, die alle Leistungsanbieter veranlassen, den Fragen der beruflichen Rehabilitation ihrer Klienten eine diesen Prinzipien entsprechende Aufmerksamkeit zu widmen und in ihrer praktischen Arbeit entsprechende fachliche Standards zu berücksichtigen.

Wenden wir uns nun der dritten Frage zu: In den letzten Jahren ist ein vielfältiges System institutionell organisierter beruflicher Rehabilitationseinrichtungen und Maßnahmen aufgebaut worden. Durch das Sozialgesetzbuch IX sind sogar zusätzliche Angebote wie die Integrationsfachdienste und die Integrationsprojekte geschaffen

---

3 Wohnungslosenhilfe, Sozialhilfe, Bahnhofsmission
4 vgl. die Vorträge von Pörksen, Kunze/Pohl und Mecklenburg/Haerlin in diesem Band
5 Bundesministerium für Arbeit und Sozialordnung (Hg.): Die Lage der Behinderten und die Entwicklung der Rehabilitation, 4. Bericht der Bundesregierung über die Lage der Behinderten und die Entwicklung der Rehabilitation, Bonn 1998, S. 5 und 6, SGB IX §§ 1, 4 und 8

worden. Zusätzlich gibt es eine Vielzahl von Maßnahmen und Angeboten der beruflichen Rehabilitation. Dennoch muss festgestellt werden, dass dieses Angebot für psychisch Behinderte nur von begrenztem Wert ist. Bundesminister Riester und Schmidt-Zadel haben darauf hingewiesen. Pörksen hat in seinem Vortrag ausgeführt, dass maximal 10 % der chronisch psychisch Kranken auf dem allgemeinen Arbeitsmarkt beschäftigt sind, 20 % einen geschützten Arbeitsplatz in einer Werkstatt haben, 5 % Angebote des beruflichen Trainings und der beruflichen Rehabilitation nutzen und 15 % Beschäftigungsmöglichkeiten in tagesstrukturierenden Angeboten wahrnehmen, das heißt, mehr als die Hälfte aller chronisch psychisch Kranken ist untätig. Man kann auch sagen, nur 15–20 % finden den Weg auf den allgemeinen Arbeitsmarkt.

Was ist also zu tun? »Für Menschen mit psychischen Beeinträchtigungen kommt bezüglich der Arbeit, Ausbildungs- und Beschäftigungsverhältnisse grundsätzlich die ganze Palette der produzierenden oder dienstleistenden Aufgaben und Tätigkeiten in Betracht« [1]. Im § 10 Abs. 3 und Teil 2 des SGB IX werden Leistungsträger und Leistungsanbieter verpflichtet, den besonderen Bedürfnissen seelisch behinderten oder von Behinderung bedrohten Menschen Rechnung zu tragen. Damit auch Diejenigen berufliche Rehabilitationschancen haben, die jetzt keinen oder nur einen unzulänglichen Zugang zum bestehenden System der Beschäftigung und der beruflichen Rehabilitation haben, muss dieses bestimmte Anforderungen erfüllen, die mit den Begriffen der personenzentrierten Hilfe, der Bedarfsorientierung, der individuellen Förderplanung, der Flexibilisierung der Förderangebote, des Zugangs zu den Hilfs- und Förderangeboten für alle und der Notwendigkeit, eine Verantwortung für die regionale Planung und Steuerung der Hilfsangebote verbindlich festzulegen, bereits beschrieben wurden.

Betrachtet man unter diesen Gesichtspunkten das bestehende System der vor allem institutionell definierten beruflichen Rehabilitation, so wird deutlich, dass dieses System nur einen Teil des Bedarfs an beruflicher Rehabilitation für den Personenkreis abdecken kann. Damit soll die Notwendigkeit und die Qualität der Arbeit in diesen Einrichtungen überhaupt nicht bestritten werden, genauso wenig wie die Beiträge, die viele dieser Einrichtungen, wie Berufsbildungswerke, die Berufsförderungswerke, die Werkstätten für behinderte Menschen, die Beruflichen Trainingszentren, die Rehabilitationseinrichtungen für psychisch Kranke, die Berufsbegleitenden Dienste, die Integrationsprojekte und die Integrationsfachdienste für eine regionale berufliche Rehabilitation leisten. Sie bieten eine Vielzahl von berufsvorbereitenden und berufsbildenden Maßnahmen, behinderungsgerechte Beschäftigung auf dem allgemeinen und dem besonderen Arbeitsmarkt, Hilfen zur Erlangung eines Arbeitsplatzes, Hilfen zur Erhaltung eines Arbeitsplatzes und begleitende Hilfen im Arbeits- und Berufsleben an. Auf Grund der Aufgaben der verschiedenen Einrichtungen und Dienste, ihrer Organisationsstruktur, ihrer Zielsetzung, ihren Zugangsbedingungen und ihrer, durch die Leistungsträger, das Leistungserbringungsrecht und das Sozialrecht definierten Arbeitsbedingungen, bleibt ihr Beitrag aber begrenzt.

Folgende Mängel weist das bestehende System der beruflichen Rehabilitation insbesondere auf, die gleichzeitig als Forderungen gelesen werden können, besser sollen:

- Die kontinuierliche fachliche Betreuung und Beratung [4] ist immer noch nicht gewährleistet. Die Integrationsfachdienste leisten dies nicht, darauf komme ich noch zurück.
- Es fehlt ein breites Angebot von Möglichkeiten der Arbeit und Beschäftigung. Damit ist das gesamte Spektrum von Beschäftigungsverhältnissen auf dem allgemeinen Arbeitsmarkt gemeint, von der Vollzeit bis zur geringfügigen Teilzeitbeschäftigung, die Beschäftigung auf dem besonderen Arbeitsmarkt, die rehabilitative Beschäftigung, die kein Arbeitsverhältnis in tarif- und arbeitsrechtlichem Sinne darstellt, aber rehabilitativen Sinn macht und Tätigkeiten im so genannten »dritten Sektor«.
- Es ermangelt der Flexibilität der rehabilitativen Hilfen und der Zugänglichkeit für den Personenkreis zu diesen Hilfen, Maßnahmen und Angeboten sowie
- an einem verbindlich definierten Standard der personenzentrierten individuellen beruflichen Rehabilitations- und Förderplanung, die den jeweiligen individuellen Bedürfnissen, Interessen und Wünschen in ausreichendem Maße Rechnung trägt.

Zur vierten Frage: Ein Hauptanliegen des Gesetzgebungsvorhabens zum SGB IX war es, die Koordination der Leistungen der Rehabilitations- bzw. Leistungsträger, aber auch mittelbar der Leistungserbringer, durch wirksame Instrumente sicherzustellen. Im vierten

Behindertenbericht der Bundesregierung von 1998 sind dazu grundsätzliche Feststellungen getroffen worden. »Vielen Betroffenen fällt es schwer, sich zurecht zu finden; auch Fachleuten, die ihre konkrete Praxis und Fallarbeit zunehmend dadurch beeinträchtigt sehen, dass im Komplex und in Teilen manchmal nicht miteinander kompatible Regelungen zu beachten und zu prüfen sind.«[6]

»Eine wichtige Aufgabe des SGB IX ist eine bessere Koordinierung der vorhandenen Instrumente und eine Verbesserung der Zusammenarbeit der Träger, um die Leistungen noch wirksamer zu gestalten. Hier gibt es verschiedene Ansatzpunkte, um zu Verbesserungen zu kommen beispielsweise ... den Gesamtplan, der Bildung von Arbeitsgemeinschaften oder der Festlegungen von Koordinierungsaufgaben.«[7] Insbesondere in den §§ 4, 10, 13, 17 und 22 SGB IX sind deswegen ausführliche Regelungen zur Koordination aufgenommen und damit normativ verpflichtend gemacht worden. Regionale Kooperation und Koordination, die den normativen, legislativen und fachlichen Anforderungen entsprechen will, hat verschiedene Ebenen zu beachten:

- Da ist zunächst die Ebene des Einzelfalls, des Casemanagements. Hier geht es darum, einen individuellen Förder- und Rehabilitationsplan für die berufliche Rehabilitation zu erarbeiten und seine Fortschreibung sicherzustellen. Besondere Verantwortung tragen in diesem Zusammenhang die Einrichtungen und Dienste der primären und komplementären Versorgung und die Leistungsanbieter in der beruflichen Rehabilitation. Die Leistungsträger haben durch Leistungsvereinbarung und eine angemessene Finanzierung die Erarbeitung und Umsetzung einer beruflichen Rehabilitationsplanung sicherzustellen.
- Eine weitere Aufgabe der Kooperation und Koordination besteht in der Entwicklung eines angemessenen Angebotes an Maßnahmen, Diensten und Einrichtungen der beruflichen Rehabilitation, um ein bedarfsgerechtes regionales Rehabilitationsangebot sicherzustellen. Hierbei sind insbesondere die Leistungsträger und Leistungsanbieter gefordert, die gemeinsam darauf hinzuwirken haben, dass Bedarfsgerechtigkeit, Zugang, Durchlässigkeit gewährleistet sind und eine breite Palette von

---

6 Bundesministerium für Arbeit und Sozialordnung 1998, S. 144
7 BMA, a.a.O., S. 145

Arbeits- und Beschäftigungsmöglichkeiten zur Verfügung stehen. In diesem Zusammenhang sind auch die Arbeitgeber nachdrücklich zu erwähnen, denen im SGB IX, insbesondere in Teil 2, Kapitel 2, 3 und 5 eine Reihe von Verpflichtungen auferlegt worden sind. Natürlich finden viele Bemühungen um berufliche Rehabilitation auf dem allgemeinen Arbeitsmarkt ihre Grenze in der Arbeitsmarktsituation und dem Angebot an Arbeitsplätzen. Hier gibt es auch für das optimal organisierte regionale berufliche Rehabilitationssystem »objektive Grenzen«.

- Eine dritte Ebene der Kooperation und Koordination ist die Sicherstellung der Finanzierung der entsprechenden Maßnahmen, Dienste und Einrichtungen sowie die Sicherstellung der Zugänglichkeit, Nahtlosigkeit und Berücksichtigung der besonderen Bedürfnisse der psychisch Behinderten in diesem System. Hier sind insbesondere die Leistungsträger gefordert, deren Verantwortung für die Sicherstellung dieser Rahmenbedingung nachhaltig vom Gesetzgeber im SGB IX formuliert worden ist.
- Eine vierte Ebene der Kooperation und Koordination stellen die Aufgaben der Qualitätssicherung, des Benchmarking und des Controlling dar. Hierfür tragen insbesondere die Leistungserbringer und die Leistungsträger gemeinsame Verantwortung.
- Es gibt fünftens einen landespolitischen und gebietskörperschaftlichen Regelungsbedarf.

Regionale berufliche Rehabilitation für Menschen mit psychischen Beeinträchtigungen ist Bestandteil gemeindepsychiatrischer Versorgung. Die Einrichtung von gemeindepsychiatrischen Verbünden ist weder Aufgabe der Leistungsträger noch der -erbringer – wohl aber ihre Teilnahme –, sondern ist politische Aufgabe der Bundesländer bzw. der kommunalen Gebietskörperschaften. Eine Beteiligung an den Kosten durch die Leistungsträger ist nach SGB IX nicht ausgeschlossen. Zu den notwendigen Voraussetzungen einer regionalen beruflichen Rehabilitation gehört die Einrichtung gemeindepsychiatrischer Verbünde durch die Länder, die aber flächendeckend noch nicht vorhanden sind. Dies ist am besten – wie z.B. in Niedersachsen – dadurch zu gewährleisten, dass die Einrichtung gemeindepsychiatrischer Verbünde durch Landesgesetz zu einer kommunalen Pflichtaufgabe erklärt wird, deren Finanzierung allerdings sicherzustellen ist. Insofern ist eine landesgesetzliche Regelung eine notwendige Voraussetzung für verpflichtende Kooperation und Koordination auch in der regionalen beruflichen Rehabilitation.

Ich komme jetzt *zur fünften* und im Rahmen meines Vortrages *zur letzten Frage.* Auch hier beziehe ich mich zunächst auf den 4. Behindertenbericht der Bundesregierung, der ja eine wesentliche Grundlage zur Erarbeitung des SGB IX und die damit verbundenen Zielsetzungen darstellt. Dort wird in Bezug auf die Weiterentwicklung des Rechts zur Eingliederung Behinderter festgestellt: »Dieses in der Sache durchgängige System von Leistungen und sonstigen Hilfen hat bisher keinen angemessenen Ausdruck in der rechtlichen Ausgestaltung gefunden. Vielmehr bestehen neben dem Rehabilitationsangleichungsgesetz, dem Schwerbehindertengesetz und dem Bundessozialhilfegesetz zahlreiche Einflussvorschriften in anderen Gesetzen und Verordnungen, sodass Rechtsauslegung, Rechtsanwendung und Nutzung der Vorschriften, insbesondere auch für die Behinderten und von Behinderung Bedrohten, erschwert sind.«[8] Weiterhin wird festgestellt, dass »(...) nicht überall sachgerechte Abgrenzungs- und Verknüpfungsregelungen bestehen und ... die Tendenz zu isolierter Betrachtung von Teilproblemen und Teillösungen« gefördert wird. Diese Feststellungen legen den Maßstab fest, nach dem zu beurteilen ist, ob es durch das SGB IX gelungen ist, die unbestrittenen Probleme zu lösen.

Zunächst ist zu bemerken, dass, wie z.B. beim SGB XI, durch das SGB IX neue Rehabilitationsträger definiert (z.B. der Sozialhilfeträger), neue Leistungen (Integrationsprojekte, Integrationsfachdienste, Arbeitsassistenz) eingeführt sowie neue Institutionen geschaffen (Servicestellen) wurden und damit neue Abgrenzungs- und Zuständigkeitsprobleme entstanden sind; so z.B. im Zusammenhang mit § 40 BSHG zu Fragen der Früherkennung und Frühförderung[9], ebenso bei der Leistungspflicht für die Beschaffung und Erhaltung einer Wohnung sowie den Leistungen zur Förderung der Verständigung mit der Umwelt. Der Deutsche Verein plant kurze Zeit nach In-Kraft-Treten des SGB IX bereits eine Tagung zu Abgrenzungsfragen der medizinischen Rehabilitation.[10]

---

8 BMA, a.a.O., S. 144
9 vgl. § 30 SGB IX
10 vgl. Tagungsankündigung in NDV 4, 2002, S. 114-119

Zentrale Aspekte der regionalen Koordination und Steuerung

Bei aller positiven Würdigung der Regelungen des SGB IX bleibt doch festzustellen, dass durch das SGB IX die Tendenz zu isolierter Betrachtung von Teilproblemen keinesfalls beendet worden ist. Beispiel dafür sind die Integrationsfachdienste, die nach § 109 SGB IX im Auftrag der Bundesanstalt für Arbeit, der Rehabilitationsträger und Integrationsämter bei der Durchführung der Maßnahmen zur Teilhabe schwerbehinderter Menschen am Arbeitsleben beteiligt werden. Im Absatz 3 wird festgestellt, ein besonderer Bedarf an arbeits- und berufsbegleitender Betreuung sei insbesondere gegeben bei schwerbehinderten Menschen mit geistiger oder seelischer Behinderung. Damit kann ja keine andere Definition von Behinderung gemeint sein, als die nach § 2 SGB IX. In der Praxis wird der Rehabilitationsfachdienst tatsächlich aber von der Bundesanstalt für Arbeit vor allem genutzt, das Ziel zu erreichen, 50.000 schwerbehinderte Menschen bis Herbst dieses Jahres in Arbeit zu vermitteln. In der Konsequenz führt das dazu, dass entgegen § 109 SGB IX

- der niedrigschwellige Zugang zum Integrationsfachdienst nicht gewährleistet ist, da praktisch nur über die Arbeitsämter in den Integrationsdienstfachdienst vermittelt wird,
- grundsätzlich nur Klienten mit Schwerbehindertenausweis vermittelt werden und Mitarbeiterinnen aus Werkstätten und Sonderschüler nicht mehr durch den IFD betreut werden,
- psychisch Behinderte nur noch in Ausnahmefällen vermittelt werden, da das Arbeitsamt keine statistischen Angaben nach Behinderungsart mehr erhebt, die Reha-Sachbearbeiter in den Arbeitsämtern abgeschafft wurden und der Rehabilitandenstatus zum Ausschluss von der Vermittlung an das IFD führt,
- die anderen Rehabilitationsträger, von einigen Ausnahmen durch die Integrationsämter abgesehen, die IFD nicht nutzen. Die Berufsgenossenschaften halten an ihrem eigenen privaten Dienstleister zur beruflichen Rehabilitation zu deutlich höheren Preisen (1.500 Euro/Monat/Klient) fest und die Rentenversicherungsträger planen an den berufsbegleitenden Diensten und den Integrationsämtern vorbei über die BAR einen Modellversuch »Casemanagement«, der möglicherweise zu einem eigenen berufsbegleitenden Angebot führen könnte,
- die Finanzierung des IFD durch die Fallpauschalen (je Klient und Monat 150 Euro = 1.050 Euro in 6 Monaten + 1. Prämie 750 Euro und 2. Prämie 750 Euro) bei einem Schlüssel von

1 Mitarbeiter : 35 Klienten führt zu einem enormen finanziellen Druck auf die IFD, deren Mitarbeiter für die psychisch Behinderten unter diesen Bedingungen nicht genügend Zeit investieren können. Hinzu kommt, dass bei Vermittlung auf einen Arbeitsplatz sofort eine Neuzuweisung durch das Arbeitsamt an den IFD erfolgt, sodass die erforderliche Übergangs- und Nachbetreuung von z.b. psychisch Behinderten bei diesem Personalschlüssel nicht möglich ist.

Was ist aus diesen Erfahrungen zu schließen, bedauerlicherweise festzustellen:

- Alles in allem stellt diese Praxis meines Erachtens einerseits ein typisches Beispiel für die begrenzte Perspektive einzelner Sozialleistungsträger dar, andererseits scheint die Forderung des Gesetzgebers nach Kooperation und Koordination, Nahtlosigkeit etc. nicht umgesetzt worden zu sein. Dies stimmt nachdenklich und erweckt den Eindruck, der gewollte und erhoffte sozialrechtliche Fortschritt lasse auf sich warten.
- Weiterhin nicht geregelt ist das Problem einer einheitlichen Leistungszuständigkeit. Nach wie vor (vgl. § 4 Abs. 2 SGB IX) gilt der Vorrang der Einzelleistungsgesetze und damit des Leistungsbestimmungsrechts der einzelnen Leistungsträger.
- Nach wie vor ist die Verpflichtung der Leistungsträger zu verbindlicher Kooperation und Koordination nicht geregelt, sondern wie bisher *sollen* sie dies tun, *müssen* es aber nicht. Ob die durch die Bundesarbeitsgemeinschaft Rehabilitation (BAR) zu erarbeitenden Leitlinien diesen Mangel heilen werden, ist nach den bisherigen, inzwischen jahrzehnte alten Erfahrungen mit Leitlinien und Vereinbarungen im Rahmen der BAR zweifelhaft. Dies stellt nicht die Qualität der Arbeit der BAR infrage. Sie kann aber nicht jene Verbindlichkeit herstellen, die allein durch Gesetz zu regeln ist.
- Nach wie vor unbefriedigend geregelt ist das Problem der Vorleistungsverpflichtung. Ob der § 14 SGB IX eine funktional äquivalente Lösung dieses Problems darstellt, bleibt abzuwarten.
- Auch die Handhabung des § 93 BSHG, der im großen Umfange genutzt wird, das bisherige stationäre geprägte Angebot der komplementären Versorgung festzuschreiben, lässt daran zweifeln, ob der im vierten Behindertenbericht geforderte Perspek-

tivenwechsel hin zu einer personenzentrierten Versorgung sich durchsetzen wird.

Mit der Entsprechung des aus diesen Einschätzungen und Erfahrungen resultierenden, hier inhaltlich angedeuteten Handlungsbedarfes würden die notwendigen Voraussetzungen für die Weiterentwicklung geschaffen, die weder dem Geist noch dem Inhalt des SGB IX widersprächen – im Gegenteil. Damit würde auch ein Beitrag zur wahrscheinlich wichtigsten Innovation geleistet werden – dem Perspektivenwechsel in den Köpfen.

Nach § 66 SGB IX unterrichtet die Bundesregierung die gesetzgebenden Körperschaften des Bundes bis zum 31. Dezember 2004 über die Lage der Behinderten sowie die Entwicklung ihrer Teilhabe. Es wäre wünschenswert, wenn die Kriterien, nach denen dann der fünfte Behindertenbericht der Bundesregierung erarbeitet wird – auch wenn er so nicht heißen soll – so klar und verbindlich formuliert wären, dass der Bericht genutzt werden könnte, jene Mängel – im Sinne der Schaffung notwendiger aber noch nicht hinreichender Bedingungen – dann endlich abzustellen, mit denen das gegliederte System der sozialen Sicherung auch nach der Novellierung des SGB IX weiterhin behaftet ist.

Literatur

1. AKTION PSYCHISCH KRANKE: Zwischenbericht des Projektes »Bestandsaufnahme zur Rehabilitation psychisch Kranker«, unveröff. Ms., Bonn 2002
2. BUNDESARBEITSGEMEINSCHAFT DER ÜBERÖRTLICHEN TRÄGER DER SOZIALHILFE: Benchmarking der überörtlichen Träger der Sozialhilfe, in: Internes Rundschreiben Nr. 1/2002
3. BUNDESMINISTERIUM FÜR ARBEIT UND SOZIALORDNUNG (Hg.): Die Lage der Behinderten und die Entwicklung der Rehabilitation, 4. Bericht der Bundesregierung über die Lage der Behinderten und die Entwicklung der Rehabilitation, Bundesministerium für Arbeit und Sozialordnung, Herausgeber: Bonn 1998
4. BUNDESMINISTERIUM FÜR ARBEIT UND SOZIALORDNUNG (Hg.): Die berufliche Eingliederung psychisch Behinderter, LEHMANN, K., POHL, J. u.a. Bearbeiter, Bonn 1987
5. CONDRAU, M. u.a.: Integration psychisch Kranker in die Arbeitswelt, in: Psychiatrische Praxis 2001, Nr. 28, S. 270–274
6. DEUTSCHER VEREIN FÜR ÖFFENTLICHE UND PRIVATE FÜRSORGE:

»Vorläufige Auslegungshinweise des Deutschen Vereins zur Anwendung von Vorschriften des SGB IX in der Sozial– und Jugendhilfe«, NDV 4, 2002, 114–119
7. GAGEL, A.: Rehabilitation im Betrieb unter Berücksichtigung des neuen SGB IX – ihre Bedeutung und das Verhältnis von Arbeitgebern und Sozialleistungsträgern, in: NZA 18, 2001, S. 988–993
8. MASCHER, U.: Tiefgreifender Wandel, in: Bundesarbeitsblatt 11, 2001, S. 5–11
9. MEIER, C. u.a.: Lebenszeitprävalenz psychischer Störungen in der erwachsenen Allgemeinbevölkerung in: Der Nervenarzt 7, 2000, S. 535–542
10. PREHM, J., HOFFMANN, W.: Weiterentwicklung des Sozialhilferechts, in: Bundesarbeitsblatt 11, 2001, S. 31–35
11. RÜESCH, P. u.a.: Beschäftigungslage von Schizophrenie- und Affektkranken, in: Psychiatrischer Praxis 29, 2002, S. 68–75
12. SCHEL, H.-P., CLEAVENGER, B.: Verbesserungen in den Behindertenwerkstätten, in: Bundesarbeitsblatt 11, 2000, S. 22–31
13. SPEREITER, C.: SGB IX als Leistungsgesetz, in: Bundesarbeitsblatt 11, 2000, S. 18–22

Kommunale und regionale Steuerung aus der Sicht der Integrationsämter

Peter Beule, Berthold Deusch

Teil I[1]

Es ist trivial: Ohne Koordination und Steuerung, quasi naturwüchsig oder durch günstige Umstände, kommt kein taugliches System der beruflichen Rehabilitation und Integration zu Stande. Das gilt insbesondere in einem Rechtssystem, das vielen unübersichtlich erscheint. Zu den vielen beteiligten Leistungsträgern gehören auch die Integrationsämter, die andererseits aber wieder nicht zu den Reha-Trägern gehören – da sind wir schon mitten drin in der Unübersichtlichkeit. Aus Sicht des Integrationsamtes hier einige Anmerkungen.

Koordinationsfelder des Integrationsamtes

Die Aufgaben der Integrationsämter im Rahmen des besonderen Kündigungsschutzes und der begleitenden Hilfe im Arbeits- und Berufsleben für schwerbehinderte Arbeitnehmer und ihre Beschäftigungsbetriebe sind ohne Koordination mit meist mehreren Personen oder Institutionen nicht zu bewältigen. Absprachen, Zielvereinbarungen, Ergebnisbewertungen u.Ä. sind so gut wie immer mit den schwerbehinderten Menschen, ihren Angehörigen, den Beauftragten des Arbeitgebers, den Schwerbehindertenvertretungen sowie den Betriebs- oder Personalräten zu treffen. In vielen Fällen sind schon bei der Analyse der Probleme wie auch bei der Bestimmung der geeigneten Unterstützungsmaßnahmen Abstimmungen erforderlich mit behandelnden Ärzten, Kliniken, Gesundheitsämtern, arbeitsmedizinischen Diensten, den Trägern der Rehabilitation, Anbietern von Hilfsmitteln oder Arbeitsplatzeinrichtungen, dem Arbeitsamt, Selbsthilfegruppen, mit sozialen Diensten aller Art bis hin zu den Integrationsfachdiensten, die für die Integrationsämter Betreuungen übernehmen.

---

1 Teil I wurde von Peter Beule verfasst.

Begleitende Hilfe im Arbeitsleben/berufliche Rehabilitation

Zwischen dem Integrationsamt und den Trägern der beruflichen Rehabilitation ist häufig abzuklären, wer für die Bezuschussung von technischen Arbeitshilfen, Arbeitsplatzausstattungen, erforderlichen Qualifizierungen oder für eine erforderliche Arbeitsassistenz zuständig ist.

Das SGB IX hat zur Beschleunigung der bisher oft unzumutbar lange dauernden Reha-Antragsverfahren knappe Fristen für die Zuständigkeitsklärung und die Leistungsbewilligung eingeführt. Lässt der Leistungsträger die 14-Tage-Frist für die Zuständigkeitsklärung verstreichen, so hat er die Leistung zu gewähren ohne die Möglichkeit auf Erstattung durch einen anderen Leistungsträger, der inzwischen als zuständig erkannt wurde. Dies hat zu erheblicher Verunsicherung geführt mit der teils festzustellenden Tendenz, bei unklarer Zuständigkeit die Leistungsgewährung vor Ablauf der Frist abzulehnen, um nicht – eventuell unzuständig – auf ihr sitzen zu bleiben. Ebenfalls verunsichert haben die Änderungen bei den Regelungen zu Vorleistungen und Erstattungen; diese sind bei den Integrationsämtern ersatzlos entfallen.

Steuerung der Integrationsfachdienste

Einen ganz erheblichen und auch neuen Koordinierungs- und Steuerungsbedarf haben die Regelungen des SGB IX ausgelöst, die Integrationsfachdienste (IFD) betreffen: Die Zahl der möglichen Auftraggeber ist erweitert. Die Träger von IFD für einzelne Zielgruppen müssen zumindest im Verbund kooperieren. Gemeinsam mit den Auftraggebern müssen die Träger die Sicherung der Qualität betreiben usw.

Die Bildung von Koordinierungsausschüssen auf der Ebene der Arbeitsamtsbezirke, unter Beteiligung des Arbeits- und des Integrationsamtes sowie des (Haupt-)Trägers des IFD, hat sich inzwischen bewährt, ja als unverzichtbar erwiesen. Sie steuern die Belegung der Dienste, schwierige Einzelfälle, die Zielgruppenrepräsentanz, öffentlichkeitswirksame Aktivitäten und vieles mehr. Teils sind ergänzend auf Landesebene Landeskoordinierungsausschüsse gebildet worden (z.B. in Nordrhein-Westfalen und Baden-Württemberg). Problematisch ist, dass in einigen Bundesländern keine gemeinsame Koordinierung und Steuerung der IFD-Tätigkeit in Koordinierungsausschüssen stattfindet.[2]

Integrationsfirmen und Arbeitsmarkt

Integrationsfirmen (im SGB IX Integrationsprojekte genannt) sind Unternehmen des allgemeinen Arbeitsmarktes, daher lässt sich ihre Gründung auch nicht verordnen, in einem bundesweiten Netzplan nach Bedarf verteilen und ihre Größe nach Platzzahl-Bedarf bestimmen. Sie sind eben keine Einrichtungen des Hilfesystems.

Den Integrationsämtern obliegt die Förderung von Integrationsprojekten. Hierzu ist es erforderlich den Bedarf an solchen Projekten regional in enger Kooperation mit den Arbeitsämtern zu erfassen und ihre Einrichtung anzuregen bzw. interessierte Träger hinsichtlich der Realisierbarkeit von Projektideen zu beraten, zu unterstützen und kritisch zu kontrollieren. Neben dem Einbezug der Integrationsfachdienste haben sich zur Bedarfsermittlung auch Arbeitsmarktgespräche mit den örtlichen Akteuren (Psychiatrische Kliniken, Sozialdienste, Selbsthilfegruppen, Arbeits- und Integrationsamt, Sonderschulen, Werkstätten für behinderte Menschen usw.) als sehr sinnvoll erwiesen.

Ein besonders gelungenes Beispiel regionaler Koordination liegt vor, wenn es gelingt, die freie Wirtschaft und Institutionen der sozialpsychiatrischen Versorgung zur gemeinsamen Trägerschaft eines Integrationsunternehmens zu motivieren. Beispielhaft sei hier die Rönsahler Industrie-Service GmbH in Kierspe, Märkischer Kreis, genannt.

Einrichtungen und Plätze der beruflichen Rehabilitation

Bekannt sind sicher die Netzplanungen für bestimmte, bundesweit vorgehaltene Einrichtungen: die Werkstätten für behinderte Menschen (WfbM), die Berufsbildungs- und Förderungswerke (BBW und BFW). Für die Berufstrainingszentren (BTZ) gab es sol-

---

2 Nähere Informationen zu den Aufgaben der Koordinierungsausschüsse können Sie den »Empfehlungen der BIH zu den Aufgaben der Koordinierungsausschüsse« entnehmen. Diese sind unter anderem bei den Autoren erhältlich.

che Planungen bisher nicht, sie sollen aber wohl in Zukunft ausgeweitet werden. Für die kommunale und regionale Steuerung bezogen auf den Rehabilitationsbedarf der psychisch kranken oder behinderten Menschen ist es wichtig, die Art und Zahl der im Tagespendelverkehr erreichbaren Plätze zu eruieren, um den Fehlbedarf feststellen zu können. Ergänzend sollten berufliche Rehabilitations- und Bildungsplätze in kleinen dezentralen und ambulanten Maßnahmen im Rahmen von Förderung der beruflichen Weiterbildung (FbW) geplant und abgestimmt werden. Besonders Plätze in normalen Betrieben – die weniger therapie-, sondern eher trainingsorientiert ausgerichtet sind – stellen eine wichtige Ergänzung der einrichtungsbezogenen Rehabilitation dar.

Runde Tische

Mit dem Ziel der Koordination und Steuerung von Unterstützungsangeboten auf regionaler oder kommunaler Ebene sind in den letzten Jahren zunehmend »Runde Tische« eingerichtet worden. Sie firmieren als »Runder Tisch Arbeit«, »Reha-Kommission«, »Arbeitskreis Arbeit der PSAG« u.Ä. Dabei wollen u.a. die folgenden Fragestellungen gut überlegt sein, um nicht nur kurzfristige Strohfeuer zu entfachen oder unproduktive Konkurrenzen zu provozieren:
- Welche Zielgruppen sind im Blick?
- Wer nimmt teil, wer sollte teilnehmen?
- Welchen Aufgaben will man sich stellen? Nur gegenseitige Information?

Entscheidend scheint mir zu sein, dass konkrete Ziele anvisiert werden, dass bindende Vereinbarungen mit klaren Verantwortlichkeiten getroffen werden. Gemeinsam gestaltete, persönliche Zusammenarbeit in einem schwierigen »Fall« oder in einem Projekt schafft Vertrauen und baut Barrieren ab, was der bloßen gegenseitigen Information über die jeweiligen Aufgaben und Möglichkeiten nicht gelingen kann: Auch erfolgreiche Netzwerkarbeit ist Beziehungsarbeit!

Kommunale und regionale Steuerung aus der Sicht der Integrationsämter

»Tellerränder«

Ein Letztes ist mir persönlich noch sehr wichtig: Als jemand, der vor mehr als 15 Jahren die Welt der sozialpsychiatrischen Versorgung verlassen hat und in die Welt der beruflichen Unterstützung von Behinderten und Arbeitgebern (Integrationsamt, Schwerbehindertenrecht) gewechselt ist, fällt mir immer wieder auf, dass es sich tatsächlich um verschiedene Welten handelt. Gelingt es den Handelnden in der psychiatrischen Versorgungslandschaft wirklich, den Blick aus ihrem System – oder soll ich sagen Elfenbeinturm – zu lenken oder bleiben sie ihrer Abstand schaffenden Sprache, ihrer Denkweise, ihrer Fixiertheit auf Institutionen verhaftet? Die Sozialpsychiatrie wird die Welt der Arbeit nicht ihren Bedürfnissen anpassen können!

Kann es richtig sein, dass landauf landab die Reha- und Arbeitsmarkt-Akteure der verschiedenen Zielgruppen ohne voneinander zu wissen oder sogar in Konkurrenz miteinander sich um die wenigen Ressourcen und Arbeitsplätze streiten, oder sollte es nicht besser abgestimmte Strategien geben?

Und zu guter Letzt: Sind auch Arbeitsmarktpolitik und Wirtschaftsförderung entfernte Galaxien? Und muss das so bleiben? Oder ist es nicht dringend erforderlich auf kommunaler, auf Landes- und auf Bundesebene diese Welten aufeinander zu zu bewegen, Strategien und Ressourcen-Einsatz abzustimmen? Wir können nur die Arbeitsplätze sinnvoll verteilen, die zusätzlich geschaffen werden. Konkurrenz um bereits bestehende Arbeitsplätze bringt keine Zielgruppe der Arbeitsmarktpolitik voran!

Teil II[3]

Koordination und Kooperation brauchen klare gesetzliche und administrative Regelungen am Beispiel des niederschwelligen Zugangs psychisch beeinträchtigter Menschen zu den Integrationsfachdiensten

Mit dem SGB IX liegen konkrete Regelungen zu den Aufgaben und zum Aufbau der Integrationsfachdienste (IFD) vor (vgl. Abb. 1). In der Mustervereinbarung nach § 111 Absatz 4 SGB IX ist neben dem binnendifferenzierten Aufbau sowohl der niederschwellige Zugang

---

3 Teil II ist von Berthold Deusch verfasst.

zum IFD als auch der zur regionalen Steuerung wichtige Koordinierungsausschuss geregelt.

Nach § 109 Absatz 3 SGB IX gelten seelisch behinderte Menschen als besondere Zielgruppe der IFD. Damit ist aber in weiten Teilen Deutschlands dieser Klientel der niederschwellige Zugang zu den IFD keineswegs automatisch gesichert. Die Verknüpfung der Aktion »50.000 Stellen für schwerbehinderte Menschen« mit dem flächendeckenden Aufbau der IFD erweckt den Eindruck, dass diese nur zu diesem Zweck eingerichtet wurden. Eine solche Sicht verkürzt das Aufgabenspektrum des IFD auf die Unterstützung der Arbeitsvermittlung für schwerbehinderte Menschen und damit auf die vom Arbeitsamt zugewiesene Klientel.

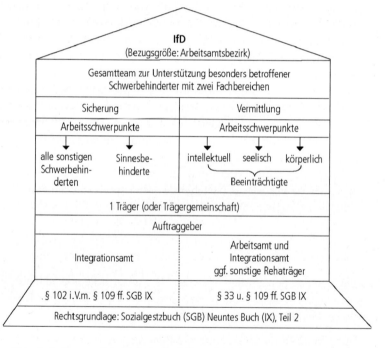

Abb. 1: Aufbau und Aufgaben des IFD

Verständlich ist, dass die Arbeitsverwaltung bei der Beauftragung der IFD dem hohen Ziel des Abbaus der Arbeitslosigkeit der schwerbehinderten Menschen um ca. 50.000 bis Oktober 2002 erste Priorität einräumt. Unverständlich ist jedoch, dass die Rehabilitationsträger (auch die Arbeitsverwaltung) von der Möglichkeit des §109 Absatz 4 SGB IX »Der Integrationsfachdienst kann auch (...) zur beruflichen Eingliederung von behinderten Menschen, die nicht schwerbehindert sind, tätig werden«, so gut wie keinen Gebrauch machen. Nur durch besondere Anstrengungen der Integrationsämter ist es in Nordrhein-Westfalen, Baden-Württemberg, Schleswig-Holstein und Rheinland-Pfalz möglich, dass diese Klientel niederschwellig Zugang zum IFD erhält. Dies bedeutet, dass außer in den genannten Bundesländern, der niederschwellige Zugang für diese Klientel nur im Promillebereich stattfindet. Dies kann so auf Dauer nicht hingenommen werden. Dort wo die Verantwortlichen sich diesem Thema nicht stellen und keine freiwilligen Regelungen möglich sind, kann auch der Koordinierungsausschuss eine solche Lücke nicht schließen. Hier ist vor allem der Bundesminister für Arbeit und Sozialordnung gefordert, die vom Gesetzgeber gewollte Entwicklung voran zu treiben – wenn es sein muss auch durch die Ausgestaltung der Verordnungsermächtigung nach § 115 SGB IX.

Ersatzkriterien und Schwerbehindertenausweis

Für viele bestand die Hoffnung, dass sich mit den Regelungen zum SGB IX erforderliche Unterstützungsleistungen für seelisch behinderte Menschen auch ohne Schwerbehindertenausweis realisieren lassen. Aus der Perspektive des Bundesministeriums für Arbeit und Sozialordnung (BMA) ist dies mit den Leistungen nach §33 ff SGB IX und der o.g. Regelung des § 109 Absatz 4 SGB IX weitgehend erreichbar. Klar ist jedoch, dass die besonderen Leistungen des 2. Teils SGB IX (Schwerbehindertenrecht), hier vor allem die Leistungen im Rahmen der »Begleitenden Hilfe im Arbeitsleben«, ohne Schwerbehindertenausweis nicht erreichbar sind (siehe Abb. 2). Insofern bleibt es uns nicht erspart den Schwerbehindertenausweis erneut in den Blick zu nehmen.

Der Umgang mit dem Schwerbehindertenausweis ist teilweise mit unrealen Vorstellungen und festsitzenden Vorurteilen belastet. Bei nüchterner Betrachtung ist der Ausweis so etwas *wie ein sozial-*

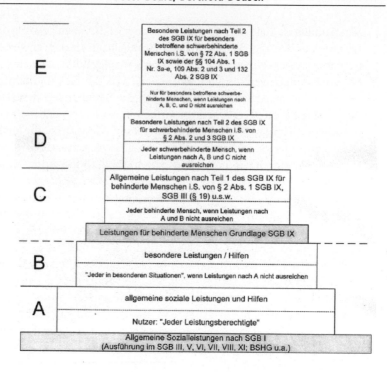

Abb. 2: Förderlogik des SGB IX

rechtlicher Führerschein. Der Betroffene bestimmt selbst den Umfang und die Ausgestaltung des Ausweises, in dem er entscheidet, welches seiner Leiden er anerkennen lassen will. Er bestimmt auch, ob und in welchem Zusammenhang er den Ausweis vorlegen/nutzen will. Und er kann ihn auch ganz oder teilweise zurückgeben. Der Ausweis ist ein höchst persönliches Rechtsgut, das nur der Betroffene beantragen, nutzen oder zurückgeben kann.

Sobald die Klienten darüber sachlich informiert sind, können sich erstaunlicherweise viele für einen Ausweis entscheiden. Um allen Missverständnissen vorzubeugen: Auch wir können verstehen, dass jemand, der gerade dabei ist, sich aus der Krankheit heraus zu entwickeln und schrittweise beginnt wieder an seine Stärken zu glauben, sich nur ungern seine Schwächen amtlich bestätigen lassen will. Unsere Fachdienste können deshalb nach wie vor persönliche Unterstützungsleistungen in Form von Beratung und Begleitung auch ohne Schwerbehindertenausweis erbringen (nach so genannten Ersatzkriterien in Baden oder einem Ersatzverfahren in Nordrhein-Westfalen). Nur dort, wo Förderbedarf in Form von finanziellen Leistungen in größerem Umfang besteht, führt kein Weg am Ausweis vorbei! Bei nüchterner Betrachtung überwiegen die Vorteile des Ausweises eindeutig.

Der bedauerliche Zustand der Servicestellen

Die Abbildung 3 stellt die idealtypische Funktion der Servicestellen dar. Das, was sich jedoch derzeit in »so genannten« Servicestellen für die Teilhabe behinderter Menschen bewegen lässt, hat mit den Zielen des Gesetzes so gut wie nichts zu tun. Aus der Begründung zum SGB IX wird deutlich, dass die Servicestelle eine gemeinsame Adresse aller Rehabilitationsträger sein sollte (»Ein-Schalter-Prinzip«). Die damit verbundenen Ziele können Sie der Grafik entnehmen.

Wer weitergehende Informationen zu den gedachten Servicestellen haben will, dem empfehle ich den Kommentar von Dau, Düwell und Haines [1].

Literatur

1. DAU, D.H. (Hg.): Rehabilitation und Teilhabe behinderter Menschen. Baden-Baden 2002

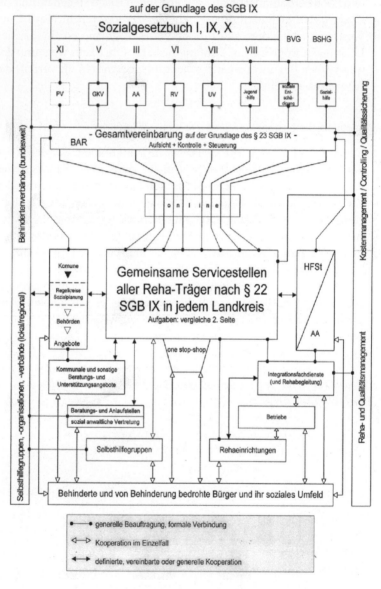

Abb. 3: Idealtypische Funktion der Servicestellen

Auf dem Weg zu personenzentrierten Hilfen zur Teilhabe am Arbeitsleben - Erfahrungen aus zwei rheinischen Regionen

Christiane Haerlin, Hermann Mecklenburg

Einleitung

Ein klares Bekenntnis: Wohnortnahe Hilfen werden von Psychiatrie-Erfahrenen, Angehörigen und Professionellen als regionale Leistungsverpflichtung gefordert. Wir müssen zugeben, dass wir diese Forderung noch nicht befriedigend erfüllt haben. In diesem Beitrag wollen wir Professionelle vor allem vor unserer eigenen Türe kehren und feststellen, dass es nicht nur am Geld liegt, sondern auch am Festhalten des institutionellen Denkens und an unserer zu zaghaften Hoffnung auf die Integration der Psychiatrie-Erfahrenen in das Arbeitsleben. Gemäß dem Grundsatz »Person vor Institution« wäre das Beste eine völlige Neuordnung der zersplitterten Landschaft mit dem Ziel, dass der Psychiatrieerfahrene alles was er braucht maßgeschneidert aus einer Hand »einkaufen« kann. Da dies rechtlich und politisch (noch) nicht umsetzbar ist, muss der »Kunde« einen »Einkaufsführer« erhalten. Dabei stehen vor allen anderen wir Professionellen in der Pflicht, den Nutzern einen Weg zu bahnen zu Arbeit und Beschäftigung. Verweise auf Kostenträger, Kommunen oder Arbeitgeber sind nicht zulässig, solange wir in unseren medizinischen und soziotherapeutischen Handlungsfeldern dieses Thema nicht regelhaft und aktiv bearbeiten – für die Patienten besitzt es allerhöchste Priorität [1].

Welche Leistungen müssen in einer Region zur Verfügung gestellt werden?

Als den oben genannten »Einkaufsführer« präsentieren wir das von uns ursprünglich im Auftrage der »Deutschen Vereinigung für die Rehabilitation Behinderter (DVfR) – Arbeitsausschuss Psychisch Behinderte« erarbeitete [5] und unter Mitwirkung weiterer Experten sowie einer Redaktionsgruppe kontinuierlich weiterentwickelte »Kölner Instrumentarium – ein Kompass«: Aufgeteilt in drei »Marktsegmente« sind 15 Funktionen beschrieben, die unsere Kunden auf dem Weg in die Arbeit brauchen können. Dieser Kompass ist für Psychiatrieerfahrene, Angehörige und Professionelle gedacht (Abbildung 1).

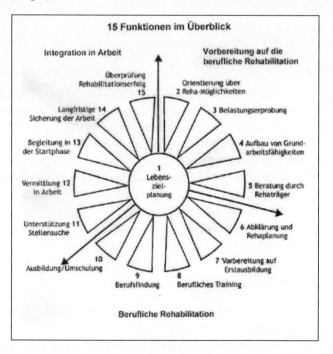

Abb. 1: Das »Kölner Instrumentarium« im grafischen Überblick

Die einzelne Person kann unabhängig von jeder Institution erkennen, welche dieser Funktionen sie in ihrer aktuellen Situation für ihren speziellen Weg in Arbeit braucht. Erfahrene, Angehörige, Professionelle und Kostenträger können anhand des Kompasses überprüfen, ob die notwendigen Funktionen in ihrer Region vorhanden sind. Weitere Information ist über das Internet möglich[1].

---

1   www.psychiatrie.de/arbeit. Wir danken den Betreibern des Psychiatrie-Netzes, die ihr Portal zur Verfügung stellten, einer Teilnehmerin im BTZ Köln für die graphische und Herrn Ludwig Janssen vom »Redaktionsbüro Köln« für die redaktionelle Bearbeitung.

Wenn sich der Einzelne allerdings fragt, wo bekomme ich die aufgezeigten Leistungen, wird er zu den Diensten, Orten und Institutionen mit sozialpsychiatrischem und rehabilitativem Auftrag in seiner Region gelangen (Tab. 1). Darin sind die typischen Anbieter aufgelistet, die diese »Produkte«, hier Funktionen genannt, vorhalten. So gesehen müssen sich Institutionen stärker in den Dienst der Personen stellen, die etwas benötigen und nicht umgekehrt.

Tab. 1: Orte, Dienste, Institutionen in denen die Funktionen angeboten werden können

Behandlung medizinisch-soziale Rehabilitation Funktion 1–5	Berufliche Rehabilitation Funktion 6–10	Arbeitsmarkt Funktion 11–15
RPK (Rehabilitationseinrichtung für psychisch Kranke, medizinische Rehabilitation)	BTZ (berufliche Trainingszentren)	Integrationsfachdienste Integrationsmaßnahmen
Sozialdienst Ergotherapie Arbeitstherapie	Träger ambulanter Rehabilitation	allgemeiner Arbeitsmarkt Integrationsprojekte
	BbW (Berufsbildungswerke)	geschützter Arbeitsmarkt WfbM (Werkstatt für behinderte Menschen, Arbeitsbereich)
Tageskliniken	BfW (Berufsförderungswerk)	
Tagesstätten	WfbM (Werkstatt für behinderte Menschen, Berufsbildungsbereich)	Zuverdienstprojekte
Niedergelassene Ärzte Psychotherapeuten	RPK (Rehabilitationseinrichtung für psychisch Kranke, berufliche Rehabilitation)	Beschäftigung, z.B. ehrenamtlich mit Aufwandsentschädigung

Praktisches Beispiel einer Abklärung und Rehabilitationsplanung[2]

Vorstellen möchte ich Ihnen einen sympathischen, gut orientiert wirkenden 34-jährigen Mann, der im März diesen Jahres, noch während seines stationären Aufenthaltes von uns dort angesprochen, schließlich in unsere Beratung kam. Wie bei allen Erstberatungen sprach ich mit Herrn Müller – so wollen wir ihn nennen – eine Stunde lang, um anschließend in seinem Beisein mit dem Laptop Satz

---

2 von Christiane Haerlin verfasst

für Satz dieses nun folgende Protokoll zu schreiben, das er selbst im Original direkt mitnimmt (Instrumentarium – Ziffer 6).

»Herr Müller kam auf Empfehlung des Sozialdienstes der örtlichen psychiatrischen Klinik zur Erstberatung ins BTZ (Instrumentarium – Ziffer 1).

Herr Müller schloss 1986 in seiner Heimatstadt Heilbronn eine Ausbildung als Tischler ab, da sein Onkel eine Tischlerei betrieb, die er übernehmen sollte. Herr Müller wollte dies nicht und arbeitete nur ein Jahr dort. Zwischen 1987 und 1993 war er in drei anderen Tischlereien und einem Baustoffmarkt für jeweils ein Jahr tätig. Auf Grund eines Wirbelsäulenleidens schulte er dann bis 1996 zum Industriekaufmann um und war froh, die Tätigkeiten als Schreiner zu beenden. Jedoch fand er trotz gutem Abschluss und vielen Bemühungen keine Stelle. Nunmehr 28-jährig wollte er in einer Großstadt leben. Die Wahl fiel auf Köln, wo er wiederum mangels kaufmännischer Angebote von 1997 bis 1999 eine Stelle als Küchenverkäufer in einem Möbelgroßhandel inne hatte und einige seiner schreinerischen und kaufmännischen Kenntnisse nutzen konnte. Obwohl Herr Müller eine kontaktfreudige Person ist, belastete ihn schließlich gerade der Kundenverkehr, der einen wichtigen Teil seiner Arbeit ausmachte.

Die manisch depressive Erkrankung kam für ihn im Mai 1999 aus heiterem Himmel. Er kündigte und ist bis heute, also drei Jahre, arbeitslos bzw. krank. Er bemühte sich gar nicht mehr um andere Stellen, da er sich seither psychisch zu instabil fühlte. Zunächst suchte Herr Müller einen Facharzt auf, wurde jedoch noch im Kündigungsjahr 1999 in die örtliche psychiatrische Klinik zwangseingewiesen und zweimal für mehrere Wochen stationär behandelt. Eine freiwillige Behandlung in einer Tagesklinik schloss sich in 2000 an. Seit dieser Zeit nahm er an einer Gesprächstherapie bis Sommer 2001 teil und befindet sich bis heute in fachärztlicher Behandlung. Er vertraut vor allem den Medikamenten, die seine affektiven Schwankungen abmildern und insgesamt eine Besserung brachten, obwohl er bis heute keine Erklärungen für seine Krankheit gefunden hat. Herr Müller hat noch guten Kontakt zu seiner Familie in Heilbronn, wobei die Tischlerei des Onkels inzwischen verkauft wurde.

Er lebt und versorgt sich alleine und hat einen Freundeskreis in Köln aufgebaut. Derzeit traut er sich keine Arbeitsstelle zu, hat jedoch das Ziel, schrittweise wieder im Arbeitsleben Fuß zu fassen, am ehesten in kaufmännischen Bereich als Teilzeitkraft. Seine Kenntnisse als Schreiner, immerhin über zehn Jahre gesammelt, ist er bereit einzubeziehen. Allerdings

Auf dem Weg zu personenzentrierten Hilfen zur Teilhabe am Arbeitsleben – Erfahrungen aus zwei rheinischen Regionen

äußert er Ängste, wiederum keine Stelle zu finden und benötigt eine intensive Unterstützung bei Stellensuche und Vermittlung, sowie eine gute Begleitung (Instrumentarium – Ziffer 11 bis 14). Er möchte zunächst seine Belastungsfähigkeit erproben und Grundarbeitsfähigkeiten aufbauen in der Hoffnung, sein Selbstvertrauen wieder zu finden (Instrumentarium – Ziffer 3 und 4).

Empfehlung des BTZ:

Wir unterstützen den Plan von Herrn Müller. Das BTZ kann, vorbehaltlich der Kostenzusage und eines weiteren Gespräches im kaufmännischen Bereich, ein Berufliches Trainingsangebot von 12 Monaten anbieten mit dem Ziel der anschließenden Arbeitsaufnahme auf dem allgemeinen Arbeitsmarkt (Instrumentarium – Ziffer 8). Es ist dabei abzuklären, in welcher Weise er auf vergangenen Berufserfahrungen aufbauen, und welche tragfähigen Rahmenbedingungen einer zukünftigen Stelle er für sich erarbeiten kann. Dies wird bei den Praktika während des Trainings und der gemeinsamen Suche und Vorbereitung auf eine Stelle ausschlaggebend sein.

Da er seit drei Jahren nicht mehr gearbeitet hat, ist eine sorgfältige Vorbereitung notwendig, wozu auch die Stabilisierung seiner Gesundheit gehört. Er leidet darunter, in den manischen Phasen zu viel Geld auszugeben. Daher wird empfohlen, die Frage eines gesetzlichen Betreuers zu bedenken, damit er schuldenfrei in eine Arbeitsstelle gehen kann.

Wir treffen folgende Vereinbarungen:

1. *Herr Müller wird einen Termin für ein Gespräch im kaufmännischen Trainingsbereich des BTZ erhalten und danach entscheiden, ob er das Angebot annehmen kann.*
2. *Er wird umgehend einen Antrag auf berufliche Rehabilitation stellen und dem Antrag eine Kopie dieses Ergebnisses sowie eine Befürwortung des Facharztes beilegen und auf eine dann folgende Beratung durch den Rehaträger warten (Instrumentarium – Ziffer 5)*
3. *Mit seinem Facharzt wird Herr Müller dieses Ergebnis sowie die Frage eines gesetzlichen Betreuers besprechen.*
4. *Zur Vorbereitung auf das berufliche Training, das mit einer Halbtagstätigkeit beginnt, wird Herr Müller Kontakt mit dem Sozialpsychiatrischen Zentrum aufnehmen und sich informieren, ob er mithilfe*

deren tagesstrukturierender Angebote seine Belastung erproben und Grundarbeitsfähigkeiten aufbauen kann bis zu vier Std. täglich (Instrumentarium – Ziffer 3 und 4).
5. *Sollte dies nicht möglich und passend sein, so wird er sich an eine Ergotherapeutische Praxis mit derselben Fragestellung wenden und an seinen Facharzt wegen einer entsprechenden Verordnung.*
6. *Herr Müller ist einverstanden, dass wir nach drei Wochen telefonischen Kontakt aufnehmen und nachhören, wie dieser Plan sich umsetzen lässt.*
7. *Sollte dieser Plan nicht wie besprochen verlaufen, kann sich Herr Müller jederzeit wieder an uns wenden und die Beratungen fortsetzen.*
8. *Herr Müller erhält das Original dieses Schreibens und ist damit einverstanden, dass folgende Personen eine Kopie erhalten, die er selbst überreicht:*
- *Sein behandelnder Facharzt*
- *Die Reha-Abteilung des Arbeitsamtes Köln*
- *Das Sozialpsychiatrisches Zentrum*
- *Ggf. die Ergotherapiepraxis*
- *Sein Freundeskreis.*

Wir hoffen, dass bei der Schilderung deutlich wurde, wie die hier angewandte gemeinsame Protokollierung den psychiatrieerfahrenen Kunden selbst einen roten Faden der Rehabilitationsplanung auf sein Ziel hin in die Hand gibt und seine Bezugspersonen gebeten werden, am gleichen Strang den Prozess zu begleiten. Das Kölner Instrumentarium« könnte so für alle Beteiligten eine Orientierungshilfe und gemeinsame Verständigungsplattform werden.

Damit hoffen wir wettzumachen, was Herrn Müller an Nachteilen dadurch entstanden ist, dass wir Professionelle nicht schon damals beim ersten stationären Aufenthalt Beratung und Rehabilitationsplanung anboten.

Nun sind allerdings mühsamere aufwändigere Schritte notwendig, langes Warten statt Ermutigung und Hoffnung auf erreichbare Ziele, was doch eine der wichtigsten Prädiktoren für eine gute Prognose ist.

Es liegt also nicht nur an der gescholtenen fehlenden Krankheitseinsicht oder dem chronischen Verlauf, sondern auch an der Unkoordiniertheit unseres Systems und der bisher fehlenden Leistungsverpflichtung aller Beteiligten: »Teuer ausgliedern, teuer wieder eingliedern«, wie Laupichler das formuliert hat.[3]

Die Fallschilderung lässt für alle Klienten wünschen, dass nicht Chronos, die endlos lange Zeit, sondern Kairos, die Gunst und Qualität der Stunde, die Oberhand erhielte.

Wie ist der quantitative regionale Bedarf für diese Leistungen?

Epidemiologische Daten für den Bedarf an berufs- und beschäftigungsorientierten Hilfen sind nicht verfügbar. Wir haben für unsere Bedarfsanalyse zwei Wege gewählt.

Wir haben unsere Erfahrungswerte gesetzt, haben diese einer größeren Anzahl von Experten präsentiert, von denen einige Ergänzungen und Variationen vorschlugen, während andere sich gegenüber diesem Ansatz kritisch äußerten, das könnte zu starren und damit missverständlichen Vorgaben führen. Wir sehen diese Gefahren bei der funktionalen und personenbezogenen Zugehensweise nicht. Wir gelangten zu einem – natürlich noch sehr vorläufigen – von pragmatischer Evidenz gestützten Expertenkonsens, der eine erste Orientierung sein kann, solange keine bessere Grundlage erreicht ist. Die Zahlen sind bezogen auf die Gruppe der schwer Kranken und von Behinderung Bedrohten. Die Zahlen sind in Tabelle 2 dargestellt.

Deutlich muss gesagt werden, dass diese Zahlen mit großer Zurückhaltung zu betrachten sind. Sie werden nur präsentiert, weil es nichts Solideres gibt. Die ihnen zugrundeliegende Methodik ist unzureichend. Sie dienen nicht als Anhaltszahlen, sondern nur als Orientierung. Sie können von Region zu Region sehr unterschiedlich sein und auch unter den Experten bestand kein durchgehender Konsens. Jedoch: In Regionen in der Frühphase der Entwicklung können diese Werte hilfreiche Markierungen sein.

Auf 100.00 Einwohner gerechnet,
- brauchen etwa 140 dieser Menschen pro Jahr eine spezifische arbeits- und beschäftigungsbezogene Beratung (Instrumentarium – Funktionen 1 und 2)
- es müssen neun Plätze für Belastungserprobung von etwa zwei bis drei Monaten Dauer zur Verfügung stehen (Instrumentarium – Funktion 3),

---

3   vgl. den Beitrag von Klaus Laupichler in diesem Band

Tab. 2a: Hilfebedarf für Vorbereitung und Training

Funktionen*	1 und 2 Beratung	3 Belastungs- erprobung	4 Aufbau Grundarbeits- fähigkeiten	6 bis 9 Abklärung Vorbereitung Training Berufsfindung	10 Ausbildung Umschulung
lfd. Nr.	1	2	3	4	5
Bedarf pro 100.000 E.	Fälle	Plätze	Plätze	Plätze	Plätze
Oberberg	120	5	5	6	3
Kassel	?	10	6	8	3
Ravensb.	130	4	10	10	3
Köln	120	5	6	13	3
Tübingen	120	20	20	10	?
Hamburg	?	?	?	8	3
Mettmann	200	7	?	12	3
Gesamt	**140**	**9**	**9**	**9**	**3**

* Funktionen entsprechend »Kölner Instrumentarium«
Lfd. Nr.
1 Beratung im Rahmen von Lebensplanung und Krisenbewältigung zur Frage von »Arbeit und Beschäftigung«, spezifische Beratung zu Hilfemöglichkeiten (Reha, Training, Umschulung etc.)
2 Handlungsorientierte Erprobung zur aktuellen Belastungsfähigkeit (niederschwellig, 1 bis 3 Monate), z.B. amb. Ergotherapie
3 Erwerb von Grundarbeitsfähigkeiten (bis zu 1/2 Jahr), z.B. med. Rehabilitation
4 Berufliches Training, Qualifizierung (bis zu 1 Jahr), z.B. berufliche Rehabilitation
5 Ausbildung, Umschulung, bertrieblich oder überbetrieblich

- neun Plätze für den Aufbau von Grundarbeitsfähigkeiten, wofür jeweils etwa ein halbes Jahr zur Verfügung stehen muss (Instrumentarium – Funktion 4),
- neun Plätze für berufliche Rehabilitation und Training, jeweils für die Dauer von bis zu einem Jahr (Instrumentarium – Funktionen 6 bis 9),
- schließlich noch drei Plätze für Ausbildung und Umschulung pro Jahr (Instrumentarium – Funktion 10).

Tab. 2b: Hilfebedarf für Arbeit

Funktionen*	11 und 12						13 und 14	
	Unterstützung bei Stellensuche, Vermittlung in Arbeit Begleitung in der Startphase, Arbeit und Beschäftigung dauerhaft						Sicherung der Arbeit	
lfd. Nr.	6	7	8	9	10	11	12	
	allgemeiner Arbeitsmarkt							
Bedarf pro 100.000 E.	Vermittlungen pro Jahr	Plätze Integrations-Firmen	Plätze beschützter Arbeitsmarkt	Plätze Zuverdienst	Plätze Beschäftigung	Stellen IFD	Stellen BbD
Oberberg	5	20	30	15	15	0,5	0,5
Kassel	5	10	30	15	15	0,75	0,75
Ravensb.	10	10	85	10	?	1,5	1,5
Köln	8	20	30	15	15	0,5	0,5
Tübingen	8	20	20	25	?	1,5	1,5
Hamburg	5	20	20	20	15	0,33	0,33
Mettmann	5	10	20	30	5	0,2	0,6
Gesamt	**7**	**16**	**30**	**19**	**13**	**0,8**	**0,8**

Lfd. Nr.
6 Unbefristete Anstellungen, tariflich bezahlt, allg. Arbeitsmarkt, Firmen ohne Schwerpunktbildung für behinderte Menschen
7 Unbefristete Anstellungen, tariflich bezahlt, allg. Arbeitsmarkt, Firmen mit Schwerpunktbildung für Behinderte (Integrationsprojekte)
8 Z.B. Werkstätten für behinderte Menschen
9 Zuverdienstarbeitsplätze: Weniger als 15 Std. pro Woche und relativ unverbindlich, leistungsabhängige Bezahlung
10 Beschäftigung, z.B. ehrenamtlich mit Aufwandsentschädigung, oder Tagesstätte mit Arbeitsprämie
11 Integrationsfachdienst
12 Berufsbegleitender Dienst (11 und 12 inzwischen zusammengefasst zum neuen »Integrationsfachdienst« gemäß SGB IX)

Diese Vorbereitungen sollen zu folgenden Arbeits- und Beschäftigungsmöglichkeiten führen, wiederum auf 100.000 Einwohner bezogen (Instrumentarium – Funktionen 11 und 12):
- Sieben Vermittlungen sollen pro Jahr in Betriebe des allgemeinen Arbeitsmarktes gelingen.
- 16 Plätze in Integrationsfirmen sind erforderlich,

- 30 Plätze geschützte Arbeitsplätze
- 19 Plätze im Zuverdienst, sowie
- 13 Plätze zur Beschäftigung, z.B. ehrenamtlich, gemeinnützig oder in Heimen und Tagesstätten.
- Dazu gehört ein Integrationsfachdienst mit 1,6 Stellen auf 100.000 Einwohner (Instrumentarium – Funktionen 13 und 14).[4] Der früher so genannte »berufsbegleitende Dienst« ist in diesen Wert mit eingeschlossen.

In Weiterentwicklung der seit der Novellierung SGB IX gültigen Regelung muss auf die Vorerfahrungen der Integrationsämter mit diesen Diensten zurückgegriffen werden. D.h. die Mitarbeiter müssen zusätzlich zu ihrer Nähe zur Arbeitswelt Erfahrung im »Umgang« mit psychisch erkrankten Menschen haben. Sie werden nicht nur im Auftrag eines Leistungsträgers tätig, sondern auch von anderen Einrichtungen und Diensten bzw. von den Betroffenen angesprochen werden. Sie gehen auch von sich aus in das »psychiatrische Feld« hinein und tragen dort dazu bei, dass dem Thema Arbeit und Beschäftigung mehr Aufmerksamkeit zuteil wird und psychiatrisch Tätige sowie Betroffene und Angehörige über Möglichkeiten und Wege informiert werden.

Das bisher Beschriebene bezieht sich auf die Gruppe der schwerer Erkrankten und von Behinderung Bedrohten. Um den Blick zu erweitern auf die Gesamtgruppe aller psychisch Kranken haben wir im Oberbergischen Kreis zwei niedergelassene Nervenärzte und einen Allgemeinarzt befragt zum Hilfebedarf ihrer Patienten in Bezug auf Arbeit und Beschäftigung. Es wurden 545 Patienten erfasst, die überwiegend nicht zur der Gruppe der schwer chronisch Kranken gehören, sondern vor allem an Neurosen und affektiven Störungen erkrankt sind. Für 120 von diesen sahen die Ärzte einen spezifischen Hilfebedarf, 85 wurden mit einer guten Prognose ausgestattet. Auf einen *Stichtag* bezogen und wiederum für 100.000

---

4   Dieser Wert wurde zusätzlich abgestimmt mit Herrn Dr. P. Beule, Referatsleiter im Integrationsamt des Landschaftsverbandes Westfalen-Lippe, in dessen Zuständigkeitsbereich über Jahre eine flächendeckend Ausstattung mit Integrationsfachdiensten für psychisch behinderte Menschen entwickelt wurde. Nach Herrn B. ist der Wert für gut entwickelte Regionen eher knapp bemessen.

Einwohner entspricht das einer Zahl von etwa 300 bis 500 und *auf 100.000 Einwohner pro Jahr* von etwa 100 bis 150 Hilfebedürftigen[5]. Gefragt sind hier in der Regel weniger aufwändige Hilfen wie Beratung, befristete Begleitung am Arbeitsplatz, arbeitstherapeutische Reaktivierung von beruflichen Kompetenzen oder kurze Trainingsmaßnahmen. Nur wenige Patienten erhielten die entsprechenden Hilfen zum Zeitpunkt der Befragung, obwohl es etliche Angebote gibt. Ein Problem liegt darin, vorhandene Angebote zu den Hilfebedürftigen zu bringen. Das medizinische System und das für Arbeit und Beschäftigung sind nur unzureichend miteinander verknüpft. Ein andere Schwierigkeit ist darin begründet, dass die Hilfen eher auf die Bedürfnisse schwer Kranker ausgerichtet sind und dann oftmals an anerkannte »Schwerbehinderung« gekoppelt sind (Tabelle 3).

In Zukunft ist der regionale Bedarf personenzentriert entsprechend der folgenden Leitlinie zu bestimmen: Bei *allen* Personen mit psychischen Erkrankungen in einer Region werden auch die Auswirkungen auf die Teilhabe am Arbeitsleben berücksichtigt: Zu klären ist, an welchen Stellen im psychiatrischen Hilfesystem – und außerhalb z. B. Sozialamt, Arbeitsamt – erfolgt dies wie, von wem, gemäß welcher Standards? Dabei sind die Bereiche Behandlung, Rehabilitation und Eingliederung in den Blick zu nehmen.

Mit der betroffenen Person wird das Hilfe-Ziel (Zwischenziel) in Bezug auf Teilhabe am Arbeitsleben verhandelt, unter Berücksichtigung der persönlichen Arbeitsbiographie, der aktuellen Fähigkeiten und Störungen sowie der regional grundsätzlich verfügbaren Angebote zur Eingliederung in Arbeit [3]. Die Hilfen werden personenbezogen und zielorientiert ggf. Einrichtungen und Leistungsträger übergreifend geplant und realisiert. Bei komplexem Hilfebedarf kommt der kontinuierlich begleitenden Bezugsperson (Casemanagement) eine entscheidende Bedeutung für die Zielerreichung zu.

Der Bedarf an Hilfen in einer Region ist dem aggregierten Hilfebedarf der Personen in der Region anzupassen [3, 7].

---

5   Die am Stichtag mit diesem Bedarf angetroffenen Patienten sind vielfach bereits über Jahre bei ihren Ärzten in Behandlung, sodass der Bedarf pro Jahr geringer angesetzt werden muss.

Tab. 3: Hilfebedarf für Patienten in ambulanter Behandlung nach Diagnosen

Übersicht nach Diagnosen

	Affektive Störungen	Neurosen	Psychosen	Abhängigkeit	HOPS**	Gesamt
Pat. Gesamt	128	234	66	82	35	545
Hilfebedarf	**14 %**	**18 %**	**32 %**	**38 %**	**31 %**	125
Beschäftigungssituation						
Ohne Arbeit	11 %	22 %	33 %	49 %	47 %	133
Rente	14 %	12 %	27 %	4 %	14 %	70
Beschäftigung						
Allg. Arbeitsmarkt	36 %	44 %	11 %	40 %	0 %	189
Hausfrau, -mann	39 %	22 %	17 %	5 %	19 %	123
WfbM	0 %	0 %	4 %	2 %	20 %	12
Nebenverdienst	0 %	0 %	8 %	0 %	0 %	5
in Beschäftigung	**75 %**	**64 %**	**40 %**	**47 %**	**39 %**	**329**

* Es wurden zwei Nervenärzte befragt und ein Arzt für Allgemeinmedizin (dieser nur nach Patienten mit psychiatrischen Diagnosen).
** HOPS = hirnorganisches Psychosyndrom. Hier überwiegend Menschen mit geistiger Behinderung oder Patienten mit Zustand nach Schädelhirntrauma.
*** fachliche Einschätzung der behandelnden Ärzte

In welcher Art und Weise müssen die Hilfen an die Nutzer herangebracht werden?

Diese Frage kann auf dreierlei Weise beantwortet werden:

Welche Institutionen müssen in einer Region vorhanden sein?

Wir wissen inzwischen, dass diese Sichtweise nicht hilfreich ist. Umfassende personenbezogene Hilfen sind von Institutionen immer nur partiell zu erbringen, da diese eher angebotsorientiert agieren und sich leicht selbst genügen. Erforderlich ist eine Veränderung der Blickrichtung der Institutionen: Weg von den Kunden als Gruppe – aus der dann die passenden Klienten ausgesucht werden – hin zum Einzelnen und seinen Bedürfnissen, auf den sich die Institution einstellt, indem sie passende Angebote schafft. Oder – der bessere Weg –: Die Institution fügt sich ein in den gemeindepsychiatrischen Reha-

Verbund und sieht ihre Angebote als Teil des gesamten Funktionszusammenhanges.

Wie müssen die Hilfen präsentiert werden, damit sie den individuellen Bedürfnissen entsprechend beim Nutzer ankommen?

Diese Sichtweise nennen wir die »interaktionelle«, weil ihr Gelingen in hohem Maße von den Beziehungen abhängig ist, die die im Feld handelnden Professionellen untereinander, zu den Klienten und zu ihren Partnern wie Verwaltungen, Kostenträgern und Arbeitgebern installieren [8].

Organisation der Hilfen im interaktionellen Ansatz

»Interaktionell« heißt, nicht nur dafür sorgen, dass die notwendigen Funktionen in der Region verfügbar sind, sondern dass darüber hinaus die Interaktionen – d.h. die Beziehungen – zwischen den am Gesamtprozess Beteiligten so gestaltet werden, dass sie für die Nutzer hilfreich sind: stressarm, autonomiefördernd und mitgestaltend gemäß den Regeln der »therapeutischen Gemeinschaft«, die sich im personenbezogenen Ansatz wieder finden. Das bedeutet: Motivation fördern, Beziehungsabbrüche vermeiden und die einzelnen Reha-Abschnitte personenbezogen vernetzen.

Motivation fördern

Motivation wächst im Prozess und es ist damit die Entwicklung von Ermutigung, Selbstvertrauen und Hoffnung verbunden. Insbesondere Letztere – als positive Erwartung der Klienten und ihrer Angehörigen – hat sich als einer der günstigsten Prognosefaktor erwiesen.

Motivierend ist es nicht nur das therapeutische Team, sondern auch den Klienten frühzeitig in Überlegungen und Planungen mit einzubeziehen und diese verbindlich und schriftlich zu fixieren. Das Fallbeispiel des Herr Müller lässt erkennen, was damit gemeint ist.

Motivierend ist es, wenn niederschwellige Arbeitserprobungsfelder zur Verfügung stehen, in denen die Klienten Erfolge erleben. Hochkomplexe Profilings und Assessments in speziellen Zentren sind weniger nützlich. Es kann kein gutes Ergebnis in wenigen Tagen produziert werden. Diagnostik und Assessment sind ihrerseits als Teil des motivationsfördernden Prozesses zu sehen.

Motivierend ist es, wenn Stärken und Schwächen nüchtern festgestellt werden und aus Respekt vor den Wünschen des Klienten da begonnen wird, wo er steht. Vor allem sollen seine Vorerfahrungen ressourcenorientiert (neu) bewertet werden. Hier lohnt es sich auch, in eine partnerschaftliche Auseinandersetzung zu gehen; z.B. über die Frage, ob es nicht besser ist, einen direkten Wiedereinstieg unter Nutzung vorhandener Kompetenzen zu versuchen statt einer kompletten Umschulung.

Motivierend ist es schließlich, wenn die derzeit behandelnden Institutionen so frühzeitig tätig werden, dass ohne Zeitverlust und ohne krankheitsfördernde Wartezeiten der nächste rehabilitative Schritt gegangen werden kann. Vielleicht sind ja die neuen Servicestellen eine Chance, solche bisher fast regelhaften Zeitverzögerungen zu reduzieren.

Wir verweisen nochmals auf des Beispiel des Herrn Müller und auf die mit ihm getroffenen Vereinbarung: Es zeigt, wie viel auch heute schon möglich ist an Verzahnung der notwendigen Schritte durch Zusammenarbeit zwischen den Klienten und den Profis einerseits sowie andererseits der Professionellen untereinander.

Beziehungsabbrüche vermeiden

Unser gegliedertes Sozialsystem führt scheinbar unabänderlich dazu, dass die Nutzer von Institution zu Institution wandern, um in den Genuss der notwendigen Hilfen zu gelangen. Solange wir das hinnehmen, stehen wir in der Pflicht, diese Übergänge im Sinne solider Übergaben zu begleiten. Das heißt der Mitarbeiter der Kontaktstelle oder der Sozialarbeiter des Krankenhauses geht mit dem Klienten zu den Orten, die seine nächste Station sein können. Der Überweisende ist verantwortlich dafür, dass sein Klient auch dort ankommt, wohin er gelangen möchte.

Es wäre besser, wenn die Klienten den Ort und vor allem das begleitende Team nicht wechseln müssten. Das Modell der RPK (Rehabilitationseinrichtung für psychisch Kranke) berücksichtigte diese Problematik und sollte den Nutzern die Möglichkeit bieten, nach Abklingen der akuten Krankheitsphase ohne Veränderung der therapeutischen Beziehungskontexte und mit zureichender Zeit ihren Weg in Arbeit und Beschäftigung zu finden. Leider wurden aus der RPK-Idee überwiegend weitere stationäre überregionale Institutionen. Es scheint lohnenswert, die Idee wieder aufzugreifen als integratives gemeindenahes System, in das Neues und aus bewährter Tradition Herrührendes zusammengefügt werden können und so eine personenbezogene Qualität entsteht. Diese Entwicklung ist an einigen Orten im Gange [2; 9].

Reha-Planung und Reha-Begleitung personenbezogen vernetzen

Die dazu erforderlich Instrumente sind ein administratives und ein interaktionelles.

»IBRP plus Arbeit«

»Arbeit und Beschäftigung« sind in der Konzeption des IBRP (Integrierter Behandlungs- und Rehabilitationsplan) durchaus integriert [7]. Die Hoffnung ist aber vielerorts verloren gegangen. Das passt zusammen mit der jahrzehntelangen Vernachlässigung dieses Themas in der konkreten sozialpsychiatrischen Arbeit. Die Weiterentwicklung des Instrumentes zur Planung und Steuerung der personenbezogenen Reha-Prozesse – zu »IBRP plus Arbeit« – mit differenzierteren Vorgaben als bisher kann ein Mosaikstein bei der Bewältigung der Defizite sein.

Regionale Reha-Fallkonferenz

Diese ist das interaktionelle Instrument, welches eine Vernetzung aller am Rehaprozess des Klienten im weiteren Sinne Beteiligten herstellt: Der Behandelnden, der Wohnbetreuer, der Freizeitmanager und der Rehabilitationsbegleiter. Die Aktivitäten und Hypothesen der Einzelnen werden zusammengetragen und aufeinander abgestimmt. Und nach Rückkopplung mit dem Klienten sind die getroffenen Entscheidungen verbindlich. Die Beratung, wie sie am Fall des Herrn Müller exemplifiziert wurde, setzt diesen interaktionellen Prozess in Gang. Dieses Vorgehen deckt sich mit der »Hilfeplankonferenz« gemäß IBRP. Die »Hilfeplankonferenz Arbeit« hat sicherzustellen, dass in einer Region jede Person mit Beeinträchtigungen ihrer Teilhabe am Arbeitsleben infolge einer psychischen Erkrankung ein adäquates Hilfeangebot erhält. Die Hilfen haben sich dem Bedarf der Personen in der Region anzupassen, statt umgekehrt.

Die Partner des psychiatrischen Systems

Die Kommune

Die Kommune ist vor allem aufgerufen zur *Planung* durch Erstellung und Fortschreibung des Psychiatrieplanes auch in Bezug auf Arbeit und Beschäftigung sowie zur *Steuerung* durch Etablierung des gemeindepsychiatrischen Verbundes mit dem Ziel der Versorgungsverpflichtung im Bereich Teilhabe am Arbeitsleben. Da die Kommunen als Sozialhilfe- und Jugendhilfeträger durch das SGB IX in den Kreis der *Reha-Träger* einbezogen werden, kann erwartet werden, dass sie ihren Verpflichtungen nach § 39 BSHG (Eingliederungshilfe) umfassender als bisher nachkommen, z.B. indem sie durch Angebote »niederschwelliger« Beschäftigung den Betroffenen den Weg in die berufliche Rehabilitation bzw. den Arbeitsmarkt ebnen. Dort wo dieses Ziel nicht erreicht wird, sind tagesstrukturierende Beschäftigungen zur sozialen Integration und Gesunderhaltung gemäß § 39 BSHG zu leisten. Diese können ggf. andere Betreuungsformen ersetzen, welche manchmal eher die Folgen des Nichtstuns oder der Unterforderung kompensieren.

Es gibt darüber hinaus eine Reihe von wünschenswerten Initiativen: Im Rheinland haben sich seit 1990 in 25 Gebietskörperschaften *»runde Tische Arbeit«* für eine umschriebene Region etabliert, mit denen gute Erfahrungen gesammelt wurden. In Verbindung mit der Funktion »Psychiatriekoordination Arbeit« könnten die Runden Tische als Vorstufe zu einer verbindlichen regionalen Koordination weiterentwickelt werden (Steuerung auf der Einzelfallebene und auf der regionalen Ebene). *Information und Beratung* können verbessert werden dadurch, dass Fachleute des psychiatrischen Systems, der Kommune und der Kostenträger zusammengeführt werden. Die Beratung könnte so ein höheres Qualitätsniveau erreichen, da therapeutische, Versorgungs- und Finanzierungsaspekte einfließen, die Klienten umfassender informiert und Entscheidungen besser und rascher vorbereitet würden. Es ist eine reizvolle Perspektive, ein solches Beratungssystem den Service-Stellen gemäß SGB IX zur Seite zu stellen, die dann für die Psychiatrieerfahrenen und Angehörigen und für die verschiedenen professionellen Akteure umfassenden und praktischen Nutzen bekämen. Schließlich kann die Kommune *Arbeit* zu Verfügung stellen. Es gibt in dieser Beziehung

Erfahrung und Tradition mit der Maßnahme »Arbeit statt Sozialhilfe«. Mancherorts gehen kommunale Aufträge mit einer gewissen Schwerpunktbildung an Selbsthilfe-Initiativen und Integrationsfirmen. Im »Modellverbund Psychiatrie« der Bundesregierung wurden Kooperationen zwischen psychiatrischen Reha-Trägern und Kommunen erprobt [6]. In Wunstorf gingen drei Projekte daraus hervor: Die Integrationsfirma »Ex & Job« übernahm das städtische Möbellager und die Rathaus-Kantine sowie die Bewirtschaftung des »Strandbades« am Steinhuder Meer. In Italien sind gemeinnützige Kooperativen in großem Stil Nutznießer kommunaler Aufträge.

Die Kostenträger

An erster Stelle steht die Verpflichtung der Kostenträger, in angemessen kurzer Zeit die Kosten für notwendige Hilfen zu bewilligen. Trotz der guten Intention im SGB IX gelingt das bisher nicht. Dazu müssen die regionalen Repräsentanten vor allem der Rentenversicherungsträger Entscheidungskompetenzen erhalten, damit nicht viel Zeit vergeht, in der die Vorgänge in den zentralen Bürokratien kreisen. Bei einer schnellen und fachlich soliden Entscheidungsfindung könnten die Kostenträger künftig sehr unterstützt werden durch die Dienste und Regionen, in den der IBRP Grundlage der individuellen Rehaplanung sein wird[6].

Die Arbeitgeber

»Verpflichtungen« der Arbeitgeber gibt es über die Einhaltung der »Behindertenquote« hinaus nicht. Es besteht eher eine Verpflichtung der psychiatrischen Professionellen, die Kontakte mit den Arbeitgebern so konstruktiv und fruchtbar zu gestalten, dass ein offenes und bereitwilliges Feld für die Einstellung auch psychisch Behinderter entsteht. Die AutorInnen können ganz überwiegend von guten Erfahrungen berichten. So hat eine mit dem System der beruflichen Rehabilition im Oberbergischen Kreis kooperierende mittelständische Firma inzwischen eine Behindertenquote von 30 % und strebt die Anerkennung als Integrationsbetrieb an. Vom BTZ Köln wur-

---

6 An vielen Orte laufen inzwischen vom Bundesgesundheitsministerium geförderte Implementationsprojekte.

den über 300 kooperierende Firmen für Praktika akquiriert. Experten spezifischer Berufe werden zur Beratung einzelner Klienten ins Haus geholt. Über diese Vernetzung gelang es, von 429 Teilnehmer der vergangenen neun Jahre 183 auf Stellen des allgemeinen Arbeitsmarktes zu vermitteln.

Die Hauptfelder der Kooperation sind: Zuverlässige Begleitung und Beratung der Arbeitgeber bei Praktikumseinsätzen und Integration von ehemals psychisch kranken Arbeitnehmern sowie Information über und Unterstützung bei der Beantragung von Lohnkosten- und Investitionszuschüssen.

Regionale Leistungsverpflichtung

Die in der Einleitung formulierte Forderung steht im Raum. Weder konzeptionell, noch in der praktischen Arbeit ist sie bisher durchgehend und systematisch realisiert. Folgende Aufträge sind noch zu erfüllen:

- Alle psychisch Kranken einer Region, die einen Hilfebedarf zur Teilhabe am Arbeitsleben haben (seien sie noch in Arbeit oder ohne Arbeit) erhalten möglichst frühzeitig ein spezifisches arbeitsbezogenes Assessment. Dieses Assessment ist ein bereits in der abklingenden Akutphase beginnender handlungsorientierter diagnostischer Prozess.
- Erstellung eines individuellen Hilfeplanes.
- Unterstützung durch das regionale Hilfesystem entsprechend dem individuellen Bedarf des Einzelnen.
- Steuerung des Einzelfalles durch regelmäßige Hilfeplankonferenzen und Begleitung durch den Casemanager.
- Fortlaufende Dokumentation des Einzelfalles.
- Verbindliche systematische und fortlaufende Berichterstattung für die Gesamtregion.
- Aus der sich entwickelnden Berichterstattung ist in einem kontinuierlichen Prozess sukzessive der Hilfebedarf einer Region zu ermitteln. Dieser ist nicht statisch, sonder verändert sich mit der Zeit und mit dem fortschreitenden Entwicklungsstand des Versorgungssystems.
- Die Dokumentation verhilft ebenfalls dazu, spezifische Zielgruppen mit spezifischen Hilfebedarf zu definieren.

Literatur

1. ANGERMEYER, M.C., HILZINGER, A., MATSCHINGER, H.: Lebensqualität, das bedeutet für mich ... Ergebnisse einer Umfrage bei schizophrenen Patienten. Psychiatrische Praxis 26, 1999, S. 56–60
2. BANGEN, R.: Psychiatrischer Rehabilitationsverbund Oldenburg. Fachbericht, Oldenburg 2000
3. BERTELSMANN STIFTUNG, BUNDESANSTALT FÜR ARBEIT, DEUTSCHER LANDKREISTAG, DEUTSCHER STÄDTETAG, DEUTSCHER STÄDTE- UND GEMEINDEBUND (Hg.): Handbuch Beratung und Integration. Verlag Bertesmann Stiftung, Gütersloh 2002
4. AKTION PSYCHISCH KRANKE: Projekt »Bestandsaufnahme zur Rehabilitation psychisch Kranker« im Auftrag des Bundesministeriums für Arbeit und Sozialordnung – Zwischenbericht zum 31. März 2002, unveröff. Ms., Bonn 2002
5. FASSHAUER, K., HAERLIN, C., MECKLENBURG, H.: Berufliche Rehabilitation psychisch Kranker und Behinderter in funktionaler Betrachtungsweise. Rehabilitation 38, 1999, S. 44–46
6. HOLLER, G., LAUTERBACH, M., PHILIPPI, R., SCHÖBERLE, M., SCHULZKE, M., TIETZ, N.: Modellprojekt ‚Trainings- und Beschäftigungsmöglichkeiten für psychisch Kranke in einer Selbsthilfefirma und in der Gemeinde. Band 29 Schriftenreihe des Bundesministeriums für Gesundheit, Bonn 1993
7. KAUDER, V. (Hg.): Personenzentrierte Hilfe in der psychiatrischen Versorgung. Psychiatrieverlag, Bonn 1999
8. MECKLENBURG, H.: Zwölf Thesen für eine langfristig erfolgreiche berufliche Integration psychisch Kranker und Behinderter. Psychiatrische Praxis 26, 1999, S. 227–232
9. WEIG, W.: Die neuen Herausforderungen an die RPK's. In: KAPPERT-GONTHER, K., H.H. SCHMITZ: Chancen ergreifen. Landschaftsverband Westfalen-Lippe, Gütersloh 2001

Rechtsgrundlagen für Koordination und Steuerung in der personenzentrierten Versorgung

Peter Mrozynski

Die Umsetzung eines Programms der personenzentrierten Versorgung ist an einige rechtliche Voraussetzungen gebunden, die schon immer schwer zu erfüllen waren. Eines der Grundprobleme besteht darin, dass zwischen der Notwendigkeit, Dienste und Einrichtungen vorzuhalten (§ 17 SGB I) und ihrer bedarfsorientierten Ausrichtung auf die Person des Nutzers immer ein gewisses Spannungsverhältnis besteht. Dies wird sich nie ganz beheben lassen. Die Existenz bestimmter berufsfördernder Angebote, deren Konzepte nicht aus dem Bedarf seelisch behinderter Menschen heraus entwickelt worden sind, zeigt aber, dass die personenzentrierte Versorgung auch in der Teilhabe am Arbeitsleben noch entwicklungsbedürftig ist.

Als spezifische Besonderheiten der seelischen Behinderung werden ihr fluktuierender Verlauf sowie die wechselnde Stabilität und Belastbarkeit des Patienten hervorgehoben. Daraus werden bestimmte Anforderungen abgeleitet, die auch an Maßnahmen zur Teilhabe am Arbeitsleben zu stellen sind. Allgemein müssen die Angebote wohnortnah und in Teilzeit in Anspruch genommen werden können, sowie niederschwellig und so ausgestaltet sein, dass sie flexibel an den wechselnden Bedarf des seelisch behinderten Menschen angepasst werden können. Das bedeutet, dass grundsätzlich ein Übergang von der beruflichen Förderung zur medizinischen Rehabilitation oder zur Akutversorgung möglich sein muss, ohne dass dadurch die Gesamtmaßnahme unterbrochen wird. Es muss zudem eine Ergänzung durch Leistungen zur Teilhabe am Leben in der Gemeinschaft erfolgen. Die wichtigste rechtliche Konsequenz die daraus zu ziehen ist, besteht darin, dass eine Leistungsintegration in der Weise erfolgen muss, dass sie nicht an den Grenzen der sachlichen Zuständigkeit der Rehabilitationsträger scheitert.

Die erforderlichen Maßnahmen lassen sich in mindestens drei große Gruppen gliedern. Es sind dies die rehabilitative Beschäftigung, die im Vorfeld der oder im Übergangsbereich zur beruflichen Rehabilitation erfolgt. Die Maßnahmen können noch der Arbeitstherapie (§§ 26 Abs. 2 Ziff. 7 SGB IX; 42 SGB V), den berufsvorbereitenden Bildungsmaßnahmen (§§ 33 Abs. 3 Ziff. 2 SGB IX, 61 SGB III) oder auch der Hilfe zur Erlangung eines geeigneten Platzes im Arbeitsleben (§§ 55 Abs. 2 Ziff. 1 SGB IX, 40 Abs. 2 Ziff. 3 BSHG) zuzurechnen sein. Die zweite Gruppe ist die eigentliche berufliche Rehabilitation im Sinne des § 33 SGB IX. Sie ist dadurch gekennzeichnet, dass die individuellen beruflichen Fähigkeiten des behinderten Menschen gezielt verbessert werden. Das Gesetz zählt diese Maßnahmen weder abschließend auf noch kennt es eine bestimmte Form der beruflichen Rehabilitation. Insbesondere ist sie nicht auf Lehrgänge beschränkt. Zur beruflichen Rehabilitation gehören vielmehr auch Einzelmaßnahmen, die in Beschäftigungsformen integriert werden können. In der dritten Gruppe finden wir schließlich reine Beschäftigungsformen, die man von der beruflichen Rehabilitation im engeren Sinne als behinderungsgerechte Beschäftigung abzugrenzen hat. Beide zusammen bilden die Teilhabe am Arbeitsleben. Die Beschäftigungsformen umfassen hauptsächlich unterstützende Beschäftigung und die Schaffung von Hinzuverdienstmöglichkeiten. Rechtlich sind sie noch immer wenig ausgestaltet. Ihre Grundlagen finden sie im Wesentlichen im Schwerbehindertenrecht, dort vor allem in der Arbeitsassistenz und den Integrationsprojekten sowie in der Sozialhilfe in der Form der Schaffung eines geeigneten Platzes im Arbeitsleben, die in § 40 Abs. 1 Ziff. 3 BSHG ausdrücklich neben den Leistungen nach § 33 SGB IX genannt wird.

Demnach ist es auch mit den rechtlichen Anforderungen, die an die Ausgestaltung der sozialen Infrastruktur zu stellen sind, nicht zu vereinbaren, wenn Versorgungsangebote in einer Form vorgehalten werden, die von einer ganzen Gruppe behinderter Menschen nicht genutzt werden können, weil sie deren Bedarf verfehlen. Wenn in § 10 Abs. 3 SGB IX jetzt für alle Leistungen geregelt ist, dass den besonderen Bedürfnissen seelisch behinderter Menschen Rechnung getragen wird, dann entsprechen dem im Bereich beruflicher Förderung solche Lehrgänge nicht, die über längere Zeiträume kontinuierlich voranschreitend angeboten werden, wenn andererseits ein Krankheitsverlauf typischerweise schwankend ist. Deswegen kann es notwendig sein, z.B. eine reine Beschäftigung mit beruflicher Qualifizierung zu verbinden oder eine berufliche Qualifizierungsmaßnahme muss so angelegt sein, dass sie von einer vorübergehenden medizinischen Akutversorgung unterbrochen werden kann. Das ist eigentlich das Mindeste in einer personenzentrierten Versorgung und entspricht etwa dem, was § 93a Abs. 2 BSHG mit der Maßnahmepauschale für Hilfeempfänger mit vergleichbarem Hilfebedarf anstrebt. Das einzelne Individuum tritt auch dabei immer noch in den Hintergrund.

Die Ausgangslage im gegliederten System

Allenthalben wird betont, das gegliederte System des Sozialrechts habe sich bewährt. In verschiedenen Punkten ist das auch zutreffend. So kann wohl nur auf diese Weise eine ausgeprägte Fachverwaltung aufgebaut werden. Andererseits muss man sich vor Augen führen, dass der Bedarf behinderter Menschen, insbesondere solcher, die psychiatrische Hilfe benötigen, außerordentlich komplex ist. Deswegen kann die Erbringung der erforderlichen Leistungen nicht durch die Grenzen der sachlichen Zuständigkeiten bestimmt werden. Von dieser Grundannahme ist auch der Gesetzgeber des SGB IX ausgegangen. Es wird als Anliegen der Reform bezeichnet, »dass die insgesamt erforderlichen Leistungen aus der Sicht der leistungsberechtigten Bürgerinnen und Bürger ›wie aus einer Hand‹ erscheinen«.[1] Angesichts des komplexen Bedarfs behinderter Menschen muss also eine personenzentrierte Versorgung immer auch eine integrierte Versorgung sein. Die medizinische Rehabilitation muss mit der Teilhabe am Arbeitsleben und der Teilhabe am Leben in der Gemeinschaft eine Einheit bilden. Das bedeutet auf der Seite der Rehabilitationsträger, dass Angebote nur in einer Form gemacht werden können, in der die sachliche Zuständigkeit überschritten wird. Damit darf es keine Trennung im Leistungsrecht geben. Soweit bei der Leistungserbringung unterschiedliche Risiken betroffen sind, also solche, die von verschiedenen Leistungsträgern zu tragen sind, hat eine Zuordnung ausschließlich auf der Finanzierungsebene zu erfolgen. Hier und nur hier darf man also dem Gesichtspunkt der risikogerechten Aufteilung der Kostenlast Rechnung tragen. Das lässt sich ohne Gesetzesänderungen nicht realisieren, ist aber durchaus ohne größere Systembrüche möglich.

Der Gesetzgeber des SGB IX hat trotz seines allgemein formulierten Anliegens die dazu erforderlichen Regelungen nicht geschaf-

---

[1] Bundestags-Drucksache 14/5074, S. 92, 101

fen. So hat er beispielsweise zwar die psychosozialen Leistungen aufgewertet. Aber er hat sie weiterhin getrennt und jeweils der medizinischen Rehabilitation (§ 26 Abs. 3 SGB IX) und der Teilhabe am Arbeitsleben (§ 33 Abs. 6 SGB IX) zugeordnet. Mehr als eine Kooperation innerhalb bestimmter Dienste und Einrichtungen kann deswegen auch auf der Grundlage des reformierten Rechts im SGB IX nicht entwickelt werden. Jede Kooperation findet jedoch auch nach neuem Recht ihre Grenze an dem Rechtsgrundsatz, dass ein Leistungsträger seine Mittel nur für Aufgaben einsetzen darf, die zur Gänze in seine sachliche Zuständigkeit fallen. Eine anteilige Erbringung von Leistungen in Form von Zuschüssen an den Gesamtkosten einer Maßnahme ist bis auf wenige Ausnahmen[2] nicht möglich. Wenn aber eine Integration von Leistungen rechtlich nicht möglich ist, dann steht zumindest in der psychiatrischen Versorgung jede personenzentrierte Hilfe vor kaum zu überwindenden Schwierigkeiten.

Eine gegenüber dem geltenden Recht weitergehende – jedoch im Augenblick sowieso nicht erreichbare – Integration im Leistungsrecht würde aber nicht einmal ausreichen. In ähnlicher Weise müssten auch die Leistungserbringer auf ein einheitliches Versorgungskonzept verpflichtet werden. Diese Ziel hatte man u.a. mit der Konstruktion des gemeindepsychiatrischen Verbundes erreichen wollen. Dabei waren bereits die rechtlichen Möglichkeiten der Rehabilitationsträger übersehen worden. Doch selbst wenn in einzelnen Bereichen der gemeindenahen Versorgung, wie sie etwa auf der Basis der Sozialhilfe erfolgen kann, eine einheitliche sachliche Zuständigkeit für die gesamte Maßnahme gegeben ist, scheitert die Leistungsintegration vor Ort zumeist an der Entwicklung, die das Leistungserbringerrecht genommen hat. Es kommt hinzu, dass in § 12 Abs. 2 SGB IX zwar eine Regionalisierung der Zusammenarbeit in lokalen Arbeitsgemeinschaften vorgesehen ist. An diesen Arbeitsgemeinschaften sind aber nur die Rehabilitationsträger, nicht die Leistungserbringer beteiligt. Anders ist dies in § 95 BSHG geregelt.

Es lässt sich nicht übersehen, dass dem Bemühen, eine personenzentrierte Versorgung aufzubauen, in einigen Bereichen der Praxis durchaus Erfolg beschieden ist. Aus rechtlicher Sicht ist das aber unbefriedigend, weil solche Erfolge zumeist auf der Initiative Ein-

---

2 Vgl. § 39a SGB V; 43a SGB IX

zelner oder auch von Gruppen beruhen. Solange diese Entwicklung nicht auch vom Rechtssystem her in gewisser Weise zwingend ausgestaltet ist, dürften alle Fortschritte in konkreten Fällen nicht zu einer dauerhaften Veränderung der gesamten Versorgung führen. Es ist m.E. deswegen auch nicht sinnvoll, darauf hinzuweisen, wo welche Erfolge erzielt wurden. Wichtiger ist es, das Augenmerk darauf zu richten, wo solche Erfolge ausgeblieben sind und warum dies der Fall war. Nur so, nicht aber unter Hinweis auf Einzelerfolge, kann man die Mängel des Systems erkennen.

Es gibt gewiss eine ganze Reihe von Ursachen dafür, warum in bestimmten Regionen die angestrebten Ziele nicht erreicht werden konnten. An dieser Stelle ist aber nur eine Auseinandersetzung mit den rechtlichen Gründen für das Ausbleiben von dauerhaften Erfolgen möglich. Sie sind nur ein Teil in einem ganzen Faktorenbündel. Sehr häufig sind die Rechtsnormen nämlich nicht so gefasst, dass nur eine bestimmte Versorgungsstruktur aufgebaut werden könnte. Immer wieder ergeben sich auch Verbesserungen der Versorgung, die einige Zeit sogar contra legem erfolgen. Ein Beispiel dafür wäre die Sozialpädiatrische Versorgung von Kindern, die in der Frühförderung auch medizinischer Leistungen bedürfen.[3] Ihr wurde erst mit einer Verspätung von einigen Jahren durch § 30 SGB IX der Segen des Gesetzgebers gegeben. Diese Regelung lässt auch erkennen, wie begrenzt die Zugeständnisse sind, die man an eine fachgerechte Versorgung zu machen bereit ist. Immerhin lässt sich an § 30 Abs. 1 und 3 SGB IX aber erkennen, was auch in anderen Versorgungsbereichen rechtlich realisierbar sein könnte: Es ist eine am konkreten Bedarf des Einzelnen ausgerichtete aus mehreren Leistungsbestandteilen integrierte Komplexleistung (§ 30 Abs. 1 SGB IX), die fachübergreifend erbracht wird. Ihre Finanzierung, die typischerweise durch mehrere Sozialleistungsträger zu erfolgen hat, muss nicht mehr im Einzelfall ausgehandelt werden. Vielmehr wird sie anteilig und risikogerecht auf der Basis von Erfahrungswerten, die vertraglich unter den Rehabilitationsträgern abgesichert sind, festgelegt (§ 30 SGB IX). Gegenwärtig ist die Versorgungslage dazu fast noch konträr. Die Leistung wird nicht personenzentriert vorgehalten, doch die Finanzierung klammert sich geradezu an jeden Einzelfall. Überspitzt formuliert: Nicht die Leistung, sondern die

---

[3] Vgl. BSG FEVS 49, S. 184

Finanzierung ist personenzentriert und je komplexer der Bedarf ist, umso weniger kann der Rehabilitationsträger dem Einzelfall gerecht werden.

Die Frage lautet also, wo sind Mängel im System erkennbar, wie müssen die Verbesserungsmöglichkeiten aussehen und wie weit können sie gehen? Dabei ist realistischerweise die Prämisse zu machen, dass das gegliederte System des Sozialrechts nicht verändert werden kann. Es sind aber nicht allein einzelne gesetzliche Vorschriften, sondern es sind gewisse Grundstrukturen unserer Rechtsordnung, die dem Anliegen eines Aufbaus einer integrierten personenzentrierten Versorgung Grenzen setzen. Eine Veränderung solcher Grundstrukturen ist ungleich schwieriger als die Beseitigung einzelner eher gesetzestechnischer Hemmnisse, weil strukturelle Änderungen, auch wenn sie nur die psychiatrische Versorgung verbessern sollen, immer auch auf die gesamte Rechtsordnung zurückwirken. So kann die dringend gebotene Verzahnung des ambulanten mit dem stationären Bereich in der Krankenversicherung nur unter Berücksichtigung der Rechtsstellung der Vertragsärzte erfolgen.[4] Soweit davon auch die Krankenhäuser betroffen sind, berührt dies zusätzlich die Kompetenzen der Bundesländer. Das muss man beachten, wenn man eine einzelne Vorschrift, wie etwa § 118 SGB V, ändern will. Um ein noch einfacheres Bespiel aus der psychiatrischen Versorgung zu nehmen: Im Jahre 1975 war ein kleineres psychiatrisches Krankenhaus nicht in den damaligen Krankenhausbedarfsplan aufgenommen worden, weil es im Entscheidungszeitraum nicht die therapeutischen Anforderungen erfüllte, die im Bericht über die Lage der Psychiatrie in der Bundesrepublik Deutschland aufgestellt worden waren. Das BVerfG sah darin einen Verstoß gegen die Freiheit der Berufsausübung (Art. 12 Abs. 1GG). Das Gericht hielt es nicht für zulässig, solche Anforderungen, die als langfristige Zukunftsperspektive mit dem Ziel der Optimierung der Versorgung gedacht sind, zum Gegenstand einer Regelung über die Berufsausübung zu machen.[5] Diese Rechtsprechung darf nicht so verstanden werden, dass unter Berufung auf die Freiheit der Berufsausübung eine Verbesserung der Versorgung verhindert werden könnte.[6] Wichtig ist aber der Grund-

---

4　U. Orlowski, Integrationsversorgung, BKK 2000, S. 191
5　BVerfG 82, S. 232
6　Vgl. BVerfG 98, S. 265, wo gegenüber einer Qualitätsverbesserung immerhin

gedanke, dass alle, die an der Versorgung teilnehmen, dies auch in Ausübung ihrer eigenen Berufsfreiheit tun, und dass ihre Rechte in ein Verhältnis zu den Rechten anderer gesetzt werden. Darüber hinaus ist es heute nicht mehr der Leistungsträger allein, der in Wahrnehmung seiner Gesamtverantwortung entscheidet, wie eine Versorgung aufzubauen ist. Soweit man diese Frage unter dem Blickwinkel der Qualität der Versorgung behandelt, ergibt sich bereits aus § 20 SGB IX, dass hier sehr hohe Anforderungen gestellt werden können. Aber die Qualität der Versorgung ist ein Ziel. Die Wege dahin sind streitig und jedenfalls vom Gesetz nicht zwingend vorgegeben. So ist es etwa auch die evidenzbasierte Medizin, die ein hohes Maß an Rationalität für sich in Anspruch nimmt, die gerade von psychiatrischer Seite kritisch gesehen wird.[7]

Die neuere Rechtsentwicklung

In den vergangen Jahren hat man sich intensiv um die Entwicklung einer personenzentrierten Versorgung bemüht. Dabei hat man in der Konzentration auf das Leistungsrecht den Randbedingungen der Versorgung, das ist vor allem das Recht der Leistungserbringung, zu wenig Beachtung geschenkt. Leistungsrechtlich ist heute Vieles möglich. Die Realisierung scheitert jedenfalls eher am hochkomplexen Leistungserbringerrecht. Meines Erachtens hat die Rechtsentwicklung der letzten drei bis fünf Jahre sogar dazu geführt, dass die Ziele, die man mit der personenzentrierten Versorgung und dem gemeindepsychiatrischen Verbund verfolgt, in noch weitere Ferne gerückt sind, als dies bisher schon der Fall war. Hierfür gibt es eine Reihe von Gründen:

Zusammenarbeit der Rehabilitationsträger

Noch relativ unproblematisch, weil durch den Gesetzgeber grundsätzlich veränderbar, ist die Tatsache, dass das SGB IX zwar in einigen seiner Vorschriften die Koordination unter den Rehabilitations-

---

unter dem Blickwink der Freiheit der Berufsausübung Übergangsregelungen angemahnt wurden.

7 H. Helmchen, Evidenz der Evidenzbasierten Medizin, Der Nervenarzt 2002, S. 1.

trägern hoch veranschlagt aber nicht verbindlich ausgestaltet (§§ 10 – 12 SGB IX). Nur beispielhaft sei darauf hingewiesen, dass in § 10 Abs. 1 SGB IX vorgesehen ist, dass die Rehabilitationsträger im Benehmen miteinander handeln. Ein Benehmen ist aber kein Einvernehmen, sondern kaum mehr als eine Anhörung. Gemäß § 13 Abs. 3 SGB IX vereinbaren die Rehabilitationsträger »gemeinsame Empfehlungen«. Empfehlungen sind aber nicht verbindlich.[8] Demgegenüber werden in § 6 Abs. 2 SGB IX die Selbstständigkeit und Eigenverantwortlichkeit der Rehabilitationsträger gestärkt (§ 6 Abs. 2 SGB IX). Nicht nur, dass sich ein Leistungsträger einer Kooperation weitgehend entziehen könnte. Es fehlen darüber hinaus auch die Rechtsgrundlagen für eine Integration der Versorgung, die nicht nur fach-, sondern auch Zuständigkeit übergreifend erfolgen könnte. Über das, was mit der RPK erreicht wurde, ist das SGB IX nicht hinausgegangen.

Leistungserbringung – Wettbewerbsrecht

Auf der Seite der Leistungserbringer hat das Eindringen des Wettbewerbsrechts in das Sozialrecht die Steuerungsmöglichkeiten der Rehabilitationsträger eher begrenzt. Vor allem unter dem Einfluss des europäischen Gemeinschaftsrechts hat sich der Gedanke durchgesetzt, dass Arzneimittel Waren und therapeutische Angebote Dienstleistungen sind. Es ist deutlicher geworden, dass diejenigen, die Waren und Dienstleistungen auf dem Gesundheitsmarkt anbieten, miteinander im Wettbewerb stehen und dass dieser Wettbewerb nach den Maßstäben des Wettbewerbsrechts reguliert werden muss. Das gilt eben nicht nur für Pharmaunternehmen, sondern auch für Wohlfahrtsverbände, selbst für kleinere Vereinigungen, die sich eine begrenzte Aufgabe gesetzt haben. Zwar hat es der Europäische Gerichtshof (EuGH) als zulässig angesehen, wenn aufgrund innerstaatlichen Rechts in einem System der Fürsorge nur gemeinnützige Träger zur Leistungserbringung zugelassen werden.[9] Doch die §§ 77ff. SGB VIII und 93ff. BSHG haben die frühere Vorrangstel-

---

8 Dazu P. Mrozynski, SGB IX Teil 1 – Regelungen für behinderte und von Behinderung bedrohte Menschen, Kommentar München 2002 § 10 Rz. 11ff. und § 13 Rz. 7 – 13
9 EuGH EuZW 1998, S. 124

lung der gemeinnützigen Träger beseitigt. Damit befinden sie sich heute zu den gewerblichen Leistungserbringern in Konkurrenz. Schon deswegen sind sie den Wettbewerbsregeln ausgesetzt.

Mehr noch: Wenn darüber hinaus die Sozialleistungsträger selbst zu Gunsten ihrer Versicherten Waren und Dienstleistungen beschaffen müssen, dann ist auch auf sie bei diesen Beschaffungsgeschäften das Wettbewerbsrecht grundsätzlich anwendbar. Wenn dies auch noch im Detail umstritten ist, so ist doch folgender Rechtsgrundsatz inzwischen unumstößlich: Wenn eine öffentliche Einrichtung am Marktgeschehen teilnimmt, dann ist sie rechtlich auch dann wie ein Unternehmen zu behandeln, wenn sie eine soziale Aufgabe erfüllt. Damit unterliegt sie auch der Kontrolle des marktmächtigen Unternehmens. Dass sich die Grundsätze des unverfälschten Wettbewerbs nicht immer mit denen des sozialen Ausgleichs zur Deckung bringen lassen, dürfte unmittelbar einsichtig sein.

Diese Erkenntnis, die sich im Wettbewerbsrecht längst durchgesetzt hat, muss im Sozialrecht noch umgesetzt werden. Derzeit versuchen Praxis und Gesetzgeber dem eher entgegenzuwirken. So versucht man unter Betonung der bzw. in Rückwendung auf die öffentlich-rechtliche Vertragsstruktur im Sozialrecht der wettbewerbsrechtlichen Argumentation den Boden zu entziehen. Dieser Weg wird aber nur halbherzig, etwa begrenzt auf die Krankenversicherung, beschritten (§ 69 SGB V) und kann Deutschland zudem nicht von der europäischen Rechtsentwicklung abkoppeln. Darüber hinaus wird in der Rechtsprechung des BSG immer deutlicher, dass selbst dort, wo das Wettbewerbsrecht nicht eingreift, also vor allem bei rein hoheitlichen Maßnahmen, eine Berufung des Leistungserbringers auf seine Berufsfreiheit aus Art. 12 Abs. 1 GG zu im Wesentlichen gleichen rechtlichen Folgerungen führt wie die Anwendung wettbewerbsrechtlicher Grundsätze.[10] Diese Folgerungen bestehen darin, dass ein unverfälschter Wettbewerb aller Marktteilnehmer gewährleistet sein muss und dass für alle die gleichen Marktzugangschancen bestehen müssen. Die Qualität der Versorgung leidet darunter nicht. So sieht neuerdings das Landessozialgericht (LSG) Celle in einer Bedarfsprüfung beim Abschluss eines Versorgungsvertrages nach § 111 SGB V einen Verstoß gegen Art.

---

10 BSG SGb 2001 S. 328 Anm. Meydam; BSG SGb 2001 S. 748; BSG NZS 2001, S. 590

12 Abs. 1 GG. Danach darf also nicht geprüft werden, ob man den Leistungserbringer braucht. Zu prüfen ist vielmehr nur, ob der Anspruch des Versicherten aus § 40 Abs. 2 SGB V ordnungsgemäß erfüllt werden kann.[11]

Man wird sicher nicht sagen können, dass der relativ kleine Markt der psychiatrischen Versorgung für die Leistungserbringer sonderlich interessant wäre. Doch es entwickelt sich ganz allgemein – vom System der medizinischen Versorgung ausgehend – im ganzen sozialen Bereich eine Struktur, die auch Randbereiche in Mitleidenschaft zieht. Der gesamte Gesundheitsmarkt wird als anbieterorientiert bezeichnet. Damit steht er in einem nicht geringen Spannungsverhältnis zu dem Konzept der personenzentrierten Versorgung. Der Bundesrechnungshof hat darüber hinaus bereits beanstandet, dass die Leistungserbringer in der Rehabilitation eine »geschlossene Gesellschaft« darstellen würden.[12] Das, was man mit einer personenzentrierten Versorgung in einem gemeindepsychiatrischen Verbund anstrebt, kann aber kaum anders als realisiert werden, als durch eine geschlossene Gesellschaft von Leistungserbringern, die gemeinschaftlich ein bestimmtes Versorgungsziel verfolgen.

Das Eindringen des Wettbewerbsrechts in das Sozialrecht bedeutet u.a., dass man von einer eher hoheitlichen Steuerung des Versorgungsgeschehens Abstand nehmen muss. Ein Zulassungssystem, das die Verteilung der zu erfüllenden Aufgaben in einem bestimmten Sinne lenkt,[13] das also letztlich auf eine Konzessionierung hinausläuft, lässt sich vor dem Hintergrund der veränderten rechtlichen Rahmenbedingungen nicht mehr aufrecht erhalten. Wer nach dem Erwerb bestimmter Qualifikationen als geeignet anzusehen ist, eine bestimmte Aufgabe zu erfüllen, kann sich gegenüber der Verweigerung einer Zulassung zur Versorgung auf seine Berufsfreiheit berufen.[14] Es kann zwar auch hier immer noch hoheitlich gesteuert werden, wie es aus dem Vertragsarztrecht erkennbar wird, aber das kann nicht mehr geschehen, um ein bestimmtes

---

11 LSG Celle Breithaupt 2002, S. 165
12 Schliehe, ZSR 2000, S. 418
13 Chr. Koenig, Die öffentlich-rechtliche Verteilungslenkung, 1994, S. 169
14 Vgl. BSG SozR 3-2500 § 124 Nr. 4, wo unter Hinweis auf Art. 12 GG der berufsrechtlichen Entscheidung eine Tatbestandswirkung für die Zulassung zur Versorgung nach § 124 SGB V beigemessen wird.

therapeutisches Konzept durchzusetzen. Soweit das unter dem Qualitätsaspekt dennoch möglich ist, wird der Begründungszwang bei dem Ausschluss eines an sich geeigneten – durch die Berufsordnungen zertifizierten – Leistungserbringers von der Versorgung außerordentlich groß.

Leistungserbringung – Sozialrecht

Die Ausgangssituation verbessert sich nicht, wenn man sich dem speziell sozialrechtlichen Leistungserbringerrecht unter Vernachlässigung wettbewerbsrechtlicher Gesichtspunkte zuwendet. Vor allem in der Jugend- und Sozialhilfe favorisiert man heute ein Modell der »Sozialraumorientierung«, das man etwas vereinfachend durchaus mit dem gemeindepsychiatrischen Verbund vergleichen kann. Der wesentliche Unterschied besteht jedoch darin, dass innerhalb eines Sozialraumes, der häufig auf einen Stadtteil beschränkt sein wird, nur ein einziger Leistungsanbieter tätig wird. Nur mit ihm hat der Träger der Jugend- oder Sozialhilfe eine Vereinbarung geschlossen.

Um ein solches Modell der Sozialraumorientierung ins Werk zu setzen, hat man den Leistungsvertrag erfunden. Er ist nicht identisch mit der Leistungsvereinbarungen im Sinne der §§ 78aff. SGB VIII, 93ff. BSHG. Unter Berufung auf § 55 BHO wird dazu vielmehr folgende Aussage gemacht: »Ein Leistungsvertrag enthält als Ergebnis des Kontraktmanagements eine verbindliche Vereinbarung zwischen der Kommune als Gewährleistungsträger und einem freien Träger als Leistungserbringer. In ihr werden Zahlungen der Kommune an einen freien Träger an Aussagen darüber gebunden, welche Ziele mit den Aktivitäten des freien Trägers verfolgt, welche Standards eingehalten und welche Indikatoren dazu herangezogen werden sowie welche Leistungen/Produkte dazu zu erbringen sind«.[15] Kurz: »Im Extremfall kommt es zum reinen Dienstleistungseinkauf«.[16]

Solche Verträge haben den entscheidenden Vorteil, dass sie die Dienstleistung, die erbracht (»eingekauft«) werden soll, vertraglich

---

15 KGSt, Bericht Nr. 12/1998, S. 11
16 M. Goetz, Neue Wege in der Finanzierung freier Einrichtungen und Dienste – vom Zuwendungsbescheid zum Zuwendungs- und Leistungsvertrag, RsDE 2000/44, S. 21

genauso präzise formulieren können, wie dies etwa bei der Beschaffung einer PC-Anlage für behördliche Zwecke geschehen kann. Auf beiden Seiten des Leistungsvertrages können auch mehrere Vertragspartner stehen. So könnten Krankenkasse, Arbeitsamt und Sozialhilfeträger mit einer Zahl von kooperationswilligen Leistungserbringern einen Vertragsinhalt vereinbaren, der exakt dem entspricht, was man mit einer integrierten, personenzentrierten Versorgung in einem gemeindepsychiatrischen Verbund erreichen will. Man könnte also eine kleinräumige Versorgung anstreben und genaue Vorgaben hinsichtlich der einzusetzenden therapeutischen Methoden machen. Man könnte so versuchen, eine Versorgung von der Akutbehandlung bis zur Teilhabe am Arbeitsleben einheitlich personenzentriert zu gestalten und insbesondere einen flexiblen Wechsel zwischen den einzelnen Phasen der Versorgung ermöglichen. Die Leistungsträger könnten den Ausbau des Angebots durchaus auch durch gezielte Förderung bestimmter Angebote und Anbieter zu verwirklichen suchen.

Die ganze Konstruktion, die bisher vor allem in Jugend- und Sozialhilfe bevorzugt wird und übrigens im Land Berlin besonders beliebt ist,[17] hat nur einen Fehler: Sie entspricht nicht dem Gesetz. Man kann an ihrem Beispiel leicht verdeutlichen, dass man sehr grundlegende Regelungen nicht nur des Sozialrechts verändern muss, wenn man diesen Weg gehen will.

Das spezielle jugend- und sozialhilferechtliche Problem besteht darin, dass dieses System sowohl an der Eigenständigkeit der Freien Wohlfahrtspflege als auch am Wunsch- und Wahlrecht des Leistungsberechtigten zu scheitern droht. Das gilt auch für die psychiatrische Versorgung. Die Rehabilitationsträger müssen auf eine Vielfalt des Angebots achten. Das gilt ganz besonders in Jugend- und Sozialhilfe (§§ 5 SGB VIII; 3, 10 BSHG), aber auch für die Krankenkassen nach § 2 Abs. 3 SGB V. Allgemein ist dieser Grundsatz in § 17 Abs. 3 SGB I formuliert. Zur Gewährleistung dieser Vielfalt des Angebots können sogar sonst geltende wettbewerbsrechtliche Grundsätze relativiert werden.[18] Im Arbeitsförderungsrecht geht

---

17 A. Stähr/A. Hilke, Die Leistungs- und Finanzierungsbedingungen im Kinder- und Jugendhilferecht vor dem Hintergrund der neuen §§ 78a bis 78g SGB VIII, ZfJ 1999, S. 155
18 OLG Dresden NZS 2002, S. 37

man im Allgemeinen nicht so weit (vgl. §§ 99, 61, 94 SGB III). Soweit aber das Arbeitsamt Leistungen zur Teilhabe am Arbeitsleben erbringt, gelten auch die §§ 33 SGB I, 9 SGB IX.

Im Ergebnis darf also ein Leistungsträger keine Planungen vornehmen, mit der er schon durch organisatorische Vorgaben, das Wunsch- und Wahlrecht der Leistungsberechtigten aushebelt. Dazu ist vor allem festzustellen, dass das Bundesverwaltungsgericht (BverwG) die Auffassung vertritt, Wünsche müssten nur geäußert werden, sie müssen aber nicht nach den Maßstäben anderer vernünftig sein.[19] In § 9 SGB IX ist jetzt allerdings klargestellt, dass Wünsche berechtigt sein müssen. Das bedeutet aber nur, dass sie dem Gesetz entsprechen müssen. Nicht erforderlich ist dagegen die Übereinstimmung des Wunsches mit der vorhandenen Versorgungsstruktur.

Der Wunsch des Leistungsberechtigten lässt sich noch gut mit dem Anliegen einer personenzentrierten Versorgung vereinbaren. Aber Angebote müssen vorgehalten werden, und zwar in einer Weise, die dem Wunsch- und Wahlrecht Rechnung trägt. Dafür zu sorgen, ist auch die Aufgabe des Leistungsträgers (§§ 17, 33 SGB I; 19 SGB IX). Seine Gesamtverantwortung erstreckt sich auf die Ausgestaltung einer Versorgungsregion. Sein Einfluss auf einzelne Angebote ist dagegen relativ gering. Das erklärt sich aus der Eigenständigkeit der Freien Wohlfahrtspflege, wie sie in den §§ 4 SGB VIII und 10 BSHG abgesichert ist. Diese Eigenständigkeit, die wir in anderen Sozialleistungsbereichen in dieser Form nicht kennen, geht so weit, dass der freie Träger der Wohlfahrtspflege seine therapeutischen Konzepte selbst bestimmt. Sie müssen sich natürlich an den Kriterien der Eignung und Qualität messen lassen. Aber die Eigenständigkeit wird verletzt, wenn man den freien Träger auf eine bestimmte Methode festlegt.

Man mag Zweifel haben, ob diese starke Stellung der freien Träger in Jugend- und Sozialhilfe noch zeitgemäß ist. Dabei ist vor allem der Tatsache Rechnung zu tragen, dass auch gewerbliche Leistungserbringer in diesem Punkt die Stellung freier Träger haben. Nicht übersehen darf man aber, dass man eine Schwächung der freien Träger nur bewirken kann, wenn man die §§ 4 SGB VIII, 10 BSHG ändert. Das dürfte angesichts des Gewichts, das die freien

---

19 BVerwG 35, S. 290

Träger haben, politisch nicht realisierbar sein. Insoweit erweisen sich die Leistungsverträge als ein Versuch, die Grundlagenregelungen in Jugend- und Sozialhilfe zu umgehen.

Leistungserbringung als Vergabe eines öffentlichen Auftrags

Es bleibt nur der mühsame Weg einer Kooperation mit den Leistungserbringern auf der Basis von freiwilligen Vereinbarungen, die einerseits dem Gesetz und andererseits den Vorstellungen aller Partner entsprechen müssen. In der Praxis der Leistungsverträge ist dies häufig in der Weise geschehen, dass man eine Vereinbarung nur mit einem besonders kooperationswilligen Leistungserbringer getroffen hat. Abgesehen davon, dass damit immer auch das Wunsch- und Wahlrecht des Leistungsberechtigten tangiert ist, ergeben sich neue wettbewerbsrechtliche Zweifelsfragen. Sie entstehen aus dem alten Problem der Vergabe öffentlicher Aufträge. Die in Deutschland vorherrschende Praxis ist unter dem Einfluss des europäischen Wettbewerbsrechts völlig verändert worden. Auch in diesem Punkt hat sich die Praxis noch immer nicht umgestellt. Mehr als das zaghafte Zugeständnis, dass öffentliche Aufträge auszuschreiben sind, ist kaum zu erreichen.

Das in den §§ 97ff. Gesetz gegen Wettbewerbsbeschränkungen (GWB) geregelte, aber nur oberhalb bestimmter Schwellenwerte ((§ 3 Vergabeverordnung (VgV))[20] zu beachtende, Vergabeverfahren ist heute aber wesentlich rechtsstaatlicher ausgestaltet als bisher. Es muss nicht lediglich ausgeschrieben werden, sondern es sind gesetzlich genau definierte Vergabekriterien zu beachten. Insbesondere dürfen bei der Auftragserteilung nur unter sehr engen Voraussetzungen vergabefremde Zwecke verfolgt werden (§ 97 Abs. 4 GWB). Die Mitbieter sind über die Einzelheiten des Zuschlags 14 Tage vor dem Vertragsschluss zu informieren (§ 13 VgV). Ein unter Verletzung dieser Voraussetzungen geschlossener Vertrag ist nichtig. Das gilt auch, wenn ein Vergabeverfahren nicht durchgeführt worden war. Außerdem gibt es einen Rechtsschutz der unterlegenen Bieter. Zumindest über ihn wird eine gerichtliche Kontrolle des Vergabeverfahrens garantiert, die bisher in Deutschland weitgehend unbekannt war.

---

20 Bei Dienstleistungsaufträgen liegt der Schwellenwert gemäß § 3 VgV grundsätzlich beim 48fachen der monatlichen Zahlung

Klarzustellen ist aber, dass die §§ 97ff. GWB nach einer verbreiteten Auffassung nicht für öffentlich-rechtliche Verträge gelten sollen. Das wären etwa Verträge nach den §§ 93ff. BSHG, aber auch die Versorgungsverträge in der Krankenversicherung (§§ 109, 111 SGB V). Meines Erachtens lässt sich diese Auffassung heute nicht mehr vertreten.[21]

Von der Vorfrage öffentliches oder Privatrecht noch zu unterscheiden ist die wohl überwiegend vertretene Auffassung, ein Vergabeverfahren wäre nicht durchzuführen beim Abschluss solcher Verträge, die der Leistungsträger mit den Leistungserbringern schließt und die der Vorbereitung der Inanspruchnahme von Leistungen durch den Leistungsberechtigten dienen. Das betrifft also in erster Linie Versorgungsverträge. Ein solches zwischen den Beteiligten begründetes Dreiecksverhältnis wäre nicht durch ein für den öffentlichen Auftrag typisches Austauschverhältnis gekennzeichnet.[22] Auch die letztere Auffassung ist abzulehnen. Auf eine Auseinandersetzung mit den diesbezüglichen Fragen soll hier aber verzichtet werden.[23]

Denn selbst dort, wo die herrschende Auffassung ein Vergabeverfahren nach den §§ 97ff. GWB nicht durchgeführt wissen will, sind die rechtlichen Konsequenzen im Wesentlichen nicht anders als bei Durchführung eines Vergabeverfahrens. Im Allgemeinen liegt der Abschluss eines Versorgungsvertrages im Ermessen des Leistungsträgers[24] oder es besteht sogar ein Rechtsanspruch des Leistungserbringers.[25] Bei der Entscheidung über den Vertragsschluss und damit über den Zugang der Bewerber zur Versorgung muss der Leistungsträger auf jeden Fall ihre Chancengleichheit (Art. 3 Abs. 1 GG) und ihre Freiheit der Berufsausübung (Art. 12 Abs. 1 GG) beachten.[26] Dabei kann er im Wesentlichen nicht anders vorgehen

---

21 Vgl. auch H.-J. Prieß, Das Vergaberecht in den Jahren 1999 und 2000, EuzW 2001, S. 368
22 V. Neumann/R- Bieritz-Harder, Vergabe öffentlicher Aufträge in der Sozial- und Jugendhilfe? RsDE 2001/48 S. 1; K.-J. Bieback, Die Stellung der Leistungserbringer im Marktrecht der EG, RsDE 2001/49, S. 26
23 P. Mrozynski (Fußn. 8) § 21 Rz. 20ff.; 31
24 BVerwG 94 S. 202; BGHZ 116, S. 339
25 BSG 78, S. 233
26 Chr. Koenig, die öffentlich-rechtliche Verteilungslenkung, 1994, S. 168ff.

als in einem Vergabeverfahren. Letzterem kommt nur größere Publizität zu. Diese aber kann der Rechtsstaatlichkeit nur dienlich sein. Mit Blick auf ein stringent normiertes Leistungserbringerrecht wird man sich also an den Rechtsgedanken des § 97 Abs. 4 und 5 GWB orientieren müssen. Gleichviel in welcher Rechtsform Vereinbarungen geschlossen werden: Zur Vermeidung wettbewerbsrechtlicher Verwerfungen ist dem wirtschaftlichsten Angebot der Zuschlag zu erteilen (vgl. § 97 Abs. 5 GWB). Das muss nicht das preisgünstigste Angebot sein. Die vom Grundsatz des unverfälschten Wettbewerbs abweichenden Anforderungen, das sind vor allem solche sozialen Charakters, sind als vergabefremde Zwecke gesondert gesetzlich zu regeln und können dann Einfluss auf die Vergabeentscheidung gewinnen (§ 97 Abs. 4 GWB). Dies wären dann die Anforderungen, die man an den Aufbau einer sachgerechten Versorgungsstruktur zu stellen hat. Orientiert man sich allgemein im Leistungserbringerrecht an diesen Grundsätzen, so lassen sich die sozialen Ziele in einem heute geradezu zwangsläufig auf Wettbewerb angelegten System noch am ehesten erreichen.[27]

Die Maßnahmepauschale als sozialrechtlicher Lösungsversuch

Es ist aber nicht allein das Wettbewerbsrecht, dass die Entwicklung der Versorgung in einer Weise bestimmt, die ihrem Anliegen kaum gerecht wird. Auch innerhalb des Sozialrechts hat man die Möglichkeiten einer Umgestaltung nicht immer genutzt. Das augenfälligste Beispiel dafür die die praktische Handhabung der §§ 93ff. BSHG. Im Zentrum der dort geregelten Vereinbarungen steht die Maßnahmepauschale. Sie wäre an sich besonders geeignet, den Gedanken der personenzentrierten Versorgung zum Durchbruch zu verhelfen.

Allgemein formuliert ist sie die möglichst genaue – der Grundidee nach Einrichtung unabhängige – Beschreibung einer in die Versorgung umgesetzten Leistung, verbunden mit dem Preis, der für sie zu zahlen ist. Gemäß § 93a Abs. 2 BSHG wird »Die Maß-

---

27 Vgl. dazu die Kontroverse U. Rust, GWB-Vergaberecht und soziale Standards, EuZW 1999, S. 453; F. Rittner, Die »sozialen Belange« i.S. der EG-Kommission und das inländische Vergaberecht, EuZW 1999, S. 677 sowie die Entscheidungen EuGH NJW 1990 S. 1414 und EuGH EuZW 2000, S. 755 Anm. Seidel

nahmepauschale nach Gruppen für Hilfeempfänger mit vergleichbarem Hilfebedarf kalkuliert«. Damit würde man zweifellos dem Gedanken einer personenzentrierten Versorgung Rechnung tragen können. In der Diskussion setzte sich aber schon bald der Gedanke durch, die Maßnahmepauschale auch im Hinblick auf einrichtungstypische Besonderheiten zu kalkulieren.[28] Dieser Gedanke fand dann auch in § 18 Abs. 1 der Bundesempfehlungen (BE) seinen Niederschlag, ohne dass die Kriterien für die dort entwickelte einrichtungsindivduelle Pauschale benannt wurden. In diesem Punkt war aus der personenzentrierten eine einrichtungszentrierte Versorgung geworden. Ausdrücklich sollen nach § 19 Abs. 2 BE zum Ausgleich besonderer struktureller Unterschiede Abweichungen von der Pauschale ermöglicht werden. Das ist angesichts der Versorgungsstruktur verständlich. Dennoch ist darin eine Abweichung von der Intention des Gesetzgebers und der insoweit eindeutigen Formulierung des § 93 a Abs. 2 BSHG zu sehen. Die dort geregelte Kalkulation der Maßnahmepauschale hat nur nach einem Gesichtspunkt zu erfolgen, nämlich dem des Bedarfs der Hilfeempfänger.

Im Wege eines Kompromisses hat man sich angesichts der vorhandenen Angebote auf die Bildung von Leistungstypen verständigt. Mit ihnen wendet sich die Einrichtung an Zielgruppen. Man wird zugestehen müssen, dass das Anliegen des Gesetzgebers bis zu einem gewissen Grade so auch zu realisieren ist. Dennoch bleibt zu betonen, dass sich § 93a Abs. 2 BSHG an den Hilfeempfängern und ihrem Bedarf orientiert. Der Leistungstyp ist als Angebot wesentlich stärker einrichtungsorientiert.[29] In ihrer Logik gehen die Bundesempfehlungen nach § 93d Abs. 3 BSHG also von Leistungstypen aus und wenden sich damit an Zielgruppen. Nur in dem Maße jedoch, in dem bei der Bildung von Leistungstypen eine bedarfsorientierte Abstimmung erfolgt, wird man dem Gesetz gerecht (§ 93a Abs. 2 BSHG). In § 6 Abs. 1 BE heißt es jedoch, dass Maßnahmepauschalen vorrangig für Leistungstypen kalkuliert werden. »Die vereinbarte Zielgruppe des jeweiligen Leistungstyps wird dabei als Gruppe von Hilfeempfängern mit qualitativ vergleichbarem Hilfebedarf angese-

---

28 Vgl. G. Vigener, Noch rechtzeitig? Bundesempfehlung nach § 93d Abs. 3 BSHG zur Einführung des neuen Vertragsrechts zwischen Leistungsträgern und Leistungserbringern, NDV 1998, S. 103
29 Vgl. die Bundesempfehlungen in NDV 1999, S. 377

hen.« Der andere Ansatz der Bundesemfehlungen wird etwa auch aus folgender Formulierung ersichtlich: »Soweit innerhalb der Zielgruppe eines Leistungstyps der quantitative Bedarf stark variiert, soll eine Differenzierung nach Gruppen für Hilfeempfänger mit quantitativ vergleichbarem Hilfebedarf erfolgen« (§ 6 Abs. 2 BE). Abgesehen von der Rangfolge der Begriffe fällt auch auf, dass dem vergleichbaren Hilfebedarf nicht durch qualitative Veränderungen Rechnung getragen wird. Man könnte nun meinen, dass qualitative Veränderungen zu einem anderen Leistungstyp führen. Doch der steht oftmals nicht zu Verfügung. Das gilt etwa für die Teilhabe am Arbeitsleben außerhalb der WfbM. Die Abweichung vom Gesetz wird auch in § 17 Abs. 2 BE deutlich. Danach können die Maßnahmepauschalen für Leistungstypen »oder« Gruppen für Hilfeempfänger mit vergleichbarem Hilfebedarf vereinbart werden. Die Vertragspartner der Bundesempfehlungen erkennen zwar den Unterschied, aber wohl nicht, dass ihnen § 93a Abs. 2 BSHG nur die Möglichkeit der zweiten Alternative einräumt.

Aus Gründen der Praktikabilität spricht sicher manches für die Bildung von Leistungstypen. Betrachtet man aber die bisher gebildeten Leistungstypen,[30] so verstärkt sich allerdings der Eindruck, dass nicht vom Hilfebedarf, sondern von den vorhandenen Einrichtungen ausgegangen wird. Besonders deutlich gilt dies für den Leistungstyp »Maßnahmen der Eingliederungshilfe im Arbeitsbereich von Werkstätten für Behinderte«. Als Zielgruppe wird genannt: »Erwachsene Menschen im Erwerbsalter mit – geistiger, körperlicher oder mehrfacher Behinderung – seelischer Behinderung« Dass es sich dabei um Hilfeempfänger mit vergleichbarem Hilfebedarf handeln würde, wird man schwerlich behaupten können. Ganz offensichtlich wird von der vorhandenen Werkstattstruktur ausgegangen. Denn der Leistungstyp beschreibt nichts anderes, als was in den §§ 136ff. SGB IX für die Einrichtung gesetzlich formuliert ist. Gerade im Hinblick auf die gesetzliche Regelung des § 136 Abs. 2 SGB IX, wonach die WfbM allen Behinderten unabhängig von Art oder Schwere der Behinderung offen stehen muss, hätte man sich bei der Bildung von Leistungstypen um eine Binnendifferenzierung der WfbM bemühen müssen. Ein so entstandener Leistungstyp hätte

---

30 Arbeitshinweise der Vereinbarungspartner der Bundesempfehlungen (BE) nach § 93d Abs. 3 BSHG, NDV 2001, S. 33

nicht nur dem individuellen Hilfebedarf Rechnung tragen können, sondern er hätte auch einen gewissen Druck auf die WfbM ausgeübt, ihr Hilfeangebot auf Gruppen für Hilfeempfänger auszurichten. Vor diesem Hintergrund kann es nicht überraschen, das die WfbM für psychisch behinderte Menschen zumeist kein sinnvolles Angebot zur Teilhabe am Arbeitsleben ist. Sie kann es nicht sein, weil es, von Ausnahmen abgesehen, an einer Ausrichtung des Leistungstyps auf den Hilfebedarf fehlt. Würde man dem Gesetz strikt Rechnung tragen, hätte schon längst nicht nur eine Binnendifferenzierung des Werkstätten erfolgen müssen, sondern die Alternativen zu ihr wären auch stärker ausgebaut worden.

Charakteristisch für die Vorgehensweise der Bundesempfehlungen sind auch die Leistungstypen der Eingliederungshilfe in stationären Einrichtungen. Hier wird danach unterschieden, ob die Einrichtung tagesstrukturierende Angebote macht oder nicht. Das ist nämlich nur dann wesentlich, wenn ein Hilfeempfänger tagsüber anderweit betreut wird. Berührt also nur die Quantität des Hilfebedarfs. In den Leistungstypen wird aber weder nach geistiger, körperlicher oder seelischer Behinderung, dem Alter der Hilfeempfänger noch nach der Art des Hilfebedarfs unterschieden. Dieser wird mit »der Selbstversorgung (Haushalt, Körperpflege, Ernährung) oder der Kommunikation« umschrieben. Diese stereotype Formel findet für alle Leistungstypen Verwendung. Es soll nicht bezweifelt werden, dass es sich dabei um einen wichtigen Hilfebedarf handelt.[31] Wenn das aber der einzige ist, der für Kinder, Jugendliche und Erwachsene bei jeder Behinderungsart, in jeder Versorgungsform vor, während und nach dem Erwerbsleben genannt wird, dann kann man schwerlich von einer personenzentrierten Versorgung sprechen.

Nicht in den Bundesempfehlungen berücksichtigt ist eine Klarstellung in § 40 Abs. 1 BSHG, die für die psychiatrische Versorgung interessant werden könnte. Ursprünglich war in § 40 Abs. 1 Ziff. 6 BSHG die Hilfe zur Erlangung eines geeigneten Platzes im Arbeitsplatzes geregelt und durch die WfbM konkretisiert worden. Auch früher war sie nicht die einzige Form. Heute hat der Gesetzgeber aber beide deutlich getrennt. In § 40 Abs. 1 Ziff. 7 BSHG sind nun Leistungen in anerkannten Werkstätten für behinderte Menschen

---

31 Arbeitshinweise (Fußn. 30), S. 35, 36

geregelt. Daneben regelt § 40 Abs. 1 Ziff. 3 BSHG Leistungen zur Teilhabe am Arbeitsleben. Die Vorschrift bezieht sich zum einen auf § 33 SGB IX und stellt daneben die eigenständige Form der sonstigen Hilfen zur Erlangung eines geeigneten Platzes im Arbeitsleben. Auch in dieser Gegenüberstellung wird deutlich, dass es sich dabei nicht um die berufliche Rehabilitation handelt, sondern um die Schaffung von unterstützender Beschäftigung und auch von Hinzuverdienstmöglichkeiten. Beide wären jetzt also eindeutig Leistungen der Eingliederungshilfe für Behinderte Menschen. Es wäre wohl sehr sinnvoll, wenn man sich in der psychiatrischen Versorgung möglichst bald darauf konzentrierte, hierzu eine Maßnahmepauschale im Sinne des § 93a Abs. 2 Satz 3 BSHG zu entwickeln.

Der in der Literatur unternommene Versuch, einer personenbezogenen Bestimmung der Maßnahmepauschale[32] hat sich bisher in der Diskussion um die §§ 93ff. BSHG durchsetzen können. Anders als in den Bundesempfehlungen werden dort individuelle Hilfebedarfe beschrieben. Der Hilfebedarf wird prozessorientiert verstanden. Leistungstypen entsprechen hier den funktional beschrieben Leistungsbereichen, nicht den Einrichtungstypen. Die Erbringungsform, ambulant, teilstationär oder vollstationär, ist für die Bildung eines Leistungstyps in keiner Weise relevant. Behinderungsart und Alter werden nicht als ausreichende Differenzierungsmerkmale für die Bildung von Hilfebedarfsgruppen angesehen. So werden für seelisch behinderte Menschen sechs verschiedene Leistungen mit qualitativen Schwerpunkten genannt. Die so formulierten Empfehlungen sind auch um Praktikabilität bemüht. Sie unterscheiden etwa die sozialpsychiatrische Grundversorgung sowie spezielle Therapieverfahren und stellen daneben die Selbstversorgung, Tagesgestaltung, Arbeit usw. Der individuelle Hilfebedarf kann mehrere Leistungstypen betreffen. Insgesamt werden also Hilfebedarfe und Leistungen funktional aufeinander bezogen. Dabei wird nicht auf eine möglichst einfache Beschreibung der Leistungen und der Kalkulation der Kosten verzichtet. Insbesondere wird auch auf die Vergleichbarkeit der Preise und eine Planungssicherheit für Leistungsträger und Leistungserbringer geachtet. Gleichwohl scheint die Praxis sie nicht zur Kenntnis zu nehmen. Das erklärt sich wohl nur

---

32 U. Krüger/H. Kunze/P. Kruckenberg, Zur Bestimmung von Maßnahmepauschalen gemäß § 93a BSHG, NDV 2000, S. 193ff.

daraus, dass angesichts der vorhandenen und nicht ausreichend wandelbaren Infrastruktur die Frage, ob die Pauschalvergütung für Maßnahmen einrichtungsbezogen oder einrichtungsunabhängig und damit bedarfs- und personenbezogen gebildet werden sollten, überwiegend im ersteren Sinne beantwortet wird. Die Tatsache, dass dies nicht der Intention des Gesetzgebers entspricht, hat die Diskussion nicht beeinflussen können.[33] Generell bleibt gegenüber allen Maßnahmepauschalen der Vorbehalt bestehen, dass sie sich auf die Sozialhilfe beschränken, also nicht die gesamte Versorgung regeln.

Praktische Konsequenzen

Wie sich gezeigt hat, ist vor dem Hintergrund des Leistungsrechts eine Integration der Leistungen nur im Ansatz möglich. Man kann also allenfalls eine lockere Kooperation bei der Leistungserbringung anstreben. Entsprechendes gilt für die Ausrichtung auf den Hilfebedarf. Stellt man sich eine erst noch zu schaffende Versorgungsregion vor, so ist zunächst festzustellen, dass praktisch alle der in § 6 SGB IX genannten Rehabilitationsträger als Partner von Vereinbarungen über Leistungen zur Teilhabe am Arbeitsleben beteiligt werden müssten. Dabei erweist sich aber, dass das Leistungserbringerrecht der Krankenkassen – sie wären mit der Arbeitstherapie beteiligt – der Arbeitsämter und der Sozialhilfeträger recht unterschiedlich ausgestaltet ist. Am wenigsten auf Details festgelegt sind noch die Arbeitsämter. Demgegenüber wäre es die Aufgabe einer allgemeinen Regelung des Rehabilitationsrechts, eine zuständigkeitsübergreifende auf die Person der Hilfeempfänger abgestimmte Versorgung zu ermöglichen. Diese Funktion hätte eigentlich § 21 SGB IX bekommen müssen, der die Verträge mit den Leistungserbringern regelt. Wegen des in § 7 SGB IX geregelten Vorbehalts der Leistungsgesetze bleibt es aber bei der vorrangigen Anwendung der Vorschriften in den Besonderen Teilen des Sozialgesetzbuches. Dies aber kennen keinen einheitlichen Grundsatz des Leistungserbringerrechts.

---

33 Vgl. F. Baur, Die Bundesempfehlungen nach § 93d Abs. 3 BSHG zu den Leistungs-, Vergütungs- und Prüfrahmenverträgen auf Länderebene, NDV 1999 S. 392; 2000, S. 15

Bei der Hilfe zur Teilhabe am Arbeitsleben dürfen die sich daraus ergebenden Probleme aber nicht überschätzt werden. Diese Hilfe erfolgt nämlich ganz überwiegend in ambulanter Form und das Leistungserbringerrecht ist im ambulanten Bereich noch relativ flexibel zu handhaben. Allerdings erstrecken sich die Regelungen der §§ 93ff. BSHG auf Einrichtungen und Dienste und damit auch auf den ambulanten Bereich. Wenn man hier dennoch außerhalb des Systems der §§ 93ff. BSHG Vereinbarungen treffen will, ergeben sich aber die Probleme, die im Zusammenhang mit den Leistungsverträgen angesprochen wurden.

In diesem Punkt ist es gerade für die psychiatrische Versorgung interessant, dass die in den §§ 109ff. SGB IX geregelten Integrationsfachdienste wichtige Aufgaben bei der Teilhabe psychisch behinderter Menschen am Arbeitsleben übernehmen. Diese Dienste werden von der Bundesanstalt für Arbeit, den Rehabilitationsträgern und den Integrationsämtern bei der Durchführung ihrer Aufgaben eingeschaltet. Die Aufgaben selbst erstrecken sich auf alle Maßnahme zur Teilhabe schwerbehinderter Menschen am Arbeitsleben. Die Integrationsfachdienste stehen als »Dienste Dritter« außerhalb der Arbeits- und Sozialverwaltung und werden in ihrem Auftrage tätig (§§ 109 Abs. 1, 111 Abs. 1 SGB IX). Die Integrationsfachdienste arbeiten mit allen Stellen zusammen, die für die Rehabilitation zuständig sind (§ 111 Abs. 3 SGB IX). Es ist vorgesehen, dass in jedem Arbeitsamtsbezirk grundsätzlich nur ein Integrationsfachdienst beauftragt wird. Das würde natürlich bedeuten, dass man nur mit einem Dienst zusammenarbeiten muss, was die Festlegung einer bestimmten Versorgungsform vereinfachen könnte. Das aber setzt wiederum voraus, dass die wettbewerbsrechtlichen Regelungen eingehalten werden, wobei davon auszugehen ist, dass diese Verträge privatrechtlicher Natur sind. Insbesondere müssen die vergaberechtlichen Grundsätze der §§ 97ff. GWB Beachtung finden. Darüber hinaus ist zu betonen, dass in dieser Form dem Wunsch- und Wahlrecht des § 9 SGB IX nicht hinreichend Rechnung getragen wird.

In § 110 SGB IX werden die Aufgaben der Integrationsfachdienste geregelt. Dazu gehören die Beratung und Unterstützung der Schwerbehinderten und ihre Vermittlung auf geeignete Arbeitsplätze sowie die Information der Arbeitgeber. Genauer regelt dann § 110 Abs. 2 Ziff. 1–7 SGB IX, dass die Integrationsfachdienste die Fähigkeiten des Schwerbehinderten bewerten und ein individuelles

Fähigkeits-, Leistungs- und Interessenprofil erstellen. Sie begleiten die Schwerbehinderten im Arbeitsleben, stehen als Berater für Mitarbeiter und Arbeitgeber zur Verfügung und leisten Nachbetreuung bis hin zur Krisenintervention. Darüber hinaus erschließen sie Arbeitsplätze auf dem allgemeinen Arbeitsmarkt, was natürlich unter Hinweis auf die finanziellen Vorteile einer Beschäftigung Schwerbehinderter geschieht.[34]

Eine weitere, für die psychiatrische Versorgung wichtige Institution ist die Arbeitsassistenz. Sie hat eine Doppelfunktion. Zum einen wird sie als Leistung der beruflichen Rehabilitation nach § 33 Abs. 8 Ziff. 3 SGB IX für drei Jahre erbracht. Wird im Anschluss daran eine Arbeitsassistenz geleistet, so geschieht das durch das Integrationsamt unter Verwendung von Mitteln aus der Ausgleichsabgabe ohne eine im Gesetz vorgegebene zeitliche Begrenzung als begleitende Hilfe im Arbeitsleben.

Aus der Tatsache, dass die Kosten der Arbeitsassistenz lediglich zu übernehmen sind, und dass der schwerbehinderte Mensch selbst eine vertragliche Vereinbarung mit dem von ihm gewünschten Arbeitsassistenten schließt, ist zu folgern, dass er sogar dessen Arbeitgeber sein kann. Es gibt keine vertragliche Beziehung zwischen dem Arbeitsassistenten und dem Integrationsamt. Dass der schwerbehinderte Mensch Auftraggeber ist, und nur Kostenerstattung erhält, wird als wesentliches Grundmerkmal für jede Form von Assistenz angesehen. Von der Bewegung »Selbstbestimmt Leben« maßgeblich ins Leben gerufen, versteht sich die Assistenz immer als Unterstützung des autonom entscheidenden und handelnden behinderten Menschen. Sie unterscheidet sich damit kategorial von den eher karitativen Formen der Betreuung. Das gilt auch für die Arbeitsassistenz, die eine emotionale, instrumentelle, informative und eine Feed-back-Unterstützung umfassen soll.[35]

Die Verpflichtung des Integrationsamtes beschränkt sich also darauf, dass es dem schwerbehinderten Menschen Geldmittel zur Verfügung stellt, die nach den vorläufigen Empfehlungen der Integrationsämter vom zeitlichen Aufwand für die Arbeitsassistenz abhängen (260–1040 Euro). Es handelt sich hierbei um ein persönliches

---

34 br 2001, S. 79
35 M. Schneider/U. Adlhoch, Arbeitsassistenz für Schwerbehinderte – fachliche und juristische Aspekte, br 2001, S. 52–54

Budget des schwerbehinderten Menschen, wie es allgemein in § 17 Abs. 1 Ziff. 4 SGB IX geregelt ist.

Vereinbarungen zwischen den Rehabilitationsträgern und Leistungserbringern, die innerhalb einer Region die Voraussetzungen für eine personenzentrierte Versorgung schaffen sollen, sind also an unterschiedliche Voraussetzungen geknüpft. Die Krankenkasse schließt hier Versorgungsverträge nach § 111 SGB V, soweit die Versorgung ambulant geleistet wird, erfolgt eine Zulassung durch Verwaltungsakt. Inhaltlich ergeben sich aber kaum Unterschiede.[36] Der Träger der Sozialhilfe trifft Vereinbarungen nach den §§ 93ff. BSHG. Beide Typen von Versorgungsverträgen sind öffentlich-rechtliche Verträge. Leistungen der beruflichen Rehabilitation werden vom Träger der Rentenversicherung auf der Grundlage von Verträgen nach den §§ 21 SGB IX, 16 SGB VI erbracht. Für die Arbeitsförderung gilt wegen der Regelung des § 109 SGB III die Vorschrift des § 21 SGB IX nicht. Vielmehr sind die §§ 61, 86, 94 SGB III anzuwenden (§ 99 SGB III). Beim Abschluss solcher Verträge erfolgt nach herrschender Auffassung kein Vergabeverfahren. Wird aber das Arbeitsamt zusätzlich mit den Integrationsfachdiensten beteiligt, so wird ein privatrechtlicher Vertrag geschlossen. Dabei sind die §§ 97ff. GWB zu beachten. Ist eine Arbeitsassistenz notwendig, dann ist sogar der behinderte Mensch selber Auftraggeber.

Bezieht man jetzt noch die in den §§ 132–135 SGB IX geregelten Integrationsprojekte ein, so wird die Abstimmung in der Versorgungsregion noch komplizierter. Der Gesetzgeber hat bisher nur in § 134 SGB IX geregelt, dass die Projekte finanzielle Leistungen erhalten. Es gibt keinen ausdrücklichen gesetzlichen Anknüpfungspunkt dafür, dass die Leistungen davon abhängig gemacht werden können, dass die Integrationsprojekte bereit sind, sich in ein bestimmtes Versorgungskonzept einzubinden. Eine solche Einbindung müsste zumindest erkennbar gesetzliche Voraussetzung des § 134 SGB IX sein. Um mit der Förderung bestimmte Auflagen zu verbinden zu können, sollte man dies ausdrücklich regeln, denn Auflagen müssen grundsätzlich durch eine Rechtsvorschrift zugelassen werden (§ 32 SGB X). Das ist besonders wichtig, wenn man der Tatsache Rechnung trägt, dass Integrationsprojekte auch als Abteilungen von Betrieben geführt werden können.

---

36 Vgl. für den Suchtbereich DRV 2002, S. 67, 69

Wir haben also ein Vielzahl von Vorschriften ganz unterschiedlicher Regelungsdichte, die auf das Versorgungsgeschehen Einfluss haben. Damit ergeben sich auch Auswahlkriterien hinsichtlich der Leistungserbringer, die nicht völlig identisch sind. Darüber hinaus besteht keine Verpflichtung der Rehabilitationsträger zur Zusammenarbeit. Das integrierte personenzentrierte Versorgungskonzept kann bei konsequenter Anwendung des Leistungserbringerrechts nicht umgesetzt werden.

Die Schwierigkeiten werden größer angesichts der sozialrechtlichen Grundsätze, die eine möglichst große Vielfalt des Angebots als Voraussetzung für die Ausübung des Wunsch- und Wahlrechts gewährleisten sollen. Die Eigenständigkeit der Rehabilitationsträger erschwert zusätzlich Absprachen, die auf eine Vereinheitlichung der Versorgung ausgerichtet sind. Mehr als eine freiwillige Kooperation – die aber das Leistungsrecht nicht modifizieren kann – ist nicht möglich. Auf der Seite der Leistungserbringer kann gleichfalls die Berufung auf Eigenständigkeit und Berufsfreiheit die gewünschten Absprachen erschweren. Auch hier kann Vieles nur auf freiwilliger Basis erfolgen. Betrachtet man aber die schwerfällige Zusammenarbeit der Rehabilitationsträger auf der einen Seite und das über Jahre gewachsene Angebot der Leistungserbringer, zumal die vielen kleineren Initiativen in der psychiatrischen Versorgung, so ist eigentlich nicht ersichtlich, wie ohne klare gesetzliche Regelungen, die ihrerseits ja nicht die allgemeinen Regelungen über Markt- und Berufsfreiheit relativeren können, eine personenzentrierte Versorgung verwirklicht werden kann.

Erforderlich wäre zunächst einmal eine leistungsrechtliche Grundlagenregelung, die ähnlich wie § 30 SGB IX die Schaffung eines Systems von integrierten, personenzentrierten Leistungen ermöglicht. Mit § 30 SGB IX hat der Gesetzgeber ja zugestanden, dass dies in unserem gegliederten System durchaus möglich ist. Dem müsste eine klare und ebenso einheitliche Regelung des Leistungserbringerrechts folgen. Die gegenläufigen Tendenzen, die sich aus dem Wettbewerbsrecht ergeben, erklären sich vor allem aus der zu geringen Abstimmung des Leistungserbringerrechts in den einzelnen Sozialleistungsbereichen. Hätte man, ausgehend vom Leistungs- und hin zum Leistungserbringerrecht, eine klare gesetzgeberische Linie, so wäre es leichter, die wettbewerbsrechtlichen Grundsätze mit denen des Sozialrechts in Einklang zu bringen. Es kann in einem System, in dem enorme Finanzmittel ausgegeben werden, nicht überraschen, wenn ein klares Wettbewerbsrecht den sozialrechtlichen Wildwuchs dominiert.

Gewinnt man im Sozialrecht wenigstens in begrenztem Rahmen eine Klarheit, so kann es zu einer anderen Gewichtung kommen. Zu schaffen wäre ein einheitlicher Vertragstyp für alle Versorgungsbereiche, dessen Abschluss an klar definierte Voraussetzungen geknüpft ist. Sie wären als ein Katalog von Regelbeispielen in das Gesetz aufzunehmen. Sie könnten in den einzelnen Versorgungsbereichen durchaus unterschiedlich sein. So muss es nicht überall die in der Psychiatrie erforderlich integrierte Leistungserbringung in einem Verbundsystem geben. Auf jeden Fall könnten auf diese Weise Leitlinien formuliert werden, die sowohl eine Einschränkung der Freiheit der Berufsausübung rechtfertigen, wie sie auch wettbewerbsrechtlich wirksam werden könnten.

Beispielsweise können nach § 97 Abs. 4 GWB sog. vergabefremde Zwecke berücksichtigt werden, wenn sie in einem Bundes- oder Landesgesetz vorgesehen sind. Angesichts der neueren Rechtsprechung des EuGH mag dahinstehen, ob man sie von den »zusätzlichen Bedingungen« zu unterscheiden hat.[37] Jedenfalls kann es sich dabei auch um besondere Anforderungen an die Leistungserbringer im Rahmen eines bestimmten Versorgungskonzepts handeln. Desgleichen hat das OLG Dresden anerkannt, dass sozialrechtliche Grundsätze die wettbewerbsrechtliche Entscheidung beeinflussen können. Im damaligen Falle war es die in § 2 Abs. 3 SGB V normierte Vielfalt der Leistungserbringer.[38] Nach Auffassung des Gerichts dürfen wirtschaftliche Individualinteressen nur einbezogen werden, wenn sie von der Rechtsordnung anerkannt sind. Die Anerkennung kann ihnen aber durch gesetzliche Regelung verweigert werden, wenn übergeordnete Gesichtspunkte der Versorgung dies verlangen. Auch die Berufung auf die Freiheit der Berufsausübung findet ihre Grenze an »vernünftigen Erwägungen des Gemeinwohls«[39]. Dazu gehört nicht nur eine wirtschaftliche, sondern auch eine Versorgung, die geeignet ist, einem typischerweise bestehenden Bedarf gerecht zu werden. Ganz ähnlich ist dies in Art. 86 Abs. 2 EGV geregelt, wenn

---

37 EuGH EuZW 2000, S. 755 Anm. Seidel
38 OLG Dresden NZS 2002, S. 37, 38
39 BVerfG 7, S. 377

dort die Marktfreiheit ihre Grenze daran findet, dass anders die Aufgabenerfüllung eines Dienstleistungsmonopols rechtlich oder tatsächlich verhindert würde.

Insbesondere war der Grundsatz der sparsamen Verwendung öffentlicher Mittel eigentlich immer geeignet, der Freiheit der Berufsausübung Grenzen zu setzen. Er ist vielfach Gegenstand gesetzlicher Regelungen geworden (vgl. § 12 SGB V). Auch Gesichtspunkte der Sachgerechtigkeit und Qualität der Versorgung sind als Regulativ gegenüber einer zu weitgehenden Betonung der Berufsfreiheit geeignet. Sie können aber nur Anerkennung finden, wenn sie die Gestalt einer gesetzlichen Regelung gefunden haben (Art. 12 Abs. 1 Satz 2 GG).

Die gesetzgeberische Grundkonzeption des Leistungserbringerrechts, soweit sie über Wirtschaftlichkeitsaspekte hinausgeht, kommt heute aber vor allem in den §§ 17 Abs. 3 SGB I, 2 Abs. 3 SGB V, 4 SGB VIII, 10 BSHG zum Ausdruck. Sie besteht in der Vielfalt der Leistungserbringer und in der Betonung ihrer Eigenständigkeit. Zwar wird heute auch stärker auf die Qualität der Versorgung abgestellt. Dieses Erfordernis hat aber die beiden erstgenannten Grundsätze nicht spürbar eingeschränkt. So machen etwa die Vorschriften über die Qualitätssicherung in der Rehabilitation (§§ 111a, 137d SGB V) nur sehr begrenzt materielle Aussagen über die Qualitätssicherung. Verwiesen wird im wesentlichen auf § 135a Abs. 2 SGB V. Dort wird aber nur die Verpflichtung zu einem Qualitätsmanagement begründet. Ganz generell bezieht sich die Qualitätsentwicklung in den einzelnen Gesetzen heute noch zu sehr auf die isoliert zu betrachtende Einzelleistung und weniger auf das Gesamtkonzept der Versorgung. Eine Einzelleistung, etwa eine Ergotherapie, die von einem fachlich kompetenten Leistungserbringer, der auch zur Versorgung zugelassen ist (§ 124 SGB V), erbracht wird, dürfte jeder Qualitätsprüfung standhalten. Und doch kann sie in einem integrierten, personenzentrierten Versorgungskonzept fehl am Platze sein.

Dennoch ist es durchaus sinnvoll, Sachgesichtspunkte für eine personenzentrierte Versorgung ins Feld zu führen und sie zu einem unerlässlichen aber auch wohlbegründeten Qualitätskriterium zu entwickeln. Es gibt keinen wettbewerbsrechtlichen Gesichtspunkt, der die Qualität der Versorgung relativieren könnte. Auch die Eigenständigkeit und die Berufsfreiheit der Leistungserbringer finden hier ihre Grenze. Die sich so ergebenden Beschränkungen lassen sich vor dem Gesetzesvorbehalt des Art. 12 Abs. 1 Satz 2 GG aber nur rechtfertigen, wenn sie in eindeutiger Form gesetzlich formuliert werden. Damit hat die Rechtsfrage natürlich eine politische Seite. Wenn »Vielfalt und Eigenständigkeit« der Leistungserbringer in vielen, keineswegs in allen Bereichen, bisher das Leistungserbringerrecht prägten, dann ergeben sich hier Probleme bei der Umsteuerung. Der Weg über mehr Wettbewerb, wie er in den vergangenen Jahren versucht wurde, hat sich als problematisch erwiesen. Er hat wohl zu Ergebnissen geführt, mit denen man anfangs nicht rechnete. Wenn man Festbeträge für Arzneimittel nicht hoheitlich festlegt, was grundsätzlich zulässig ist,[40] sondern wenn man dies den am Wettbewerb teilnehmenden Kassen überlässt, dann kann es eigentlich nicht überraschen, dass die Gerichte hier ein unzulässiges Preiskartell ausmachen.[41] Die gegenwärtigen Versuche, je nach Lage des Falles einmal hoheitlich, ein anderes Mal wettbewerblich vorzugehen, scheint noch weniger Erfolg versprechend zu sein, weil sie nun auch zu divergierenden gerichtlichen Entscheidungen führen.[42]

Fehlt es aber im Sozialrecht an einer klaren gesetzgeberischen Aussage darüber, wie die Versorgung konkret aussehen soll, dann setzt sich angesichts der derzeitigen Versorgungslage wohl nicht ganz zu Unrecht der Grundsatz des unverfälschten Wettbewerbs insoweit durch, als angesichts der unklaren Konzeption des Leistungserbringerrechts Zweifel daran aufkommen, ob der Leistungswettbewerb, ob insbesondere auch die Offenheit der Märkte gewährleistet sind. Vor allem prüft das BVerfG immer auch, ob die Regelungen, die die Freiheit der Berufsausübung aus vernünftigen Erwägungen des Gemeinwohls einschränken, überhaupt geeignet sind, die Gemeinwohlbelange zu gewährleisten.[43] Das wirksamste Instrument gegen ein Wettbewerbsrecht, das dem Gedanken des sozialen Ausgleichs zuwiderlaufen könnte, ist also eine klare leistungserbringerrechtliche Grundsatznorm. Es mögen sich auch in diesem Falle immer noch Steuerungsmängel ergeben. Jedoch sprechen gegen die Ersetzung eines unkoordinierten Leistungserbringerrechts durch eine solche Norm keinerlei sozial- oder wettbewerbsrechtlichen

---

40 BSG 66 S. 159; BVerfG 68 S. 216; BVerfG 70, S. 25
41 OLG Düsseldorf NZS 1998, S. 567
42 BSG SGb 2001 S. 748; OLG Dresden NZS 2002, S. 33
43 BVerfG 95 S. 173 (Warnhinweise auf Packungen mit Tabakerzeugnissen)

Gesichtspunkte. Die Entstehung zumindest einiger Vorschriften des SGB IX (§§ 6 Abs. 2, 10–13 SGB IX), die Diskussion um die Maßnahmepauschale (§ 93a Abs. 2 BSHG), die praktischen Schwierigkeiten beim Aufbau von Versorgungsverbünden usw. lassen aber erkennen, dass nicht das Interesse am Aufbau einer personenzentrierten Versorgung, sondern dass das Interesse an der Erhaltung vorhandener Strukturen überwiegt. Sollte dieser Befund richtig sein, dann ist es gerade, vielleicht sogar nur das Wettbewerbsrecht, das geeignet ist, diese Strukturen zu schwächen.

Lohn statt Prämie – Arbeitsplatzsubvention und innovative Entgeltgestaltung

Lohn statt Prämie

Lennarth Andersson

Ich danke Ihnen für die Einladung nach Berlin zu kommen! Ich bin gerne hier!

Normalerweise ist es meine Aufgabe im Ausland über die Fortentwicklung der Behindertenhilfe in Schweden und Skandinavien zu berichten. Es ist eine sehr wichtige Aufgabe, denn wir haben durch harte Gesetzgebung und wirtschaftlichen Einsatz vieles erreichen können.

Als die Anfrage zu diesem Symposium kam, zögerte ich zunächst, denn jetzt muss ich berichten, dass vieles von dem, was wir gemacht haben, längst bekannt ist. Wahrscheinlich hätte ich in einem anderen Symposium viel mehr zu erzählen, aber nun bin ich hier und werde kurz über einige Erfahrungen berichten, bevor wir in die Diskussion einsteigen.

Meine Erfahrungen basieren auf Erlebnissen aus der praktischen Arbeit an leitender Stelle der Behindertenhilfe in einer Behörde in Südschweden, »Malmøhus læns landsting« in Lund, wo ich die Entwicklung über fast 30 Jahre verfolgen konnte. Bei uns in Schweden war die Entwicklung der Serviceleistungen für Menschen mit geistiger Behinderung, Autismus oder schweren Hirnschäden sowie für junge und jugendliche Menschen mit schweren und komplizierten körperlichen Behinderungen vorangegangen.

Die Psychiatrie war primär eine Angelegenheit der Krankenfürsorge und erst mit der Gesetzgebung von 1994 bekamen psychisch Kranke die selben Rechte wie sie Menschen mit geistigen Behinderungen damals schon seit fast zehn Jahren hatten. Für Schweden konnte man sagen dass die Psychiatriereform mit etwa 20 Jahren Verzögerung begann. Zu der Zeit als Schweden begann die psychiatrischen Krankenhäuser aufzulösen, waren Heime für Behinderte längst nicht mehr gestattet. (1986)

Die Entwicklung der Leistungen für Menschen mit »herabgesetzter Funktionsfähigkeit«, wie es bei uns wörtlich übersetzt heißt, ging über die Gesetzgebung und noch heute ist die einzige Gruppe der Gesellschaft, die sich auf ein RECHT auf Arbeit berufen kann, die Gruppe der Personen mit geistiger Behinderung oder Autismus. Wenn Arbeit nicht erwünscht oder möglich ist, besteht noch ein Recht auf Beschäftigung.

Als wir in Schweden die Diskussion führten, ob eine Spezialgesetzgebung Sinn mache oder nicht, d.h. Sonderbehandlung oder echte Integration in die Gesellschaft, gehörte ich natürlich in den 70er-Jahren zu denen die hart gegen Spezialgesetzgebung waren. Allerdings muss ich jetzt feststellen, dass wir ohne diese frühen Maßnahmen nie das erreicht hätten, was wir heute vorfinden.

Lohn oder Prämie

Es ist eine große Frage, für mich nun allerdings nur eine Frage der Verhaltensweise der Gesellschaft und nicht mehr eine Wirtschaftsangelegenheit. Bisher haben wir *mechanistisch* gehandelt und ich finde in dem Zwischenbericht, in der Konferenzmappe, die mir zugesandt wurde dieselbe Systeme der Unterstützung, Rehabilitation/Habilitation, massive Leistungsprogramme, so wie sie auch in Schweden organisiert sind. Wir können ja praktisch alles schon einsetzen um zu ermöglichen, dass wir ALLE gemeinsam an der Arbeit teilnehmen.

Und wie sehen die Zahlen aus? Ich werde hier keine Zahlen nennen, denn die Größenordnung in Vergleich zu Deutschland ließe leicht den Eindruck entstehen, dass wir in Schweden keine Probleme oder jedenfalls nur wenige Probleme haben. Prozentual sind die Unterschiede aber klein.

Lohn oder Prämie. Man könnte zunächst den Eindruck gewinnen, es ginge um Geld. Wer kann aber ernsthaft behaupten, die Gesellschaft könne es sich nicht leisten, ein Arbeitsleben für alle zu organisieren und finanzieren.

Wieso baut man z.B. einen Volvo mit einer Motorleistung, von der wir für unsere täglichen Transporte vielleicht 10 % benötigen? Oder warum statten wir Computer mit Leistungskomponenten aus, die wir nur zu 5 % nutzen? 90 bzw. 95 % der eingebauten Ressourcen werden ja trotzdem mitgekauft. Also gibt es Ressourcen und zwar in der Gesellschaft. Die Frage ist die nach der rationalen Verteilung.

Es tut mir leid, ich habe kein Rezept wie es zugehen soll, aber mir ist klar, dass es – ob Lohn oder Prämie – volkswirtschaftlich gesehen ziemlich egal ist. Es geht um die gesellschaftliche Einstellung oder die Verhaltensweise, die wir irgendwann eingenommen haben. Wir sehen, wie sich die Krankmeldungen unter der so genannten normalen Population drastisch erhöhen. Die Zahl der Anträge auf Frührente steigt bei uns in den letzten drei Jahren mit zweistellige Zahlen. Menschen mit Behinderungen verschiedener Art und unterschiedlichen Umfangs bekommen immer seltener die Arbeit oder die Ausbildung, die gesellschaftlich nachgefragt wird. Und das in einem Land, wo schon das kleine Kind mit herabgesetzter Funktionsfähigkeit im Kindergarten individuell integriert war, das über gute Ressourcen verfügt, wo klare Rechte bestehen und wo auch die Politik einig positiv war usw. Und es geschieht in einer Welt, in der die *Standardregeln für Behinderte* einstimmig in der UN angenommen worden sind, *schon 1993*. Sind wir nicht reif für eine reine *humanistische* Diskussion, anstatt die Flucht in wirtschaftliche pseudo-ökonomische Überlegungen zu nehmen? Für wen ist der Markt da, für sich oder für uns!

Zum Abschluss lege ich die neun Regeln des Hauptgebietes Arbeit der UN Standardregel der Rechte für Menschen mit herabgesetzter Funktionsfähigkeit auf und bedanke mich für Ihre Aufmerksamkeit.

Regel 7: Arbeit

Die Staaten sollen anerkennen, dass Voraussetzungen für Menschen mit herabgesetzter Funktionsfähigkeit zu schaffen sind, so dass sie ihre menschliche Rechte ausüben können, besonders das Recht auf Arbeit. Auf dem Lande wie in den Städten müssen sie gleiche Möglichkeiten zu produktiver und lohnender Arbeit haben.
1. Gesetze und Regelungen im Bereich Arbeit dürfen Menschen mit herabgesetzter Fuktionsfähigkeit nicht diskriminieren oder sie an der Aufnahme einer Arbeit hindern.
2. Die Staaten sollen die Integration von Menschen mit herabgesetzter Fuktionsfähigkeit auf dem allgemeinen Arbeitsmarkt unterstützen.
3. Diese Unterstützung kann in verschiedener Weise arrangiert werden, z.B. durch Berufsausbildung, Quotierungssysteme,

Arbeitsplätze, die für diese Menschen reserviert werden, Darlehen oder Ausgleichsbeträge für Kleinunternehmer, Alleinrecht oder Vorrecht auf die Herstellung bestimmter Produkte oder Dienstleistungen, Steuererleichterungen, Überprüfung der Erfüllung arbeitsvertraglicher Pflichten oder andere technische oder wirtschaftliche Unterstützung für Unternehmen die Personen mit herabgesetzter Funktionsfähigkeit Arbeits- und Beschäftigungsverhältnisse anbieten. Die Staaten sollen auch Arbeitgeber dazu bewegen, angepasste Arbeitsplätze anzubieten, um Menschen mit herabgesetzter Funktionsfähigkeit den Einstieg ins Arbeitsleben zu erleichtern.

4. Staatliche Aktionsprogramme sollen folgendes beinhalten:
a. Maßnahmen, dass Arbeitsplätze so konstruiert und angepasst werden, dass sie für Personen mit verschiedenen Funktionsherabsetzung zugänglich werden,
b. Den Einsatz neuer Technologien und Techniken unterstützen, sodass Hilfsmittel, Werkzeuge und Ausrüstung entwickelt und produziert werden und darauf hingewirkt wird, dass diese Hilfsmittel und Ausrüstungen leicht erreichbar sind für Menschen mit herabgesetzter Funktionsfähigkeit und die Erhaltung eines Arbeitsplatzes ermöglichen,
c. Geeignete Ausbildung und Platzierung sowie der herabgesetzten Funktionsfähigkeit angepasste Unterstützung am Arbeitsplatz durch persönliche Assistenz und Kommunikationshilfe.
5. Die Staaten sollen anregen und unterstützen, dass z.B kommunale Kampagnen zu Stande kommen, um das Problembewusstsein der Öffentlichkeit zu stärken, damit negative Haltungen gegenüber Menschen mit herabgesetzter Funktionsfähigkeit im Arbeitsleben überwunden werden.
6. Als Arbeitgeber sollen die Staaten günstige Voraussetzungen für die Beschäftigung von Menschen mit herabgesetzer Funktionsfähigkeiten im öffentlichen Sektor herstellen. Staaten, Arbeitgeberorganisationen und Arbeitgeber müssen zusammenwirken, um eine nachhaltige Beschäftigungspolitik und angemessene Vertrags- und Entgeltstrukturen zu sichern. Die Staaten sollen sich für bessere Arbeitsbedingungen einsetzen, damit Schaden oder Krankheiten, die zu Funktionherabsetzung führen können, verhindert werden und sich auch dafür einsetzen, dass Personen, die Arbeitsschäden erlitten haben, rehabilitiert werden.

7. Die Zielsetzung soll immer sein, dass eine Person mit herabgesetzter Funktionsfähigkeit eine Arbeit auf dem allgemeinen Arbeitsmarkt erhält. Für Menschen, deren Fähigkeiten und Wünschen auf dem allgemeinen Arbeitsmarkt nicht entsprochen werden kann, können auch Beschäftigungsverhältnisse in kleineren Gruppen oder mit besonderen Unterstützung eine Alternative sein. Es ist jedoch von größter Bedeutung, dass diese Beschäftigungsverhältnisse die Möglichkeiten dieser Personen eine Arbeit auf dem allgemeinen Arbeitsmark aufzunehmen, erleichtern.

8. Maßnahmen müssen zu Stande kommen, damit Menschen mit herabgesetzter Funktionsfähigkeit Arbeitstraining und Ausbildung in besonderen Bereichen absolvieren können.

9. Staaten, Gewerkschaften und Arbeitgeber sollen mit den Behindertenorganisationen zusammenwirken, um Möglichkeiten für Menschen mit herabgesetzter Funktionsfähigkeiten Ausbildung und Arbeit mit Hilfe von Massnahmen wie flexibele Arbeitszeit, Teilzeitarbeit, geteilte Arbeit (job-sharing), persönliche Assistenz oder Unternehmensgründung zu unterstützen.

Finanzierungsmöglichkeiten von Arbeit auf der Grundlage des BSHG

Jutta Hittmeyer

Das Bundessozialhilfegesetz (BSHG) eröffnet verschiedene Möglichkeiten, Maßnahmen zur Integration von arbeitslosen Hilfesuchenden in das Berufsleben zu fördern. Hierbei kommt es auf die Gesamtbetrachtung an, da das BSHG an unterschiedlichen Stellen für Hilfebedürftige nach den § 19 IV, bzw. § 20 I S. 2, § 39 (§ 46) und § 72 BSHG gesetzlich auf eine Gesamtplanung abstellt. Demnach wird an verschiedenen Stellen der Stellenwert der Gesamtplanung über das gesamte BSHG betont, unabhängig von der dafür infrage kommenden Ermächtigungsgrundlage und Finanzierung.

Die Möglichkeiten der Finanzierung nach den o.g. Ermächtigungsgrundlagen kommen allerdings erst nach ablehnenden Entscheidungen der vorrangigen Träger in Betracht. So ist zunächst nach dem SGB IX zu prüfen, ob es sich um eine Leistung zur Teilhabe am Arbeitsleben handelt und welcher Leistungsträger hierfür vorrangig zuständig ist. Das SBG IX stellt hierbei auf die Zuständigkeiten der jeweiligen Leistungsträger ab. Erst wenn vorrangige Leistungen abgelehnt wurden – der Hilfebedürftige die Leistung also tatsächlich nicht erhält – kommt eine Prüfung der Finanzierung nach dem BSHG in Betracht. Dabei ist zu beachten, dass die Sozialhilfe unter Umständen auf Grund der Leistungen zur allgemeinen sozialen Eingliederung weiter geht, als die Leistungen der vorrangigen Träger.

Die Träger der Sozialhilfe (SHT) haben bei den zu finanzierenden Maßnahmen für den heterogenen Personenkreis, dem Einzelnen gegenüber einen differenzierten Ermessensspielraum zur Hilfeleistung. Die Einrichtung bzw. Finanzierung von Maßnahmen stellt allerdings nach allen Grundlagen eine objektive Rechtsverpflichtung der Sozialhilfeträger im Rahmen des Bedarfs dar (»Soll«; »Ist«).

Nach § 72 BSHG ist Hilfe bei Vorliegen der Voraussetzung zu gewähren, vorrangig sind allerdings Hilfeleistungen nach dem SGB VIII (Kinder- und Jugendhilfe) sowie die Hilfeleistungen nach den anderen Ermächtigungsgrundlagen des BSHG. Dagegen ist nach § 39 Abs. 1 Satz 1 BSHG kein Ermessen bei Vorliegen der Voraussetzungen gegeben, während ein weiterer Personenkreis nach eige-

Finanzierungsmöglichkeiten von Arbeit auf der Grundlage des BSHG

nem Ermessen (»kann«) gefördert werden kann. Auch nach § 30 BSHG kann eine Hilfestellung geboten werden, zum Aufbau oder Sicherung einer Lebensgrundlage. Diese bezieht sich aber nicht auf Maßnahmen, sondern zielt auf Sachleistungen im weitesten Sinne ab.

In den Ermächtigungsgrundlagen nach § 19 und § 20 BSHG wird dem SHT ein »gebundenes Ermessen« zur Entscheidung der Finanzierung von Maßnahmen gegeben. Sofern die unterschiedlichen Voraussetzungen vorliegen, soll Hilfe gewährt werden. Bei den Ermächtigungsgrundlagen der §§ 19 und 20 BSHG werden die vorrangigen Hilfen zur Arbeit benannt.

Nachfolgend wird auf die unterschiedlichen Voraussetzungen der Gewährung von Hilfen, Maßnahmen eingegangen sowie auf die Personenkreise und die Ziele sowie einige mögliche Überschneidungen.

Schaffung einer Arbeitsgelegenheit nach § 19 II BSHG

Hiernach obliegt es dem Träger der Sozialhilfe, dem Hilfesuchenden Gelegenheit zum Einsatz seiner Arbeitskraft zu geben. Dies kann er durch Schaffung eigener, besonderer Arbeitsgelegenheiten für Hilfeempfänger bewirken oder durch die Inanspruchnahme von Arbeitsvermittlung. In den Absätzen 2 und 3 sind die besonderen Formen der gemeinnützigen und zusätzlichen Arbeit geregelt. Sie stellen einen Teil der nach Abs. 1 anzubietenden Arbeitsgelegenheit dar.

Der Personenkreis des § 19 II BSHG umfasst sowohl Personen, die aus subjektiven persönlichen Gründen den Anforderungen des allgemeinen Arbeitsmarktes nicht gewachsen sind als auch Personen, die aus objektiven Gründen, wie Arbeitsplatzmangel, keine Arbeit finden können. Hilfe kann hierbei auch denjenigen geboten werden, die ergänzende Hilfe zum Lebensunterhalt beanspruchen. Der Sozialhilfeträger soll Arbeitsgelegenheiten unter Inanspruchnahme von Trägern der freien Wohlfahrtspflege durch
1. Schaffung normaler Arbeitsplätze,
2. Schaffung von gemeinnützigen zusätzlichen Arbeitsplätzen mit üblichen Arbeitsentgelt,
3. Schaffung von gemeinnützigen zusätzlichen Arbeitsplätzen bei Gewährung von Hilfe zum Lebensunterhalt (HLU) und einer Mehraufwandsentschädigung, ermöglichen.

Das Erfordernis der Zusätzlichkeit ist in den Fällen unerheblich, wenn die Eingliederung in das Arbeitsleben besser gefördert wird oder dies von den besonderen Verhältnissen des Hilfebedürftigen und seiner Familie geboten ist.

Besondere Arbeitsgelegenheiten nach § 20 BSHG

Zielgruppe sind die Personen, die nicht sofort als arbeitsfähig ausgewiesen sind. Es soll ihnen durch die Arbeitsmöglichkeit Gelegenheit gegeben werden, sich an Arbeit zu gewöhnen (1. Möglichkeit) bzw. ihre Arbeitsbereitschaft zu beweisen (2. Möglichkeit). Gegenüber den §§ 18 und 19 BSHG werden hier im Gegensatz zum Integrationsgedanken die besonderen Rehabilitationsaspekte des Einzelnen in den Vordergrund gestellt, also der sozialpädagogische, therapeutische Zweck des Beschäftigungsverhältnisses. Geeignet hierfür sind besonders Arbeitslehrgänge sowie halb offene Arbeitseinrichtungen. Die Voraussetzungen des § 19 II BSHG müssen nicht vorzuliegen. § 20 BSHG ist eine Sollvorschrift, die für den Träger der Sozialhilfe verpflichtend ist.

Für behinderte Menschen haben besondere therapeutische Maßnahmen nach § 40 BSHG den Vorrang. Die Maßnahmen nach § 72 BSHG wiederum sind nachrangig zu den Maßnahmen nach §§ 18 ff BSHG; hierbei kann es zu Überschneidungen des Personenkreises kommen. Es ist abzustellen auf Sinn und Zweck der angestrebten Maßnahme.

Eingliederungshilfe nach §§ 39 ff BSHG

Zielgruppe der Eingliederungshilfe nach § 40 BSHG sind Personen, die im Sinne des § 2 Abs. 1 SGB IX wesentlich behindert sind, deren körperliche Funktionen, die geistigen Fähigkeiten oder ihre seelische Gesundheit länger als 6 Monate von dem typischen Lebensumstand abweichen und die daher in ihrer Teilhabe am gesellschaftlichen Leben beeinträchtigt sind. Zu den seelischen Störungen gehören nach § 3 Nr. 3 VO nach § 47 BSHG auch Suchterkrankungen, sodass diese auch zum Personenkreis der §§ 39 ff BSHG zählen, wenn die Erkrankung die Teilhabefähigkeit am gesellschaftlichen und auch am beruflichen Leben nachteilig beeinflusst. Eine weitere Zielgruppe sind diejenigen Personen, die von Behinderung bedroht sind.

Aufgabe der Eingliederungshilfe ist es, neben einer medizinischen Leistung auch eine Leistung von berufsfördernder und allgemeiner sozialer Art anzubieten, um u.a. die Ausübung eines angemessenen Berufs, einer angemessenen Ausbildung zu ermöglichen. Die Maßnahmen können auch dem Leistungsangebot einer psychosozialen Beratungs- und Behandlungsstelle entsprechen. Dies ist danach begründet, dass Beratung zwar nicht ausdrücklich in den Maßnahmekatalog der §§ 39 ff BSHG benannt ist, hierin aber eine dem BSHG zu Grunde liegende Grundform der Hilfe nach den §§ 1 II, 8 I BSHG gegeben ist. Eine nach §§ 39 ff. BSHG zu gewährende Maßnahme muss auf Grund einer eingetretenen oder drohenden Behinderung erforderlich sein.

Gleichfalls muss diese Maßnahme das Ziel verfolgen, den behinderten bzw. kranken Personen trotz ihrer Behinderung/Erkrankung die Teilnahme am Leben zu ermöglichen oder zu erleichtern, vor allem die Ausübung eines angemessenen Berufs. Die Erkrankung/Behinderung muss so gravierend sein, dass sie die Fähigkeit zur Eingliederung in die Gesellschaft wesentlich beeinträchtigt[1]. Der berechtigte Personenkreis soll weit gefasst werden. Anspruch auf eine Eingliederungsmaßnahmen besteht, wenn und solange die Aussicht besteht, dass die Aufgabe der Eingliederungshilfe erfüllt werden kann. Im Gegensatz zum alten Recht wird in § 39 Abs. 1 S. 1 BSHG die zuvor genannte Aufgabe der Eingliederungshilfe mit dem berechtigten Personenkreis verbunden.

Hilfe zur Überwindung besonderer sozialer Schwierigkeiten nach § 72 BSHG

Personen, bei denen besondere Lebensverhältnisse mit sozialen Schwierigkeiten gegeben sind, ist Hilfe zu gewähren. Nach § 72 BSHG sind hier gerade diejenigen betroffen, die die objektiven und subjektiven Kriterien erfüllen. Besondere Lebensverhältnisse müssen mit besonderen Schwierigkeiten verbunden sein, deren Überwindung die Menschen allein nicht leisten können. In der VO zu § 72 BSHG werden keine Gruppen mehr benannt, die in besonderen Lebensverhältnissen leben, sondern die Begriffe des besonderen Lebensverhältnisses und der sozialen Schwierigkeiten werden konkretisiert.

BVerwGE, NDV RD 1999, 71; OVG Mannheim v. 4.11.97

Vom Bestehen besonderer Lebensverhältnisse ist auszugehen, wenn der Einzelne gesellschaftlich anerkannte Mindeststandards in der Lebensführung nicht (mehr) erreichen kann. Die Personen, die in einer besonderen Lebenssituation mit sozialen Schwierigkeiten leben, gehören zum Personenkreis des § 72 BSHG, wenn sie aus eigenen Kräften nicht fähig sind, die Schwierigkeiten zu überwinden. Soziale Schwierigkeiten sind dann gegeben, wenn ein Leben in der Gemeinschaft wesentlich eingeschränkt ist. In dem Wortlaut des § 1 Abs. 3 VO zu § 72 BSHG wird deutlich, dass die Einschränkung unabhängig vom Verhalten des Hilfebedürftigen oder eines Dritten ist. Es sind die Gesamtumstände dieser Person zu beachten.

Nach der neuen VO zu § 72 BSHG können auch Suchterkrankte zum Personenkreis gehören, wenn sie auf Grund der Situation soziale Schwierigkeiten haben, welche sie nicht selbständig überwinden können.

Das Ziel der Hilfe nach § 72 BSHG ist die Überwindung, Beseitigung oder Milderung der Schwierigkeiten u.a. zur Erlangung und Sicherung eines Arbeitsplatzes. Die Durchführungsverordnung zu § 72 BSHG benennt – und betont damit – ausdrücklich die Beratung und Betreuung als Maßnahme des § 72 BSHG. Die angestrebten Maßnahmen sind gemäß § 2 VO zu § 72 BSHG Dienstleistungen, Geld- und Sachleistungen, die nachhaltig geeignet sind, besondere Schwierigkeiten abzuwenden. Von besonderem Interesse ist die Haltung des Hilfebedürftigen, ob er diese Maßnahme annimmt.

Das Verhältnis § 39 zu § 72 BSHG

§ 39 BSHG ist vorrangig gegenüber § 72 BSHG. Zu der gerade genannten Maßnahme der Beratung und Betreuung kann festgestellt werden, dass Leistungen der ambulanten Rehabilitation vorrangig über die §§ 39 und 40 BSHG abgerechnet werden. Als Rechtsgrundlage für die Leistungen der ambulanten Beratungs- und Behandlungsstellen kommt § 72 BSHG in Betracht, nach dem alle Maßnahmen, die notwendig sind um Schwierigkeiten abzuwenden bzw. zu mildern, finanziert werden.[2] Nicht personenbezogene Leistun-

---

2 So auch R. Walter-Hamann, neue caritas 12, S.9 ff. 2002

Finanzierungsmöglichkeiten von Arbeit auf der Grundlage des BSHG

Tab. 1: Finanzierungsmöglichkeiten nach BSHG

Rechtsgrundlage	19 II	20	39	72
Zielgruppe	Der Personenkreis des § 19 II BSHG umfasst sowohl Personen, die aus subjektiven persönlichen Gründen den Anforderungen des allg. Arbeitsmarktes nicht gewachsen sind als auch Personen, die aus objektiven Gründen wie Arbeitsplatzmangel keine Arbeit finden können. Hilfe kann hierbei auch denjenigen geboten werden, die nur ergänzende Hilfe zum Lebensunterhalt beanspruchen.	Personen, die nicht sofort als arbeitsfähig ausgewiesen sind. ⇒ Gewöhnung an eine berufliche Tätigkeit ⇒ Zweifel an der Bereitschaft zur Arbeitsaufnahme	Personen mit einer wesentlichen Behinderung auf Dauer. Körperlich oder geistig behinderte Menschen sowie seelisch Erkrankte, die voraussichtlich ein 1/2 Jahr nicht am allg. Leben teilnehmen können (Def. § 2 SBG IX). Von einer wesentlichen Behinderung bedrohte Menschen Wesentliche Behinderung: wenn Menschen in ihrer Teilhabefähigkeit an der Gesellschaft eingeschränkt oder aufgrund der drohenden Behinderung in ihrer Teilhabefähigkeit an der Gesellschaft eingeschränkt sein können.	Personen, bei denen besondere Lebensverhältnisse mit besonderen Schwierigkeiten verbunden sind und deren Überwindung die Menschen allein nicht leisten können.
Aufgabe	Hiernach obliegt es dem Träger der SH, dem Hilfesuchenden Gelegenheit zum Einsatz seiner Arbeitskraft zu geben. Dies kann er durch Schaffung eigener, besonderer Arbeitsgelegenheit für HE tun oder durch Inanspruchnahme von Arbeitsvermitt-	Es soll ihnen durch die Arbeitsmöglichkeit Gelegenheit gegeben werden, sich an Arbeit zu gewöhnen bzw. ihre Arbeitsbereitschaft zu beweisen. Gegenüber den §§ 18 u. 19 werden hier im Gegensatz	Aufgabe der Eingliederungshilfe ist neben medizinischen Leistungen auch Leistungen von berufsfördernder und allg. sozialer Art anzubieten, um ihnen u.a. die Ausübung eines *angemessenen Berufs* zu ermöglichen.	Ziel der Hilfe ist es, diesen Personen die Teilnahme am Leben in der Gemeinschaft zu ermöglichen.

317

Rechtsgrundlage	19 II	20	39	72
	lung. In den Abs. 2 und 3 sind die besonderen Formen der gemeinnützigen und zusätzlichen Arbeit, die ein Teil der nach Abs. 1 anzubietenden Arbeitsgelegenheit darstellen, geregelt.	zum Integrationsaspekt die besonderen Rehabilitationsaspekte in den Vordergrund gestellt, also der therapeutische Zweck des Beschäftigungsverhältnisses. Geeignet hierfür sind bes. Arbeitslehrgänge sowie halboffene Arbeitseinrichtungen o.Ä. Die Voraussetzungen des § 19 II BSHG brauchen nicht vorzuliegen.		Eine nach §§ 39 ff. zu gewährende Maßnahme muss notwendig aufgrund der Behinderung sein.
Ermessen In allen Bereichen besteht eine obj. Rechtsverpflichtung der subj. Rechtsansprüche gegenüberstehen	Gebundenes Ermessen »soll«	Gebundenes Ermessen »soll«	Personen, die nicht nur vorübergehend wesentlich behindert sind oder von einer wesentlichen Behinderung bedroht sind ⇨ »ist« (kein Ermessen) Personen mit einer anderen Behinderung ⇨ »kann« sachgemäßes Ermessen Abgrenzung zu § 20 und § 72: Maßnahmen nach § 20 gehen als allg. Norm vor. Sofern bei den betroffenen Personen lediglich die Arbeitsfähigkeit zu überprüfen ist, ist § 20 BSHG anzuwenden. Bei der Anwendung des § 72 müssen weitere spez. Umstände oder Ursächlichkeiten (s.o.) hinzukommen. Abgrenzung zu § 39 und § 72 Maßnahmen nach § 39 gehen nach § 72 Abs. 1 S. 1 BSHG vor. Demnach muss zunächst bestimmt werden, ob die Person zum Personenkreis des § 39 gehört. Unter Umständen können zusätzliche Hilfen nach § 72 notwendig sein.	»ist« kein Ermessen

Finanzierungsmöglichkeiten von Arbeit auf der Grundlage des BSHG

Rechtsgrundlage	19 II	20	39	72
			Es ist abzugrenzen, ob Personen aufgrund von Behinderung/Erkrankung Hilfe zur Integratione benötigen oder aufgrund der Gesamtumstände ihrer bes. Lebensverhältnisse verbunden mit den sozialen Schwierigkeiten. Der Schwerpunkt muss zumindest in dem Ziel der entsprechenden Hilfe liegen: ⇨ Überwindung, Hilfe bei Schwierigkeiten aufgrund der Erkrankung ⇨ Überwindung der Hilfe zur Integration aufgrund der bes. Lebensverhältnisse verbunden mit sozialen Schwierigkeiten und der Unfähigkeit, diese allein zu überwinden. *Aber:* Gesamtplanung nach § 72 (§ 2 VO zu § 72 BSHG) konkrete Hilfe u.U. nach § 72 und § 39 (o.Ä.)	

gen wie Öffentlichkeitsarbeit und Bereiche der ambulanten Rehabilitation werden nicht nach den genannten Grundlagen abgerechnet. Im Einzelfall können Abgrenzungsschwierigkeiten oder sogar Überschneidungen, auch zu anderen Rechtsgrundlagen möglich sein.

In § 2 Abs. 3 VO zu § 72 BSHG wird bei der Gesamtplanung darauf abgestellt, dass ein verbundener Einsatz unterschiedlicher Hilfen nach anderen Hilfsvorschriften des BSHG und anderen Leistungsgesetzen anzustreben sei. Die Erschließung und Abstimmung notwendiger zusätzlicher Leistungen gehört zum Bereich des § 72 BSHG, nicht aber die konkrete Hilfe wegen Behinderung oder Erkrankung. Die Verbindung solcher Hilfen kann danach vereinbart werden.[3]

Die Zielrichtung der beiden Normen ist unterschiedlich und zu beachten: § 39 BSHG stellt auf die (Wieder-)Eingliederung behinderter Personen, Erkrankter in Beruf, Arbeit und Gesellschaft ab, § 72 BSHG zielt dagegen auf die Überwindung, Milderung oder Verhinderung einer Verschlimmerung sozialer Schwierigkeiten.

---

[3] Hammel, Behindertenrecht, S. 95, 2002; Walter-Hamann a.a.O., S. 12

Arbeitsplatzsubvention und innovative Entgeltgestaltung
Arnd Schwendy

Der Mangel an sinnvoller Beschäftigung (und damit der Mangel an Status, Tagesstrukturierung und sozialen Kontakten am Arbeitsplatz) belastet nicht nur psychisch Kranke schwer, sondern viele Personen, die wegen gesundheitlichen Einschränkungen aus dem Arbeitsleben dauerhaft ausgegrenzt sind. Vielerorts müssen die daraus erwachsenen Belastungen durch sozialarbeiterische bzw. psychosoziale Beratung und Begleitung kompensiert werden. Hier muss kritisch gefragt werden, ob es nicht humaner und auch ökonomischer ist, die Bürde des erzwungenen Nichtstuns durch die Bereitstellung sinnvoller Betätigungen zu beseitigen, als durch betreuerischen Aufwand.

Eine befriedigende gesetzliche Regelung für die sehr unterschiedlichen Zielgruppen gibt es bislang nicht. Immerhin bietet aber das Bundessozialhilfegesetz eine Reihe von Möglichkeiten.[1] Nach den dort aufgeführten gesetzlichen Bestimmungen werden auch zunehmend in den Kommunen so genannte »Zuverdienst«-Angebote insbesondere für den Personenkreis der seelisch Behinderten organisiert. Das Instrument der so genannten gemeinnützigen Arbeit für arbeitslose Sozialhilfeempfänger, das von vielen eher als Abwehrinstrument für angebliche Drückeberger missverstanden wird, gewinnt so, wenn man es fachlich qualifiziert für diesen Personenkreis einsetzt, eine neue Qualität.

Eine sozialgesetzlich befriedigende Lösung steht aus. Es ist zu hoffen, dass sie in der nächsten Legislaturperiode erarbeitet wird. Die jetzt und noch stärker in der nächsten Legislaturperiode auf der Tagesordnung stehenden Bemühungen um eine bessere Integration der Langzeitarbeitslosen in den allgemeinen Arbeitsmarkt (Stichworte: Zusammenführung von Arbeitsämtern und Sozialämtern bzw. von Sozialhilfe und Arbeitslosenhilfe) werden deutlich zeigen: Unter den rund zwei Millionen Langzeitarbeitslosen, die von Sozial- oder Arbeitslosenhilfe leben, befinden sich einige hunderttausend Personen, die wegen ihrer Leistungseinschränkungen trotz intensiver Förderung nicht mehr beruflich eingegliedert werden können

---

1 vgl. dazu den Beitrag von Jutta Hittmeyer in diesem Band

in sozialversicherungspflichtige Beschäftigungsverhältnisse, aber dennoch aus individuellen Gründen dringend die Chance bekommen müssen, sich mit den verbliebenen Kräften produktiv einzubringen. Auch wenn sich ihre Beschäftigung für die betriebswirtschaftlich kalkulierenden (weil dem Wettbewerb ausgesetzten) Unternehmen nicht rechnet, so zahlt er sich doch gesundheits- und gesellschaftspolitisch aus, da dadurch viel Elend verhindert wird: Nichtstun macht krank.

Für die Bezieher von Hilfe zum Lebensunterhalt bzw. der künftigen Grundsicherung (diese erhalten Behinderte, wenn sie dauerhaft nicht mehr als 15 Stunden in der Woche arbeiten können) bietet es sich an, die stundenweise Beschäftigung als Eingliederungshilfe zu gestalten und für jede geleistete Arbeitsstunde einen Mehrbedarf von zwei bis drei Euro zu zahlen, wie das die meisten Kommunen im Bereich der gemeinnützigen Arbeit bereits tun. Ähnliches gilt für den Personenkreis des § 72 BSHG, also für Menschen mit besonderen sozialen Schwierigkeiten. Dort, wo die Voraussetzungen der §§ 39 oder 72 BSHG nicht im Vordergrund stehen bzw. nicht erfüllt sind, hat der Sozialhilfeträger die Möglichkeit, ergänzend zur Hilfe zum Lebensunterhalt bzw. zur Grundsicherung, die gemeinnützige Arbeit als besondere Form der Hilfen zur Arbeit anzubieten. Diese Form macht insbesondere dann noch einen Sinn, wenn sie die Funktion hat, durch einen niederschwelligen Einstieg den Weg zurück ins Erwerbsleben zu ebnen.

Als Anbieter niederschwelliger Arbeiten sollten insbesondere Institutionen gewählt werden, bei denen nicht die Betreuung und Freizeitgestaltung im Vordergrund steht, sondern die Beschäftigung, z.B. Integrationsfirmen bzw. Integrationsprojekte, spezialisierte Tagesstätten oder auch spezialisierte Werkstätten für behinderte Menschen. Es gibt aber auch psychosoziale Kontakt- und Beratungsstellen, denen es mit viel Kreativität gelungen ist, sich niederschwellige Arbeitsprojekte anzugliedern.

Der Leistungsrahmen ist – möglichst in der Systematik des § 93 BSHG – mit den örtlichen Trägern der Sozialhilfe auszuhandeln. In Köln verfolgen wir derzeit das Modell, dass der Sozialhilfeträger sich an den Kosten der Anleitung und der Räumlichkeiten beteiligt, drei Euro als Anwesenheitsprämie als Mehraufwand zahlt, dass aber aus den Erträgen der Arbeit der Träger möglichst viel selbst erwirtschaftet, um das gesamte Angebot möglichst kostengünstig zu machen.

Arbeitsplatzsubvention und innovative Entgeltgestaltung

Von einem innovativen Lohnkonzept, beispielsweise der Bündelung von Transferleistung und Beschäftigungserträgen, ist man damit natürlich noch weit entfernt. Vielmehr gibt aber der gesetzliche Rahmen heute nicht her.

Die Zuverdienstmöglichkeiten bei den verschiedenen Berentungsformen sind kompliziert und müssen in jedem Einzelfall sorgfältig abgestimmt werden. Ähnliches gilt für die Empfänger von Arbeitslosengeld und Arbeitslosenhilfe. Auch dieses Beispiel zeigt, wie wichtig es ist, Vorort ein Gremium aus Leistungsträgern und Leistungsanbietern zu haben, um derartige Projekte qualifiziert und rechtssicher zwischen allen Beteiligten zu vereinbaren.

Eine Chance die Finanzierung von Arbeit für behinderte oder erwerbsunfähige Personen, befriedigender zu lösen, ist die möglicherweise in der nächsten Legislaturperiode anstehende Novellierung des Sozialgesetzbuches IX, ggf. in Verbindung mit der geplanten Novellierung des Bundessozialhilfegesetzes. Wie auch immer: Hier gerät etwas in Bewegung, die AKTION PSYCHISCH KRANKE wäre gut beraten, wenn sie die Vielzahl der mit diesen Problemen verbundenen Fragestellungen im Rahmen eines Forschungsprojektes anginge. Dabei sollte sie – wie eingangs schon angedeutet – nicht nur die seelisch behinderten bzw. chronisch psychisch kranken Menschen berücksichtigen, sondern möglicht alle, die widerWillen an den Rand der Arbeitswelt gedrängt wurden und weiter werden.

Arbeitsplatzsubvention und innovative Entgeltgestaltung aus gewerkschaftlicher Sicht

Burkhard von Seggern

Das Sozialrecht und das Arbeitsrecht müssen zusammenwirken, damit auch psychisch behinderte Menschen den Platz im Arbeitsleben bekommen, der ihnen zusteht. Was waren bislang entscheidende Mängel in diesen beiden Regelungsbereichen?

Die Arbeitswelt wird zunehmend exklusiver. Schonbereiche, Nischen, Zuarbeiten, einfachere Tätigkeiten verschwinden, Zusammenarbeitsverhältnisse stehen unter Leistungsstress. Eine arbeitsrechtliche Korrektur, die Menschen mit Leistungsproblemen die Betriebstüren öffnete, gab es nicht. Eine Vielzahl von finanziellen Hilfen, mit denen Arbeitgebern und Arbeitnehmern wenig lukrative Tätigkeiten schmackhaft gemacht werden sollten, entstand:

- Begleitende Hilfe durch die Integrationsämter an Schwerbehinderte und ihnen gleichgestellte Arbeitnehmer. Sie kommen als unbefristete Leistungen in Betracht;
- Eingliederungszuschüsse der Arbeitsämter bei erschwerter Vermittelbarkeit in Höhe von bis zu 50 % des Arbeitsentgelts und für bis zu einem Jahr, höher und länger bei Schwerbehinderung, Langzeitarbeitslosigkeit und höherem Alter;
- Zuschüsse der Sozialhilfeträger;
- Formen der freien Förderung, etwa in Gestalt der verschiedenen Kombi-Lohn-Modelle;
- Unterschiedliche Fördermodelle der Bundesländer.

Alle Leistungen haben den Mangel, dass kein Rechtsanspruch auf sie besteht. Sie sind nur beschränkt kombinierbar. Die finanziell und zeitlich günstigste Förderform, Zuschüsse bis zu 70 % des Arbeitsentgelts und für bis zu acht Jahren, kommt nur für Schwerbehinderte ab 55 Jahren infrage.

Die Vielfalt der Quellen und der Ermessenscharakter der Leistungen verunsichert Arbeitgeber und unmittelbar Betroffene. Bei den Debatten um das neue SGB IX haben die Gewerkschaften einschneidende Reformen verlangt. Nur zwei unserer Vorschläge sind ins SGB IX übernommen worden. Trotz ihrer verwässerten gesetzlichen Form sehe ich Chancen, die in ihnen stecken:

Arbeitsplatzsubvention und innovative Entgeltgestaltung aus gewerkschaftlicher Sicht

1. Die gemeinsamen Servicestellen sollen für alle Rehabilitationsträger Leistungsansprüche klären und realisieren helfen. Die Leistungen der Sozialhilfeträger sind in dem Beratungs- und Koordinationsanspruch gegenüber diesen Stellen eingeschlossen. Im Prinzip muss also jetzt nur noch eine Anlaufstelle für alle Fragen der Bezuschussung von Arbeitsverhältnissen aufgesucht werden. Servicestellen haben auch mit Arbeitgebern zusammenzuarbeiten, wenn es um die Eingliederung in einem Betrieb geht.
2. Betriebsräte, Schwerbehindertenvertretungen und Personalräte haben nach dem neuen Recht einen Anspruch gegenüber dem Arbeitgeber auf den Abschluss einer Integrationsvereinbarung. Das ist ein Bündel von Verpflichtungen, durch die die Einstellung behinderter Menschen gefördert werden soll. In mehreren hundert Unternehmen und Verwaltungen sind inzwischen solche Vereinbarungen abgeschlossen worden. Viele beschränken sich nicht auf die Integration schwerbehinderter Menschen, sondern fördern auch die Einstellung, die Beschäftigungssicherheit und die berufliche Förderung von Menschen mit niedrigeren Behinderungsgraden.

Wir hoffen mit diesen Vereinbarungen und noch mehr mit ihrer Umsetzung, einen Schub an Kreativität zugunsten der Beschäftigung am Arbeitsmarkt benachteiligter Menschen auszulösen. Es geht dabei vor allem um auf die individuelle Situation von Menschen gut angepasste Schritte:
- Entzerrung von Arbeitsaufgaben, damit ein zu bewältigendes Arbeitspensum entsteht;
- Tandem-Beziehungen, bei denen ein stabiler Kollege einen weniger stabilen unterstützt;
- Anpassung der Arbeitszeit
- oder einfach die Rücksichtnahme auf Schwankungen der Leistungsfähigkeit.

Unsere Arbeitswelt hat sich sehr weit von der Sorgfalt im Umgang mit einzelnen Menschen entfernt. Diese Sorgfalt soll mit den Integrationsvereinbarungen in den Betrieben wieder eingepflanzt werden.
Die erfolgreichste Arbeit bei der Vermittlung belasteter Menschen ist von Institutionen betrieben worden, die es darauf ange-

legt und es verstanden haben, das Potenzial an Humanität, das es fast in jedem Betrieb gibt, zu heben. Dazu müssen Kontakte zu engagierten Menschen im Betrieb aufgebaut werden. Das können Vorgesetzte sein, Personalleiter, Betriebsräte, Personalräte, Schwerbehindertenvertreter. Sie müssen für kontinuierliche Zusammenarbeit bei der Schaffung von Arbeitsmöglichkeiten gewonnen werden. Auf diese Weise entstehen auch außerhalb der Betriebe Anforderungen, die helfen, das Prinzip der Integrationsvereinbarungen zu echtem Leben zu bringen.

Lohn statt Prämie, das lässt sich zuallererst durch ganz normale Beschäftigung zu tariflichen Arbeitsbedingungen erreichen. Jedes Konzept, das Arbeit in Armut fördert, werden die Gewerkschaften immer mit Misstrauen betrachten. Wir halten Lohnkostenzuschüsse und Aufstockungen des Arbeitsentgelts für ein sinnvolles Instrument der Beschäftigungsförderung für psychisch kranke Menschen. Es sollte ein Rechtsanspruch bestehen in allen Fällen, wo ein psychisch kranker Mensch auf solche Leistungen angewiesen ist, um Arbeit zu bekommen. Die Leistungen und ihre Höhe sollten in regelmäßigen Abständen (z.B. jährlich) auf ihre Notwendigkeit hin überprüft werden. Sie sollten aber ohne Höchstdauer geleistet werden können.

Ein besonderes Problem ist die Arbeitsvergütung für Menschen in Werkstätten für Behinderte. 65 Euro Grundbetrag, 26 Euro Arbeitsförderungsgeld und eine vom Arbeitsergebnis der Werkstatt und von der Leistung abhängige Komponente, das führt zu Ergebnissen, die weder zur Arbeit motivieren, noch unabhängig machen von Sozialhilfe. Wir brauchen hier Neuregelungen, die gewährleisten, dass das Arbeitsentgelt reicht, um den Lebensunterhalt zu bestreiten.

Ein trauriges Kapitel sind die Mitwirkungsrechte in den Werkstätten. Die Gewerkschaften hatten verlangt, dass die Werkstatträte einige echte Mitbestimmungsrechte bekommen: Arbeitszeit, Urlaub, Kantinen und Gestaltungsfragen am Arbeitsplatz, diese erschienen uns geeignete Themen zu sein. Das Bundesarbeitsministerium ist vor dem heftigen Druck etlicher Trägerinstitutionen zurückgewichen. Mitbestimmungsrechte am Arbeitsplatz gehören für die Gewerkschaften zu den Grundelementen menschenwürdiger Arbeit. Ich habe an einigen Werkstattratssitzungen teilnehmen können und erlebt: Psychisch behinderte Menschen spielen hier eine aktive und

Arbeitsplatzsubvention und innovative Entgeltgestaltung aus gewerkschaftlicher Sicht

positive Rolle. Mitbestimmungsrechte könnten das Bewusstsein gleichberechtigter Teilhabe und der Partnerschaft in der Werkstatt fördern.

Teilhabe von Menschen mit psychischen Beeinträchtigungen – Sozialpolitische Perspektiven

Podiumsdiskussion

TeilnehmerInnen: Helga Kühn-Mengel, MdB (SPD), Dr. Irmgard Schwaetzer MdB (FDP), Claudia Nolte, MdB (CDU), Klaus Growitsch (Ver.di)
Moderation: Niels Pörksen

Pörksen: Zur Abschlussdiskussion begrüße ich auf dem Podium Frau Kühn-Mengel, behindertenpolitische Sprecherin der SPD-Fraktion und Vertreterin des Behindertenbeauftragten Herrn Haack, Frau Claudia Nolte, behindertenpolitische Sprecherin der CDU-Fraktion, Frau Irmgard Schwaetzer, Mitglied des Ausschusses für Arbeit und Sozialordnung und sozialpolitische Sprecherin der FDP-Fraktion und Herrn Growitsch, Sekretär für Sozialpolitik der Gewerkschaft Ver.di.

Die AKTION PSYCHISCH KRANKE (APK) führt seit zwei Jahren im Auftrage des Bundesarbeitsministeriums ein Projekt zur Analyse der Situation der Menschen mit psychischen Beeinträchtigungen in der Arbeitswelt durch und stellt dabei fest: Bis zu den höchsten Repräsentanten unseres Landes wird die Auffassung geteilt, dass die Teilhabe aller Menschen mit Behinderungen zum Selbstverständnis unserer Gesellschaft gehört. Dessen ungeachtet findet die Teilhabe von Menschen mit psychischen Beeinträchtigungen am Arbeitsleben aber nicht statt. So deutlich muss man das sagen. Dafür gibt es viele Gründe.

Auf dem ersten Arbeitsmarkt sind es weniger als 10 % inkl. der Integrationsfirmen. Im besonderen Arbeitsmarkt, vor allen Dingen in der Werkstatt für behinderte Menschen, sind es nur einige, die daran teilnehmen. Das hat unterschiedliche Gründe. Es hat eine Fülle von Diskussionen und Anregungen gegeben, von Herrn Riester die Bitte zu klären, wie es weitergehen soll mit der Weiterentwicklung, der Umsetzung des SGB IX, der Weiterentwicklung der Reha-Strukturen, auch auf der kommunalen Ebene. Herr Gerster hat darauf hingewiesen, dass es nicht darum gehen kann die Menschen, um die es geht, von Institution zu Institution zu reichen, sondern die Hilfen so zu organisieren, dass sie zu den Einzelnen kommen. Damit liegt Herr Gerster mit seinem Anliegen dem der AKTION PSYCHISCH KRANKE schon sehr nahe.

Die APK hat sich in den letzten Jahren sehr stark mit der personenbezogenen Hilfeplanung in Ablösung der institutionsbezogenen Hilfeplanung beschäftigt. Sie hat festgestellt, dass das psychiatrische Hilfesystem aus Resignation über die Verhältnisse die Hilfeplanung im Arbeitsleben vernachlässigt hat. Es ist diskutiert worden, wie man die Barrieren auf den Arbeitsmärkten überwinden kann, wie man realisieren kann, dass Subventionen vor Sozialhilfe als langfristige Perspektive denkbar ist; wie wir den gesamten Arbeitsmarkt auch für diejenigen, die nicht voll leistungsfähig sind und bleiben, so organisieren können, dass sie trotzdem teilhaben können, weil nichts die Integration in das gesellschaftliche Leben so befördert wie die Teilhabe am Arbeitsleben.

Dazu gehört auch die Frage der Entlohnung. Wir haben heute Morgen von Herrn Andersson aus Schweden gehört, dass in den Werkstätten dort Tariflohn gezahlt wird. Herr Schwendy, der Leiter des Kölner Sozialamtes, ist der Auffassung, dass Zuverdienst und stundenweise Beschäftigung Pflichtleistungen kommunaler Sozialhilfe seien.

Über diese Fragen möchten wir gerne mit Ihnen diskutieren. Wir haben Ihnen die Leitlinien als Diskussionsgrundlage zugesandt. Es handelt sich dabei um erste aus dem Projekt heraus entwickelte Ideen für die zukünftige Weiterentwicklung der Rehabilitation. Ich schlage vor, dass jede/jeder von ihnen auf dem Podium eine kurze Stellungnahme abgibt und das wir daran anschließend die Diskussion eröffnen.

Kühn-Mengel: Sie wissen und da darf ich sicher auch für die Kolleginnen sprechen, dass wir der AKTION PSYCHISCH KRANKE sehr verbunden sind. Wir haben eine enge Zusammenarbeit. Bei den Anhörungen zum SGB IX war die APK gut vertreten. Die APK hat ja mit dafür gesorgt, dass die besonderen Bedürfnisse der seelisch Behinderten oder von seelischer Behinderung bedrohten Menschen zum Beispiel auch in das SGB IX Eingang gefunden haben. Es handelt sich ja um einen Bereich, der noch immer sehr tabuisiert ist, wenn auch die Psychiatrie-Enquête und viele öffentliche Diskussionen dazu beigetragen haben, dass dieses Feld offener behandelt wird.

Teilhabe und Integration sind nicht nur Schlagworte, sondern werden jetzt auch wirklich mit Leben gefüllt. Wir werden die Umsetzung der Gesetze sehr genau verfolgen und uns vor Ort einmischen. Wir haben zum Beispiel die Servicestelle im SGB IX festgeschrieben. Die Reha-Träger an einem Tisch mit den Selbsthilfeinitiativen, auch unter Beteiligung der Frauen, sollen möglichst schnell entscheiden über zeitnahe und individuell passende Maßnahmen.

Wir haben in den vergangenen Jahren eine Reihe von Gesetzen mit dem Ziel verabschiedet, die Lebenssituation und die Teilhabe von Menschen mit Behinderungen zu verbessern. Dazu gehören das Gesetz zur Bekämpfung der Arbeitslosigkeit Schwerbehinderter, das SGB IX und das Bundesgleichstellungsgesetz, das am 01. Mai 2002 in Kraft getreten ist. Durch diese Gesetze zieht sich als roter Faden die Stärkung der ambulanten Versorgung – Reha vor Pflege –, Prävention wird betont und eben die Hilfe, wo immer möglich auch aus einer Hand und wohnortnah.

Wir haben eine Fülle von sinnvollen Maßnahmen der wohnortnahen und individuellen Versorgung in die Gesetze geschrieben, die Teilhabe wirksam befördern sollen, aber die Umsetzung hakt hier und dort sehr. Wir werden uns da einmischen. Wir haben regelmäßige Kontakte auch zum Arbeitsamt und fragen nach den echten Vermittlungen. Es sind zum Beispiel ca. 27.000 schwerbehinderte Menschen mehr vermittelt, aber das ist noch nicht genug. Das Ziel ist ja, bis zum Jahresende 50.000 Vermittlungen auf den Arbeitsmarkt zu erreichen; wir kümmern uns auch um die Servicestellen, die bisher nach meiner Information erst in 120 Städten und Wahlkreisen umgesetzt sind.

Ich weiß selbst noch nicht, ob der Geist dieser Gesetze schon seinen Niederschlag gefunden hat in den örtlichen Umsetzungen, dass sage ich ein bisschen flapsig. Natürlich stellen wir nach wie vor die größten Barrieren in den Köpfen fest. Ich finde die Gesetze gut als Grundlage und Plattform, aber wir müssen jetzt darauf achten, wie dieses Haus, das wir angefangen haben zu bauen, auch wirklich lebendig wird und sich darstellt. Diesen Prozess begleiten wir. Es ist ja ein Novum dieser Gesetzgebung, dass wir die Evaluation, also die Überprüfung, wie die Maßnahmen umgesetzt werden, festgeschrieben haben und da gibt es ja einen Bericht 2004. Wir haben eine Fülle von Daten, aus denen ganz deutlich wird, was jetzt gemacht werden muss. Wir brauchen Netzwerke, Verbindungen, wir brauchen die integrierten Hilfen.

Sie kennen die Daten aus der Arbeitswelt. Aus dem ersten Armuts- und Reichtumsbericht, der vor kurzem im Bundestag behandelt wurde, geht hervor, dass 16,5 % der chronisch psychisch Kranken langzeitarbeitslos, 12 % Sozialhilfeempfänger, 13,9 % Frührentner und über 42 % aus dem Erwerbsleben ausgeschieden waren.

Aus dem Gutachten der Sachverständigen in der Konzertierten Aktion im Gesundheitswesen, die auch zum ersten Mal diesem Bereich Aufmerksamkeit gewidmet haben und im Medikamentenbereich von teilweiser Überversorgung sprechen, aber auch von Fehlversorgung von einer nicht adäquaten Verteilung von Wissen im System. Wir können sagen, das Wissen ist da und es muss umgesetzt werden.

Nicht zuletzt arbeiten wir im Gesundheitsbereich an einem Präventionsgesetz, das spätestens in der nächsten Legislatur auf dem Gesundheitsmarkt sein wird und die Wichtigkeit des vorbeugenden Gesundheitsschutzes und der vorbeugenden Krankheitsbekämpfung deutlich macht und wo ihre Anliegen sicher ebenfalls ihren Niederschlag finden werden.

Schließlich werden wir spätestens in der nächsten Legislatur eine Art Leistungsgesetz, also eine Weiterentwicklung auch der Eingliederungshilfe besprechen müssen. Das sage ich aber nur als Ausblick. Ich denke, wir haben mit den Gesetzgebungen deutlich gemacht, dass Menschen, die chronisch psychisch krank sind, wohnortnah, präventiv Hilfe benötigen – der Präventionsbegriff umfasst ja auch die sekundäre und tertiäre Prävention – und das wir diesen Prozess jetzt gemeinsam gestalten und vor Ort auch immer überprüfen.

Nolte: Als ich Ihre Unterlagen gelesen habe, war ich dankbar für die äußerst hilfreiche Analyse der bestehenden Situation im Rehabilitationsgeschehen, für die Beschreibung des Problemfeldes, das im Moment bei der Teilhabe am Arbeitsleben für psychisch Kranke vor uns liegt und für die konstruktiven und gangbaren Vorschläge, um der betroffenen Gruppe gerecht zu werden. Für jemanden, die sich allgemein mit behindertenpolitischen Fragen seit relativ kurzer Zeit, seit drei, vier Jahren, beschäftigt, ist es sehr wichtig ein so fundiertes Wissen auf den Tisch zu bekommen.

Wir haben sicherlich ein hervorragendes System der Rehabilitation und Eingliederung, das aber für den Personenkreis, für den sie sich besonders engagieren, nicht das erreicht, was wir wollen, nämlich die Eingliederung in erster Linie in den Arbeitsmarkt, gesellschaftliche Teilhabe zu ermöglichen.

Das Entscheidende ist, zu hinterfragen, woran das liegt und wo die Ansatzpunkte zur Veränderung zu finden sind. Teil der Lösung ist sicher die Überlegung, dass immer bei dem einzelnen Betroffenen anzusetzen und zu schauen ist, wie sein persönlicher Hilfebedarf aussieht und wie die Leute zu bekommen sind, um für diesen Hilfebedarf dann auch die adäquaten Hilfen zu realisieren. Ich halte es für ein großes Manko, dass die rehabilitierenden Institutionen sich natürlich ihre Klientel aussuchen und selbstverständlich auch aus ihrer eigenen Warte heraus arbeiten und dass die Beteiligten gegenwärtig wenig koordiniert zusammenarbeiten. Psychisch Kranke sind aber nicht für die Institution gemacht; zwangsläufig ist das, was ihnen angeboten wird nicht passgerecht.

Meine Einschätzung bei den Beratungen zum SGB IX war, dass die Belange psychisch Kranker nicht unbedingt befriedigend ihren Niederschlag darin gefunden haben. Wenn ich mich an die letzte Anhörung erinnere, dann ist das von ihrem Verband, aber auch von anderen Gruppierungen vorgetragen worden. Die Anerkennung psychisch Kranker als Schwerbehinderte bringt erhebliche Schwierigkeiten mit sich. Daraus erwächst eine Stigmatisierung, die eher Barrieren schafft, als das dadurch Zugänge erleichtert werden und Hilfen leichter möglich sind. Ich finde, das ist ein ganz wichtiger Hinweis. Ich denke, dass ganz generell nachgefragt werden muss, ob der Schwerbehindertenbegriff hilfreich ist oder eher Barrieren schafft. Im Besonderen für die Gruppe der psychisch Kranken muss man überlegen, wie Zugänge zum Arbeitsleben geschaffen werden können, ohne dass sie diesen Begriff aufgestempelt bekommen. Ich möchte ihren Hinweis für unsere Fraktion aufnehmen und schauen, wie man dem gerecht werden kann.

Das Sozialgesetzbuch IX hat nicht unbedingt die von uns gewünschte Transparenz erreicht. Eines der großen Anliegen bestand darin, das Rehabilitationsrecht neu zu kodifizieren, damit es für die Betroffenen durchschaubar ist und sie auch alleine Zugang zu den Leistungen finden und wissen, an wen sie sich wenden müssen. Meines Erachtens sind wir darin nicht sehr erfolgreich gewesen. Auch die Servicestellen haben hier ihre Leistungen gar nicht entfalten können, schon allein aus dem Grund, dass sie kaum in Anspruch genommen werden. Die Antwort auf die Frage nach dem Warum ist noch zu geben. Ich denke, wir müssen unsere Hausaufgaben machen bei der Überprüfung des SGB IX. Für unsere Fraktion, aber auch überfraktionell, war es sehr wichtig zu sagen, dass wir nach einigen Jahren eine Evaluation durchführen müssen, um zu klären, was wir eigentlich erreicht haben. Dann sollten wir nüchtern nachschauen, wo wir nicht erfolgreich waren und wo verbessert werden muss.

Ein grundsätzliches Problem sehe ich im Mangel an Arbeitsplätzen, da bin ich vielleicht besonders geprägt durch die Erfahrungen der Region in den neuen Bundesländern, aus der ich herkomme. Das ist natürlich für Menschen, die obendrein auch noch einen erhöhten Unterstützungsbedarf mitbringen außerordentlich schwierig, auch wenn dafür Hilfen zur Verfügung stehen. So ist für einen Arbeitgeber, der sich die Bewerber aussuchen kann, die Vorstellung, sich mit irgendwelchen Institutionen zusammensetzen und beraten zu müssen, wie dem Betroffenen geholfen werden kann, wenig lukrativ. Das ist in meinen Augen ein grundsätzliches und nur schwer zu bewältigendes Problem, Arbeitgeber zu finden, die bereit sind zu sagen: »Ich stelle mich dem und ich will hier auch ganz bewusst ein Zeichen setzen.« Trotzdem darf man nicht nachlassen.

Ein zweites in meinen Augen strukturelles Problem, welches wir derzeit haben, ist, dass die Kosten letztendlich bei den Kommunen abgeladen werden. Die müssen bezahlen, sei es Sozialhilfe, sei es Eingliederungshilfe. Die Kommunen stehen mit dem Rücken zur Wand. Ich denke, es sehr wichtig, Sie haben das in den Leitlinien ja vorgeschlagen, zu schauen, inwieweit man nicht durch andere Leistungsverträge die Kassen in die Pflicht nehmen kann. Die Kommunen werden sicher vor jeder Finanzausweitung zurückschrecken.

Weiter halte ich Ihren Vorschlag für zielführend, die Hilfeplanung zu verbessern: Von Anfang an den Betroffenen einbeziehen und gemeinsam mit allen, die in dieser Hilfeplanung Ansprechpartner sein müssen, diese Hilfeplanung, bei der der Betroffene im Mittelpunkt steht, vornehmen und organisieren. Ich denke, dass manche Dinge dadurch leichter und besser laufen. Ich habe einen ganz konkreten Fall vor Augen: Eine Frau sagt: »Ich brauche eigentlich nur einen Teilzeitjob, aber ich finde nichts und niemand fühlt sich verantwortlich, mir ein Stück weit zu helfen. Ich lebe nun seit einem Jahr von staatlichen Mitteln; dadurch bin ich ja nicht billig für den Staat.« Da sehr viel konzentrierter und koordinierter heranzugehen, um am Ende durch eine bessere Hilfe, eine bessere Integration zu erreichen, würde vielleicht auch nicht teurer werden. Das ist eine erste Einschätzung. Ich erwarte eigentlich und bin neugierig auf Ihre Stellungnahmen, um das in der Politik umzusetzen. Ich bedanke mich für diese Unterstützung unserer Sacharbeit.

Schwaetzer: Ich möchte einleitend noch eines zu meiner Person dazu sagen. Mein Wahlkreis ist seit 1975 Düren. Ich glaube daraus wird verständlich, dass ich in dieser Zeit, in den 80er-Jahren Mitglied der AKTION PSYCHISCH KRANKE geworden bin. Auch im Vorstand habe ich einige Zeit mitgearbeitet. Als sich mein Aufgabengebiet in die Außenpolitik verlagert hat, habe ich zwar meine Mitarbeit in dieser Form eingestellt, aber natürlich nicht mein Interesse und auch nicht meine aktive Begleitung.

Deswegen finde ich in der Thematik ihrer Tagung heute genau das wieder, was wir nun schon seit über 30 Jahren von der AKTION PSYCHISCH KRANKE kennen und auch immer wieder erwarten, nämlich, dass sie vordenkt, dass sie Erfahrungen sammelt und damit der Politik den Weg aufzeigt, der als nächster zu gehen ist, was in dieser konkreten Situation notwendig ist. Das war bei der Psychiatrie-Enquête so, das war bei der Begleitung der Modellregionen so und das hat sich in den letzten Jahren eben auch in den Themen und in den Untersuchungen, die in ihrer Verantwortung gemacht worden sind, immer wieder gezeigt.

Bei Durchsicht des Zwischenberichtes, den Sie hier diskutiert haben, sind mir ein paar Dinge aufgefallen, die ich als Ansatzpunkte zu weiterem Handeln sehe: Wir haben in der Vorbereitung des SGB IX, worauf die beiden Kolleginnen schon hingewiesen haben, alle möglichen Aspekte diskutiert und versucht, möglichst praktikable und akzeptable Regelungen zu schaffen. Aber, ob die Regelungen in allen Fällen tatsächlich auf den Bedarf von psychisch Beeinträchtigten ausgerichtet sind, das muss die Praxis erst erweisen und an einigen Stellen gibt es zumindest sehr berechtigte Zweifel. Ich will zunächst einen Punkt nennen, der sich daraus ableitet, dass psychische Beeinträchtigungen im Zusammenhang mit der Rehabilitation ganz besondere Merkmale aufweisen.

Normalerweise haben wir eine Akutbehandlung, dann vielleicht eine medizinische Rehabilitation und dann kommt eine Rehabilitation ins Arbeitsleben. Das sind Phasen, die sich ganz gut gegeneinander abgrenzen lassen. Bei den psychisch Beeinträchtigten ist aber der Fall gegeben, dass immer wieder, auch während der Rehabilitation, akute Phasen auftreten können. Eine klare Abgrenzung ist hier nicht möglich. Ich möchte gerne von Ihnen erfahren, ob das im SGB IX ausreichend berücksichtigt ist. Ich glaube nicht. Ich möchte aber auch von Ihnen aus der Praxis hören, wie es anders geregelt sein müsste, damit es diesen spezifischen Bedürfnissen angepasst ist.

Es gibt einen zweiten Punkt, von dem ich weiß, dass er auch bei Ihnen diskutiert wird und den ich heute Morgen mit den Kollegen aus der FDP-Fraktion erörtert habe. Wir sind zu der Auffassung gelangt, dass das SGB IX in dem Punkt geändert werden muss: Wenn komplexe Hilfen notwendig sind und möglichst rasch, nämlich zu Beginn der Möglichkeit einer Rehabilitation erbracht werden sollen, dann muss klargestellt sein, dass für diesen Menschen, der nach seiner psychischen Erkrankung wieder in das Arbeitsleben zurückkehrt, eine Person dafür zuständig ist, das alles mit ihm gemeinsam zu regeln; das entspricht der hier diskutierten Vorstellung die persönliche Arbeitsassistenz, die das SGB IX für Schwerbehinderte vorsieht, auch Menschen mit psychischen Beeinträchtigungen zugänglich zu machen.

Der Zwischenbericht macht deutlich, dass es immer wieder daran hängt und hapert, dass nur wenige Arbeitsplätze ohne Probleme und Vorbehalte zur Verfügung gestellt werden. Da ist gegenüber einem Betrieb schon eine Menge Überzeugungsarbeit zu leisten, vor allen Dingen gegenüber dem Betriebsleiter und dem Geschäftsführer. Ich denke aber, dass es vernünftig sein kann, wenn das wirklich in einer Hand gebündelt wird und sichergestellt ist, dass die Hilfe sofort einsetzt, sobald die Möglichkeit der Rückkehr ins Arbeitsleben möglich erscheint.

Diese persönliche Arbeitsassistenz, die wird nach dem SGB IX ja nur möglich, wenn jemand anerkannter Schwerbehinderter ist. Nun sagen aber alle, die mit psychisch Beeinträchtigten zu tun haben, dass die anerkannte Schwerbehinderung in deren Fall nicht sinnvoll ist. Das ist nun der spezielle Punkt, wo man sagen muss: »Gut, dann lasst uns definieren, welche Kriterien erfüllt sein müssen, damit jemand mit einer psychischen Beeinträchtigung tatsächlich nach § 33 VIII 3 SGB IX auch Zugriff hat.« Dann müssen wir das Gesetz entsprechend ändern.

Ein weiterer Punkt: Die Frage des Lohnes, der leistungsgerechten Entlohnung, die Sie hier diskutiert haben, halte ich für ganz wichtig. Wir sollten wirklich sehr ernsthaft diskutieren, was eine leistungsgerechte Entlohung ist und uns für diese Fälle spezielle Kombilohn-Konzepte erarbeiten und dann möglichst auch umsetzen. Herr Schwendy hat aus der in all diesen Fragen offensichtlich besonders innovativen Stadt Köln vorgetragen, was Sie sich vorstellen könnten. Wir sollten diesen Punkt in den nächsten Monaten vertiefen.

Letzter Punkt: Ich habe nicht den Eindruck, dass wir auf der organisatorischen Ebene regional wirklich schon die Voraussetzung geschaffen haben, um ein optimales Zusammenwirken der Möglichkeiten für die Unterstützung psychisch beeinträchtigter Menschen und ihrer Angehörigen zu realisieren. Das ist ein Punkt, der meines Erachtens noch weiter erörtert werden sollte. Ich hoffe, dass das in den weiteren Untersuchungen gemacht wird, die jetzt im Zuge des Auftrages des BMA durchgeführt werden können und das wir noch konkrete Vorschläge von Ihnen bekommen, wie das dann noch umzusetzen ist, damit tatsächlich in einer Region die Angebote so ineinander greifen, dass sie auch optimal zugänglich sind.

Das sind meine bisherigen Überlegungen zu diesem Bereich und ich würde mich freuen, wenn Sie uns die Anregungen geben könnten, die notwendig sind, damit wir die richtigen Entscheidungen treffen, um zu einer Weiterentwicklung zu gelangen.

Growitsch: Es mangelt überhaupt an Arbeitsplätzen und, was ich ergänzen möchte, es mangelt auch an Erfahrung in der Zusammenarbeit mit schwerbehinderten, insbesondere psychisch behinderten Menschen. Appelle nützen da nichts. Aufklärung natürlich. Frau Kühn-Mengel sagte, »die Barriere ist im Kopf« und ich entsinne mich eines Ausspruches von Prof. Fritz Bader, das war der erste Leiter des Weltwirtschaftsinstitutes in Kiel, der sagte mal zu einem anderen Thema, Entwicklungshilfe heißt nicht Land bewässern, Entwicklungshilfe heißt Köpfe bewässern. Und in diesem Sinne müssen wir viel tun und da haben wir und ich auch als Gewerkschafter einen Auftrag.

Jeder Arbeitgeber, jeder künftige Kollege oder jede künftige Kollegin kann sich in begrenztem Maße in körperlich Behinderte hineinversetzen. Man hat sich z.B. irgendwann einmal den Arm gebrochen und weiß, wie das ist mit der eingeschränkten Greiffähigkeit oder man hat sich das Bein gebrochen, verstaucht und weiß, wie es ist mit einer eingeschränkten Gehfähigkeit. Psychische Behinderungen sind den Kolleginnen und Kollegen, die mit einem Menschen mit psychischen Behinderung zusammen arbeiten, im Regelfall sehr fremd. Das heißt: Wenn wir Überzeugungsarbeit leisten wollen, dann muss das nicht nur beim Arbeitgeber erfolgen, sondern auch bei unseren Mitgliedern, den Kolleginnen und Kollegen schwer- und psychisch behinderter Mitarbeiterinnen und Mitarbeiter. Instrumente dazu sind uns an die Hand gegeben. Die Wahlen für die Vertretung der schwerbehinderten Arbeitnehmer stehen jetzt unmittelbar bevor. Hier sollten und werden wir in unsere Programmatik, in unsere Wahlunterlagen Aufklärendes hineinbringen. Wir haben die Integrationsvereinbarung, die im Betrieb, in der Dienststelle diskutiert werden kann, auch in dem Sinne, »was kann ich konkret vor Ort machen.«

An mich werden immer wieder Wünsche nach einer Mustervereinbarung herangetragen. Wir haben in einem Arbeitskreis auf gewerkschaftlicher Ebene, auf Bundesebene gesagt: Damit halten wir uns zurück. Ihr sollt in der Integrationsvereinbarung nicht allgemeine Erklärungen abgeben, die dann auch prompt jeder unterschreibt. Sondern es geht in der Integrationsvereinbarung um das, was vor Ort passiert. In eurem Betrieb, in eurer Dienststelle. Wie könnt ihr zum Ziel, ich erinnere an die 50.000 neuen Jobs, mit einer Integrationsvereinbarung bei euch vor Ort unter euren spezifischen Bedingungen beitragen.

Insofern hat uns das SGB IX, wie ich glaube, gerade für die Eingliederung von Menschen mit psychischen Behinderungen durch die Integrationsfachdienste Hilfestellung gegeben; denn auch die Kolleginnen und Kollegen, die mit psychisch behinderten Menschen, insbesondere den schwer psychisch behinderten Menschen, zusammen arbeiten sollen, sind auf diese Zusammenarbeit einzustimmen. Ich kann das aus eigener Erfahrung in meinem Betrieb – auch die Gewerkschaft ist in diesem Sinne ein Betrieb – berichten. Es ist nicht immer einfach Kolleginnen und Kollegen auf eine psychisch behinderte Mitarbeiterin einzustellen. Dort gilt es viel Aufklärung und persönliche Beratung zu leisten. Ich bin froh, dass wir die Integrationsfachdienste haben.

Den von Ihnen aufgestellten Leitlinien stimme ich zu. Ich möchte, insbesondere da wir Vertreterinnen dreier Fraktionen anwesend haben, auf ein Problem hinweisen, was hier nicht im Vordergrund steht, aber natürlich auch wichtig ist: Die Aufrechterhaltung der medizinischen Versorgung zu angemessenen Beiträgen. Wir kennen alle die allgemeine Kritik an unserem Gesundheitswesen. Ich will das nur in den Worten von Professor Friedrich-Wilhelm Schwarz wiederholen. Wir bezahlen einen Mercedes und fahren einen Golf. Wir wollen aber auch was sehen für unser Geld. Ich sehe bestimmte Gefahren in Überlegungen zu Grund- und Wahlleistungen. Wenn ich mir vergegenwärtige, dass jetzt im SGB IX steht, »Die Leistungen der Krankenversicherung sind ausreichend und zweckmäßig, sie dürfen das Maß des Notwendigen nicht überschreiten.«, dann bedeutet dies doch im Grunde, dass wir rechtlich gesehen eine Formulierung von Grundleistungen haben. Wenn ich dann hier irgendetwas abschneide, schneide ich vom Notwendigen ab und daraus erwächst das Problem, das Notwendige selbst kaufen zu müssen.

Pörksen: Herzlichen Dank. Ich möchte jetzt das Publikum in die Diskussion einbeziehen. Herr Lehmann.

Lehmann: Ich möchte gerne einmal das Stichwort Transparenz aufgreifen. Das ist ja vorhin gekommen und ist ja eines der großen Probleme. Es ist im 4. Behindertenbericht dargestellt worden und in der Begründung zum SGB IX spielte das ja auch eine wichtige Rolle. Ich bitte und schlage vor, dass über vier Punkte noch einmal nachgedacht wird, um die Transparenz zu erhöhen.

Da ist zum Ersten die Dominanz der Einzelleistungsgesetze bzw. des Leistungsbestimmungsrechts der einzelnen Sozialleistungsträger, da gibt es Unverträglichkeiten.

Zum Zweiten gibt es die ungeklärte Frage, wer denn politisch den Hut dafür aufbekommt, dass es eine angemessene, auch berufliche rehabilitative Versorgung in der Region gibt?

Zur Transparenz würde meines Erachtens drittens auch die klare Definition beitragen, auf welcher fachlichen Ebene und mit welcher fachlichen Kompetenz, wo und von wem der Bedarf an Rehabilitation festgestellt wird? Das ist in der Praxis unklar. Auch denke ich, dass die Vorleistungsverpflichtungen so erfolgen soll, dass die betreffenden Menschen rechtzeitig jene Hilfen in Anspruch nehmen können, die sie benötigen. Das ist ebenfalls nicht gewährleistet.

Schließlich stellt sich viertens die Frage, wie jemand Begleitung am Arbeitsplatz erhält. und wie die rechtzeitige Inanspruchnahme differenzierter Hilfen gewährleistet wird; auch dies ist nicht geregelt. Ich glaube, dass es einer klaren Zuschreibung, einer klaren Struktur, einer klaren Verantwortlichkeit ermangelt, das, was wir haben in einer vernünftigeren Weise zu organisieren. Das muss inhaltlich weiter diskutiert werden. Diese vier Punkte wollte ich, da die Fortschreibung angesprochen ist, einbringen.

Pörksen: Ich gehe davon aus, dass Sie einverstanden sind, wenn wir zunächst einige Wortmeldungen sammeln. Zunächst Herr Kunze, dann Herr Mecklenburg, Herr Senner.

Kunze: Ich setze fort beim SGB IX, in dem einige sehr weitreichende Ziele formuliert und Versprechungen gemacht werden. Von verschiedenen Seiten wird aber auch Kritik geübt, die auch in den Fragen von Herrn Lehmann zum Ausdruck kam. Ein Novum dieses Gesetzes ist die »eingebaute« Überprüfung. Damit wird eine neue Gesetzeskultur etabliert.

Dazu lautet meine konkrete Frage: Wie soll das umgesetzt werden? Werden die Gärtner selber befragt? Formuliert jeder der Leistungsträger und der -erbringer eine Selbstdarstellung oder wird die Zielerreichung des Gesetzes von neutraler Seite überprüft? Wer formuliert die relevanten Fragen und wie kann überprüft werden, ob den besonderen Belangen psychisch behinderter Menschen gemäß § 10 SGB IX in den verschiedenen Sparten auch wirklich Rechnung getragen wird. Welche Vorstellungen gibt es dazu?

Mecklenburg: Es scheint etwas nicht zu funktionieren, auch nicht – ich bin in diesen Gesetzen ja nicht so bewandert – mit dem SGB IX, dass nur erträglich kurze Zeit vergeht zwischen dem Zeitpunkt, wo die Hilfe notwendig ist und jenem, an dem sie dann tatsächlich geleistet wird. Dies ist nach wie vor unerträglich, gerade vor dem Hintergrund, dass finanzielle Erwägungen dabei keine Rolle spielen. Ich sage Ihnen, wenn wir einen Klienten haben und der ist bei der BfA versichert, dann gibt es Riesengeschrei und wir richten uns alle, zum Schaden der Klienten, auf ein halbes bis dreiviertel Jahr Wartezeit ein. Da ist einer bereit, hoch motiviert und möchte jetzt eigentlich einsteigen, aber weil das wegen der Bearbeitungszeiten beim Leistungsträger nicht geht, wird er unter Umständen nach Ablauf eines dreiviertel Jahres wieder krank.

Senner: Ich möchte auf eine nach meiner Einschätzung kritische Regelung im SGB IX hinweisen. Dort ist eine Beschäftigungsuntergrenze von 15 Stunden in der Woche eingeführt worden, ab der Menschen Leistungen zur Teilhabe am Arbeitsleben erhalten können. Das heißt: Menschen, deren Leistungsvermögen nicht für eine Beschäftigung von mindestens 15 Stunden in der Woche ausreicht, gehören damit nicht zu den Anspruchsberechtigten für Leistungen des Sozialgesetzbuches IX. Das ist hochproblematisch und ich denke, dass damit ein großer Teil der Arbeit anstrebenden Menschen mit einer psychischen Behinderung – in der Fachwelt wird von 30–40 Prozent ausgegangen – gar nicht in dieses System hinein kommt.

Wir hatten schon bessere Regelungen im so genannten »Zuverdienst«, wonach auch Menschen auf anderen Ebenen Zugang zu Arbeit finden konnten; die sind jetzt nicht mehr förderbar, womit ein sehr großer Personenkreis ausgeschlossen wird. Da muss meines Erachtens unbedingt eine neue Regelung her oder diese 15-Stunden-Regelung muss irgendwie aufgeweicht werden.

Frau Nolte, Sie sprachen ja das Problem an, dass es gerade in den neuen Bundesländern so schwierig ist, Arbeitsplätze zu finden, um Menschen mit psychischen Beeinträchtigungen zu integrieren. Ich möchte auf ein Beispiel aus Sachsen hinweisen. Dort sind durch das hohe Engagement des Integrationssamtes in den letzten zwei oder drei Jahren ca. 25 neue Betriebe gegründet worden; Integrationsfirmen, die einen hohen Beschäftigungsgrad behinderter Menschen realisieren. Das zeigt, dass schon viel möglich ist, wenn eine gewisse positive Grundhaltung da ist.

Das Problem ist allerdings, dass auch durch das SGB IX eine Fülle von neuen Leistungen durch die Ausgleichsabgabe abzudecken wären, die aus den begrenzten Mitteln nicht finanzierbar sind. Die Aufteilung der Ausgleichsabgabe wird zu überdenken sein, in der Richtung, dass der Ausgleichfond, der vom Bund verwaltet wird, etwas abgespeckt wird zu Gunsten der Mittel, die dann den Ländern zur Verfügung gestellt werden können, so dass zum Beispiel auch Integrationsfirmen gerade in den Gebieten gegründet werden können, die sehr strukturschwach sind und sonst keine Arbeitsmöglichkeiten anbieten können, wo auch die Integrationsfachdienste nichts helfen können.

Schwaetzer: Die Wortmeldungen haben ja alle gezeigt, wo es in der Praxis nicht funktioniert. Dabei ist mir bei dem, was Herr Mecklenburg gesagt hat, ein Problem wieder begegnet, über das wir schon vor zwanzig Jahren diskutiert haben. Wir haben gedacht, mit der Formulierung im SGB IX, dass der zuerst angesprochene Leistungsträger vorfinanzieren muss, eine bessere Regelung gefunden zu haben. Nun entnehme ich Ihren Worten, dass das nach wie vor nicht wirklich funktioniert. Dies muss ein Ansatzpunkt für Bundesregierung und Oppositionsfraktionen sein, mit den betroffenen Trägern, die eigentlich in Vorleistung gehen müssen, zu reden, um ihnen ihre Verantwortung klarzumachen. Ihr Bericht macht ja eines ganz klar: Wenn Motivierte abgeschreckt werden, einfach weil Monate lang nichts passiert, weil keine Einigung erreicht wird, dann können und wollen wir uns das nicht leisten. Das ist finanziell, vor allem aber menschlich nicht akzeptabel.

Ich sehe im Moment nicht, was wir gesetzlich anderes regeln könnten, aber ich habe die herzliche Bitte – ich werde das im Ausschuss für Arbeit und Sozialordnung auch ansprechen –, dass das auch über die Regierungsfraktionen an den Bundesarbeitsminister herangetragen wird. Damit das, gerade in Bezug auf die psychisch beeinträchtigten Menschen, noch einmal klargestellt wird.

Die Überprüfung der Umsetzung des SGB IX, Herr Kunze, ist natürlich eine Frage mit der sich die Ausschüsse des Deutschen Bundestages in der nächsten Legislaturperiode beschäftigen müssen. Selbstverständlich wird es Vorgaben geben, auch an den Bundesarbeitsminister, wie und von wem die Überprüfung begleitet wird und mit welchen Fragestellungen. Das Parlament wird sich wie in der Vergangenheit der sachkundigen Unterstützung versichern. Und diese sachkundige Unterstützung sitzt natürlich hier und deswegen habe ich überhaupt keinen Zweifel daran, dass Sie mit ihrem Sachverstand selbstverständlich in die Vorbereitung dieser Überprüfung einbezogen werden, wenn Sie nicht gar den Auftrag erhalten, diese Überprüfung vorzunehmen.

Die berufliche Eingliederung ab 15 Wochenstunden, Herr Senner, das ist in der Tat ein Punkt, an dem zu überlegen ist, ob das Gesetz noch einmal geändert werden muss. Zu ihren Fragen zur regionalen Organisation, Herr Lehmann: Wenn ich Ihren Zwischenbericht richtig gelesen habe, hapert es zum einen an der Klarheit in der regionalen Zuständigkeit. Es hapert zum anderen am quantitativen Angebot wohnortnaher beruflicher Rehabilitationen für psychisch beeinträchtigte Menschen. Hier habe ich die Bitte an Sie, dass Sie uns Vorschläge machen, wie man das wirklich besser machen kann.

Nolte: Den Ausführungen von Frau Schwaetzer ist wenig hinzuzufügen. Transparenz zu schaffen, wenn man an die Einzelgesetze nicht rangeht, das war für mich in der Beratung des SGB IX eines der Hauptprobleme. Wir haben zwar versucht, das zu steuern durch die Verpflichtung der Reha-Träger, Empfehlungsvereinbarungen zu verabschieden, aber in weiten Teilen ist es bis heute noch nicht erfolgt. Man hat sich früher nicht einigen können und man einigt sich immer noch nicht, trotz der gesetzlichen Vorgaben. Das ist in meinen Augen schon ein Problem. Auf der anderen Seite habe ich auch gemerkt, was für ein furchtbar schwieriges Unterfangen es ist, an diese einzelnen Träger heranzugehen und sie anzutasten.

Alleine die Debatte um die Servicestellen war schon sehr beeindruckend und aufschlussreich und hat mir deutlich gemacht, vor welchem Berg wir stehen, um ganz generell Strukturen zu verändern. Ich teile die Einschätzung, dass wir ohne Harmonisierung in den einzelnen Leistungsgesetzen nicht erfolgreich sein werden. Wir müssen zu einer besseren Abstimmung kommen.

Was die Zuständigkeit anbelangt, wer den Hut auf hat, das nehme ich zur Kenntnis, das muss man sich genau anschauen. Wir sehen ja in verschiedenen Politikbereichen, die Notwendigkeit zu koordinieren, vor Ort etwas zusammen zu fassen. Der einzige Bereich, in dem das einigermaßen gut strukturiert ist, ist der Jugendhilfebereich. Durch das Kinder- und Jugendhilfegesetz hat man eine ganz klare Struktur für Jugendhilfeplanung und fertig. Aber im Bereich der Altenarbeit, der Seniorenarbeit kriegen wir das schon nicht hin. Da haben wir eigentlich einen ähnlichen Bedarf und in solchen speziellen Fällen ist das gleichsam schwieriger.

Zur Evaluation sage ich ganz klar, Herr Kunze: Eine Überprüfung derart, dass wir uns selbst befragen, wie gut wir waren, können wir uns schenken. In der Einsicht in die Notwendigkeit haben wir uns bemüht das Sozialgesetzbuch IX in großer Übereinstimmung zu verabschieden. Ich denke, die AKTION PSYCHISCH KRANKE steht gerade auch dafür, dass es fern von Parteienstreit und sonstigen Dingen hier wirklich um die Sache selbst geht und deswegen werden wir alle, egal wer wie in Verantwortung steht, selbstverständlich Experten beauftragen, die aus der Sicht der Betroffenen das System prüfen und sich genau ansehen, was sich wirklich für die Betroffenen verändert hat. Denn für die haben wir das SGB IX gemacht. Nicht für Kassen oder Institutionen. Da werden wir dranbleiben müssen.

Mich würde schon interessieren, was die eigentlichen Beweggründe der BfA dafür sind, ihre Versicherten solange warten zu lassen. Für die wird es ja dadurch nicht billiger. Das wäre aufzuarbeiten. Wenn man Beispiele hat für die Schnelligkeit, die Bürgernähe, die Nähe zu den Versicherten, dann beschleunigt das vielleicht die Debatte um die Struktur der BfA und der Landesversicherungsanstalten. Das halte ich schon für einen wichtigen Punkt. Das ist nicht die Intention des Gesetzgebers. Und wenn jemand sagt, er erfüllt alle Qualitätskriterien, die an eine Behörde gestellt werden, dann muss man ihn darauf festnageln.

Letzter Punkt, den ich noch ansprechen wollte: Integrationsfirmen. Wir haben auch in Thüringen, wo ich zu Hause bin, in den letzten Jahren in dem Bereich Beschäftigungsstellen für psychisch Kranke neu geschaffen, auch aus der Kenntnis heraus, dass es eine sehr unbefriedigende Situation für psychisch Kranke ist, in Werkstätten für behinderte Menschen beschäftigt zu sein. Viele Träger sind inzwischen soweit und schaffen andere Beschäftigungsmöglichkeiten und externe Arbeitsstellen für psychisch Kranke. Ich glaube, da hat sich schon eine Menge entwickelt, auch aus der Kenntnis heraus, dass psychisch Kranke auf dem freien Arbeitsmarkt so schnell nichts finden werden.

Die Verteilung der Ausgleichsabgabe können wir uns noch einmal daraufhin ansehen, inwieweit sie den Bedürfnissen gerecht wird, wo die Gelder hingehen. Ich denke, dass die Regionalbezogenheit erfolgversprechender, zielführender ist, weil man die Bedarfe vor Ort viel besser kennt. Trotzdem ist es auf Dauer eben auch schwierig, Integration nur über staatlich geförderte Beschäftigungsstellen herstellen zu wollen, weil man dann auch nur unter sich ist. Wenn wir Integration erreichen wollen, ist es natürlich immer das Optimum, wenn sie in einem normalen Unternehmen stattfindet.

Kühn-Mengel: Ich habe 25 Jahre lang die Erfahrung gemacht wie wichtig Vernetzung ist. Da kannten wir das Wort noch gar nicht und wir haben immer wieder versucht uns gegenseitig besser zu informieren, fallorientiert und auf die individuellen Bedürfnisse zugeschnitten. Daher weiß ich, wie schwerfällig manchmal auch die Systeme sind.

Wir haben es beim SGB IX mit einem Gesetzgebungswerk zu tun, das sieben grundverschiedene Sozialleistungsbereiche zusammenfügt; die zum Teil beitragsfinanziert, zum Teil steuerfinanziert sind. Es ist also wirklich nicht so einfach. Mit Sicherheit steht aber auch hier eine Harmonisierung an, das wird sicherlich eine Aufgabe bleiben. Wir haben deshalb ja auch diese Servicestellen gegründet und die sind von Ort zu Ort ganz unterschiedlich umgesetzt und mit Leben gefüllt. Ich muss das wirklich sagen. Da gibt es beeindruckende Beispiele. Es gibt solche, da wird mit der Selbstverwaltung schon sehr gut kooperiert und woanders kennt man den Begriff noch gar nicht.

Ich habe eingangs gesagt, wir müssen wirklich als Politik auch zum Arbeitsamt, zu den verschiedenen Einrichtungen gehen. Wir müssen bei den Kreisen Anfragen stellen, wir müssen zu den mittelständischen Unternehmen gehen und für Verständnis werben. Der Integrationsfachdienst hat die Aufgabe vorbereitende Gespräche nicht nur mit den Arbeitgebern, sondern auch mit zukünftigen Kolleginnen und Kollegen zu führen. Wir müssen das alles ein wenig anschieben und durch Anfragen aus- und bewerten. Es ist noch nicht soweit, dass wir das alles neu schreiben müssen, vielmehr sehe ich uns in einem Umsetzungsprozess für den ich ebenso werbe wie für seine Begleitung und Gestaltung. Die Einzelfälle werden ja auch an uns herangetragen, deshalb weiß ich, dass es wirklich kooperative Unternehmen gibt und solche, die sofort die Tür zu machen. Es gibt wirklich in diesem Bereich alles.

Ich habe vorhin nur mit einem Wort das Job-AQTIV-Gesetz erwähnt. Ich glaube, Herr Growitsch hat das auch angesprochen. Das bietet auch noch viele Möglichkeiten für maßgeschneiderte Angebote, es ist nämlich entgegen vieler Vorurteile kein Gesetzeswerk, das Arbeitsbeschaffungen am besten noch kurz vor der Wahl regeln soll, sondern wirklich ein sehr vielfältig zu nutzendes Instrument Menschen mit spezifischen Bedürfnissen zu helfen. Das ist eine meiner Antworten auch auf diese Frage zur 15-Wochenstunden Problematik oder zum Zuverdienst. Wir müssen einfach auch überall nachfragen, habt ihr das genutzt und es gibt jenes noch, da sind wir alle Multiplikatoren und Multiplikatorinnen.

Das System ist nicht besonders transparent. Wir haben gehofft, dass die Servicestellen auch dabei helfen, das zu erleichtern und ich bin immer noch zuversichtlich, dass es auch geschehen wird. Das betrifft z.B. auch die persönlichen Budgets. Ich weiß nicht, ob bei Ihnen hiervon die Rede war, sie werden noch viel zu wenig genutzt. Das liegt vielleicht auch an den Trägern und ihren Interessen. Auch da muss kritisch hingesehen werden.

Zur Evaluation, zur Bewertung dieser Gesetzgebung bis 2004: Die soll natürlich wissenschaftlich begleitet werden und es kann überhaupt nicht so sein, dass die Leute, die selber befangen sind, hier ihre Arbeit bewerten. Im Übrigen verfolgt das Bundesministerium für Arbeit mit uns gemeinsam schon den Umsetzungsprozess. Wir hatten zum Beispiel jetzt auch eine Klärung bei dem Begriff der »Komplexleistung«.

In der Frühförderung fühlten sich ja plötzlich die kommunalen Träger nicht mehr zuständig, da hatten wir schon eine unterschiedliche Auswirkung. Ja, aber das hat sich ja jetzt geklärt und ist auf dem Weg. Das hat zum Beispiel auch die Politik gemeinsam mit dem Ministerium befördert. Das Ministerium hat auch gesagt: »Im Zweifelsfall machen wir eine Rechtsverordnung.« Es gibt also eine Reihe von Instrumenten, die wir bei der Umsetzung der Gesetze noch nutzen können und insofern ist es auch wichtig, dass Sie uns immer wieder vortragen, wo es hakt. Wir nehmen das mit und bringen das ein.

Growitsch: Die Gewerkschaften treiben über ihre Mitarbeit in der Bundesarbeitsgemeinschaft für Rehabilitation die Träger an, gerade die fachliche Kompetenz zügig voranzubringen. Es gab dort schon sehr schnell nach Verabschiedung des SGB IX die ersten Entwürfe für die Schulungsmaßnahmen der Mitarbeiter in den Servicestellen. Die Frage von Kompetenz und Casemanagement wurden dort aufgegriffen und in Modellversuchen sind sie schon vor vier Jahren gelaufen. Die Gewerkschaften treiben das voran und die in der BAR auch vertretenen Arbeitgeber, fallen uns nicht in den Rücken.

Zweite Anmerkung zu den Ausführungen von Herrn Senner, der sich dafür einsetzte, dass die Mittel der Ausgleichsabgabe mehr an die Integrationsämter vor Ort vergeben werden, damit auch Integrationsfirmen mehr gefördert werden können. Wir standen bei der Formulierung des SGB IX vor dem Problem der Verteilung der Ausgleichsabgabe. Ich muss darauf hinweisen, dass das Geld, das dann an die Integrationsämter ginge, natürlich der Bundesanstalt für Arbeit und damit auch den Regionen für die Eingliederung in den ersten Arbeitmarkt fehlen würde. Das ist ein Nullsummenspiel, mehr Geld ist nicht da.

N.N. 1: Mir fehlt hier was und zwar ist ja diese ganze Veranstaltung getragen worden von den Institutionen, die sich im Laufe der Zeit gebildet haben. Ich möchte das Beispiel Kirche einbringen. Die Diakonie hat etwa 450.000 Mitarbeiter und warum kann man denn nicht psychisch Kranke im sozialen Bereich einsetzen, anstatt in Werkstätten für behinderte Menschen und sie auch als Sozialarbeiter bezahlen. Ich spreche über psychisch Kranke, die relativ stabil sind, die sich im Griff haben und gut ausgebildet sind und aufgrund ihrer Erfahrung in der Psychiatrie wertvolle Arbeit leisten könnten. Ich denke, das wäre eine christliche Aufgabe.

N.N. 2: Herr Growitsch, ich möchte auf Ihr Eingangsstatement eingehen und etwas ergänzen, verbunden mit einigen Vorschlägen: Sie haben gesagt, dass Arbeitsplätze fehlen. Die tariflichen und gesetzlichen Rahmenbedingungen müssen geschaffen werden, die das Interesse der Unternehmen wecken. Zum Beispiel durch eine Erhöhung der Entgeltgrenze bei geringfügigen Beschäftigungsverhältnissen oder durch Lockerung des Kündigungsschutzes. Darüber hinaus wäre ein gut durchdachtes, tarifliches Entgeltsystem für Menschen mit Behinderungen zu schaffen. Weiter sollten Menschen mit psychischen Beeinträchtigungen ohne Schwerbehindertenausweis gleichgestellt werden. Dies alles sollte aber noch unterstützt werden durch einen stärkeren Dialog mit Arbeitgebern.

Pörksen: Danke schön. Jetzt Herr Holler. Dann Herr Hallwachs, Herr Schwendy.

Holler: Ich möchte gerne einen weiteren Aspekt einbringen, der hier noch nicht beleuchtet worden ist. In Niedersachsen haben wir gute Erfahrungen mit den Rehabilitationseinrichtungen für psychisch

Kranken, den RPK, gemacht. Da findet eine Vernetzung der Leistungen der Krankenkasse als medizinische Rehabilitation mit den beruflich-rehabilitativen Leistungen des Arbeitsamtes bzw. des Rentenversicherungsträgers statt. Bislang ist das Schicksal der Menschen davon abhängig, wie weit die medizinische Rehabilitation gelungen ist, damit Prognosen mit Blick auf die Zukunftsfähigkeit auf dem Arbeitsmarkt vorgenommen werden können. Daher denke ich, verdient die medizinische Rehabilitation in diesem Zusammenhang auch hohe Aufmerksamkeit.

Hallwachs: Mir geht ein Satz nach, der mehrmals in der Eingangsrunde zitiert worden ist: »Teilhabe psychisch beeinträchtigter Menschen am Arbeitsleben findet nicht oder kaum statt«. Das ist ein Satz, der sich zweifelsohne auf schwer und chronisch psychisch kranke Menschen bezieht. Darauf liegt ja auch der Fokus dieser Veranstaltung. Was für diese Personengruppe gefordert wird – und auch so im Zwischenbericht steht –, das wird ja schon seit langen Jahren gefordert und ist zweifelsohne ein Dauerthema. Ich möchte darauf hinweisen, dass natürlich von den schwer und chronisch psychisch kranken Menschen bis zu denjenigen, die nie psychisch erkrankt sind, die Übergänge fließend sind.

Ich möchte nicht wissen, wie viele Leute jeden Tag mit einer schweren oder mittelschweren oder erheblichen Angstsymptomatik, um nicht zu sagen Neurose, an die Arbeit gehen und die leisten, mit eigener Kraft, mit eigener Energie, ohne Unterstützung, ohne Hilfe, ohne wer weiß was alles. Ich denke, das sind sehr viele Menschen. Was mich veranlasst, hier ums Wort zu bitten, ist der »mittlere Bereich«, in dem Rehabilitationseinrichtungen durchaus Vermittlungserfolge erzielen und auch über längere Zeiten »nachhaltige« Vermittlung stattfindet. Die liegen zwischen 40 und 80 teilweise 90 Prozent, das muss man einfach sagen. Wenn es allgemein heißt »psychisch Beeinträchtigte«, dann muss man auch diese Personen sehen und nicht nur die schwer und chronisch psychisch kranken Menschen. Natürlich muss man auch sagen, dass die Forderungen, die für diese Personengruppe erhoben werden, auch für andere schwer und chronisch kranke Menschen gelten.

Pörksen: Sie haben sicher recht Herr Hallwachs. Wir haben auf dieser Veranstaltung keine Sonderwege für die Psychiatrie gefordert. Wir haben im Gegenteil darauf hingewiesen, dass die spezifischen Bedürfnisse derjenigen berücksichtigt werden müssen, die einen komplexen Hilfebedarf haben. Die Lösung kann natürlich nicht in einem Sonderweg für psychisch Kranke bestehen. Nun Herr Schwendy.

Schwendy: Für mein Empfinden kriegt die Abschlussveranstaltung einen etwas zu depressiven und auf Bewilligungsfristen eingeschränkten Charakter. Wenn wir beklagen, dass wir in Deutschland uns in einem Gesetzesgestrüpp gegenseitig erwürgen, kommen wir nicht einen Schritt weiter. Wir müssen, statt politisch zu klagen, juristisch einklagen. Wir haben alle unsere Erfolge in Köln nur erstritten, weil zwei große Trägern, die mit allen juristischen Wassern gewachsen sind, bereit waren, den juristischen Weg zu gehen. Wir haben eine gut ausgebaute Verwaltungsgerichtsbarkeit, soweit es die öffentliche Hand betrifft und eine Sozialgerichtsbarkeit, soweit es das Sozialversicherungssystem betrifft. Beide stehen in unserer Republik wirklich nicht unter Verdacht, dass sie nicht kunden- oder bürgerfreundlich genug sind. Ganz im Gegenteil. Es dauert nur; genau dies ist der Weg, dass habe ich ja auch im Symposium gesagt: Wenn ich dem Kämmerer sage, »Guck mal hier, 23 Klageschriften, dass kostet dich 20 Millionen Mark, wenn du meine Regulierung für 2 Millionen Mark machst, sparst du 18«, dann habe ich eine andere Verhandlungsgrundlage, als wenn diese Klagen nicht kommen oder stattdessen irgendwelche Appelle. Es geht hier um einklagbare Rechte!

Nun sind im SGB IX, Knut Lehmann hat das ja genannt, ein Haufen von hübschen Geschichten: Man soll sich vor Ort treffen und nett zueinander sein. Aber wer soll denn das einklagen? Wer soll mich denn verklagen, dass ich das tue? Das Verfahrensrecht hingegen, das seine Krönung in den Servicestellen findet, das ist natürlich einklagbar. Da muss innerhalb ganz kurzer Fristen festgelegt werden, wer den schwarzen Peter kriegt. Und da wäre ich jetzt mal nicht so pessimistisch. Wer von der Servicestelle auf Platz 2 gesetzt wird, der hat den schwarzen Peter und muss für einen anderen Leistungsträger vorleisten.

In Köln sehen wir uns das jetzt noch drei Wochen an. Hier gibt es drei Servicestellen, die sich inzwischen installiert haben, eine von der LVA, da machen wir auch mit, vier Wochen später auch von der Bundesversicherungsanstalt, als hätten die keinen Personalmangel und jetzt noch irgendeine Krankenkasse. Die sind ja schlau, weil sie natürlich wissen, wer so eine Regiestelle hat, der bestimmt über Platz 2. Sie kennen das Spiel: Auf Platz 1 sage ich: »Na ja, war ein Autounfall im Betrieb, da ist die Berufsgenossenschaft zuständig.« Sagt die: »Nö, der war besoffen und für so was ist das Sozialamt zuständig«, schon haben wir das Ding am Bein. Also werden wir jetzt selbst eine Servicestelle aufmachen, anders geht es auch nicht mehr. Denn die armen Leute, die zuständig sind, also Kostenträger, Behördenmensch oder Versicherungsträger stehen ja unter einer völligen double-bind, das macht ja verrückt.

Die Politik, die hier sitzt und wohltätige Gesetze verkündet, sagt woanders, im Bündnis für Arbeit z.B. runter mit den Lohnnebenkosten und den Steuerlasten. Jede Versicherung hat heute ein Budget, auch Sozialämter schon, als wären wir private Betriebe. Ich kenne Krankenkassen-Direktoren, denen konnte man früher beim Bier sagen, »Ach, lass uns mal was für die armen Kinder tun und dann zahlen wir die Hälfte und ihr die Hälfte und jeder erzählt in seinen Aufsichtsgremien, dass wir die Hälfte sparen.« Das geht jetzt nicht mehr. Die selben Leute kriegen jetzt 1/5 ihrer Gehälter erfolgsabhängig. Da hat sich unglaublich viel verschoben und in diesem unglaublich verhärteten Kampf müssen wir natürlich auch mit ähnlichen Bandagen kämpfen und da ist der Rechtsweg nicht der Schlechteste. Also, wir müssen an der Ecke mehr drauf tun. Es geht nicht nur über »Seid nett zueinander!« und fachliche Appelle, es geht um knallharte Interessenwahrnehmung.

Pörksen: Ich will daran erinnern: Wir sind hier keine Veranstaltung zum Jammern auf hohem Niveau. Dazu haben wir uns nicht getroffen, das wäre Zeitverschwendung. Wir haben gesagt, die Teilhabe am Arbeitsleben ist für psychisch Behinderte nicht realisiert und wir brauchen einen nächsten Schritt in der Psychiatriereform, damit nicht alles Geld in andere Bereiche fließt, sondern das wir ein bisschen umschichten. Wir sind uns, glaube ich, einig darin, dass das so im SGB IX nicht gemeint ist, dass jeder sich eine Servicestelle einrichtet, damit er den anderen in die Verantwortung zwingen kann.

Kühn-Mengel: Herr Schwendy, das sagen die Juristen natürlich auch immer: »Nicht Jammern, klagen.« Wir haben beispielsweise im Bundesgleichstellungsgesetz auch das Verbandsklagerecht. Das muss man noch mal als ganz wichtiges Instrument herausstellen, dass ein

Verband eben auch die Interessen einzelner vertreten und einfordern kann und das ist ja auch neu und Sie haben in dem Punkt völlig recht, dass es manchmal einfach um eine Forderung geht, die auf diesem Weg umgesetzt werden kann. Aber so weit sind wir noch nicht. Ich bin der Meinung, dass wir bei der Umsetzung vor Ort, jeder und jede, die hier sitzt, eine Verpflichtung haben, den Prozess sehr aufmerksam zu verfolgen, nicht nur passiv verfolgen, sondern auch aktiv mitgestalten.

Lehmann: Ich verstehe die Schilderung des sozialrechtlichen Wahnsinns. Aber warum sollen wir fünf Jahre warten, bis das vor dem Bundessozialgericht durchgeklagt ist. Möglicherweise haben wir inzwischen verschiedene, jeweils unterschiedlich ausgefallene Oberlandesgerichtsurteile. Wenn wir jetzt schon absehen können, dass bestimmte Dinge besser und anders geregelt werden sollten, damit gerade diese Abgrenzungsprobleme und damit die Regulierungswut sich etwas reduziert, sollten wir uns nicht auf den Klageweg zurückziehen.

Zum Ersten: Wieso machen wir, die örtlichen und überörtlichen Sozialhilfeträger, nicht eine Arbeitsgemeinschaft nach SGB IX, da können die Kommunen mit rein und können sich intern verabreden wer die Federführung übernimmt. Dann übernehmen wir die Vorleistungsverpflichtung und den bestimmten fachlichen Standard und dann sind eine Reihe der Probleme, die im Moment hier diskutiert werden, erst mal gelöst. Zum Zweiten bin ich der Meinung, dass Transparenz dazu gehört. Wir brauchen Benchmarking, wir brauchen eine Sozialberichterstattung, die auch öffentlich ist, wir brauchen Ergebnisqualität, dann haben wir eine Grundlage über die Sinnhaftigkeit, über Verschwendung, Volkswagen oder Mercedes, miteinander zu diskutieren. Im Moment reden wir über die Wirklichkeit mit gleichen Begriffen, aber unterschiedlichen Inhalten. Das kann man ein Stückchen verbessern. Fachlichkeit, klare Struktur und Dokumentation. Das wären drei Elemente, um das deutlich zu verbessern.

N.N. 3: Ich möchte in dieser Diskussion gern dafür werben, die Schnittstelle Akutversorgung und Rehabilitation nicht zu vergessen. Ich habe im Moment den Eindruck, dass das ein bisschen durcheinander gerät. Wir müssen einfach sehen, dass die Liegezeiten der

Patienten in den Akutkliniken immer kürzer werden und die Kollegen dort unter sehr großem Druck stehen. Diese Schnittstelle führt gegenwärtig dazu, dass viele Dinge, die man in der Akutversorgung bereits anbahnen könnte, gar nicht mehr bedacht werden. Das möchte ich gerne mitgeben.

N.N. 4: Ich finde, dass jeder auch eine ganze Menge tun könnte, ohne Gesetze und ohne Finanzen hin und her zu schieben, wenn es darum geht, Menschen mit psychischen Beeinträchtigungen Teilhabe am Arbeitsleben zu ermöglichen. Wenn man nur an seinem eigenen Arbeitsumfeld genau hinsieht, dass man Kollegen, die offensichtlich eine psychische Beeinträchtigungen haben, unterstützt und dass ein Arbeitskollektiv diese Kollegen wirklich über eine bestimmte Zeit mitträgt.

Pörksen: Ich kann aufgrund der vorgeschrittenen Zeit leider keine Wortbeiträge mehr berücksichtigen und bitte das Podium um die Schlussworte.

Kühn-Mengel: Es gibt sicher noch eine Reihe von Punkten. Ich habe manches sicher nicht kommentiert, aber dass, was Sie uns heute mitgegeben haben, wird an vielen Stellen noch einmal eingebracht, darauf können Sie sich verlassen und da werden wir auch noch einmal nachfragen zu gegebener Zeit.

Nolte: Es ist Ihnen zu bescheinigen, dass Sie inhaltlich eine große Koalition erreicht haben. Ich denke, dass uns die Anregungen in der nächsten Zeit in unserer Arbeit begleiten, bestimmen werden und, ich kann für mich sagen, für meine Fraktion, dass wir diese Anregung aufnehmen werden. Ich wünsche mir, dass wir in Kontakt bleiben, damit auch notfalls anstehende Novellierungen, bzw. das In-Gang-bringen der Umsetzung, wo wir vielleicht das eine oder andere auch noch fördern können, mithilfe Ihrer Unterstützung erfolgreich vorgenommen wird.

Schwaetzer: Ich finde es bemerkenswert, dass hier auch die Bedeutung der arbeitsrechtlichen Rahmenbedingungen für die Beschäftigung von psychisch Beeinträchtigten angesprochen worden ist. Ich denke, dass man ohne Vorurteile, ganz praktisch überlegen sollte, wie das am besten zu gestalten ist. Ich finde die Anregung wichtig, dass Institutionen, die öffentlich sind oder quasi öffentlich, Vorbildfunktionen haben sollten. Angesprochen worden ist es direkt mit den Kirchen. Ich habe einleitend gesagt, dass ich aus Düren komme, einer Stadt, die nun wirklich viele Jahrzehnte nicht immer in einem positiven Spannungsverhältnis mit den psychiatrischen Einrichtungen dort stand. Da hat es positive und negative Dinge gegeben.

Es ist festzustellen, dass die Erfahrung auch in den Betrieben weitergegeben wird, wie wichtig es ist, ganz bestimmte Leistungen psychisch beeinträchtigter Menschen zu integrieren und zu würdigen. Die Arbeitsplatzsituation ist sicherlich in Städten, die eine lange Erfahrung haben, ein bisschen positiver einzuschätzen, als in manchen anderen, wenn auch längst nicht ausreichend, das ist überhaupt keine Frage. Ich finde aber ganz wichtig, dass auch wir selbst werben für die Wahrnehmung einer solchen Vorbildfunktion in den Betrieben, in den Verwaltungen und in den Kirchen.

Growitsch: Gewerkschaften sind nicht nur in der Streittaktik flexibel. Ich nehme einiges mit von dem, was hier gesagt worden ist. Teilhabe am Arbeitsleben sollte am besten auf sozialversicherungspflichtigen Arbeitsplätzen stattfinden. Das war die eine Anmerkung, die ich zu den Anregungen machen will. Ein tarifliches Entgeltsystem für Behinderte ist derzeit wohl nicht denkbar. Was uns aber klar ist, dass Gedanken in Bezug auf Kombilohn, auf Minderleistungsausgleich und –entgelt kombiniert werden müssen und dass das unschädlich für Tarifverträge durchgeführt werden muss. Das nehme ich gerne mit.

Ein letztes Wort, sozusagen als Körperbehinderter: Der Schwerbehindertenausweis war für mich auch ein Stück Annahme meiner Behinderung. Dieser Ausweis drückte aus: »Das bist du. Du kannst nicht mehr jede Straßenbahn kriegen und du kannst bestimmte Dinge nicht mehr machen.« Ich glaube, dass die Annahme des Ausweises auch ein Stück weit Bewältigung der Behinderung bedeutete. Ich wollte Ihnen das bei Ihren Überlegungen zu bedenken geben, wenn Sie sagen, dass vieles auch ohne Ausweis gehen muss.

Pörksen: Herzlichen Dank, Frau Kühn-Mengel, Frau Nolte, Frau Schwaetzer, Herr Growitsch. Ich möchte zum Ende der Veranstaltung die Gelegenheit wahrnehmen, allen denen zu danken, die dafür gesorgt haben, dass der Ablauf hier so gut gelungen ist. Ich möchte dem Bundesminister für Arbeit und Sozialordnung dafür danken, dass er dieses Projekt begonnen hat, dass er uns in der Tagung unterstützt hat und dass er die Bereitschaft gezeigt hat, all die Anregungen und Diskussionen, die wir hier geführt haben, konstruktiv mitzunehmen. Eins ist deutlich geworden bei dieser Tagung: Nicht depressive Stimmung herrscht vor, sondern Einsicht in die Notwendigkeit, in diesem Bereich einen Teil der Psychiatriereform nachzuholen, den wir bisher vernachlässigt haben und das betrifft alle. Keiner kann sagen, »ich bin nicht zuständig«. Man kann immer auf die anderen zeigen, aber man muss auf jeden Fall auf sich selbst zeigen in der Weiterentwicklung. Sei es in der Hilfeplanung oder in der Hilfegewährung, in der Koordination, in der Steuerung und in vielen anderen Dingen. Wir haben gute Gründe nach Hause zu fahren und die Arbeit anzupacken. Ich bedanke mich ganz herzlich bei dem Podium für die fundierte sozialpolitische Diskussion, mit der unsere Veranstaltung einen guten Abschluss gefunden hat.

»Bestandsaufnahme zur Rehabilitation psychisch Kranker« – Eine Zusammenfassung[1]

Niels Pörksen, Karl-Ernst Brill, Bernd Jäger, Christian Gredig

Auftrag und Zielsetzung des Projekts

Im Mittelpunkt des Vorhabens stehen die berufliche Rehabilitation und die Eingliederung von Menschen mit psychischen Beeinträchtigungen, wofür Leitlinien und Empfehlungen erarbeitet werden sollen, die zugleich als Grundlage für die Bewertung des gegenwärtigen Systems dienen können.

Anstoß für die Durchführung des Projekts war, dass das gegenwärtige Rehabilitationssystem insgesamt unübersichtlich und intransparent, regional sehr unterschiedlich entwickelt ist und Lücken aufweist. Es fehlt eine umfassende Bestandsaufnahme, die ein Gesamtbild der vorhandenen Angebote einschließlich deren Struktur und Arbeitsweise gibt, die Maßnahmen zur beruflichen Rehabilitation und zur Eingliederung im Kontext mit weiteren im Einzelfall erforderlichen Leistungen zur medizinischen Rehabilitation, Krankenbehandlung und sozialen Eingliederung betrachtet und als Grundlage für Empfehlungen zur strukturellen Weiterentwicklung dienen kann.

Als Leitfrage wurde für das Projekt formuliert: Wie muss berufliche Rehabilitation und Eingliederung organisiert sein, damit sie den besonderen Bedürfnissen seelisch behinderter oder von einer solchen Behinderung bedrohter Menschen Rechnung trägt?

Vorgehen und Arbeitsweise

Zur Durchführung des Projektes wurde eine Expertenkommission gebildet, die sich aus einem Beirat und einer aus diesem Kreis hervorgegangenen Arbeitsgruppe zusammensetzt und durch wissen-

---

1 Der vorliegende Text basiert auf der Kurzfassung des Zwischenberichtes, der für den Tagungsband 29 geringfügig bearbeitet wurde. Die Langfassung kann unter www.psychiatrie.de/apk im PDF-Format heruntergeladen werden.

»Bestandsaufnahme zur Rehabilitation psychisch Kranker«
– Eine Zusammenfassung

schaftliche Mitarbeiter unterstützt wird. Dem Beirat gehören Fachleute aus allen relevanten Bereichen der beruflichen Rehabilitation (Praxis, Forschung, Leistungsträger) sowie Vertretern der Selbsthilfevereine, der Psychiatrie-Erfahrenen und der Angehörigen psychisch Kranker an.[2]

Das Tätigkeitsspektrum der beratenden Expertinnen und Experten trägt der Komplexität des Themas Rechnung. Durch die Einbeziehung der unterschiedlichen beteiligten Handlungsebenen soll ein abgestimmtes Vorgehen im Forschungsvorhaben gewährleistet sowie die Möglichkeit zu einer zügigen praktischen Umsetzung der Ergebnisse eröffnet werden.

---

[2] Mitglieder der Arbeitsgruppe: Dr. N. Pörksen, Projektleiter, Bielefeld; K.-E. Bril, Projektkoordinator, Bonn; C. Gredig, Projektmitarbeiter, Bonn; B. Jäger, Wissenschaftlicher Projektmitarbeiter, Bonn; C. Haerlin, BTZ Berufliche Bildung Köln GmbH, Köln; Prof. Dr. H. Kunze, Klinik für Psychiatrie und Psychotherapie Merxhausen, Bad Emstal; P. Larbig, Bundesministerium für Arbeit und Sozialordnung, Bonn; K. Lehmann, Landesamt für Versorgung und Soziales des Landes Sachsen-Anhalt, Halle; Dr. H. Mecklenburg, Kreiskrankenhaus Gummersbach GmbH; PD Dr. C. Petrich, Bundesministerium für Arbeit und Sozialordnung, Bonn; J. Pohl, Klinik für Psychiatrie und Psychotherapie Merxhausen, Bad Emstal; G. Seibold, ERPEKA Nürnberg gGmbH; A. Senner, Bundesarbeitsgemeinschaft Integrationsfirmen, Berlin
Mitglieder des Beirates: Dr. P. Beule, Landschaftsverband Westfalen-Lippe – Integrationsamt, Münster; Dr. A. Brockmann, Bundesministerium für Gesundheit, Bonn; A. Döring, Bochum; E. Eusterholz, Verband der Angestellten Krankenkassen e.V., Siegburg; Dr. U. Gerke, Bundesarbeitsgemeinschaft für Rehabilitation, Frankfurt/M.; J. Hallinger, Berufsbildungswerk Abensberg; H. Kirchner, Arkade e.V. Ravensburg; Prof. Dr. P. Kruckenberg, Zentralkrankenhaus Bremen-Ost, Bremen; R. Kucharski, Wiesbaden; H. Langenheim, Verband Deutscher Rentenversicherungsträger, Frankfurt/M.; PD Dr. G. Längle, Universitätsklinikum Tübingen; U. Laschet, Sozialverband VdK Deutschland, Bonn; K. Laupichler, Herbrechtingen; J. Lempert, v. Bodelschwinghsche Anstalten Bethel, Bielefeld; A. Placzko, Berufsförderungswerk Friedehorst, Bremen; Dr. T. Reker, Westfälische Klinik für Psychiatrie und Psychotherapie, Münster; H.D. Schilson, Landesarbeitsamt NRW, Düsseldorf; R.-M. Seelhorst, Barsinghausen; Dr. B. Vieten, Westfälisches Zentrum für Psychiatrie u. Psychotherapie, Paderborn; P. Weber, Wennigsen; Prof. Dr. W. Weig, Nds. Landeskrankenhaus Osnabrück; Dr. B. Wittmund, Universitätsklinikum Leipzig;

In Anbetracht der Vielzahl von Einrichtungen und Diensten und der bestehenden Unterschiede auch bei gleich bezeichneten Angeboten ist eine detaillierte Bestandsaufnahme des gesamten Rehabilitationsgeschehens in der Bundesrepublik im Rahmen dieses Projektes weder leistbar noch sinnvoll. Es würde eine umfangreiche Sammlung mit quantitativen Daten entstehen, die aber kaum Rückschlüsse auf die Qualität des Angebotes ermöglicht. Bei der Rehabilitation von Menschen mit psychischen Beeinträchtigungen ist von entscheidender Bedeutung, dass die im Einzelfall erforderlichen Hilfen wohnortnah verfügbar sind und entsprechend den Erfordernissen des Einzelfalls abgestimmt erbracht werden. Vor diesem Hintergrund beschränkte sich die Arbeitsgruppe bei der Konkretisierung der Vorgehensweise auf folgende Schwerpunkte:

- Die Entwicklung und Diskussion von Strukturanforderungen und Qualitätskriterien in Form von Leitlinien.
- Die Durchführung von Regionalerhebungen, um exemplarisch die verfügbaren Hilfeangebote und das rehabilitative Geschehen sowie die Arbeits- und Beschäftigungssituation von Menschen mit psychischen Beeinträchtigungen in ausgewählten Regionen zu erfassen.
- Die Bestandsaufnahme der Situation in der Bundesrepublik, bei der eine Beschränkung auf die Ermittlung, Zusammenstellung und Auswertung bereits routinemäßig erhobener Daten sowie die Auswertung von aktuellen Studien vorgenommen wurde.

In dieser Zielsetzung erfolgte im Rahmen des Projekts auch eine Kooperation mit anderen Vorhaben, unter anderem mit dem im Auftrag der Bundesanstalt für Arbeit in Köln durchgeführten Projekt »Wege in die berufliche Integration psychisch Kranker und Behinderter«.

Der Zwischenbericht

Der vorliegende Zwischenbericht enthält auf der Grundlage der Bestandsaufnahme einschließlich der Regionalerhebungen
- eine zusammenfassende Übersicht zu zentralen Strukturproblemen;
- grundsätzliche Überlegungen zur Teilhabe von Menschen mit psychischen Beeinträchtigungen am Arbeitsleben einschließlich

der Darstellung von Anstößen und Anforderungen an die Weiterentwicklung zu einer personenzentrierten, den besonderen Bedürfnissen dieses Personenkreises Rechnung tragenden Organisation und Ausgestaltung von Hilfen sowie vor diesem Hintergrund formulierte
- Leitlinien zur Weiterentwicklung.[3]

Im Zuge der weiteren Bearbeitung werden die Daten zum Rehabilitationsgeschehen teilweise noch zu ergänzen und wird vor allem eine systematische Analyse und Bewertung zu leisten sein. Ein wichtiger Beurteilungsmaßstab werden dabei die in den Leitlinien zur Teilhabe am Arbeitsleben für Menschen mit psychischen Beeinträchtigungen genannten Kriterien und Anforderungen bilden.

Die hier im Entwurf vorliegenden Leitlinien bilden zugleich den »roten Faden« für die Tagung, die im Rahmen des Projekts vorbereitet wurde und bei der am 13. und 14. Mai 2002 die ersten Ergebnisse des Projekts einer breiteren Öffentlichkeit vorgestellt wurden. Ziel war, nicht nur den Bedarf an struktureller Weiterentwicklung des Systems deutlich zu machen, sondern vor allem auch über die hierzu erforderlichen Schritte und Umorientierungen zu informieren und Lösungsansätze zur Diskussion zu stellen.

Die Ausgangslage

Etwa ein Drittel der Bevölkerung leidet im Lauf seines Lebens an einer psychischen Störung unterschiedlichen Schweregrades und unterschiedlicher Dauer. Das Projekt »Bestandsaufnahme zur Rehabilitation psychisch Kranker« beschränkt sich auf Personen mit eher schweren und chronisch verlaufenden psychischen Erkrankungen. Es handelt sich dabei um denjenigen Personenkreis, der oft im An-

---

[3] Die Ergebnisse und Materialien sind im Anhang der Langfassung des Zwischenberichtes enthalten. Anhang A enthält zusammenfassende Übersichten zu psychischen Störungen, Verlaufsformen und fachlichen Standards, die bei Behandlung, Rehabilitation und Teilhabe am Arbeitsleben zu berücksichtigen sind, zu rechtlichen Rahmenbedingungen und ihrer Ausgestaltung, zu bestehenden Einrichtungen und Diensten und zur Lebenslage chronisch psychisch kranker Menschen. Anhang B enthält die Regionalberichte zu den Angeboten und der Situation in den Regionen Halle, Kassel (Land und Stadt) sowie Oberbergischer Kreis

schluss an eine Akutbehandlung Rehabilitationsleistungen (Leistungen zur medizinischen Rehabilitation und zur Teilhabe am Arbeitsleben) benötigt. Unter diagnostischen Aspekten handelt es sich hierbei insbesondere um Personen mit Schizophrenien, Depressionen, neurotischen Störungen und Persönlichkeitsstörungen. Solche vergleichsweise schweren Verläufe und ein hieraus resultierender längerfristiger Bedarf an Leistungen zur Krankenbehandlung sowie ggf. zur Rehabilitation und Teilhabe tritt bei etwa 3–5 % der Bevölkerung im Laufe des Lebens auf.

Unter Bezugnahme auf die jährliche Rate der Neuerkrankungen (Inzidenz) und die Dauer der Erkrankung/Behinderung ist davon auszugehen, dass aktuell etwa 400.000 bis 500.000 Menschen im erwerbsfähigen Alter in Deutschland von einer chronisch verlaufenden psychischen Erkrankung betroffen sind und längerfristig, je nach den individuellen Erfordernissen, Leistungen zur Krankenbehandlung, Rehabilitation und Teilhabe benötigen.

Entscheidend für das richtige Verständnis der Bedürfnisse von Menschen mit psychischen Beeinträchtigungen [4] bei der Behandlung und Rehabilitation sind die Unterschiede im Krankheitsverlauf gegenüber somatisch kranken bzw. behinderten Personengruppen. Bei Personen z.B. nach Schlaganfall oder Herzinfarkt erfolgt eine zeitlich begrenzte Akutbehandlung, an die sich eine medizinische und ggf. berufliche Rehabilitation anschließt. Akutbehandlung und Rehabilitation lassen sich hier in ihrer zeitlichen Abfolge grundsätzlich voneinander trennen. Vergleichsweise unproblematisch ist deshalb die Finanzierung der Akutbehandlung durch die Krankenversicherung und die Finanzierung der Rehabilitation durch die zuständigen Rehabilitationsträger.

Kennzeichnend für die besonderen Bedürfnisse von Menschen mit psychischen Beeinträchtigungen ist, dass es auch während der Rehabilitationsmaßnahme nahezu regelhaft zum Auftreten akuter

---

4 In diesem Bericht wird der Begriff der Beeinträchtigung synonym zu der Definition der Behinderung im SGB IX verwendet: Menschen sind behindert, wenn ihre körperliche Funktion, geistige Fähigkeit oder seelische Gesundheit mit hoher Wahrscheinlichkeit länger als sechs Monate von dem für das Lebensalter typischen Zustand abweichen und daher ihre Teilhabe am Leben in der Gesellschaft beeinträchtigt ist. Sie sind von Behinderung bedroht, wenn die Beeinträchtigung zu erwarten ist.« (§ 2 Abs. 1 SGB IX)

»Bestandsaufnahme zur Rehabilitation psychisch Kranker«
– Eine Zusammenfassung

Krankheitssymptome unterschiedlicher Dauer kommt. Rückschritte bei bereits erzielten Rehabilitationserfolgen sind jederzeit möglich und treten bei der Mehrzahl der Rehabilitanden auf. Eine strenge zeitliche Trennung von Akutbehandlung und Rehabilitation ist deshalb nicht möglich; vielmehr sind medizinische Behandlung und Rehabilitation in unterschiedlichem Ausmaß miteinander verflochten. Eine erfolgreiche Wiedereingliederung hängt letztlich davon ab, dass das reibungslose Zusammenwirken von Akutbehandlung und Rehabilitation für einen vergleichsweise langen Zeitraum gewährleistet wird.

Dieser Anforderung wird das gegenwärtig bestehende und vor dem Hintergrund der Leistungszuständigkeiten im gegliederten System der sozialen Sicherheit entwickelte Hilfesystem nur völlig unzureichend gerecht: Die Bestandsaufnahme wie auch die Regionalerhebungen ergaben, dass es insgesamt eine Vielzahl von Angeboten gibt, die auf den ersten Blick den Eindruck eines entwickelten und differenzierten Hilfesystems vermitteln. Bei näherer Betrachtung werden jedoch schnell Mängel und Defizite deutlich, wie sie das nachstehende Fallbeispiel exemplarisch illustriert

Fallbeispiel

Herr M. 24, Jahre, Laborangestellter, erkrankt im Januar 2000 erstmals an einer akuten schizophrenen Störung, wird in einer Psychiatrischen Klinik behandelt und kehrt im April 2000 wieder auf seinen Arbeitsplatz zurück. Zum Jahresende wird das Arbeitsverhältnis aus betriebsbedingten Gründen gekündigt. Kurze Zeit später, im März 2001 erkrankt Herr M erneut und wird wieder in die Psychiatrische Klinik aufgenommen. Während der Krankenhausbehandlung nutzt er das arbeitstherapeutische Angebot, das aber primär der Stabilisierung dient und berufspezifische Kenntnisse und Erfahrungen unberücksichtigt lässt. Auch für den Sozialdienst des Krankenhauses sind die berufsspezifischen Erfahrungen und Perspektiven von Herrn M. wiederum nur von anamnestischer Bedeutung, da seitens der Klinik weder berufsbezogene Trainingsmaßnahmen noch klinikübergreifende, unterstützende Maßnahmen vorgesehen sind.

Da bereits während der Krankenhausbehandlung deutlich wird, dass im Anschluss eine weitergehende medizinische und berufliche Rehabilitation notwendig wird, stellt der zuständige Sozialarbeiter einen Antrag auf medizinische Rehabilitation bei dem Rentenversicherungsträger. Bei der

konkreten Suche nach einem Platz in einer Rehabilitationseinrichtung (RPK oder Übergangseinrichtung) ergibt sich das Problem, dass es ein Angebot in Wohnortnähe nicht gibt. Für die Aufnahme in die nächstgelegene, etwa 80 km entfernte Übergangseinrichtung mit entsprechendem Angebot wäre es notwendig, dass der Patient seine Wohnung aufgibt und für die Zeit der Behandlung in der Einrichtung wohnt. Zudem ergibt die Nachfrage bei der Einrichtung, dass mit einem freien Platz frühestens in einem Jahr zu rechnen ist. Der Patient lehnt die mögliche Perspektive einer Rehabilitationsmaßnahme in dieser Einrichtung ab, da er weder seine Wohnung, noch den Kontakt zu seinen Bekannten verlieren will. Die Beratung bei der örtlichen Servicestelle des Rentenversicherungsträger endet mit einem ähnlichen Ergebnis. Dort wird ihm ein Aufenthalt in einer süddeutschen Rehabilitationsklinik empfohlen.

Auf der weiteren Suche nach Möglichkeiten, einen Weg zurück in Arbeit und Beschäftigung zu finden, wendet sich der Patient noch während seines Klinikaufenthaltes an das örtliche Arbeitsamt. Der Reha-Berater kann ihm zwar über die rechtlichen Bestimmungen und allgemeinen Angebote der beruflichen Rehabilitation Auskunft geben, aber auf Fragen nach einer speziellen Hilfe für ihn als psychisch kranken Menschen (mit dem Wunsch in seinen alten Beruf zurückzukehren) lediglich auf ein Berufstrainingszentrum in etwa 100 km Entfernung verweisen.

Nach zehn Wochen wird Herr M., der zuletzt tagesklinisch behandelt wurde (auch auf Grund des von der Prüfung des Medizinischen Dienstes der Krankenversicherung ausgehenden Drucks), aus der Klinik entlassen, da Krankenhausbehandlungsbedürftigkeit nicht mehr besteht. Da es in Wohnortnähe keine Angebote zur medizinischen Rehabilitation gibt, Herr M. aber neben der ambulanten fachärztlichen Behandlung begleitende Unterstützung benötigt, wird ihm die Inanspruchnahme des Betreuten Wohnens nahe gelegt. Herr M. willigt ein, da er in seiner Wohnung verbleiben kann. Die Mitarbeiter des Betreuten Wohnens sehen sich aber nicht in der Lage, den Wunsch von Herrn M. nach Rückkehr in seinen alten Beruf nachhaltig zu unterstützen. Sie verweisen ihn auf das Arbeitsamt und kennen ansonsten nur als einziges wohnortnahes Angebot die Werkstatt für behinderte Menschen.

Auf Anregung eines früheren Mitpatienten schaut er sich die örtliche WfbM an. Er kann sich aber nicht vorstellen, dort zu arbeiten, da er hier nicht in seinem früheren Arbeitsgebiet tätig werden kann und nur unter behinderten Menschen arbeiten würde. Die Perspektive eines geringen Arbeitsentgelts, wie es in der WfbM gezahlt wird, verbunden mit der Aus-

sicht zur Sicherung seines Lebensunterhaltes zum Sozialamt gehen zu müssen, ist für ihn indiskutabel. Mittlerweile ist Herr M. seit neun Monaten aus der Klinik entlassen. Er hat nach wie vor den Wunsch in seinem alten Beruf weiterzuarbeiten, ggf. auch nur in Teilzeit. Niemand hat ihm bisher weiterhelfen können, und mit jedem weiteren Monat »nutzlosen Herumsitzens«, sinken seine Hoffnung und sein Selbstbewusstsein. Bei einem seiner letzten Besuche im Arbeitsamt hat ihm der Reha-Berater vorgeschlagen, einen Schwerbehindertenausweis zu beantragen. Herr M., der zwar einsieht, dass er derzeit nicht voll leistungsfähig ist, lehnt diesen Vorschlag ab, da er sich hierdurch nur noch mehr stigmatisiert sieht. Schon die Tatsache, dass ihm dieser Vorschlag gemacht worden ist, beschäftigt ihn sehr und nagt weiter an seinem Selbstbewusstsein.

Zentrale Strukturprobleme im Überblick

- Das System der rehabilitierenden Einrichtungen und Dienste ist gleichermaßen für psychisch beeinträchtigte Menschen, ihre Angehörigen und für Fachleute insgesamt in hohem Maße unübersichtlich. Hinter gleich bezeichneten Einrichtungen und Diensten verbirgt sich ein breites Spektrum unterschiedlicher konkreter Ausgestaltungen, Organisationsstrukturen und konzeptioneller Orientierungen.
- Hinsichtlich der Verfügbarkeit von Hilfeangeboten gibt es erhebliche regionale Unterschiede. Als Beispiel sind die Rehabilitationseinrichtungen für psychisch Kranke (RPK) zu nennen, die nur an wenigen Orten bestehen. In den neuen Bundesländern gibt es nur eine Einrichtung dieser Art, die einen Vertrag mit den Krankenkassen hat. Damit sind die Rahmenbedingungen für eine erfolgreiche Rehabilitation in erheblichem Umfang vom Wohnort des Rehabilitanden abhängig. Notwendig sind grundsätzlich gleiche Rahmenbedingungen für alle Menschen mit psychischen Beeinträchtigungen, unabhängig vom Wohnort.
- Die vor Ort tätigen Rehabilitationseinrichtungen haben jeweils bestimmte Aufnahmevoraussetzungen für die Durchführung einer Rehabilitationsmaßnahme. Diese orientieren sich nicht primär an den Bedürfnissen der Rehabilitanden, sondern am Leistungsprofil der Einrichtung. Dieser »als einrichtungsbezogene Organisation« bezeichnete Ansatz führt zu einer Frag-

mentierung des Rehabilitationsprozesses: Bei einem veränderten Bedarf an Hilfen müssen jeweils andere Einrichtungen und Dienste in Anspruch genommen werden; der damit einhergehende Wechsel von therapeutischen Bezugspersonen und ggf. auch des gewohnten sozialen Umfeldes bedeutet für die Betroffenen jeweils eine zusätzliche Belastung und die Gefahr der Destabilisierung. Notwendig ist es, die Bedürfnisse der Rehabilitanden in den Mittelpunkt zu stellen (personenzentrierter Ansatz) und den Wechsel von therapeutischem Personal soweit wie möglich zu reduzieren.

- Die heute noch vorherrschende einrichtungsbezogene Organisation von Hilfen resultiert auch daraus, dass in den Finanzierungsvereinbarungen mit dem jeweiligen Leistungsträger ein institutionelles Auftrags- und Leistungsangebot geregelt wird. Notwendig ist es, in entsprechenden Vereinbarungen zwischen den Leistungsträgern zu flexiblen Lösungen zu kommen, die den individuellen Hilfebedarf der Rehabilitanden in den Mittelpunkt stellen. Grundsätzlich mögliche Ansätze zu einer integrierten Leistungserbringung, auf der Grundlage der »Empfehlungsvereinbarung über die Zusammenarbeit der Krankenversicherungsträger und der Rentenversicherungsträger sowie der Bundesanstalt für Arbeit bei der Gewährung von Rehabilitationsmaßnahmen in Rehabilitationseinrichtungen für psychisch Kranke und Behinderte« wurden unzureichend umgesetzt und fehlen in den östlichen Bundesländern nahezu durchgängig.

- Bei der psychiatrischen Krankenhausbehandlung ist eine drastische Verkürzung der Dauer von knapp vier Monaten (110 Tagen) Monaten im Jahr 1984 auf gegenwärtig im Mittel drei Wochen zu verzeichnen. Die frühe Entlassung aus dem Krankenhaus ist nicht zuletzt dadurch möglich, dass auf der Basis der Eingliederungshilfe nach dem Bundessozialhilfegesetz ein umfangreiches Angebot stationärer und ambulanter Hilfen finanziert wird. Angebote zur medizinischen Rehabilitation sind nach der Entlassung aus dem Krankenhaus für diesen Personenkreis jedoch so gut wie nicht verfügbar. Die wenigen vorhandenen Einrichtungen können diese Aufgabe nicht ausreichend wahrnehmen. Notwendig ist deshalb ein bedarfgerechter Aufbau medizinischer Rehabilitationsangebote in Ergänzung zu den über die Eingliederungshilfe finanzierten Angeboten.

»Bestandsaufnahme zur Rehabilitation psychisch Kranker« – Eine Zusammenfassung

- Der Zugang von Menschen mit psychischen Beeinträchtigungen zu Leistungen zur Teilhabe am Arbeitsleben scheitert nicht zuletzt an den hohen Zugangsschwellen bei Rehabilitationsleistungen, hier insbesondere an der erforderlichen günstigen Prognose bezüglich der (Wieder-)Erlangung der Erwerbsfähigkeit sowie den hohen Anforderungen an die Belastbarkeit bereits zu Maßnahmebeginn.

- Die Schwerbehinderteneigenschaft beinhaltet für viele Menschen mit psychischen Beeinträchtigungen eine hohe Zugangsschwelle zu Leistungen zur Sicherung eines Arbeitsverhältnisses (von Bedeutung sind insbesondere die begleitende Hilfe und der Minderleistungsausgleich). Die förmliche Anerkennung der Schwerbehinderteneigenschaft wird häufig als Festschreibung bestehender Beeinträchtigungen empfunden und deshalb von vielen Betroffenen abgelehnt. Sie fördert eine resignative Einstellung und ist in vielen Fällen fachlich kontraindiziert.

Die Daten zur Arbeits- und Beschäftigungssituation von Menschen mit psychischen Beeinträchtigungen sind alarmierend: So sind nach dem im Jahr 2001 vorgelegten Armutsbericht der Bundesregierung von den Menschen mit psychischen Erkrankungen insgesamt nur wenig mehr als die Hälfte erwerbstätig (wobei auch die Tätigkeit als Hausfrau zur Erwerbstätigkeit gezählt wurde) oder in Ausbildung und rund 43 % aus dem Erwerbsleben ausgeschieden. Noch dramatischer fällt die »Beschäftigungsbilanz« bei chronisch psychisch erkrankten Menschen aus: Nach den Ergebnissen neuerer Untersuchungen ist davon auszugehen, dass maximal 10 % dieser Personengruppe auf dem allgemeinen Arbeitsmarkt (vollzeit- oder teilzeit-) beschäftigt sind, rund 20 % einen beschützten Arbeitsplatz in einer Werkstatt für behinderte Menschen haben, etwa 5 % Angebote zum beruflichen Training bzw. zur beruflichen Rehabilitation nutzen; Hilfeangebote, die auch Tagesgestaltung und damit Beschäftigungsmöglichkeiten bieten, werden von rund 15 % genutzt. Aber: Die Hälfte aller chronisch psychisch Kranken Menschen ist ohne jegliches Arbeits- oder Beschäftigungsangebot »zur Untätigkeit verurteilt«.

Vor diesem Hintergrund ist es erforderlich, den Zugang von Menschen mit psychischen Beeinträchtigungen zu Arbeit und Beschäftigung neu zu regeln und zu gestalten. Hier geht es insbesondere darum, auch solchen psychisch behinderten Menschen Arbeitsmöglichkeiten zu schaffen, die nur einige Male in der Woche für kurze Zeit arbeiten können oder deren Arbeitsfähigkeit durch einen Krankheitsrückfall wochenweise beeinträchtigt wird (niedrigsschwellige Rehabilitationsangebote).

Grundsätzliche Überlegungen zur Teilhabe von Menschen mit psychischen Beeinträchtigungen am Arbeitsleben

Zur Bedeutung von Arbeit

Die vielschichtige Bedeutung von Arbeit wie auch die sozialen, gesundheitlichen und psychischen Folgen von Arbeitslosigkeit sind in den letzten Jahrzehnten wiederholt untersucht und beschrieben worden [1]. Ein zentraler Aspekt ist, dass die Teilhabe an der Erwerbsarbeitsgesellschaft und das dadurch erzielbare Einkommen die Lebenssituation der Menschen wesentlich bestimmt. Daneben hat die Teilhabe am Arbeitsleben gerade für den Personenkreis der Menschen mit psychischen Beeinträchtigungen große Bedeutung, denn »Arbeit verschafft ein Gefühl von persönlichem Erfolg und persönlicher Sicherheit durch die gelungene Bewältigung von äußeren Anforderungen und die Erfüllung der Erwartungen anderer; eine Möglichkeit, sich in normalen sozialen Rollen (Nicht-Patientenrolle) zu engagieren und somit einer chronischen Krankenrolle entgegenzuwirken; ein leicht identifizierbares Kriterium für Genesung; ein Gefühl für sozialen Status und Identität; soziale Kontakte und Unterstützung; ein Mittel zur Tagesstrukturierung.«[5]

Damit diese Effekte zum Tragen kommen können, ist es von entscheidender Bedeutung, dass die Integration in ein Arbeitsverhältnis gelingt, das den Neigungen und Fähigkeiten des Menschen mit psychischer Beeinträchtigung entspricht und Überforderung ebenso vermeidet wie Unterforderung.[6] Diese Anforderung steht in Über-

---

5 Empfehlungen der Expertenkommission 1988, S. 176 f., in Anlehnung an Bennett, D.: Die Bedeutung der Arbeit für die psychiatrische Rehabilitation. In: Cranach, M., Finzen, A. (Hg.): Sozialpsychiatrische Texte, New York, Heidelberg, Toronto, 1972, S. 68-78 und Shepherd, G.: Institutional Care and Rehabilitation, London 1984

6 Die vor allem aus Über- aber auch aus Unterforderung resultierenden Be-

einstimmung mit der normativen Zielsetzung des Sozialgesetzbuch Neuntes Buch, nach der die Leistungen zur Teilhabe darauf ausgerichtet sind, die Teilhabe am Arbeitsleben entsprechend den Neigungen und Fähigkeiten dauerhaft zu sichern (§ 4 Abs. 1 Nr. 3 SGB IX).

Formen der Integration in Arbeit und Beschäftigung

Das Spektrum der möglichen Teilhabe am Arbeitsleben ist sehr breit – nicht nur hinsichtlich der Art der Tätigkeit, sondern auch bezüglich der Formen von Arbeits- und Beschäftigungsverhältnissen. Bei der Auswahl zwischen verschiedenen, realisierbaren Optionen ist die Selbstbestimmung von behinderten Menschen[7] zu respektieren.

Für Menschen mit psychischen Beeinträchtigungen kommt grundsätzlich die ganze Palette der produzierenden oder dienstleistenden Aufgaben und Tätigkeiten für Arbeits-, Ausbildungs- und Beschäftigungsverhältnisse in Betracht. Je nach Verlauf und Ausprägung der psychischen Störungen ergibt sich als zentrale Anforderung an die »behinderungsgerechte« Ausgestaltung des Arbeits- oder Ausbildungsverhältnisses, dass ein ggf. diskontinuierliches oder gemindertes Leistungsvermögen zu berücksichtigen ist.

Eine Übersicht der verschiedenen Formen der Integration in Arbeit und Beschäftigung gibt die nachstehende tabellarische Darstellung (Abb. 1), zu der im Folgenden noch einige ergänzende Erläuterungen gegeben werden.

---

lastungen und die sich daraus ergebenden Gesundheitsrisiken haben in den letzen Jahren zunehmend an Bedeutung und Beachtung gewonnen; vgl. u.a. Statistisches Bundesamt (Hg.): Gesundheitsbericht für Deutschland, Wiesbaden 1998, S. 145 f und das im Jahr 2001 vom Bundesministerium für Arbeit und Sozialordnung begonnene Aktionsprogramm »Initiative neue Qualität der Arbeit« (INQA), bei der insbesondere auch Gesundheitsrisiken durch psychische Belastungen in der Arbeitswelt im Mittelpunkt stehen. Für den Personenkreis der chronisch psychisch erkrankten Menschen ist die Vermeidung dieser Risiken von geradezu existenzieller Bedeutung und eine wesentliche Voraussetzung für eine gelingende Teilhabe am Arbeitsleben.

7   Die Förderung der Selbstbestimmung und der gleichberechtigten Teilhabe am Leben in der Gemeinschaft von behinderten und von Behinderung bedrohten Menschen ist Leitziel des Sozialgesetzbuch Neuntes Buch (§ 1 SGB IX)

Ingesamt berücksichtigt die Übersicht
- die Ausübung einer selbstständigen Tätigkeit, was bei diesem Personenkreis eher selten in Betracht kommt,
- das gesamte Spektrum von Beschäftigungsverhältnissen auf dem allgemeinen Arbeitsmarkt von der Vollzeit- bis zur geringfügigen (Teilzeit)Beschäftigung mit und ohne Befristung,
- die Beschäftigung auf dem besonderen Arbeitsmarkt,
- die »rehabilitative« Beschäftigung, bei der es sich zwar nicht um ein Arbeitsverhältnis im engeren Sinne handelt, die aber gleichwohl von den Menschen mit psychischen Beeinträchtigungen als »ihre Arbeit« angesehen werden und
- Tätigkeiten im so genannten dritten Sektor und
- enthält Hinweise auf mögliche Subventionen, den Zugang zur Sozialversicherung sowie zum Entgelt.

Insgesamt ergibt sich, dass gegenwärtig nur bei einer Vollzeittätigkeit auf dem allgemeinen Arbeitsmarkt regelmäßig ein existenzsicherndes Einkommen erzielt werden kann. Finanzielle Leistungen an Arbeitgeber (z.B. Eingliederungszuschüsse, Minderleistungsausgleich) sowie Unterstützungsleistungen für Arbeitnehmer und geber (z.B. im Rahmen der begleitenden Hilfe) sind nur im Rahmen sozialversicherungspflichtiger Beschäftigungsverhältnisse möglich.

Integration auf dem allgemeinen Arbeitsmarkt

Ziel der Leistungen zur Teilhabe am Arbeitsleben ist die Erwerbsfähigkeit behinderter und von Behinderung bedrohter Menschen zu erhalten, zu verbessern, herzustellen oder wiederherzustellen und ihre Teilhabe am Arbeitsleben möglichst auf Dauer zu sichern (§ 33 Abs. 1 SGB IX). Hieraus ergibt sich, dass sie – entsprechend der »Philosophie« der Erwerbsarbeitsgesellschaft – in erster Linie auf eine Integration in ein Arbeitsverhältnis auf dem allgemeinen Arbeitsmarkt ausgerichtet sind.

Für einen großen Kreis aus der Gruppe der Menschen mit psychischen Beeinträchtigungen ist die Aufnahme einer Vollzeittätigkeit kein realistisches Ziel. Hier beinhalten Neuregelungen im Arbeitsrecht zur Förderung von Teilzeitbeschäftigung und zur Flexibilisierung von Arbeitszeiten (insbesondere auch Jahresarbeitszeitkonten) wichtige Instrumente, die auch zur Förderung der Beschäftigung

»Bestandsaufnahme zur Rehabilitation psychisch Kranker« – Eine Zusammenfassung

Tab. 1: Formen der Integration in Arbeit und Beschäftigung – Entwurf einer »Zielhierarchie« in Bezug auf »gesellschaftliche« Erwartungen

1	2	3 Zeitl. Umfang der Tätigkeit	4 Subvention	5 Entgelt	6 Zugang zur Sozialversicherung	7 Existenzsicherndes Einkommen
Allgemeiner Arbeitsmarkt	Selbstständig (einschl. selbstständige Beschäftigung, z.B. bildnerisches Gestalten)	Nicht geregelt	Nein – Ausnahme: »Starthilfe« bei Aufnahme einer selbstständigen Tätigkeit aus Arbeitslosigkeit und Anspruch auf AlG/AlHi	Leistungsentgelt/ Honorar	Privat zu versichern	
	»normales« unbefristetes Arbeitsverhältnis	Vollzeit	Ohne	Lohn/Gehalt (tarifl.)	Ja – umfassend	Ja
		Teilzeit	Mit: (Eingliederungszuschüsse, Minderleistungsausgleich)	Lohn/Gehalt (tarifl.)	Ja – umfassend	Ja
	Befristetes Arbeitsverhältnis	Vollzeit	Ohne	Lohn/Gehalt (tarifl.)	Ja – umfassend	i.d.R. Ja
		Teilzeit	Mit: (Eingliederungszuschüsse, Minderleistungsausgleich)	Lohn/Gehalt (tarifl.)	Ja – umfassend	i.d.R. Ja
		Vollzeit/ Teilzeit	Ohne	Lohn/Gehalt (tarifl.)	Ja – umfassend	i.d.R. Ja
			Arbeitsbeschaffungsmaßnahmen	Lohn/Gehalt (tarifl.)	Ja – umfassend	i.d.R. Ja
			Strukturanpassungsmaßnahmen			
			Hilfe zur Arbeit (BSHG)	i.d.R. Lohn/Gehalt	i.d.R. Ja – umfassend	i.d.R. Ja
	Arbeitsverhältnis in Integrationsbetrieb, -abteilung, -projekt (ohne besondere Befristung/mit Befristung)	Vollzeit/ Teilzeit	Eingliederungszuschüsse Minderleistungsausgleich	Lohn/Gehalt (tarifl.)	Ja – umfassend	i.d.R. Ja
			Arbeitsbeschaffungsmaßnahmen	Lohn/Gehalt (tarifl.)	Ja – umfassend	i.d.R. Ja
			Hilfe zur Arbeit (BSHG)	Lohn/Gehalt (tarifl.)	Ja – umfassend	i.d.R. Ja
	Geringfügige Beschäftigung (325 Euro-Regelung)	Teilzeit/ stundenweise	Ohne	Lohn (tarifl.)	Bei Eigenanteil: RV	Nein*

369

	2	3 Zeitl. Umfang der Tätigkeit	4 Subvention	5 Entgelt	6 Zugang zur Sozialversicherung	7 Existenzsicherndes Einkommen
Besonderer Arbeitsmarkt	WfB - »allgemein« ohne bes. Differenzierung - für psychisch Behinderte - ausgelagerter Arbeitsplatz	i.d.R. Vollzeit	Ja (Kosten der Infrastruktur) Daneben aber auch Einsatz von Einkommen/Vermögen des behinderten Menschen gem. BSHG	Entgelt	Ja – umfassend	Nein*
Rehabilitative Beschäftigung	Arbeitsgelegenheiten	Teilzeit/ stundenweise	?	Prämie/Entgelt	Nein	Nein*
	Zuverdienst	Teilzeit/ stundenweise	?	Prämie/Entgelt	Nein	Nein*
	Tagesstrukturierende Tätigkeit	Teilzeit/ stundenweise	?	Prämie/unentgeltlich	Nein	Nein*
Dritter Sektor	Hauswirtschaftliche Versorgung von Familienangehörigen	Von stundenweise bis »rund-um-die-Uhr«	Nein	Nein	Nein	Nein*
	... mit Betreuung von Kindern bis 3 Jahren	Wie vor	Nein	Erziehungsgeld	Nein – aber Berücksichtigung bei der RV	Nein*
	... mit Betreuung pflegebedürftiger Angehöriger (SGB XI)	Wie vor	Nein	Pflegegeld	Nein – aber ggf. Beiträge zur RV	Nein*
	Ehrenamtliche Tätigkeit	i.d.R. stundenweise	Nein	Nein	Nein	Nein*
	Tauschbörsen gegenseitige Hilfe	i.d.R. stundenweise	Nein	i.d.R. Sachwerte	Nein	Nein*

dieses Personenkreises mit einer eingeschränkten oder fluktuierenden Belastbarkeit genutzt werden können.

Soweit die Integration in ein reguläres sozialversicherungspflichtiges Arbeitsverhältnis möglich ist, kommen je nach Situation des Einzelfalles, z.B. bei vorausgegangener Langzeitarbeitslosigkeit, Eingliederungszuschüsse oder bei Vorliegen der Schwerbehinderteneigenschaft auch weitere Leistungen (Minderleistungsausgleich, begleitende Hilfen im Arbeitsleben) in Betracht.

Zur Integration in das Arbeitsleben werden auch für Menschen mit psychischen Beeinträchtigungen die Fördermöglichkeiten im Rahmen von Arbeitsbeschaffungs- oder Strukturanpassungsmaßnahmen (nach SGB III) oder im Rahmen der Hilfe zur Arbeit (§§ 18 ff BSHG) genutzt, wobei aus den hierdurch begründeten Arbeitsverhältnissen keine Arbeitsplätze im Sinne des Schwerbehindertenrechts entstehen (§ 73 SGB IX).

Gesondert aufgeführt sind die Beschäftigungsverhältnisse in Integrationsprojekten (-unternehmen, -betrieben, -abteilungen; §§ 132 f SGB IX), die mit dem In-Kraft-Treten des SGB IX erstmals gesetzlich geregelt worden sind. Die Integrationsprojekte haben ihre Wurzeln in den so genannten Selbsthilfefirmen, die gewissermaßen zur Schaffung von Arbeitsplätzen für Menschen mit psychischen Beeinträchtigungen auf dem allgemeinen Arbeitsmarkt erfunden worden sind. In Folge der nun getroffenen gesetzlichen Regelung zu den Integrationsprojekten wurden teilweise Förderprogramme der Länder modifiziert oder eingestellt mit der Konsequenz, dass eine Förderung (für Minderleistungsausgleich, Betreuungsaufwand) nur noch im Einzelfall möglich und an das Vorliegen der Schwerbehinderteneigenschaft gebunden ist.

Weiter ist auch die geringfügige Beschäftigung berücksichtigt, die insbesondere für Menschen mit einer Belastbarkeit unterhalb der Schwelle für eine sozialversicherungspflichtige Tätigkeit eine Möglichkeit zu einer ihren Neigungen und Fähigkeiten entsprechenden Teilhabe am Arbeitsleben eröffnen kann. Für diese Beschäftigungsverhältnisse sind aber regelmäßig weder Leistungen an Arbeitgeber (z.B. für Minderleistungsausgleich) noch eine Unterstützung des geringfügig Beschäftigten (z.B. auch für Anleitung, Beratung) vorgesehen.

Beschäftigung auf dem besonderen Arbeitsmarkt

Beschützte Beschäftigungsverhältnisse auf dem besonderen Arbeitsmarkt kommen nur ausnahmsweise in Betracht, wenn auf Grund von Art und Schwere der Behinderung eine Beschäftigung auf dem allgemeinen Arbeitsmarkt nicht möglich ist. Für Menschen mit psychischen Beeinträchtigungen und einer Leistungsfähigkeit, die für eine sozialversicherungspflichtige Tätigkeit auf dem allgemeinen Arbeitsmarkt nicht ausreicht, ist die Beschäftigung in einer Werkstatt für behinderte Menschen (WfbM), in Einzelfällen auch auf einem ausgelagerten Arbeitsplatz der WfbM, die einzige regelhaft bestehende Möglichkeit zur Aufnahme einer Arbeit.

Ein sehr großer Teil der Menschen mit psychischen Beeinträchtigungen macht von dieser Möglichkeit keinen Gebrauch, weil zum einen die Beschäftigung in einer WfbM von ihnen als zusätzliche Stigmatisierung erlebt wird und zum anderen das Beschäftigungsangebot hinsichtlich der Tätigkeiten sowie der meist mangelnden Flexibilität bezüglich der Arbeitszeitregelungen häufig nicht deren Neigungen und Fähigkeiten entspricht.

Rehabilitative Beschäftigung

Neben der Tätigkeit auf dem allgemeinen oder besonderen Arbeitsmarkt sind bei den psychiatrischen Hilfeangeboten – mit erheblichen regionalen Unterschieden – Möglichkeiten zum Tätigsein geschaffen worden, die hier als »rehabilitative Beschäftigung« bezeichnet werden. Dieses Angebot wird insbesondere von Tagesstätten gemacht, daneben aber teilweise auch von Wohnheimen, von Kontakt- und Beratungsstellen und anderen Begegnungsstätten und umfasst ein Spektrum von tagesstrukturierender Tätigkeit bis hin zu Arbeitsgelegenheiten mit einem in der Regel geringen Entgelt.

Tätigkeiten im Dritten Sektor

Hier sind zunächst die Tätigkeiten der hauswirtschaftlichen Versorgung von Familienangehörigen einschließlich der Betreuung von Kindern sowie von pflegebedürftigen Angehörigen aufgeführt, die je nach Situation einen Umfang von einigen Stunden täglich bis hin zu einer Tätigkeit »rund-um-die-Uhr« haben können.

Ferner sind ehrenamtliche Tätigkeiten und Tauschbörsen berücksichtigt, die auch Menschen mit psychischen Beeinträchtigungen, die zumeist vielfältige Kompetenzen und Fähigkeiten haben, die Möglichkeit zu einer sinnvollen und befriedigenden Tätigkeit eröffnen können, für die derzeit allenfalls Auslagenersatz oder eine Aufwandsentschädigung gewährt wird und aus der regelmäßig keine Vergütung und damit kein Erwerbseinkommen zu erzielen ist.[8]

Ziele und Prioritäten der Weiterentwicklung

In Anbetracht der elementaren Bedeutung einer angemessenen, den Neigungen und Fähigkeiten eines Menschen mit psychischer Beeinträchtigung entsprechenden Arbeits- und Beschäftigungsmöglichkeit, auch im Hinblick auf die persönliche und psychische Stabilisierung, ist zu prüfen, wie für diesen Personenkreis ein systematischer Zugang zur Teilhabe am Arbeitsleben geschaffen werden kann [12, 14, 15, 18].

Leistungen zur Teilhabe am Arbeitsleben sind vorrangig auf den Erhalt von bzw. die Integration in sozialversicherungspflichtige Arbeitsverhältnisse auf dem allgemeinen Arbeitsmarkt gerichtet. Diese Zielsetzung ist grundsätzlich auch für Menschen mit psychischen Beeinträchtigungen gültig. Dabei ist allerdings zu berücksichtigen, dass die hiermit verbundenen Anforderungen von diesem Personenkreis auf Grund der (stark) eingeschränkten bzw. diskontinuierlichen Arbeits- und damit Erwerbsfähigkeit vielfach – zumindest für einen längeren Zeitraum – nicht erfüllt werden. Eine große Herausforderung besteht daher darin, auch für diese Personengruppe die Möglichkeit des Zugangs zu Arbeits- und Beschäftigungsmöglichkeiten auch außerhalb der Werkstätten für behinderte Menschen zu schaffen, die ihren Neigungen und Fähigkeiten entsprechen. Denn es ist geradezu absurd, wenn ein »Recht auf Beschäftigung« nur mit enormem Finanzierungsaufwand in einer Werkstatt für behinderte Menschen realisiert werden kann.

---

8 Die potenziellen Bedeutung ehrenamtlicher Tätigkeiten im Bereich der beruflichen Rehabilitation ist eingehend aufgezeigt worden von Lehmann, K: Grundsätzliche Bemerkungen zur beruflichen Rehabilitation psychisch Behinderter. In: Bundesministerium für Gesundheit: Berufliche Rehabilitation und Beschäftigung für psychisch Kranke und seelisch Behinderte, Baden-Baden 1999, S. 25-47

- Für einen großen Teil der Menschen mit psychischen Beeinträchtigungen besteht ein Bedarf an Teilzeitbeschäftigung – auch unterhalb der Schwelle zur sozialversicherungspflichtigen Tätigkeit. Hier bedarf es der Absicherung des im Einzelfall bestehenden Anleitungs- und Unterstützungsbedarfs.
- Daneben besteht auch ein Bedarf an Arbeits- und Beschäftigungsangeboten als »Überbrückungshilfe«, z.b. im Vorfeld oder im Anschluss an Qualifizierungsmaßnahmen, um Brüche und damit einhergehende Destabilisierungen im Rehabilitationsprozess zu vermeiden.
- Für die Inanspruchnahme der begleitenden Hilfe im Arbeitsleben sind Zugangswege zu eröffnen, die «den besonderen Bedürfnissen seelisch behinderter Menschen« Rechnung tragen (§ 10 Abs. 3 SGB IX). Für einen größeren Teil der Menschen mit psychischen Beeinträchtigungen ist die gegenwärtig geforderte formelle Anerkennung der Schwerbehinderteneigenschaft kontraindiziert. Es ist daher erforderlich, für diesen Personenkreis beim Zugang zu dieser für sie zentralen Leistung Kriterien zu Grunde zu legen, die sich am konkreten Unterstützungsbedarf orientieren. Daneben sollte die Inanspruchnahme der begleitenden Hilfe auch im Rahmen von nicht sozialversicherungspflichtigen geringfügigen Beschäftigungsverhältnissen ermöglicht werden.

Wirtschaftliche Sicherung – Existenzsicherndes Einkommen

Integraler Bestandteil vorrangig anzustrebender sozialversicherungspflichtiger Arbeits- und Beschäftigungsverhältnisse auf dem allgemeinen Arbeitsmarkt ist ein dem individuellen Leistungsbeitrag angemessenes Entgelt, ggf. gestützt durch einen Subventionsanteil zum Ausgleich von Minderleistung oder bei der Aufnahme einer Beschäftigung im so genannten Niedriglohnsektor. Dabei sollte der Grundsatz gelten: Subvention des Arbeitsverhältnisses vor einer ggf. ergänzenden Inanspruchnahme von Sozialhilfe (Hilfe zum Lebensunterhalt nach dem Bundessozialhilfegesetz).

Zur Schaffung von Anreizen zur Aufnahme einer Beschäftigung im Niedriglohnsektor werden derzeit für Langzeitarbeitslose verschiedene Modelle des *Kombilohns* diskutiert, erprobt und umgesetzt (z.B. das »Mainzer Modell«).

Die Möglichkeit zur Zahlung eines *Minderleistungsausgleichs* als Lohnkostenzuschuss an den Arbeitgeber ist nur im Schwerbehindertenrecht vorgesehen. Zur Förderung und Sicherung von Arbeitsverhältnissen für Menschen, deren Leistungsvermögen infolge einer psychischen Beeinträchtigung diskontinuierlich oder längerfristig vermindert ist, sollte die Zahlung eines Minderleistungsausgleichs auch dann möglich sein, wenn die Anerkennung der Schwerbehinderteneigenschaft kontraindiziert ist.

Ein Minderleistungsausgleich ist dabei nur dann und nur solange zu zahlen wie die psychische Beeinträchtigung eines Arbeitnehmers für den Arbeitgeber mit wirtschaftlichen Nachteilen verbunden ist und setzt die Überprüfung dieser Voraussetzung voraus.

Der Grundsatz »Subvention vor Sozialhilfe« sollte auch für Menschen mit einer psychischen Beeinträchtigung gelten, die auf Grund einer erheblich eingeschränkten Leistungsfähigkeit nur einer Teilzeitbeschäftigung – ggf. auch nur stundenweise – nachgehen oder nur auf dem besonderen Arbeitsmarkt tätig werden können. Hier sollte die Möglichkeit der Bündelung der Auszahlung von Leistungsentgelt und weiteren Leistungen (je nach Situation des Einzelfalles, insbesondere Hilfe zum Lebensunterhalt, ab 1.1.2003 Leistungen der bedarfsorientierten sozialen Grundsicherung, (Teil)Rente wegen verminderter Erwerbsfähigkeit) geprüft werden.

Anstöße zur Weiterentwicklung im Hilfesystem

Frühzeitiger Zugang zu Leistungen zur Teilhabe am Arbeitsleben

Die Daten zur Arbeits- und Beschäftigungssituation von Menschen mit psychischen Beeinträchtigungen sind alarmierend, wie jüngere Untersuchungen und auch die Ergebnisse der im Rahmen des Projekts durchgeführten Erhebungen gezeigt haben[9].

Die Regionalerhebungen haben deutlich gemacht, dass – regional unterschiedlich ausgeprägt – bei den Mitarbeitern psychiatrischer Einrichtungen und Dienste die Auseinandersetzung mit der Arbeits- und Beschäftigungssituation der Patienten bzw. Klienten vernachlässigt wird, obwohl diese Aufgabe teilweise ausdrücklich mit zu ihrem Auftrag gehört.

---

9   Vgl. Kap. B.4.1 des Zwischenberichts

Um einen frühzeitigen Zugang zu im Einzelfall notwendigen Leistungen zur Teilhabe am Arbeitsleben zu gewährleisten, ist von den Mitarbeitern psychiatrischer Einrichtungen und Dienste als »Pflichtaufgabe« systematisch zumindest eine elementare Abklärung vorzunehmen. Die in der Abbildung 2 enthaltene exemplarische Darstellung lässt erkennen, dass eine erste Abklärung ob ggf. ein Bedarf an Hilfen zur Teilhabe am Arbeitsleben besteht, einen geringen Arbeitsaufwand erfordert. Wesentlich ist, dass in einem ersten Schritt diese Abklärung erfolgt.

Der hierauf folgende zweite Schritt der konkreten Abklärung des Bedarfs an Hilfe und Unterstützung, ggf. einschließlich der Motivierung und Begleitung zur Inanspruchnahme von Hilfen sowie Festlegung von (Teil-)Zielen und des geplanten Vorgehens, erfordert regelmäßig die Beteiligung von Fachkräften, die nicht nur über psychiatrische Erfahrung verfügen müssen, sondern vor allem auch über Erfahrungen in der Arbeitsrehabilitation sowie über Kenntnisse in der Arbeitswelt und die Leistungen zur Teilhabe am Arbeitsleben. Hierbei ist als fachliche Anforderung zu berücksichtigen: Häufig ist bei Menschen mit psychischen Beeinträchtigungen die Fähigkeit zur selbstständigen Inanspruchnahme, Koordination und Abstimmung von Hilfen beeinträchtigt und eine motivierende und stützende Begleitung erforderlich. Ohne diese Hilfefunktion besteht die Gefahr, dass die Betroffenen z.B. bei bloßer Über- oder Weiterverweisung auf andere Angebote »verloren gehen«, insbesondere auch bei einem Übergang von psychiatrischen zu arbeitsbezogenen Hilfen. Dabei kann es je nach Situation des Einzelfalles sinnvoll und notwendig sein, dass der Klient auf dem Weg zur Inanspruchnahme von Leistungen zur Teilhabe am Arbeitsleben von einer Fachkraft aus dem psychiatrischen Hilfesystem begleitet wird. Es kann aber auch sinnvoll sein, dass aus dem psychiatrischen Hilfesystem heraus nur eine Kontaktaufnahme angeregt wird und der Klient von einer Fachkraft aus dem Bereich arbeitsbezogener Hilfen »abgeholt« wird.

Für Patienten bzw. Klienten mit einem komplexen Bedarf an Hilfen ist jeweils gemeinsam mit ihnen eine personenzentrierte und integrierte (einrichtungs- und leistungsträgerübergreifende) Hilfeplanung unter Beteiligung aller im Einzelfall beteiligten Leistungserbringer vorzusehen. Die Umsetzung der Hilfeplanung ist durch eine koordinierende Bezugsperson zu begleiten, die einrichtungs- bzw. angebots- und leistungsträgerübergreifend tätig wird und für

»Bestandsaufnahme zur Rehabilitation psychisch Kranker«
– Eine Zusammenfassung

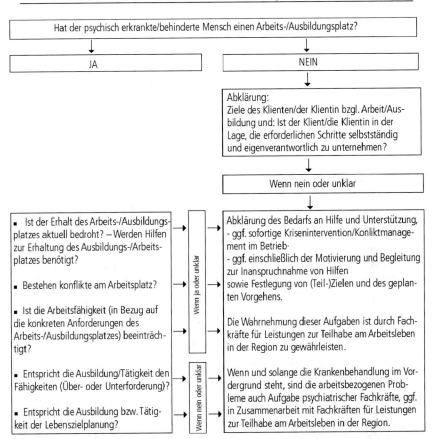

Abb. 2: Personenbezogene Perspektive von Abklärungs- und Entscheidungsfragen für Mitarbeiter psychiatrischer Dienste und Einrichtungen

eine angemessene, dem individuellen Bedarf entsprechende und abgestimmte Leistungserbringung Sorge trägt.

Barrierefreier Zugang zu Rehabilitationsleistungen

Die Möglichkeiten des Zugangs zu Leistungen der Teilhabe am Arbeitsleben bedürfen dringend der Verbesserung. Zur Überwindung von Barrieren beim Zugang zu und der Inanspruchnahme von

Sozialleistungen wurden im SGB IX und im Gesetz zur Gleichstellung behinderter Menschen ein Anspruch auf einen Gebärdendolmetscher verwirklicht. Analog hierzu benötigen Menschen mit psychischen Beeinträchtigungen eine persönliche Assistenz durch eine Bezugsperson, die die Umsetzung der Hilfeplanung als »Lotse« koordinierend begleitet.

Das System der Hilfen zur Teilhabe am Arbeitsleben mit jeweils spezifischen Zugangskriterien ist hochgradig selektiv und trägt nicht den besonderen Bedürfnissen von Menschen mit psychischen Beeinträchtigungen Rechnung. Die gerade für Menschen mit psychischen Beeinträchtigungen im Einzelfall notwendige Verknüpfung von psychiatrischen und arbeitsbezogenen Hilfen ist strukturell unterentwickelt und weithin eher von einem unverbundenen Nebeneinander geprägt. Das gegenwärtige System ist angebots- und maßnahmebezogen organisiert. Für den Zugang zu Leistungen müssen von den Rehabilitanden jeweils spezifische Voraussetzungen erfüllt sein. Zu den persönlichen Voraussetzungen gehört u.a. eine günstige Prognose bezüglich der (Wieder-)Erlangung der Erwerbsfähigkeit.

Soweit bekannt, sind die sich hieraus ergebenden Selektionsmechanismen in Deutschland noch nicht empirisch untersucht worden. Zur exemplarischen Verdeutlichung der enormen Selektion kann daher nur auf Daten aus dem in Bern entwickelten »PASS-Programm zur Wiedereingliederung psychisch Kranker in die freie Wirtschaft« zurückgegriffen werden, das zeitlich in fünf Phasen gliedert ist, wie sie analog auch für Integrations- und Platzierungsprozesse in Deutschland beschrieben werden (vgl. Abb. 3) [5, 11]. Aus diesen Daten ergibt sich, dass der größte Selektionseffekt mit deutlich über 50 % bereits im Vorfeld der Entscheidung über die Aufnahme in das Rehabilitationsprogramm eintritt und nach Ablauf der zweiwöchigen »Schnupper- und Abklärungsphase« nur knapp 30 % überhaupt in das Rehabilitationsprogramm aufgenommen werden. Für Deutschland dürfte die Situation strukturell vergleichbar sein, wonach nur eine vergleichsweise kleine Gruppe der Menschen mit psychischen Beeinträchtigungen überhaupt Zugang zu Maßnahmen der Teilhabe am Arbeitsleben erhält.

Daneben ist der Frage nachzugehen, was aus den »Abbrechern« wird, die auf Grund von Krisen, die nicht abgefangen werden können oder weil sie nicht die erwarteten Rehabilitationsfortschritte machen, aus Rehabilitationsmaßnahmen vorzeitig ausscheiden.

»Bestandsaufnahme zur Rehabilitation psychisch Kranker« – Eine Zusammenfassung

Phase	Zahl der Rehabilitanden		davon	
	Absolut	in v.H.	Noch in dieser Phase	Nicht aufgenommen/Abbrüche
Anmeldungen	155	100 %		87 (= 56 %) Nicht aufgenommen
Schnupper- & Abklärungsphase	68	44 %		22 (= 32 %) Nicht aufgenommen
Werkstattphase	46	29 %		16 (= 35 %) Abbrüche
Trainingsarbeitsplatz	28		2	6 (= 21 %) Abbrüche
Integrationsphase			1	
Nachbetreuungsphase	19			

Abb. 3: Verlauf des PASS-Programms

Normalisierungsprinzip: Rehabilitation im betrieblichen Umfeld

Leistungen zur Teilhabe am Arbeitsleben für Menschen mit psychischen Beeinträchtigungen werden (mit Ausnahme der begleitenden Hilfe im Arbeitsleben) gegenwärtig weithin in bzw. durch spezielle Rehabilitationseinrichtungen und in überbetrieblichen Maßnahmen erbracht und gleichsam nur in Ausnahmefällen betrieblich. Obwohl in mehreren Versuchen und Modellen positive Erfahrungen mit der betrieblichen Rehabilitation auch in Deutschland gemacht worden sind, wird dieser Weg insgesamt nur vereinzelt weiter beschritten.

Einen besonders anschaulichen und nachdrücklichen Anstoß, die Rehabilitation im betrieblichen Umfeld nachhaltig zu stärken, geben die Ergebnisse einer in den USA von Drake et al. [10] durchgeführten Studie, bei der die Effektivität von zwei unterschiedlichen Ansätzen in der beruflichen der Rehabilitation von Personen mit schweren psychischen Störungen untersucht wurden: Einerseits der Weg der individuellen Platzierung und Unterstützung durch eine Fachkraft (employment specialist) auf dem allgemeinen Arbeitsmarkt und andererseits die schrittweise Rehabilitation durch Rehabilitationseinrichtungen.

Als wichtigstes Ergebnis der Studie wird festgehalten, dass die Integration in den allgemeinen Arbeitsmarkt (competitive employment) mit dem Ansatz der individuellen Platzierung und Unterstüt-

Rehabilitationsansatz	Erreichte Integration in AllgemeinenArbeitsmarkt	BeschützteBeschäftigung
Betrieblich mit Unterstützung	60,8 %	9,2 %
Durch Rehabilitationseinrichtungen	10,8 %	71,1 %

Abb. 4: Rehabilitationsansätze und Integrationsbilanz

zung wesentlich besser gelang als auf dem herkömmlich »gestuften« Weg in und durch Rehabilitationseinrichtungen (siehe Abb. 4).
Der Ansatz der individuellen Platzierung und Unterstützung entspricht dem Normalisierungsprinzip und den Prinzipien unserer sozialrechtlichen Regelungen, nach denen »allgemeine« – hier insbesondere betriebliche – Maßnahmen Vorrang vor denen in speziellen Einrichtungen haben[10]. Allerdings stellt sich häufig das Problem, dass die im Einzelfall erforderliche spezielle Handlungskompetenz von Fachkräften vorwiegend in speziellen Einrichtungen zu finden und dort »institutionell« abgesichert ist. Es sind Struktur-/Organisationskonzepte zu entwickeln, wie die derzeit unter dem Dach einer Einrichtung gebündelte Kompetenz personen- und bedarfsorientiert »laufen lernen« kann (unterstützte Erprobung, Qualifizierung, Beschäftigung).

Funktionale und personenzentrierte Organisation von Hilfen

Die im Rahmen eines wohnortnahen Systems von Hilfen zur Teilhabe am Arbeitsleben (Rehabilitationsleistungen) für Menschen mit psychischen Beeinträchtigungen erforderlichen Angebote sind in den letzten 15 Jahren wiederholt beschrieben [3, 7, 9], bislang aber vollkommen unzureichend umgesetzt worden. Im Zuge der Weiterentwicklung fachlicher Konzepte und Erkenntnisse ist auch im Bereich der Leistungen zur Teilhabe ein Paradigmenwechsel von einer einrichtungs- und maßnahmebezogenen Organisation von Hilfen zur einer personenzentrierten Organisation zu vollziehen. Eine solche Umorientierung wird inzwischen auch bei den Eingliederungsstrategien zur Beschäftigungsförderung zu Grunde gelegt [1].
Gegenwärtig sind Rehabilitationsleistungen zur Teilhabe am

---

10 Vgl. Kap. B.2. des Zwischenberichts

Arbeitsleben weithin angebotsorientiert organisiert, mit der Folge, dass für die Maßnahmen jeweils die passenden Klienten gesucht werden[11]. Dabei lautet die zentrale Frage:
Welcher Mensch mit psychischer Beeinträchtigung ist ausreichend motiviert und belastbar, um das Angebot erfolgreich nutzen zu können?
Bei einer personenzentrierten Organisation und Erbringung von Hilfen ist diese Frage zu ersetzen durch:
Welche Unterstützung und Förderung braucht der Mensch mit psychischer Beeinträchtigung aktuell, um seine Arbeitsfähigkeit zu erproben, zu erhalten oder wieder zu erlangen, seine beruflichen Neigungen zu entdecken und seine Fähigkeiten weiterzuentwickeln, einen seinen Neigungen und Fähigkeiten entsprechenden Zugang zu Arbeit und Beschäftigung zu erhalten und zu sichern.

Die Realisierung der auf den individuellen Bedarf abgestimmten Hilfen erfordert eine Weiterentwicklung der Finanzierungsvereinbarungen der Rehabilitationsträger. Ziel muss das reibungslose Ineinandergreifen von Akutbehandlung und Rehabilitation sein, unter Berücksichtigung des individuellen Hilfebedarfs der einzelnen Behinderten. Maßnahmen, wie z.B. Förderlehrgänge mit festgelegter Teilnahmevoraussetzung, festgelegter Teilnehmerzahl und Dauer erfüllen diese Voraussetzungen nicht.

Außerdem sind Anreize und Rahmenbedingungen zu schaffen für eine verstärkte Hinwendung zur betrieblichen Rehabilitation (platziert rehabilitieren) und Beschäftigung und damit einhergehend zur Entwicklung von Kooperationsstrukturen zwischen Rehabilitationseinrichtungen und Bildungsträgern sowie Betrieben. In diesem Zusammenhang ist zu prüfen, wie die Finanzierung von funktionalen Leistungen zur Teilhabe gestaltet werden könnte, z.B. über eine Differenzierung nach Kostenarten für »Betreuungsaufwand« (Personalkosten Fach- und Anleitungspersonal), Ausstattung der Trainings-/Qualifizierungsplätze (technische und sachliche Ausstattung), Investitionsbetrag/Mieten für Übungs-/Schulungsräume, sonstige Infrastruktur (z.B. Kantine, Hausmeister). Zielperspektive sollte eine Finanzierung von funktionalen, an qualitative Standards gebundene Hilfen sein, die aber nicht zwangsläufig an bestimmte institutionelle Formen der Leistungserbringung gebunden ist.

---

11 Vgl. hierzu die vorausgegangene Darstellung zu den Selektionsmechanismen des PASS-Programms

Elementare Hilfefunktionen

Die in einem wohnortnahen System von Leistungen zur Teilhabe am Arbeitsleben vorzuhaltenden Hilfefunktionen umfassen die folgenden Bereiche (vgl. hierzu auch Abb. 5).

Beratung – Diagnostik – Planung

Bei Menschen mit einer (drohenden) psychischen Behinderung wird in der Regel eine »allgemeine« Beratung z.b. durch die Leistungsträger (z.B. in einer Servicestelle) über Möglichkeiten und Wege zur Teilhabe am Arbeitsleben nicht ausreichen. Eine eingehende Abklärung von Zielen und des Bedarfs an Hilfen als Grundlage für die Erstellung eines Rehabilitationsplans wird notwendig sein.

Dabei geht es um die Klärung von Wünschen und Zielen des Menschen mit psychischer Beeinträchtigung, unter Berücksichtigung seiner biografischen Entwicklung, seiner Erfahrungen und seiner Lebenszielplanung, insbesondere der vorausgegangenen Ausbildung und beruflicher Erfahrungen sowie der vorhandenen und verfügbaren sowie beeinträchtigten oder noch nicht entwickelten Fähigkeiten und Fertigkeiten.

Diese Aufgabe kann nicht allein im Rahmen von Gesprächen wahrgenommen werden, sondern erfordert regelmäßig auch Möglichkeiten der praktischen Erprobung von Fähigkeiten und Fertigkeiten sowie der Klärung und Entwicklung von Neigungen und Interessen. Auf dieser Grundlage ist gemeinsam mit dem Menschen mit psychischer Beeinträchtigung eine Rehabilitationsplanung zu erarbeiten, die sich auf überschaubare Zeitabschnitte und Rehabilitationsziele bezieht und im Rehabilitationsprozess fortgeschrieben wird.[12]

---

12 Zu den Anforderungen an Rehabilitationsprognose und Rehabilitationsplanung vgl. u.a.: Bundesarbeitsgemeinschaft für Rehabilitation (Hg.): Arbeitshilfe für die Rehabilitation psychisch Kranker und Behinderter, Frankfurt/Main 1992, S. 31 ff.; Der Bundesminister für Arbeit und Sozialordnung (1987) a.a.O., S. 13

Unterstützung, Koordination und Abstimmung im Verlauf (Rehabilitationsmanagement)

Bedingt durch den häufig wechselnden Verlauf chronischer psychischer Erkrankungen und Behinderungen und den hiermit einhergehenden Schwankungen in der psychischen Stabilität und Belastbarkeit handelt es sich bei dem Weg zur Teilhabe am Arbeitsleben meist um einen längerfristigen Prozess, in dem unterschiedliche Hilfen nicht nur nacheinander, sondern ggf. auch wiederholt bzw. gleichzeitig in Anspruch genommen werden müssen.

Es ist zu berücksichtigen, dass bei diesem Personenkreis zumeist in Folge der Erkrankung die Fähigkeit zur selbstständigen Inanspruchnahme, Koordination und Abstimmung von Hilfen beeinträchtigt ist. Häufig äußern sich Antriebsschwäche, emotionale Instabilität und gestörtes Selbstwertgefühl in einem ausgeprägten Rückzugsverhalten. Es entsteht eine Barriere, insbesondere neue soziale Kontakte zu knüpfen und notwendige Hilfen in Anspruch zu nehmen.

Erforderlich ist daher eine kontinuierliche begleitende Unterstützung, insbesondere mit der Aufgabe der Koordination und Abstimmung der im Einzelfall erforderlichen Hilfen und der Fortschreibung des Rehabilitationsplans, wie sie für den Bereich der psychiatrischen Behandlung und Rehabilitation eingehend in dem Konzept der »integrierten Behandlungs- und Rehabilitationsplanung« dargestellt worden ist.[13] Danach ist zur Umsetzung des Behandlungs- und Rehabilitationsplans eine »therapeutische Bezugsperson« verbindlich festzulegen.

Die Unterstützung und Koordination der Leistungen zur Teilhabe am Arbeitsleben erfordert neben Kenntnissen der (Förder-)Leistungen zur Teilhabe am Arbeitsleben und der regionalen Umsetzungsmöglichkeiten vor allem Kenntnisse der regionalen betrieblichen Landschaft und Erfahrungen mit dem betrieblichen Alltag. Der mit der Aufnahme einer Arbeit bzw. dem Eintreten in den Prozess der beruflichen Rehabilitation verbundene Übergang von der Rolle als Patienten bzw. Klienten zum (künftigen) Arbeitnehmer ist

---

13 Bundesministerium für Gesundheit (Hg.): Von institutions- zu personenzentrierten Hilfen in der psychiatrischen Versorgung, Schriftenreihe des BMG Band 116 I, Baden-Baden 1999

zu beachten[14] und bei der Organisation von Hilfen Rechnung zu berücksichtigen.

Vor diesem Hintergrund ist es sinnvoll, mit dem Eintritt eines Menschen mit psychischer Beeinträchtigung in das System der Leistungen zur Teilhabe am Arbeitsleben auch einen gesonderten Ansprechpartner als »Unterstützungsperson« zur Seite zu stellen. Dieser hat für alle arbeitsbezogenen Fragen beratend zur Verfügung zu stehen, den Verlauf als »Lotse« koordinierend zu begleiten, den Zugang zu rehabilitativen Hilfen zu ermöglichen, die Integration in und den Erhalt von Arbeitsverhältnissen zu sichern.

Es handelt sich um ein spezifisches, den Bedürfnissen von Menschen mit psychischen Beeinträchtigungen Rechnung tragendes Aufgabenprofil, wie es für die Integrationsfachdienste (§ 110 SGB IX) beschrieben ist. Dabei hat die Unterstützungsperson keine im engeren Sinne therapeutische Funktion zu übernehmen, aber gleichwohl die Verknüpfung und Abstimmung mit den im Einzelfall erforderlichen psychiatrischen Hilfen zu leisten.

Vorbereitende Hilfen

Die vorbereitenden Hilfen umfassen ein Spektrum von Leistungen, das von der (Wieder-)Erlangung von Grundfähigkeiten bis hin zu arbeitsspezifischen Kompetenzen reicht. Diese gegenwärtig maßnahmebezogen definierten Hilfen (vgl. Abb. 5) sind nach Inhalt, Intensität und Dauer entsprechend den Erfordernissen des Einzelfalles zu gestalten und können in den unterschiedlichsten Beschäftigungsfeldern (vgl. Abb. 1) realisiert werden.

Die Verwirklichung personenzentrierter »maßgeschneiderter« Hilfen im Bereich der Leistungen zur Teilhabe am Arbeitsleben mit einer flexiblen an den individuellen Erfordernissen orientierten Ausgestaltung erfordert auch eine Umorientierung bei den Maßnahmenträgern (Einrichtungen und Diensten) wie bei den Leistungsträgern. Denn: Wenn und solange »Maßnahmeprogramme« (z.B. ein Förderlehrgang für 20 Personen mit festgelegtem Beginn und Dauer) finanziert werden, geht von diesen eine angebotsbezogene Sogwirkung aus, ohne dass diese Leistung dem tatsächlichen Bedarf der chronisch Menschen mit psychischen Beeinträchtigungen entspricht.

---

14 Vgl. hierzu die einführenden Hinweise zur Bedeutung von Arbeit.

Qualifizierung

Bei den Leistungen zur Qualifizierung handelt es sich neben Ausbildung/Umschulung um ein breites Spektrum von unterschiedlich ausgestalteten Fort- und Weiterbildungsmaßnahmen zum Erwerb spezifischer beruflicher Kompetenzen. Die gegenwärtig in diesem Bereich angebotenen Maßnahmen für behinderte Menschen sind noch nahezu ausnahmslos als Vollzeitmaßnahmen konzipiert. Eine Flexibilisierung der Durchführung von Qualifizierungsmaßnahmen in Teilzeit und/oder in Teil-/Vollzeit entsprechend der aktuellen individuellen Belastbarkeit ist dringend erforderlich.

Arbeit und Beschäftigung

Im Bereich Arbeit und Beschäftigung sind vor allem Hilfen zur Erlangung und Erhaltung eines Arbeitsplatzes sowie begleitende Hilfen von grundlegender Bedeutung, die sowohl die Beratung und Unterstützung des Menschen mit psychischer Beeinträchtigung beinhalten, wie auch die Beratung und ggf. Anleitung von Vorgesetzten und Kollegen.

In einem regionalen System zur Teilhabe am Arbeitsleben für Menschen mit psychischen Beeinträchtigungen ist neben rehabilitativen und qualifizierenden Hilfen auch die Schaffung und Vorhaltung von Arbeits- und Beschäftigungsangeboten erforderlich, die insbesondere »Unterstützte Beschäftigung« (auch außerhalb der WfbM), Teilzeitarbeits-/Beschäftigungs-möglichkeiten – auch unter 15 Std./Woche (Zuverdienst) und »Überbrückungshilfen« (bis zum Beginn oder im Anschluss an eine Qualifizierungsmaßnahme) umfassen.

Anforderungen an die Ausgestaltung

Die Organisation von Hilfen unter besonderer Berücksichtigung der Abklärung des Rehabilitationsbedarfs, der Rehabilitationsplanung und des Rehabilitationsmanagements, einschließlich der Vernetzung zu/Abstimmung mit im Einzelfall erforderlichen Leistungen der medizinischen Rehabilitation, der Krankenbehandlung und der sozialen Eingliederung, soll insbesondere folgenden Anforderungen entsprechen:

- Zielorientierte Planung der im Einzelfall erforderlichen Hilfen

Fortlaufend entsprechend dem im Einzelfall bestehenden Bedarf		»Gestuft« bzw. modular entsprechend dem im Einzelfall bestehenden Bedarf
Beratung – Diagnostik – Planung	**Unterstützung, Koordination und Abstimmung im Verlauf**	**Vorbereitende Hilfen**
Abklärung, ob und ggf. welche Maßnahmen zur beruflichen (Wieder-)Eingliederung/Aufnahme einer Beschäftigung erforderlich sind, einschließlich der ggf. erforderlichen Motivation bzw. Unterstützung zur Inanspruchnahme von Hilfen.	Kontinuierliche Beratung (angefangen von der Beratung bei der Lebenszielplanung in Bezug auf eine mögliche spätere Berufstätigkeit) und Begleitung.	zur (Wieder-)Erlangung und Erprobung elementarer arbeitsbezogener Fähigkeiten und Fertigkeiten, z.B. durch ▪ Arbeitstherapie ▪ Berufsfindung ▪ Arbeitserprobung ▪ Arbeitstraining ▪ Lehrgang zur Verbesserung der Eingliederungsmöglichkeiten ▪ Förderungslehrgang ▪ Rehabilitationsvorbereitungslehrgang
Erstellung und Fortschreibung eines Rehabilitations-/Eingliederungsplans unter Berücksichtigung der ▪ angestrebten Ziele ▪ aktuellen Problemlage ▪ vorhandenen und der noch nicht vorhandenen bzw. krankheits-/behinderungsbedingt beeinträchtigten Fähigkeiten.	Koordination und Abstimmung unter Berücksichtigung der Schnittstellen von ▪ medizinischer Rehabilitation ▪ Leistungen der Krankenbehandlung ▪ Maßnahmen/Leistungen zur Teilhabe am Leben in der Gemeinschaft ▪ Maßnahmen/Leistungen zur Teilhabe am Arbeitsleben einschließlich der Überprüfung der Zielerreichung.	**Qualifizierung** ▪ Ausbildung ▪ Berufliche Anpassung ▪ Fortbildung ▪ Umschulung ▪ Weiterbildung

»Bestandsaufnahme zur Rehabilitation psychisch Kranker« – Eine Zusammenfassung

Arbeit und Beschäftigung auf dem allgemeinen und besonderen Arbeitsmarkt einschließlich
- arbeitsweltbezogener Beratung und Unterstützung am Arbeitsplatz (Hilfen zur Erhaltung eines Arbeitsplatzes – begleitende Hilfe – unterstützte Beschäftigung)
- Hilfen zur Erlangung eines Arbeitsplatzes (Stellensuche, Arbeitsvermittlung)

Arbeits- und Beschäftigungsangebote, insbesondere auch
- unterstützte Beschäftigung (auch außerhalb der WfbM)
- Teizeit-Arbeits-/Beschäftigungsmöglichkeiten – auch unter 15 Std./Woche (Zuverdienst)
- »Überbrückungshilfen« (bis zum Beginn oder im Anschluss an eine Qualifizierungsmaßnahme)

Abb. 5: Personenbezogenes wohnortnahes Angebot von Hilfen zur Teilhabe am Arbeitsleben

entsprechend dem aktuellen Bedarf für überschaubare Zeiträume;
- Bestimmung der notwendigen Leistungen unter Berücksichtigung der Prinzipien der Selbsthilfeorientierung und Normalisierung;
- Koordination und Abstimmung im Verlauf.[15]

Flexibel und barrierefrei

Rehabilitationsmaßnahmen sollen entsprechend den im Einzelfall bestehenden Erfordernissen flexibel gestaltet sein und durchgeführt werden, beeinträchtigungsbedingte Unterbrechungen integrieren, um Abbrüche zu vermeiden und die Chancen für den Rehabilitationserfolg zu erhöhen. Der Rehabilitationsverlauf muss langfristig offen sein für Änderungen zum Besseren, aber auch Rückschläge einbeziehen, die jedoch nie von vornherein endgültig sind. Es muss die Möglichkeit der Anpassung an eine diskontinuierliche Leistungsfähigkeit und einen möglicherweise fluktuierenden Krankheitsverlauf bestehen, um strukturbedingte Abbrüche zu vermeiden und die Chance des Eingliederungserfolges zu maximieren. Die Rehabilitationsplanung und das Rehabilitationsmanagement sollen die Kontinuität der notwendigen therapeutischen Begleitung des Rehabilitanden über Maßnahme- und Leistungsträgergrenzen hinweg und im Sinne des Integrationserfolges bis zur Erlangung eines Arbeitsplatzes und der Stabilisierung am Arbeitsort gewährleisten.

Weiter ist das Gebot der »barrierefreien Leistungserbringung« zu beachten. Soweit einerseits für den Zugang zu speziellen Leistungen spezifische Voraussetzungen erfüllt sein müssen, ist dafür Sorge zu tragen, dass diese nicht zu einer Zugangsbarriere zum System werden; erforderlich ist auch die Vorhaltung von »niedrigschwelligen« Angeboten, die darauf zielen, überhaupt eine Motivation zur Aufnahme einer Tätigkeit zu entwickeln und Neigungen, Fähigkeiten und Belastbarkeit zu erproben.

---

15 Ausführlich in Bundesministerium für Gesundheit (Hg.): Von institutions- zu personenzentrierten Hilfen in der psychiatrischen Versorgung, Band I, Schriftenreihe des Bundesministeriums für Gesundheit Band 116, Baden-Banden 1999, S. 166 ff.

Netzwerkorientierung (Wohnortnähe)

Die Bedeutung wohnortnaher Hilfen gerade auch im Bereich der Leistungen zur Teilhabe am Arbeitsleben ist wiederholt und eingehend beschrieben worden. Hervorgehoben wurde dabei insbesondere, Belastungen des Rehabilitanden, die durch Beziehungsabbrüche und soziale Entwurzelung bei einem erzwungenen Ortswechsel entstehen können, so gering wie möglich zu halten und die Kontinuität in der Zusammenarbeit mit den regionalen psychiatrischen Diensten zu ermöglichen.

Ein wesentliches Kriterium für die Wohnortnähe ist dabei, ob die Hilfen bzw. Arbeits-, Erprobungs- oder Qualifizierungsmöglichkeiten im Tagespendelbereich erreichbar sind. Ein Ortswechsel und der damit verbundene Wechsel des sozialen Umfeldes darf nur dann infrage kommen, wenn er von dem Menschen mit psychischer Beeinträchtigung ausdrücklich in Betracht gezogen wird. Hierzu ist in jedem Fall wohnortnah die Abklärung von Rehabilitationszielen und des Bedarfs an Unterstützung und Förderung vorzunehmen.

Regionale Umsetzung

In Anbetracht der gegenwärtig bestehenden erheblichen regionalen Unterschiede hinsichtlich der Entwicklung und Verfügbarkeit von Hilfen und dem weit verbreiteten Nebeneinander von Angeboten [16] ist einerseits, analog zum Aufbau gemeindepsychiatrischer Verbünde, auch für die Hilfen zur Teilhabe am Arbeitsleben die Entwicklung von Verbundsystem zu fördern und zu fordern und andererseits, strukturell wie auch im Einzelfall, die ggf. erforderliche Verknüpfung von psychiatrischen Hilfen und Leistungen zur Teilhabe am Arbeitsleben zu gewährleisten.[17]

Zur wohnortnahen Vorhaltung und bedarfsgerechten Ausgestaltung der vorstehend beschriebenen elementaren Hilfen und Leistungen zur Teilhabe am Arbeitsleben einschließlich der Förderung von Arbeits- und Beschäftigungsangeboten sind verbindliche Strukturen zur Koordination und Steuerung auf regionaler Ebene zu entwickeln

---

16 Vgl. Hierzu insbes. Kap. B 3 dieses Zwischenberichts sowie die Ergebnisse der Regionalerhebungen unter C.
17 Vgl. u.a. Bertelsmann Stiftung et al (Hg.), a.a.O, 2002

und umzusetzen, in denen sich die jeweiligen Leistungsanbieter und Leistungsträger (Reha-Träger) zu einer gemeinsam getragenen Leistungsverpflichtung insbesondere für den Personenkreis der Menschen mit psychischen Beeinträchtigungen zusammenfinden. Darüber hinaus sind Qualitätsstandards für die Hilfeangebote (Einrichtungen und Dienste) und für die Leistungserbringung zu erarbeiten und zu implementieren. Die Wahrnehmung der regionalen Koordinations- und Steuerungsfunktion erfordert die Entwicklung und Implementation von Instrumenten und Verfahren zur Bedarfsermittlung und -planung, verknüpft mit einer regelmäßigen Berichterstattung.

Dieser Prozess der Weiterentwicklung und Umgestaltung, hin zu einer personenzentrierten Organisation der Hilfen zur Teilhabe am Arbeitsleben, sollte in ausgewählten Regionen systematisch unterstützt, begleitet und evaluiert werden, um aus den in diesen Referenzregionen gewonnenen Erfahrungen und Erkenntnissen Anregungen und Orientierungen für eine Umsetzung zu erhalten.

Leitlinien zur Teilhabe am Arbeitsleben für Menschen mit psychischen Beeinträchtigungen

Die Sicherung der Teilhabe am Arbeitsleben als vorrangiges Ziel

Die Teilhabe am Arbeitsleben ist nicht nur für die Erzielung eines Einkommens von zentraler Bedeutung, sondern vor allem auch für soziale Anerkennung und Teilhabe und für das Selbstwertgefühl. Ausschluss vom Arbeitsleben und erzwungene Untätigkeit führen zu psychischen Belastungen und bei langer Dauer zu zusätzlichen Störungen mit weitergehendem Hilfebedarf.

Dies gilt in besonderer Weise auch für Menschen psychischen Beeinträchtigungen. Daher ist für diesen Personenkreis das Ziel, »die Teilhabe am Arbeitsleben entsprechend den Neigungen und Fähigkeiten dauerhaft zu sichern« (§ 4 SGB IX, § 10 SGB I) konsequent und nachhaltig zu verfolgen. Dabei geht es um das gesamte Spektrum von Arbeits- und Beschäftigungsmöglichkeiten von stundenweiser Tätigkeit bis zur Vollzeitbeschäftigung, vorrangig auf dem allgemeinen Arbeitsmarkt, aber auch im besonderen Arbeitsmarkt und im Dritten Sektor.

Wirtschaftliche Sicherung

Jeder Mensch mit einer psychischen Beeinträchtigung, der im Rahmen seiner Leistungsfähigkeit seine Arbeitskraft einsetzt, sollte ein dem individuellen Leistungsbeitrag angemessenes Einkommen erzielen. Um ein existenzsicherndes Einkommen zu gewährleisten, sind leistungsmotivierende Entgeltmodelle unter Berücksichtigung des Grundsatzes »Subvention vor Sozialhilfe« (einschließlich der Bündelung von Sozialhilfe – Hilfe zum Lebensunterhalt – und Leistungsentgelt bei der Beschäftigung in einer WfbM) zu entwickeln und umzusetzen; hierzu gehört auch, für diesen Personenkreis einen Anspruch auf Minderleistungsausgleich ohne förmliche Anerkennung der Schwerbehinderteneigenschaft und auch bei geringfügigen Beschäftigungsverhältnissen zu schaffen.

»Den besonderen Bedürfnissen wird Rechnung getragen«[18]

Zu den Besonderheiten schwerer und chronischer psychischer Erkrankungen gehören ein fluktuierender Verlauf mit wechselnder Stabilität und Belastbarkeit. Diese besonderen Beeinträchtigungen lassen sich durch Behandlung und Rehabilitation positiv beeinflussen, aber nicht vermeiden. Hieraus ergibt sich ein komplexer Bedarf an Hilfen zur Teilhabe am Arbeitsleben, zur Behandlung, zur Förderung alltagspraktischer Fähigkeiten und zur Teilhabe am Leben in der Gemeinschaft. Diesem ist durch integrierte personenzentrierte Rehabilitationsprogramme Rechnung zu tragen.

Qualitätskriterien

Zur Sicherung des Zugangs zu Arbeit und Beschäftigung sind folgende Qualitätskriterien zu erfüllen:
- Für jeden Menschen mit psychischer Beeinträchtigung ist gemeinsam mit ihm frühzeitig eine *integrierte Behandlungs- und Rehabilitationsplanung* zu erarbeiten, ausgehend von seinen Neigungen, Interessen, Fähigkeiten und Zielen und unter Berück-

---

18 »Den besonderen Bedürfnissen seelisch behinderter oder von einer solchen Behinderung bedrohten Menschen wird Rechnung getragen.« (§ 10 Abs. 3 SGB IX)

sichtigung des regionalen Arbeitsmarktes, die in jeweils überschaubaren Zeiträumen überprüft und fortgeschrieben wird.
- Zur Umsetzung ist eine *fortlaufende kontinuierliche Begleitung* und Koordination durch *eine* Bezugs-/Unterstützungsperson verbindlich festzulegen und zu gewährleisten.
- Bei den Leistungen zur Teilhabe am Arbeitsleben ist das *Normalisierungsprinzip* zu berücksichtigen. Danach hat die Erbringung von Leistungen im betrieblichen Kontext Vorrang vor Leistungen in speziellen Rehabilitationseinrichtungen (Prinzip: Erst platzieren und dort rehabilitieren). Ebenso hat die Nutzung von Ressourcen im betrieblichen Umfeld (Unterstützung und Anleitung durch Kollegen und Vorgesetzte) Vorrang vor Leistungen durch Fachkräfte der beruflichen Rehabilitation und Integration sowie vor psychiatrischen Hilfen.
- Die Leistungen zur Teilhabe am Arbeitsleben müssen *wohnortnah* verfügbar sein, um dem Menschen mit psychischer Beeinträchtigung die Integration im vertrauten sozialen Umfeld zu gewährleisten und die Kontinuität tragender therapeutischer Beziehungen zu ermöglichen.
- Der Zugang zu Hilfen zur Teilhabe am Arbeitsleben muss entsprechend dem im Einzelfall bestehenden Bedarf an Unterstützung und Förderung *barrierefrei* möglich sein und auch »niedrigschwellige«, motivierende Angebote zur Entwicklung und Entdeckung von Neigungen und Fähigkeiten umfassen.
- Leistungen zur Teilhabe am Arbeitsleben sind *frühzeitig* in Betracht zu ziehen und mit ihnen ist entsprechend dem individuellen Bedarf rechtzeitig – bereits in der Akutbehandlung – und *ohne Wartezeit* zu beginnen.
- Es muss die Möglichkeit zu einer *flexiblen Anpassung* der Hilfen bei einem wechselnden Hilfebedarf, wie auch der Anforderungen an den Menschen mit psychischer Beeinträchtigung an eine diskontinuierliche Leistungsfähigkeit bestehen (flexible personenbezogene Arbeitsgestaltung). Schwankungen in der Leistungsfähigkeit bzw. Belastbarkeit oder der Übergang von Maßnahmen sollten nicht zwangsläufig einen Wechsel des Arbeitsortes nach sich ziehen.
- Die Leistungen zur Teilhabe am Arbeitsleben sind *berufsgruppen- und einrichtungsübergreifend* zu erbringen.

Finanzierung der Hilfen

Die Realisierung personenzentrierter »maßgeschneiderter« Hilfen auch bei den Leistungen zur Teilhabe am Arbeitsleben erfordert eine Weiterentwicklung von Finanzierungsvereinbarungen, um eine bedarfsorientierte und leistungsträgerübergreifende Leistungserbringung sicher zu stellen. Die Leistungsvereinbarungen müssen die vorstehend genannten Qualitätskriterien durchsetzen, insbesondere die frühzeitige, verbindliche und komplexe Gewährung und Durchführung der im Einzelfall erforderlichen Leistungen.

Regionale Koordination und Steuerung

Analog zum Aufbau gemeindepsychiatrischer Verbünde und hiermit vernetzt sind verbindliche und vertraglich fixierten Verbundsysteme für den Bereich der Hilfen zur Teilhabe am Arbeitsleben zu schaffen. Diese haben dafür Sorge zu tragen, dass entsprechend dem (nicht immer gleichmäßigen) Bedarf für jeden Menschen mit psychischer Beeinträchtigung in der Region die geeigneten Hilfen zur Verfügung stehen.

Dazu gehören arbeitsbezogene Beratung und Unterstützung, (Wieder-)Erlangung und Erprobung von arbeitsbezogenen Fähigkeiten und Fertigkeiten, Qualifizierung einschließlich Ausbildung sowie ein ausreichendes Angebot an Möglichkeiten der unterstützten Beschäftigung (auch außerhalb der WfbM und im Rahmen von Teilzeitarbeit unterhalb der Schwelle für sozialversicherungspflichtige Tätigkeiten – »Zuverdienst«). Dabei ist dafür Sorge zu tragen, dass strukturell wie auch im Einzelfall die ggf. erforderliche Verknüpfung von psychiatrischen Hilfen und Leistungen zur Teilhabe am Arbeitsleben gewährleistet ist.

Zur Entwicklung einer wirksamen regionalen Koordination und Steuerung ist eine verbindliche Kooperation der Leistungsträger durchzusetzen, die Entscheidungen »vor Ort« ermöglicht.

Literatur

1. BERTELSMANN STIFTUNG, BUNDESANSTALT FÜR ARBEIT, DEUTSCHER LANDKREISTAG, DEUTSCHER STÄDTETAG, DEUTSCHER STÄDTE- UND GEMEINDEBUND (Hg.): Handbuch Beratung und Integration. Fördern und Fordern – Eingliederungsstrategien in der Beschäftigungsförderung, Gütersloh 2002
2. BUNDESARBEITSGEMEINSCHAFT FÜR REHABILITATION (Hg.): Arbeitshilfe für die Rehabilitation psychisch Kranker und Behinderter, Frankfurt/Main 1992,
3. BUNDESMINISTERIUM FÜR ARBEIT UND SOZIALORDNUNG (Hg.): Die berufliche Eingliederung psychisch Behinderter. Vorschlag für ein behinderungsgerechtes System der beruflichen Eingliederung, Bonn 1987
4. BUNDESMINISTERIUM FÜR ARBEIT UND SOZIALORDNUNG (Hg.): Lebenslagen in Deutschland. Der erste Armuts- und Reichtumsbericht der Bundesregierung, Bonn 2001
5. BUNDESMINISTERIUM FÜR ARBEIT UND SOZIALORDNUNG (Hg.): Strategien der beruflichen Eingliederung psychisch Behinderter. Wege und Methoden der Vermittlung auf den allgemeinen Arbeitsmarkt, Bonn 1994
6. BUNDESMINISTERIUM FÜR GESUNDHEIT (Hg.): Von institutions- zu personenzentrierten Hilfen in der psychiatrischen Versorgung, Band I, Schriftenreihe des Bundesministeriums für Gesundheit Band 116, Baden-Banden 1999
7. BUNDESMINISTERIUM FÜR JUGEND, FAMILIE, FRAUEN UND GESUNDHEIT (Hg): Empfehlungen der Expertenkommission der Bundesregierung zur Reform im psychiatrischen und psychotherapeutisch/psychosomatischen Bereich, Bonn 1988
8. CRANACH, M., FINZEN, A. (Hg.): Sozialpsychiatrische Texte, New York, Heidelberg, Toronto, 1972
9. DEUTSCHE VEREINIGUNG FÜR DIE REHABILITATION BEHINDERTER: »Berufliche Rehabilitation psychisch Kranker und Behinderter in funktionaler Betrachtungsweise« – Handreichung des Arbeitsausschusses »Psychische Behinderungen«, Psychiatrische Praxis 38, 1999, S. 44–46
10. DRAKE, R.E., MCHUGO, G.J., BEBOUT; R.R. et al: A Randomized Clinical Trial of Supported Employment for Inner-city-Patients With Severe Mental Disorders. Arch Gen Psychiatry 56, 1999, S. 627–633
11. HOFFMANN, H.: Berufliche Integration in den allgemeinen Arbeitsmarkt – Ein realistisches Ziel für chronisch psychisch Kranke? Psychiatrische Praxis 26, 1999, S. 211–217
12. HOFFMANN, K., PRIEBE, S. ISERMANN, M., KAISER, W.: Lebensqualität, Bedürfnisse und Behandlungsbewertung langzeithospitalisierter Patien-

ten. Teil II der Berliner Enthospitalisierungsstudie. Psychiatrische Praxis 24, 1997, S. 221–226
13. LEHMANN, K: Grundsätzliche Bemerkungen zur beruflichen Rehabilitation psychisch Behinderter. In: Bundesministerium für Gesundheit: Berufliche Rehabilitation und Beschäftigung für psychisch Kranke und seelisch Behinderte, Baden-Baden 1999, S. 25–47
14. PRIEBE, S.: Welche Ziele hat die psychiatrische Rehabilitation, und welche erreicht sie? Psychiatrische Praxis 26, 1999, Sonderheft 1, S. 36–40
15. REKER, T.: Psychiatrische Arbeitstherapie – Konzepte, Praxis und wissenschaftliche Ergebnisse. Psychiatrische Praxis 26, 1999, Sonderheft 1, S. 12–15
16. SHEPHERD, G.: Institutional Care and Rehabilitation, London 1984
17. STATISTISCHES BUNDESAMT (Hg.): Gesundheitsbericht für Deutschland, Wiesbaden 1998
18. VETTER, P., KIEL, M., SOLOTHURN, C.: Die Rehabilitation psychisch Behinderter in Wohngemeinschaften: Der Einfluss der Arbeitsleistung und anderer Variablen auf die Hospitalisierungsdauer. Psychiatrische Praxis 17, 1990, S. 78–84

Verzeichnis der Autorinnen und Autoren

Lennarth ANDERSSON, Lund, Schweden
Jürgen BERNHARDT, Leiter des Berufsbildungszentrums Münster
Dr. Peter BEULE, Koordinator der Integrationsfachdienste und Integrationsprojekte, Landschaftsverband Westfalen-Lippe, Münster
Karl-Ernst BRILL, Wissenschaftlicher Mitarbeiter der AKTION PSYCHISCH KRANKE, Bonn
Hans-Gerd BUDE, Schwerbehinderten-Vertrauensmann, Geschäftsbereich Kältetechnik, Linde AG, Köln
Berthold DEUSCH, Koordinator der Integrationsfachdienste und Integrationsprojekte, Landeswohlfahrtsverband Baden, Karlsruhe
Karin GELFORT, Ergotherapeutin, Kontakt- und Beratungsstätte Wedding e.V., Berlin
Florian GERSTER, Vorstandsvorsitzender der Bundesanstalt für Arbeit, Nürnberg
Christian GREDIG, Projektmitarbeiter der AKTION PSYCHISCH KRANKE, Bonn
Jürgen GÜTSCHOW, Angehöriger, Berlin
Christiane HAERLIN, Leiterin des Beruflichen Trainingszentrums Köln
Dr. Henning HALLWACHS, Vorsitzender der BAG BTZ, Berufliches Trainingszentrum Hamburg
Wilfried HAUTOP, Geschäftsführer der Landesarbeitsgemeinschaft der Werkstätten für Behinderte, Bremen
Jutta HITTMEYER, Sozialamt Köln
Dr. Holger HOFFMANN, Leiter der Abteilung Sektorisierte Gemeindepsychiatrie, Sozialpsychiatrische Universitätsklinik Bern
Bernd JÄGER, Wissenschaftlicher Mitarbeiter der AKTION PSYCHISCH KRANKE, Bonn
Hubert KIRCHNER, Geschäftsführer Arkade e.V., Ravensburg
Prof. Dr. Heinrich KUNZE, Ärztlicher Direktor der Psychiatrischen Klinik für Psychiatrie und Psychotherapie Merxhausen, Bad Emstal, stellvertretender Vorsitzender AKTION PSYCHISCH KRANKE
Prof. Dr. Peter KRUCKENBERG, Ärztlicher Leiter der Klinik für Psychiatrie, Zentralkrankenhaus Bremen-Ost, Bremen, Vorstand AKTION PSYCHISCH KRANKE
Priv. Doz. Dr. Gerhard LÄNGLE, Arzt für Psychiatrie, Psychotherapie und Rehabilitationswesen an der Universitätsklinik für Psychiatrie und Psychotherapie Tübingen, Leiter der Tübinger Forschungsgruppe Sozialpsychiatrie, Tübingen

Verzeichnis der Autorinnen und Autoren

Klaus LAUPICHLER, Vorstand im Bundesverband der Psychiatrie-Erfahrenen, Bonn
Knut LEHMANN, Präsident des Landesamtes für Versorgung und Soziales Sachsen-Anhalt, Halle
Dr. Rainer MARIEN, Leiter der ärztlichen Fachgruppe, Berufsförderungswerk Hamburg
Dr. Hermann MECKLENBURG, Ärztlicher Leiter der Psychiatrischen Abteilung im Kreiskrankenhaus Gummersbach
Prof. Dr. Peter MROZYNSKI, Jurist, Fachhochschule München
Dr. Niels PÖRKSEN, Projektleiter, Schmargendorfer Straße, Bielefeld, Schatzmeister der AKTION PSYCHISCH KRANKE
Julia POHL, Leiterin der Ergotherapie, Klinik für Psychiatrie und Psychotherapie Merxhausen, Bad Emstal
Rainer RADLOFF, Geschäftsführer der Rege Gemeinnützige Regionale Personalentwicklungsgesellschaft mbH, Bielefeld
Dr. Thomas REKER, Leitender Arzt der Westfälische Klinik für Psychiatrie und Psychotherapie, Friedrich-Wilhelm-Weber-Straße 30, 48147 Münster
Walter RIESTER, Bundesminister für Arbeit und Sozialordnung, Berlin
Wolfgang RUST, Leitung der Gesellschaft für Sozialpsychiatrische Hilfen mbH, Bremen
Reinhard SAAL, Werkstatt für behinderte Menschen Dieburg
Arnd SCHWENDY, Leiter des Sozialamtes Köln
Regina SCHMIDT-ZADEL, Mitglied des Deutschen Bundestages, Berlin, Vorsitzende der AKTION PSYCHISCH KRANKE
Burkhard VON SEGGERN, DGB, Abteilung Arbeitsmarktpolitik und internationale Sozialpolitik, Berlin
Anton SENNER, Vorsitzender der Bundesarbeitsgemeinschaft der Integrationsfirmen, Berlin
Dr. Hans-Ludwig SIEMEN, Vorsitzender »Die Wabe e.V.«, Erlangen
Henning VOSSBERG, Leiter der Ergotherapie, Zentralkrankenhaus Bremen-Ost, Züricher Straße Bremen
Prof. Dr. Wolfgang WEIG, Ärztlicher Direktor des Niedersächsischen Landeskrankenhauses Osnabrück, Vorsitzender der BAG RPK

Veröffentlichungen und Informationstagungen der AKTION PSYCHISCH KRANKE

Band 1 *vergriffen*	»Gemeindenahe Psychiatrie« Tagungen am 27.10.1975 in Stuttgart, am 8. und 9.11.1975 in Mannheim, am 27.11.1975 in Köln-Mehrheim, am 5. und 6.3.1976 in Berlin
nicht dokumentiert	»Was nun nach der Psychiatrie-Enquete?« Gemeindenahe Psychiatrie am Beispiel Frankfurt Tagung am 18. und 19.11.1976 in Frankfurt
nicht dokumentiert	»Die Ergebnisse der Psychiatrie-Enquete unter dem Aspekt der Rehabilitation psychisch Kranker und Behinderter« Tagung am 2. und 3.12.1976 in München
nicht dokumentiert	»Probleme der Rehabilitation seelisch Behinderter im komplementären Bereich« Tagung am 24. und 25.6.1977 in Loccum
Band 2 *vergriffen*	»Rechtsprobleme in der Psychiatrie« Tagung 7.10.1977 in Hamburg
Band 3 *vergriffen*	»Die Psychiatrie-Enquete in internationaler Sicht« Tagung am 1. und 2.6.1978 in Bonn
nicht dokumentiert	»Gemeindenahe Psychiatrie im Raum Hannover: Ausnahme oder Regel?« Tagung am 14. und 15.11.1978 in Hannover/Wunstorf
Band 4 *vergriffen*	»Probleme der Versorgung erwachsener geistig Behinderter« Tagung am 27. und 28.09.1979 in Bonn
Band 5 *vergriffen*	»Bestand und Wandel in der psychiatrischen Versorgung in der BRD – fünf Jahre nach der Enquete« Tagung am 23.11.1979 in Mannheim
nicht dokumentiert	Informationsveranstaltung zum »**Modellprogramm Psychiatrie der Bundesregierung**« am 31.1.1980
Band 6 *vergriffen*	»Ambulante Dienste in der Psychiatrie« Tagung am 13. und 14.6.1980 in Hannover
Band 7 *vergriffen*	»Drogenabhängigkeit und Alkoholismus« Tagung am 6. und 7.11.1980 in Mannheim
Sonderdruck *vergriffen*	»Modellprogramme des Bundes und der Länder in der Psychiatrie« Tagung am 25. und 26.6.1981 in Bonn

Veröffentlichungen und Informationstagungen

Band 8 *vergriffen*	»Benachteiligung psychisch Kranker und Behinderter« Tagung am 19.11.1982 in Bonn
Band 9 *vergriffen*	»Die Tagesklinik als Teil der psychiatrischen Versorgung« Tagung am 2. und 3.12.1982 in Bonn
Band 10	»Psychiatrische Abteilungen an Allgemeinkrankenhäusern« Tagung am 10. und 11.11.1983 in Offenbach
Band 11	»Komplementäre Dienste – Wohnen und Arbeiten« Tagung am 6. und 7.7.1984 in Bonn
Band 12 *vergriffen*	»Kinder- und Jugendpsychiatrie – eine Bestandsaufnahme« Tagung am 18. und 19.10.1984 in Bonn
Band 13 *vergriffen*	»Psychiatrie in der Gemeinde – die administrative Umsetzung des gemeindepsychiatrischen Konzepts« Tagung am 5. und 6.12.1984 in Bonn
Band 14 *vergriffen*	»Notfallpsychiatrie und Krisenintervention« Tagung am 15. und 16.5.1986 in Bonn
Band 15	»Fortschritte und Veränderungen in der Versorgung psychisch Kranker – Ein internationaler Vergleich« Tagung am 27. und 28.11.1986 in Bonn
Band 16 *vergriffen*	»Der Gemeindepsychiatrische Verbund als ein Kernstück der Empfehlungen der Expertenkommission« Tagung am 22. und 23.6.1989 in Bonn
Band 17 *vergriffen*	»Die therapeutische Arbeit Psychiatrischer Abteilungen« Tagung am 23./24. und 25.10.1986 in Kassel
Band 18 *vergriffen*	»Administrative Phantasie in der psychiatrischen Versorgung von antitherapeutischen zu therapeutischen Strukturen« Tagung am 20. und 21.6.1990 in Bad Emstal
Band 19 *vergriffen*	»Grundlagen und Gestaltungsmöglichkeiten der Versorgung psychisch Kranker und Behinderter in der Bundesrepublik und auf dem Gebiet der ehemaligen DDR« Tagung am 29./30. und 1.12.1990 in Berlin
nicht dokumentiert	Regionalkonferenzen über den Bericht »Zur Lage der Psychiatrie in der ehemaligen DDR« im Land Mecklenburg-Vorpommern am 17. und 18.10.1991 in Neubrandenburg; im Land Sachsen-Anhalt am 13. und 14.11.1991 in Hettstedt; im Land Sachsen am 21. und 22.11.1991 in Arnsdorf; im Land Brandenburg am 28. und 29.11.1991 in Brandenburg; im Land Thüringen am 16. und 17.12.1991 in Hildburghausen
Band 20 *vergriffen*	»Die Versorgung psychisch kranker alter Menschen« Tagung am 3. und 4.6.1992 in Bonn

Veröffentlichungen und Informationstagungen

Band 21 *vergriffen*	»Gemeindepsychiatrische Suchtkrankenversorgung – Regionale Vernetzung medizinischer und psychosozialer Versorgungsstrukturen« Tagung am 4. und 5.5.1993 in Bonn
Sonderdruck	»Enthospitalisieren statt Umhositalisieren« Tagung am 12. und 13.10.1993 in Ückermünde
Sonderdruck *vergriffen*	»Personalbemessung im komplementären Bereich – vor der institutions- zur personenbezogenen Behandlung und Rehabilitation« Tagung am 27. und 28.4.1994 in Bonn
Band 22 *vergriffen*	»Das Betreuungswesen und seine Bedeutung für die gemeindepsychiatrische Versorgung« Tagung am 17. und 18.5.1995 in Bonn
Band 23 *vergriffen*	»Qualität in Psychiatrischen Kliniken« Tagung vom 8. bis 10.5.1996 in Bonn »Neue Entwicklungen in der Versorgung von Menschen mit Alkoholproblemen« Tagung vom 21. bis 23.10.1996 in Bonn Tagungsbeiträge dokumentiert in: AKTION PSYCHISCH KRANKE (Hrsg.): Innovative Behandlungsstrategien bei Alkoholproblemen.Lambertus, Freiburg i. Br. 1997
Band 24 *vergriffen*	»Personenbezogene Hilfen in der psychiatrischen Versorgung« Tagung am 23. und 24.4.1997 in Bonn Download als PDF-Datei: www.psychiatrie.de/apk
Band 25	»Gewalt und Zwang in der stationären Psychiatrie« Tagung am 24. und 25.9.1997 in Bonn auch als PDF-Datei zum Download: www.psychiatrie.de/apk
Band 26	»Qualität und Steuerung in der regionalen psychiatrischen Versorgung« Tagung am 11. und 12.11.1998 in Bonn
Sonderdruck Bd. 27 1 + 2	»Gemeindepsychiatrischer Verbund, Psychiatriebudget und personenzentrierter Ansatz in Baden-Württemberg« Workshop am 22.07.1999 »25 Jahre Psychiatrie-Enquete« Tagung am 22. und 23.11.2000 in Bonn
Band 28	»Mit und ohne Bett – Personenzentrierte Krankenhausbehandlung im Gemeindepsychiatrischen Verbund« Tagung am 30.11. und 1.12.2001 in Bonn

Bezug lieferbarer Titel durch: AKTION PSYCHISCH KRANKE
Brungsgasse 4–6, 53117 Bonn, Fax: 02 28 – 67 67 42